大学赤本シリーズ

493

関西学院大学

全学部日程〈文系型〉

神・文・社会・法・経済〈文系型〉・商・人間福祉・
国際・教育〈文系型〉・総合政策〈文系型〉学部

教学社

は　し　が　き

おかげさまで，大学入試の「赤本」は，今年で創刊70周年を迎えました。

これまで，入試問題や資料をご提供いただいた大学関係者各位，掲載許可をいただいた著作権者の皆様，各科目の解答や対策の執筆にあたられた先生方，そして，赤本を使用してくださったすべての読者の皆様に，厚く御礼を申し上げます。

以下に，創刊初期の「赤本」のはしがきを引用します。これからも引き続き，受験生の目標の達成や，夢の実現を応援してまいります。

本書を活用して，入試本番では持てる力を存分に発揮されることを心より願っています。

編者しるす

＊　＊　＊

学問の塔にあこがれのまなざしをもって，それぞれの志望する大学の門をたたかんとしている受験生諸君！　人間として生まれてきた私たちは，自己の欲するままに，美しく，強く，そして何よりも人間らしく生きることをねがっている。しかし，一朝一夕にして，この純粋なのぞみが達せられることはない。私たちの行く手には，絶えずさまざまな試練がまちかまえている。この試練を克服していくところに，私たちのねがう真に人間的な世界がはじめて開かれてくるのである。

人生最初の最大の試練として，諸君の眼前に大学入試がある。この大学入試は，精神的にも身体的にも，大きな苦痛を感ぜしめるであろう。あるスポーツに熟達するには，たゆみなき，はげしい練習を積み重ねることが必要であるように，私たちは，計画的・持続的な努力を払うことによって，この試練を克服し，次の一歩を踏みだすことができる。厳しい試練を経たのちに，はじめて満足すべき成果を獲得できるのである。

本書は最近の入学試験の問題に，それぞれ解答を付し，さらに問題をふかく分析することによって，その大学独特の傾向や対策をさぐろうとした。本書を一般の参考書とあわせて使用し，まとはずれのない，効果的な受験勉強をされるよう期待したい。

（昭和35年版「赤本」はしがきより）

挑む人の、いちばんの味方

1954 年に大学入試の過去問題集を刊行してから 70 年。赤本は大学に入りたいと思う受験生を応援しつづけてきました。これからも，苦しいとき落ち込むときにそばで支える存在でいたいと思います。

そして，勉強をすること，自分で道を決めること，努力が実ること，これらの喜びを読者の皆さんが感じることができるよう，伴走をつづけます。

そもそも赤本とは…

受験生のための大学入試の過去問題集！

70年の歴史を誇る赤本は，500点を超える刊行点数で全都道府県の370大学以上を網羅しており，過去問の代名詞として受験生の必須アイテムとなっています。

なぜ受験に過去問が必要なのか？

大学入試は大学によって問題形式や頻出分野が大きく異なるからです。

赤本の掲載内容

傾向と対策

これまでの出題内容から，問題の「**傾向**」を分析し，来年度の入試に向けて具体的な「**対策**」の方法を紹介しています。

問題編・解答編

- 年度ごとに問題とその解答を掲載しています。
- 「**問題編**」ではその年度の試験概要を確認したうえで，実際に出題された過去問に取り組むことができます。
- 「**解答編**」には高校・予備校の先生方による解答が載っています。

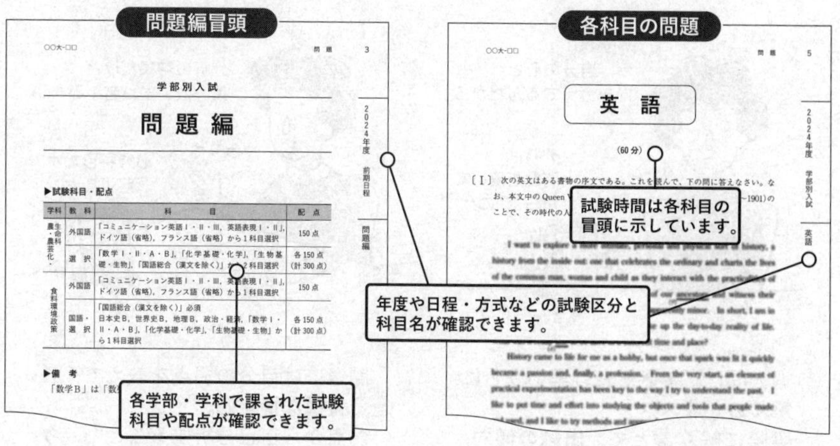

他にも，大学の基本情報や，先輩受験生の合格体験記，在学生からのメッセージなどが載っていることがあります。

掲載内容について

著作権上の理由やその他編集上の都合により問題や解答の一部を割愛している場合があります。
なお，指定校推薦入試，社会人入試，編入学試験，帰国生入試などの特別入試，英語以外の外国語科目，商業・工業科目は，原則として掲載しておりません。また試験科目は変更される場合がありますので，あらかじめご了承ください。

受験勉強は

過去問に始まり，

STEP 1

なにはともあれ

まずは解いてみる

しずかに…
今，自分の心と
向き合ってるんだから
ムーン
それは
問題を解いて
からだホン!

過去問は，**できるだけ早いうちに解く**のがオススメ！
実際に解くことで，**出題の傾向，問題のレベル，今の自分の実力**がつかめます。

STEP 2

じっくり具体的に

弱点を分析する

分析の結果だけど
英・数・国が苦手みたい
スリー
必須科目だホン
頑張るホン

間違いは自分の弱点を教えてくれる**貴重な情報源。**
弱点から自己分析することで，**今の自分に足りない力や苦手な分野**が見えてくるはず！

合格者があかす 赤本の使い方

傾向と対策を熟読
（Fさん／国立大合格）
大学の出題傾向を調べるために，赤本に載っている「傾向と対策」を熟読しました。

繰り返し解く
（Tさん／国立大合格）
1周目は問題のレベル確認，2周目は苦手や頻出分野の確認に，3周目は合格点を目指して，と過去問は繰り返し解くことが大切です。

過去問に終わる。

STEP 3

志望校にあわせて

苦手分野の重点対策

明日からはみんなで頑張るよ！
参考書も！ 問題集も！
よろしくね！
呼んだ？
なにを!?
どこから!?
グッ
グッ

参考書や問題集を活用して，苦手分野の**重点対策**をしていきます。**過去問を指針**に，合格へ向けた具体的な学習計画を立てましょう！

STEP 1 ▶ 2 ▶ 3

サイクルが大事！

実践を繰り返す

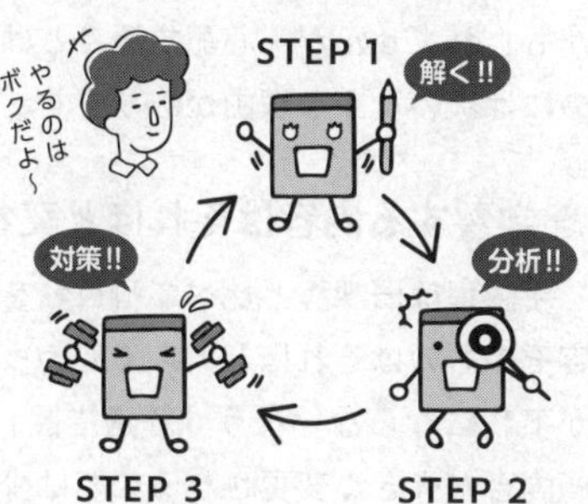

STEP 1～3を繰り返し，実力アップにつなげましょう！
出題形式に慣れることや，**時間配分を考えること**も大切です。

目標点を決める

（Yさん／私立大合格）

赤本によっては合格者最低点が載っているので，それを見て目標点を決めるのもよいです。

時間配分を確認

（Kさん／私立大学合格）

赤本は時間配分や解く順番を決めるために使いました。

添削してもらう

（Sさん／私立大学合格）

記述式の問題は先生に添削してもらうことで自分の弱点に気づけると思います。

新課程入試 Q&A

2022年度から新しい学習指導要領（新課程）での授業が始まり，2025年度の入試は，新課程に基づいて行われる最初の入試となります。ここでは，赤本での新課程入試の対策について，よくある疑問にお答えします。

Q1. 赤本は新課程入試の対策に使えますか？

A. もちろん使えます！

OK

旧課程入試の過去問が新課程入試の対策に役に立つのか疑問に思う人もいるかもしれませんが，心配することはありません。旧課程入試の過去問が役立つのには次のような理由があります。

● 学習する内容はそれほど変わらない

新課程は旧課程と比べて科目名を中心とした変更はありますが，学習する内容そのものはそれほど大きく変わっていません。また，多くの大学で，既卒生が不利にならないよう「経過措置」がとられます（Q３参照）。したがって，出題内容が大きく変更されることは少ないとみられます。

● 大学ごとに出題の特徴がある

これまでに課程が変わったときも，各大学の出題の特徴は大きく変わらないことがほとんどでした。入試問題は各大学のアドミッション・ポリシーに沿って出題されており，過去問にはその特徴がよく表れています。過去問を研究してその大学に特有の傾向をつかめば，最適な対策をとることができます。

出題の特徴の例	・英作文問題の出題の有無 ・論述問題の出題（字数制限の有無や長さ） ・計算過程の記述の有無

新課程入試の対策も，赤本で過去問に取り組むところから始めましょう。

Q2. 赤本を使う上での注意点はありますか？

A. 志望大学の入試科目を確認しましょう。

過去問を解く前に，過去の出題科目（問題編冒頭の表）と 2025 年度の募集要項とを比べて，課される内容に変更がないかを確認しましょう。ポイントは以下のとおりです。科目名が変わっていても，実際は旧課程の内容とほとんど同様のものもあります。

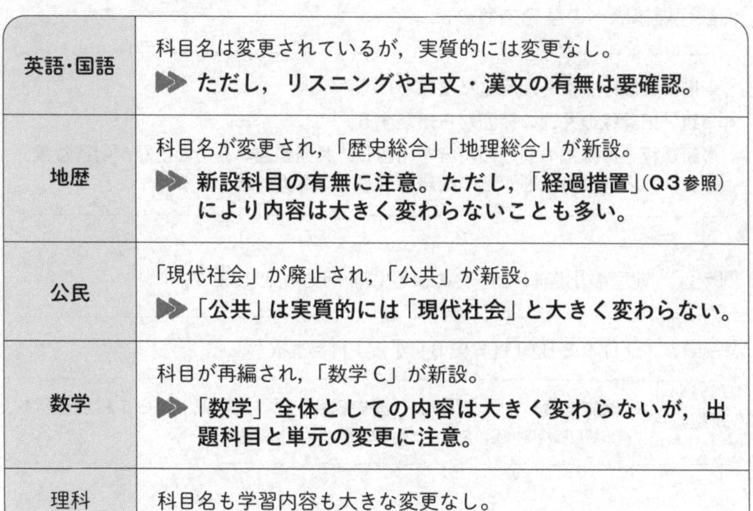

英語・国語	科目名は変更されているが，実質的には変更なし。 ▶▶ **ただし，リスニングや古文・漢文の有無は要確認。**
地歴	科目名が変更され，「歴史総合」「地理総合」が新設。 ▶▶ **新設科目の有無に注意。ただし，「経過措置」（Q３参照）により内容は大きく変わらないことも多い。**
公民	「現代社会」が廃止され，「公共」が新設。 ▶▶ **「公共」は実質的には「現代社会」と大きく変わらない。**
数学	科目が再編され，「数学 C」が新設。 ▶▶ **「数学」全体としての内容は大きく変わらないが，出題科目と単元の変更に注意。**
理科	科目名も学習内容も大きな変更なし。

数学については，科目名だけでなく，どの単元が含まれているかも確認が必要です。例えば，出題科目が次のように変わったとします。

旧課程	「数学Ⅰ・数学Ⅱ・数学 A・数学 B（数列・ベクトル）」
新課程	「数学Ⅰ・数学Ⅱ・数学 A・**数学 B（数列）・数学 C（ベクトル）**」

この場合，新課程では「数学C」が増えていますが，単元は「ベクトル」のみのため，実質的には旧課程とほぼ同じであり，過去問をそのまま役立てることができます。

Q3.「経過措置」とは何ですか？

A. 既卒の旧課程履修者への対応です。

多くの大学では，既卒の旧課程履修者が不利にならないように，出題において「経過措置」が実施されます。措置の有無や内容は大学によって異なるので，募集要項や大学のウェブサイトなどで確認しておきましょう。

○旧課程履修者への経過措置の例

- 旧課程履修者にも配慮した出題を行う。
- 新・旧課程の共通の範囲から出題する。
- 新課程と旧課程の共通の内容を出題し，共通範囲のみでの出題が困難な場合は，旧課程の範囲からの問題を用意し，選択解答とする。

例えば，地歴の出題科目が次のように変わったとします。

旧課程	「日本史 B」「世界史 B」から１科目選択
新課程	「**歴史総合**，日本史探究」「**歴史総合**，世界史探究」から１科目選択※ ※旧課程履修者に不利益が生じることのないように配慮する。

「歴史総合」は新課程で新設された科目で，旧課程履修者には見慣れないものですが，上記のような経過措置がとられた場合，新課程入試でも旧課程と同様の学習内容で受験することができます。

要チェックだホン

新課程の情報は WEB もチェック！
より詳しい解説が赤本ウェブサイトで見られます。
https://akahon.net/shinkatei/

科目名が変更される教科・科目

	旧課程	新課程
国語	国語総合 国語表現 現代文A 現代文B 古典A 古典B	**現代の国語** **言語文化** **論理国語** **文学国語** **国語表現** **古典探究**
地歴	日本史A 日本史B 世界史A 世界史B 地理A 地理B	**歴史総合** **日本史探究** **世界史探究** **地理総合** **地理探究**
公民	現代社会 倫理 政治・経済	**公共** **倫理** **政治・経済**
数学	数学Ⅰ 数学Ⅱ 数学Ⅲ 数学A 数学B 数学活用	**数学Ⅰ** **数学Ⅱ** **数学Ⅲ** **数学A** **数学B** **数学C**
外国語	コミュニケーション英語基礎 コミュニケーション英語Ⅰ コミュニケーション英語Ⅱ コミュニケーション英語Ⅲ 英語表現Ⅰ 英語表現Ⅱ 英語会話	**英語コミュニケーションⅠ** **英語コミュニケーションⅡ** **英語コミュニケーションⅢ** **論理・表現Ⅰ** **論理・表現Ⅱ** **論理・表現Ⅲ**
情報	社会と情報 情報の科学	**情報Ⅰ** **情報Ⅱ**

目　次

2022 年度
問題と解答

●全学部日程 2 月 1 日実施分：文系 3 科目型，英語 1 科目（英・英）型

解答用紙は，赤本オンラインに掲載しています。

https://akahon.net/kkm/kgk/index.html

※掲載内容は，予告なしに変更・中止する場合があります。

掲載内容についてのお断り

- 本書には，全学部日程のうち，2 月 1 日実施分を掲載しています。
- 本書に掲載していない日程のうち，一部の問題を以下の書籍に収録しています。
  『関西学院大学（関西学院大学（英語〈3 日程× 3 カ年〉）』
  『関西学院大学（国語〈3 日程× 3 カ年〉）』
  『関西学院大学（日本史・世界史・文系数学〈3 日程× 3 カ年〉）』

基本情報

沿革

1889（明治 22）　神戸の東郊・原田の森に神学部と普通学部をもつ関西学院を創立

1908（明治 41）　神学部，専門学校令により関西学院神学校として認可を受ける

1912（明治 45）　専門学校令により高等学部（文科・商科）開設

後に第 4 代院長となる C.J.L. ベーツがスクールモットー“Mastery for Service”を提唱

1918（大正　7）　ハミル館開設

1921（大正 10）　高等学部を改め，文学部と高等商業学部となる

1932（昭和　7）　大学令により関西学院大学の設立認可

1934（昭和　9）　法文学部と商経学部開設

1946（昭和 21）　大学の機構を改め，法学部・文学部・経済学部の 3 学部となる

1948（昭和 23）　新学制により大学，高等部開設

1951（昭和 26）　商学部開設

1952（昭和 27）　神学部開設（文学部神学科より独立）

1960（昭和 35）	社会学部開設
1961（昭和 36）	理学部開設
1995（平成 7）	総合政策学部開設
2002（平成 14）	理学部が理工学部に名称変更
2008（平成 20）	人間福祉学部開設
2009（平成 21）	学校法人聖和大学と合併。教育学部開設
2010（平成 22）	学校法人千里国際学園と合併。国際学部開設
2017（平成 29）	複数分野専攻制（MS）特別プログラムとして国連・外交プログラムを，大学院副専攻に国連・外交コースを開設
2021（令和 3）	理工学部を理学部・工学部・生命環境学部・建築学部に再編し，総合政策学部と合わせて神戸三田キャンパスは5学部体制となる

校章

新月が満月へ刻々と変化するように，関西学院で学ぶ者すべてが日々進歩と成長の過程にあることを意味しています。

また，月が太陽の光を受けて暗い夜を照らすように，私たちが神の恵みを受けて世の中を明るくしてゆきたいとの思いを表しています。

学部・学科の構成

（注）学部・学科および大学院の情報は 2024 年 4 月時点のもので，改組・新設等により変更される場合があります。

大　学

●**神学部**　西宮上ケ原キャンパス

キリスト教伝道者コース

キリスト教思想・文化コース

●**文学部**　西宮上ケ原キャンパス

文化歴史学科（哲学倫理学専修，美学芸術学専修，地理学地域文化学専修，日本史学専修，アジア史学専修，西洋史学専修）

総合心理科学科（心理科学専修）

文学言語学科（日本文学日本語学専修，英米文学英語学専修，フランス文学フランス語学専修，ドイツ文学ドイツ語学専修）

●**社会学部**　西宮上ケ原キャンパス

社会学科（現代社会学専攻分野，データ社会学専攻分野，フィールド社会学専攻分野，フィールド文化学専攻分野，メディア・コミュニケーション学専攻分野，社会心理学専攻分野）

●**法学部**　西宮上ケ原キャンパス

法律学科（司法・ビジネスコース，特修コース〈選抜制〉，公共政策コース〈経済学部・法学部連携〉，グローバル法政コース，法政社会歴史コース）

政治学科（特修コース〈選抜制〉，公共政策コース〈経済学部・法学部連携〉，グローバル法政コース，法政社会歴史コース）

●**経済学部**　西宮上ケ原キャンパス

●**商学部**　西宮上ケ原キャンパス

経営コース

会計コース

マーケティングコース

ファイナンスコース

ビジネス情報コース

国際ビジネスコース

●**人間福祉学部**　西宮上ケ原キャンパス

社会福祉学科

社会起業学科

人間科学科

●**国際学部**　西宮上ケ原キャンパス

国際学科

●**教育学部**　西宮聖和キャンパス

教育学科（幼児教育学コース，初等教育学コース，教育科学コース）

●総合政策学部 神戸三田キャンパス

総合政策学科

メディア情報学科

都市政策学科

国際政策学科

●理学部 神戸三田キャンパス

数理科学科

物理・宇宙学科

化学科

●工学部 神戸三田キャンパス

物質工学課程

電気電子応用工学課程

情報工学課程

知能・機械工学課程

●生命環境学部 神戸三田キャンパス

生物科学科（植物昆虫科学専攻，応用微生物学専攻，計算生物学専攻）

生命医科学科（生命医科学専攻，発生再生医科学専攻，医工学専攻）

環境応用化学科

●建築学部 神戸三田キャンパス

建築学科

●国連・外交プログラム （複数分野専攻制（MS）特別プログラム）

※定員 20 名。全学部の 1 年次生が応募可能。書類選考の後，2 年次春学期よりプログラムが開始される。

（備考）学科・専修・コース等に分属する年次はそれぞれで異なる。

大学院

神学研究科 / 文学研究科 / 社会学研究科 / 法学研究科 / 経済学研究科 / 商学研究科 / 理工学研究科 / 総合政策研究科 / 人間福祉研究科 / 教育学研究科 / 国際学研究科 / 言語コミュニケーション文化研究科 / 司法研究科（ロースクール）/ 経営戦略研究科 / 国連・外交コース（副専攻）

大学所在地

神戸三田キャンパス

西宮上ケ原キャンパス

西宮聖和キャンパス

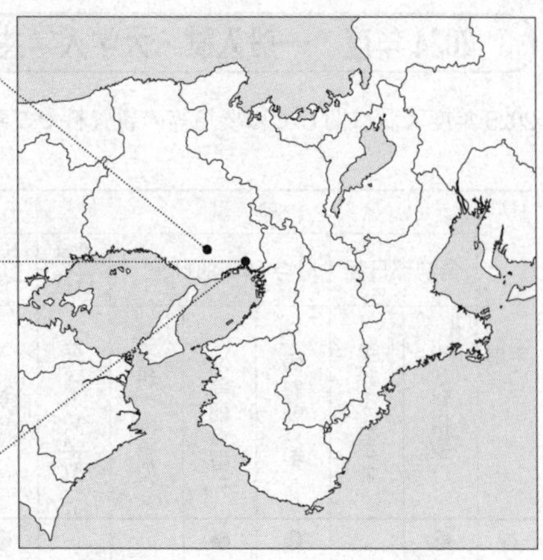

西宮上ケ原キャンパス　〒662-8501　兵庫県西宮市上ケ原一番町1番155号

西宮聖和キャンパス　〒662-0827　兵庫県西宮市岡田山7番地54号

神戸三田キャンパス　〒669-1330　兵庫県三田市学園上ケ原1番

入試データ

○競争率は受験者数÷合格者数で算出。

○個別学力試験を課さない大学入学共通テスト利用入試は1カ年のみ掲載。

2024年度　一般入試・大学入学共通テスト利用入試実施一覧表

2025年度入試に関しては要項等の新資料でご確認ください。

●：実施

学部	一般入試						大学入学共通テストを利用する入試						
	全学部日程		学部個別日程			英数日程	共通テスト併用日程		1月出願			3月出願	
	3科目型	英語1科目型	傾斜配点型	均等配点型	英語・国語型	英語・数学型	英語	数学	7科目型 5科目型	3科目型	英語資格・検定試験利用	4科目型	3科目型
神	●		●	●			●		●	●	●	●	
文	●		●	●			●		●	●	●	●	
社会	●		●	●			●	●	●	●	●	●	●
法	●		●	●		●	●	●	●	●	●	●	●
経済	●文系型 ●理系型		●文系型	●文系型		●	●	●	●	●	●	●	● ●英数型
商	●		●	●		●	●	●	●	●	●	●	● ●英数型
人間福祉	●			●	●	●	●		●	●	●	●	●
国際	●	●	●			●	● ●英語重視型	●	●	●	●	●	●
教育	●文系型 ●理系型		●文系型	●文系型			●	●	●	●	●	●	
総合政策	●文系型 ●理系型		●文系型	●文系型		●	●	●	●	●英国型 ●英数型	●	●	

●：実施

学部	一般入試				大学入学共通テストを利用する入試				
	全学部日程		英数日程	共通テスト併用日程	1月出願				3月出願
	均等配点型	数学・理科重視型	英語・数学型	数学	7科目型	5科目型（理科2科目）	5科目型（理科1科目）	英語資格・検定試験利用	4科目型
理	●	●	●	●	●	●	●	●	●
工	●	●	●	●	●	●	●	●	●
生命環境	●	●	●	●	●	●	●	●	●
建築	●	●	●	●	●	●	●	●	●

（備考）理・工・生命環境・建築学部では，学部個別日程は実施されない。

入試状況（志願者数・競争率など）

2024 年度 入試状況

○合格者数には補欠合格者を含む。

●一般入試：全学部日程

学部・学科等			募集人員	志願者数	受験者数	合格者数	競争率
神			7	82	79	18	4.4
文	文化歴史	哲学倫理学	12	104	104	39	2.7
		美学芸術学	12	134	130	26	5.0
		地理学地域文化学	12	149	147	48	3.1
		日本史学	12	171	171	38	4.5
		アジア史学	12	65	64	25	2.6
		西洋史学	12	213	207	66	3.1
	総合心理科学	心理科学	44	473	466	130	3.6
	文学言語	日本文学日本語学	18	264	258	65	4.0
		英米文学英語学	30	357	352	153	2.3
		フランス文学フランス語学	16	133	130	60	2.2
		ドイツ文学ドイツ語学	14	172	169	57	3.0
社会	社会		160	1,500	1,480	450	3.3
法	法律		110	1,007	979	491	2.0
	政治		35	434	426	172	2.5
経済	文系型		140	1,838	1,801	619	2.9
	理系型			178	175	51	3.4
商			135	1,499	1,479	466	3.2
人間福祉	社会福祉		22	215	214	80	2.7
	社会起業		21	162	162	66	2.5
	人間科学		20	195	194	80	2.4
国際	国際	3科目型	30	347	346	56	6.2
		英語1科目型	20	144	141	21	6.7

（表つづく）

学部・学科等				募集人員	志願者数	受験者数	合格者数	競争率
教育	教育	幼児教育	文系型	29	316	311	107	2.9
			理系型		3	3	0	—
		初等教育	文系型	37	519	510	167	3.1
			理系型		34	32	17	1.9
		教育科学	文系型	17	379	370	144	2.6
			理系型		30	27	12	2.3
総合政策	文系型			100	885	869	443	2.0
	理系型				123	121	56	2.2
理	数理科学		均等配点型	26	198	192	102	1.9
			数学・理科重視型		264	261	151	1.7
	物理・宇宙		均等配点型	30	373	363	169	2.1
			数学・理科重視型		366	356	160	2.2
	化学		均等配点型	33	291	286	171	1.7
			数学・理科重視型		295	288	172	1.7
工	物質工学		均等配点型	26	237	232	128	1.8
			数学・理科重視型		231	224	108	2.1
	電気電子応用工学		均等配点型	30	314	304	155	2.0
			数学・理科重視型		311	303	162	1.9
	情報工学		均等配点型	47	451	439	179	2.5
			数学・理科重視型		435	424	154	2.8
	知能・機械工学		均等配点型	30	274	266	117	2.3
			数学・理科重視型		253	248	102	2.4
生命環境	生物科学		均等配点型	30	353	344	141	2.4
			数学・理科重視型		213	208	73	2.8
	生命医科学	生命医科学	均等配点型	13	233	223	90	2.5
			数学・理科重視型		176	169	58	2.9
		発生再生医科学	均等配点型	13	75	74	38	1.9
			数学・理科重視型		59	58	27	2.1
		医工学	均等配点型	13	70	68	34	2.0
			数学・理科重視型		56	56	31	1.8
	環境応用化学		均等配点型	42	420	410	247	1.7
			数学・理科重視型		332	321	200	1.6
建築	建築		均等配点型	60	661	645	269	2.4
			数学・理科重視型		561	551	212	2.6

●一般入試：学部個別日程

学部・学科等				募集人員	志願者数	受験者数	合格者数	競争率
神			傾斜配点型	6	70	66	18	3.7
			均等配点型		100	95	23	4.1
文	文化歴史	哲学倫理学	傾斜配点型	11	67	63	32	2.0
			均等配点型		43	42	19	2.2
		美学芸術学	傾斜配点型	11	59	55	15	3.7
			均等配点型		42	40	9	4.4
		地理学地域文化学	傾斜配点型	9	67	67	25	2.7
			均等配点型		52	49	19	2.6
		日本史学	傾斜配点型	9	74	73	18	4.1
			均等配点型		87	86	26	3.3
		アジア史学	傾斜配点型	9	35	34	12	2.8
			均等配点型		32	32	11	2.9
		西洋史学	傾斜配点型	9	81	78	36	2.2
			均等配点型		89	84	31	2.7
	総合心理科学	心理科学	傾斜配点型	38	203	196	60	3.3
			均等配点型		237	229	73	3.1
	文学言語	日本文学日本語学	傾斜配点型	18	152	151	42	3.6
			均等配点型		118	116	36	3.2
		英米文学英語学	傾斜配点型	30	132	131	66	2.0
			均等配点型		139	137	69	2.0
		フランス文学フランス語学	傾斜配点型	13	65	65	39	1.7
			均等配点型		66	65	35	1.9
		ドイツ文学ドイツ語学	傾斜配点型	11	70	69	29	2.4
			均等配点型		82	79	37	2.1
社会	社会		傾斜配点型	140	908	881	262	3.4
			均等配点型		955	935	218	4.3
法	法律		傾斜配点型	110	308	298	151	2.0
			均等配点型		530	517	264	2.0
	政治		傾斜配点型	35	202	196	96	2.0
			均等配点型		254	247	90	2.7
経済			傾斜配点型	120	581	554	223	2.5
			均等配点型		855	823	310	2.7
商			傾斜配点型	130	509	494	171	2.9
			均等配点型		774	744	181	4.1

（表つづく）

学部・学科等			募集人員	志願者数	受験者数	合格者数	競争率
人間福祉	社会福祉	英語・国語型	20	148	146	60	2.4
		均等配点型		143	142	59	2.4
	社会起業	英語・国語型	20	128	128	57	2.2
		均等配点型		112	110	56	2.0
	人間科学	英語・国語型	20	122	121	42	2.9
		均等配点型		113	113	45	2.5
国際	国際	傾斜配点型	35	203	200	58	3.4
		均等配点型		223	217	59	3.7
教育	教育 幼児教育	傾斜配点型	20	100	96	37	2.6
		均等配点型		162	158	57	2.8
	教育 初等教育	傾斜配点型	27	156	155	50	3.1
		均等配点型		258	253	73	3.5
	教育 教育科学	傾斜配点型	13	132	130	51	2.5
		均等配点型		212	206	62	3.3
総合政策		傾斜配点型	95	385	376	163	2.3
		均等配点型		602	584	207	2.8

●一般入試：英数日程

学部・学科等			志願者数	受験者数	合格者数	競争率
法	法律		77	75	30	2.5
	政治		37	30	11	2.7
経済			419	407	133	3.1
商			349	334	63	5.3
人間福祉	社会福祉		23	22	8	2.8
	社会起業		7	7	2	3.5
	人間科学		31	29	9	3.2
国際	国際		43	42	17	2.5
総合政策			279	268	115	2.3
理	数理科学		67	66	26	2.5
	物理・宇宙		64	63	18	3.5
	化学		55	53	20	2.7
工	物質工学		68	66	42	1.6
	電気電子応用工学		86	83	42	2.0
	情報工学		134	127	27	4.7
	知能・機械工学		74	73	15	4.9
生命環境	生物科学		74	73	24	3.0
	生命医科学	生命医科学	58	56	9	6.2
		発生再生医科学	29	29	13	2.2
		医工学	25	23	14	1.6
	環境応用化学		109	105	51	2.1
建築	建築		225	218	40	5.5

（備考）募集人員数は次表参照。

〈募集人員数〉

学部・学科等		英数日程	共通テスト併用日程	
			数学	英語
法	法律	35		
	政治	15		
経済		65		
商		50		
人間福祉	社会福祉	17※	—	17※
	社会起業	8※		8※
	人間科学	9※		9※
国際	国際	25		
総合政策		50		
理	数理科学	3		—
	物理・宇宙	3		
	化学	3		

学部・学科等			英数日程	共通テスト併用日程	
				数学	英語
工	物質工学		3		—
	電気電子応用工学		3		
	情報工学		4		
	知能・機械工学		3		
生命環境	生物科学		4		—
	生命医科学	生命医科学	3		
		発生再生医科学	3		
		医工学	3		
	環境応用化学		4		
建築	建築		10		—

※人間福祉学部の募集人員は，英数日程と共通テスト併用日程（英語）を合わせた人数。

●共通テスト併用日程（英語）

学部・学科等			志願者数	受験者数	合格者数	競争率
神			58	54	30	1.8
文	文化歴史	哲学倫理学	27	26	12	2.2
		美学芸術学	34	34	14	2.4
		地理学地域文化学	29	27	16	1.7
		日本史学	44	43	21	2.0
		アジア史学	14	14	7	2.0
		西洋史学	47	46	19	2.4
	総合心理科学	心理科学	150	145	53	2.7
	文学言語	日本文学日本語学	75	74	37	2.0
		英米文学英語学	105	103	65	1.6
		フランス文学フランス語学	32	32	19	1.7
		ドイツ文学ドイツ語学	37	37	25	1.5
社会	社会		472	462	133	3.5
法	法律		349	340	137	2.5
	政治		120	113	35	3.2
経済			404	390	140	2.8
商			495	481	97	5.0
人間福祉	社会福祉		88	88	48	1.8
	社会起業		74	73	36	2.0
	人間科学		68	68	27	2.5
国際	国際	英語	119	114	33	3.5
		英語重視型	110	107	30	3.6
教育	教育	幼児教育	93	93	35	2.7
		初等教育	167	164	53	3.1
		教育科学	167	163	56	2.9
総合政策			379	370	121	3.1

（備考）募集人員数は，次表参照。

〈募集人員数〉

学部・学科等			共通テスト併用日程 英語	共通テスト併用日程 数学	英数日程
神			3	—	—
文	文化歴史	哲学倫理学	3		
		美学芸術史	3		
		地理学地域文化学	2		
		日本史学	2		
		アジア史学	2		
		西洋史学	2		
	総合心理科学		8		
	文学言語	日本文学日本語学	4		
		英米文学英語学	7		
		フランス文学フランス語学	3		
		ドイツ文学ドイツ語学	3		
社会	社会		30		—

学部・学科等			共通テスト併用日程 英語	共通テスト併用日程 数学	英数日程
法	法律		35		
	政治		15		
経済			65		
商			50		
人間福祉	社会福祉		17※	—	17※
	社会起業		8※		8※
	人間科学		9※		9※
国際	国際		25		
教育	教育	幼児教育	5		—
		初等教育	10		
		教育科学	5		
総合政策			50		

※人間福祉学部の募集人員は，共通テスト併用日程（英語）と英数日程を合わせた人数。

●共通テスト併用日程（数学）

学部・学科等			志願者数	受験者数	合格者数	競争率
社会	社会		114	114	45	2.5
法	法律		116	114	47	2.4
	政治		32	31	9	3.4
経済			342	330	132	2.5
商			341	332	60	5.5
国際	国際		32	32	13	2.5
教育	教育	幼児教育	20	19	6	3.2
		初等教育	79	78	28	2.8
		教育科学	48	45	17	2.6
総合政策			235	231	117	2.0
理	数理科学		99	96	46	2.1
	物理・宇宙		97	97	32	3.0
	化学		71	67	29	2.3
工	物質工学		85	84	58	1.4
	電気電子応用工学		119	118	57	2.1
	情報工学		145	143	31	4.6
	知能・機械工学		75	74	24	3.1
生命環境	生物科学		104	103	32	3.2
	生命医科学	生命医科学	70	70	8	8.8
		発生再生医科学	38	38	12	3.2
		医工学	23	23	13	1.8
	環境応用化学		140	137	69	2.0
建築	建築		248	243	70	3.5

（備考）募集人員数は次表参照。

〈募集人員数〉

学部・学科等			共通テスト併用日程 数学	共通テスト併用日程 英語	英数日程
社会	社会		30		—
法	法律		35		
法	政治		15		
経済			65		
商			50		
国際	国際		25		
教育	教育	幼児教育	5		—
教育	教育	初等教育	10		—
教育	教育	教育科学	5		—
総合政策			50		

学部・学科等			共通テスト併用日程 数学	共通テスト併用日程 英語	英数日程
理	数理科学		3※	—	3※
理	物理・宇宙		3※	—	3※
理	化学		3※	—	3※
工	物質工学		3※	—	3※
工	電気電子応用工学		3※	—	3※
工	情報工学		4※	—	4※
工	知能・機械工学		3※	—	3※
生命環境	生物科学		4※	—	4※
生命環境	生命医科学	生命医科学	3※	—	3※
生命環境	生命医科学	発生再生医科学	3※	—	3※
生命環境	生命医科学	医工学	3※	—	3※
生命環境	環境応用化学		4※	—	4※
建築	建築		10※	—	10※

※理・工・生命環境・建築学部の募集人員は，共通テスト併用日程（数学）と英数日程を合わせた人数。

●大学入学共通テスト利用入試：1月出願

○競争率は志願者数÷合格者数で算出。

○表中の「英語利用」は3科目型（英語資格・検定試験利用）を表す。

学部・学科等				募集人員	志願者数	合格者数	競争率
神			7科目型	2	58	12	4.8
			5科目型				
			3科目型				
			英語利用				
文	文化歴史	哲学倫理学	7科目型	3	68	21	3.2
			5科目型				
			3科目型				
			英語利用				
		美学芸術学	7科目型	3	102	33	3.1
			5科目型				
			3科目型				
			英語利用				
		地理学地域文化学	7科目型	3	45	12	3.8
			5科目型				
			3科目型				
			英語利用				
		日本史学	7科目型	3	117	18	6.5
			5科目型				
			3科目型				
			英語利用				
		アジア史学	7科目型	3	19	5	3.8
			5科目型				
			3科目型				
			英語利用				
		西洋史学	7科目型	3	106	49	2.2
			5科目型				
			3科目型				
			英語利用				
	総合心理科学	心理科学	7科目型	15	268	69	3.9
			5科目型				
			3科目型				
			英語利用				

（表つづく）

学部・学科等				募集人員	志願者数	合格者数	競争率
文	文学言語	日本文学日本語学	7 科 目 型 5 科 目 型 3 科 目 型 英 語 利 用	5	141	43	3.3
		英米文学英語学	7 科 目 型 5 科 目 型 3 科 目 型 英 語 利 用	9	136	37	3.7
		フランス文学フランス語学	7 科 目 型 5 科 目 型 3 科 目 型 英 語 利 用	5	27	9	3.0
		ドイツ文学ドイツ語学	7 科 目 型 5 科 目 型 3 科 目 型 英 語 利 用	3	42	10	4.2
社会	社会		7 科 目 型 5 科 目 型 3 科 目 型 英 語 利 用	60	872	317	2.8
法	法律		7 科 目 型 5 科 目 型 3 科 目 型 英 語 利 用	40	1,138	465	2.4
	政治		7 科 目 型 5 科 目 型 3 科 目 型 英 語 利 用	20	472	152	3.1
経済			7 科 目 型 5 科 目 型 3 科 目 型 英 語 利 用	40	1,175	379	3.1
商			7 科 目 型 5 科 目 型 3 科 目 型 英 語 利 用	45	1,096	372	2.9

（表つづく）

学部・学科等			募集人員	志願者数	合格者数	競争率
人間福祉	社会福祉	7科目型	15	115	26	4.4
		5科目型				
		3科目型				
		英語利用				
	社会起業	7科目型	10	91	28	3.3
		5科目型				
		3科目型				
		英語利用				
	人間科学	7科目型	9	122	36	3.4
		5科目型				
		3科目型				
		英語利用				
国際	国際	7科目型	20	335	79	4.2
		5科目型				
		3科目型				
		英語利用				
教育	教育 幼児教育	7科目型	10	137	55	2.5
		5科目型				
		3科目型				
		英語利用				
	教育 初等教育	7科目型	20	357	102	3.5
		5科目型				
		3科目型				
		英語利用				
	教育 教育科学	7科目型	9	375	123	3.0
		5科目型				
		3科目型				
		英語利用				
総合政策		7科目型	35	570	167	3.4
		5科目型				
		3科目英国型				
		3科目英数型				
		英語利用				

（表つづく）

学部・学科等			募集人員	志願者数	合格者数	競争率
理	数理科学	7科目型	5	166	68	2.4
		5科目型理科2				
		5科目型理科1				
		英語利用				
	物理・宇宙	7科目型	5	315	148	2.1
		5科目型理科2				
		5科目型理科1				
		英語利用				
	化学	7科目型	5	205	95	2.2
		5科目型理科2				
		5科目型理科1				
		英語利用				
工	物質工学	7科目型	5	241	129	1.9
		5科目型理科2				
		5科目型理科1				
		英語利用				
	電気電子応用工学	7科目型	5	218	90	2.4
		5科目型理科2				
		5科目型理科1				
		英語利用				
	情報工学	7科目型	5	333	143	2.3
		5科目型理科2				
		5科目型理科1				
		英語利用				
	知能・機械工学	7科目型	5	265	117	2.3
		5科目型理科2				
		5科目型理科1				
		英語利用				

（表つづく）

学部・学科等				募集人員	志願者数	合格者数	競争率
生命環境	生物科学		7科目型	5	389	163	2.4
			5科目型理科2				
			5科目型理科1				
			英語利用				
	生命医科学	生命医科学	7科目型	2	216	88	2.5
			5科目型理科2				
			5科目型理科1				
			英語利用				
		発生再生医科学	7科目型	2	58	29	2.0
			5科目型理科2				
			5科目型理科1				
			英語利用				
		医工学	7科目型	2	63	29	2.2
			5科目型理科2				
			5科目型理科1				
			英語利用				
	環境応用化学		7科目型	5	425	231	1.8
			5科目型理科2				
			5科目型理科1				
			英語利用				
建築	建築		7科目型	10	592	264	2.2
			5科目型理科2				
			5科目型理科1				
			英語利用				

●大学入学共通テスト利用入試：3月出願

○競争率は志願者数÷合格者数で算出。

学部・学科等				募集人員	志願者数	合格者数	競争率
神				2	2	0	—
文	文化歴史	哲学倫理学		2	11	2	5.5
		美学芸術学		2	15	2	7.5
		地理学地域文化学		2	11	2	5.5
		日本史学		2	15	2	7.5
		アジア史学		2	22	2	11.0
		西洋史学		2	24	2	12.0
	総合心理科学		心理科学	3	38	4	9.5
	文学言語	日本文学日本語学		2	7	2	3.5
		英米文学英語学		2	32	3	10.7
		フランス文学フランス語学		2	9	2	4.5
		ドイツ文学ドイツ語学		2	10	3	3.3
社会	社会		4科目型	10	120	39	3.1
			3科目型				
法	法律		4科目型	15	133	29	4.6
			3科目型				
	政治		4科目型	5	59	14	4.2
			3科目型				
経	済		4科目型	22	225	48	4.7
			3科目型				
			3科目英数型				
商			4科目型	10	98	50	2.0
			3科目型				
			3科目英数型				
人間福祉	社会福祉		4科目型	3	11	3	3.7
			3科目型				
	社会起業		4科目型	2	36	8	4.5
			3科目型				
	人間科学		4科目型	2	25	5	5.0
			3科目型				
国際	国際		4科目型	5	90	44	2.0
			3科目型				

（表つづく）

学部・学科等			募集人員	志願者数	合格者数	競争率
教育	教育	幼児教育	2	12	4	3.0
		初等教育	3	12	3	4.0
		教育科学	2	10	4	2.5
総合政策			5	73	27	2.7
理	数理科学		若干名	23	3	7.7
	物理・宇宙		若干名	17	7	2.4
	化学		若干名	15	2	7.5
工	物質工学		若干名	25	13	1.9
	電気電子応用工学		若干名	45	12	3.8
	情報工学		若干名	37	13	2.8
	知能・機械工学		若干名	20	8	2.5
生命環境	生物科学		若干名	31	12	2.6
	生命医科学	生命医科学	若干名	25	3	8.3
		発生再生医科学	若干名	32	4	8.0
		医工学	若干名	13	2	6.5
	環境応用化学		若干名	103	16	6.4
建築	建築		若干名	41	6	6.8

2023年度 入試状況

○合格者数には補欠合格者を含む。

●一般入試：全学部日程

学部・学科等				募集人員	志願者数	受験者数	合格者数	競争率
神				7	49	48	19	2.5
文	文化歴史	哲学倫理学		12	91	88	38	2.3
		美学芸術学		12	128	124	28	4.4
		地理学地域文化学		12	134	132	52	2.5
		日本史学		12	199	196	75	2.6
		アジア史学		12	83	79	23	3.4
		西洋史学		12	128	124	69	1.8
	総合心理科学	心理科学		44	379	368	193	1.9
	文学言語	日本文学日本語学		18	226	219	82	2.7
		英米文学英語学		30	411	408	189	2.2
		フランス文学フランス語学		16	121	120	51	2.4
		ドイツ文学ドイツ語学		14	188	187	81	2.3
社会	社会			160	1,640	1,618	581	2.8
法	法律			110	1,175	1,146	464	2.5
	政治			35	269	262	132	2.0
経済	文系型			140	1,744	1,710	835	2.0
	理系型				215	205	102	2.0
商				135	1,476	1,462	513	2.8
人間福祉	社会福祉			22	176	175	77	2.3
	社会起業			21	202	201	66	3.0
	人間科学			20	237	232	74	3.1
国際	国際		3科目型	30	291	287	47	6.1
			英語1科目型	20	139	137	22	6.2
教育	教育	幼児教育	文系型	29	221	214	129	1.7
			理系型		6	5	3	1.7
		初等教育	文系型	37	453	444	201	2.2
			理系型		35	33	16	2.1
		教育科学	文系型	17	225	222	126	1.8
			理系型		21	21	13	1.6
総合政策	文系型			100	1,062	1,023	451	2.3
	理系型				123	121	58	2.1

（表つづく）

学部・学科等				募集人員	志願者数	受験者数	合格者数	競争率
理	数理科学		総合型	26	177	172	99	1.7
			数学･理科重視型		216	212	135	1.6
	物理・宇宙		総合型	30	346	336	154	2.2
			数学･理科重視型		339	330	136	2.4
	化学		総合型	33	329	325	174	1.9
			数学･理科重視型		291	288	156	1.8
工	物質工学		総合型	26	208	199	107	1.9
			数学･理科重視型		187	183	113	1.6
	電気電子応用工学		総合型	30	292	285	142	2.0
			数学･理科重視型		286	282	138	2.0
	情報工学		総合型	47	421	398	160	2.5
			数学･理科重視型		407	390	158	2.5
	知能・機械工学		総合型	30	328	323	114	2.8
			数学･理科重視型		317	311	88	3.5
生命環境	生物科学		総合型	30	374	364	145	2.5
			数学･理科重視型		204	198	72	2.8
	生命医科学	生命医科学	総合型	13	184	179	77	2.3
			数学･理科重視型		124	122	53	2.3
		発生再生医科学	総合型	13	53	51	31	1.6
			数学･理科重視型		47	46	28	1.6
		医工学	総合型	13	90	86	37	2.3
			数学･理科重視型		67	67	27	2.5
	環境応用化学		総合型	42	323	316	220	1.4
			数学･理科重視型		286	281	191	1.5
建築	建築		総合型	60	711	685	235	2.9
			数学･理科重視型		602	583	209	2.8

●一般入試：学部個別日程

学部・学科等			募集人員	志願者数	受験者数	合格者数	競争率
神			6	70	65	34	1.9
文	文化歴史	哲学倫理学	10	52	51	25	2.0
		美学芸術学	10	85	83	20	4.2
		地理学地域文化学	8	104	101	37	2.7
		日本史学	8	109	106	44	2.4
		アジア史学	8	59	55	26	2.1
		西洋史学	8	72	71	46	1.5
	総合心理科学	心理科学	32	200	192	110	1.7
	文学言語	日本文学日本語学	16	137	134	47	2.9
		英米文学英語学	26	236	234	126	1.9
		フランス文学フランス語学	12	81	79	50	1.6
		ドイツ文学ドイツ語学	10	137	134	63	2.1
社会	社会		130	1,116	1,088	433	2.5
法	法律		110	936	895	417	2.1
	政治		35	436	425	184	2.3
経済			120	1,024	986	426	2.3
商			125	960	931	372	2.5
人間福祉	社会福祉		18	171	164	83	2.0
	社会起業		17	257	255	96	2.7
	人間科学		16	212	209	83	2.5
国際	国際		30	364	353	98	3.6
教育	教育	幼児教育	19	131	129	76	1.7
		初等教育	25	242	233	143	1.6
		教育科学	12	145	141	94	1.5
総合政策			90	1,211	1,160	464	2.5

●英数日程／共通テスト併用日程

＊は英語・数学型，共通テスト併用型・英語，共通テスト併用型・数学を合わせた募集人員。

＊＊は英語・数学型と共通テスト併用型・英語を合わせた募集人員。

＊＊＊は英語・数学型と共通テスト併用型・数学を合わせた募集人員。

【英数日程：英語・数学型】

学部・学科等			募集人員	志願者数	受験者数	合格者数	競争率
法	法律		35*	23	20	7	2.9
	政治		15*	10	10	4	2.5
経済			65*	238	232	89	2.6
商			50*	112	101	44	2.3
人間福祉	社会福祉		15**	12	10	3	3.3
	社会起業		8**	6	6	1	6.0
	人間科学		9**	31	30	11	2.7
国際	国際		25**	35	34	13	2.6
総合政策			50*	167	156	61	2.6
理	数理科学		3***	20	19	10	1.9
	物理・宇宙		3***	46	43	14	3.1
	化学		3***	29	28	12	2.3
工	物質工学		3***	42	41	22	1.9
	電気電子応用工学		3***	38	35	15	2.3
	情報工学		4***	55	50	14	3.6
	知能・機械工学		3***	32	30	9	3.3
生命環境	生物科学		4***	31	30	14	2.1
	生命医科学	生命医科学	3***	16	14	5	2.8
		発生再生医科学	3***	10	10	4	2.5
		医工学	3***	12	12	6	2.0
	環境応用化学		4***	31	31	23	1.3
建築	建築		10***	124	117	40	2.9

【共通テスト併用日程：共通テスト併用型・英語】

学部・学科等			募集人員	志願者数	受験者数	合格者数	競争率
神			3	19	19	12	1.6
文	文化歴史	哲学倫理学	3	53	53	13	4.1
		美学芸術学	3	29	27	14	1.9
		地理学地域文化学	2	20	18	9	2.0
		日本史学	2	38	36	20	1.8
		アジア史学	2	12	12	5	2.4
		西洋史学	2	29	27	12	2.3
	総合心理科学	心理科学	8	98	94	47	2.0
	文学言語	日本文学日本語学	4	49	46	22	2.1
		英米文学英語学	7	117	111	52	2.1
		フランス文学フランス語学	3	22	22	15	1.5
		ドイツ文学ドイツ語学	3	26	26	18	1.4
社会	社会		30*	167	161	77	2.1
法	法律		35*	154	151	89	1.7
	政治		15*	41	39	24	1.6
経済			65*	132	125	55	2.3
商			50*	220	212	103	2.1
人間福祉	社会福祉		15**	52	52	20	2.6
	社会起業		8**	44	43	15	2.9
	人間科学		9**	30	26	8	3.3
国際	国際	併用型・英語	25**	50	49	14	3.5
		英語重視型		86	85	21	4.0
教育	教育	幼児教育	5	60	60	42	1.4
		初等教育	10	93	90	54	1.7
		教育科学	5	84	82	50	1.6
総合政策			50*	285	269	109	2.5

【共通テスト併用日程：共通テスト併用型・数学】

学部・学科等		募集人員	志願者数	受験者数	合格者数	競争率
社会	社会	30*	63	61	30	2.0
法	法律	35*	65	59	25	2.4
	政治	15*	11	11	4	2.8
経済		65*	212	206	99	2.1
商		50*	168	164	58	2.8

（表つづく）

学部・学科等			募集人員	志願者数	受験者数	合格者数	競争率
総	合政策		50*	125	123	48	2.6
理	数理科学		3***	74	73	34	2.1
	物理・宇宙		3***	104	102	26	3.9
	化学		3***	57	56	15	3.7
工	物質工学		3***	78	76	35	2.2
	電気電子応用工学		3***	88	87	42	2.1
	情報工学		4***	113	104	25	4.2
	知能・機械工学		3***	94	91	16	5.7
生命環境	生物科学		4***	68	68	21	3.2
	生命医科学	生命医科学	3***	39	37	11	3.4
		発生再生医科学	3***	18	17	13	1.3
		医工学	3***	24	24	12	2.0
	環境応用化学		4***	69	68	55	1.2
建築	建築		10***	187	175	60	2.9

2022 年度　入試状況

○合格者数には補欠合格者を含まない。

●一般入試：全学部日程

学部・学科等				募集人員	志願者数	受験者数	合格者数	競争率
神				7	45	43	19	2.3
文	文化歴史	哲学倫理学		12	92	87	36	2.4
		美学芸術学		12	131	121	39	3.1
		地理学地域文化学		12	71	68	35	1.9
		日本史学		12	117	115	46	2.5
		アジア史学		12	82	74	18	4.1
		西洋史学		12	141	133	40	3.3
	総合心理科学	心理科学		44	396	388	132	2.9
	文学言語	日本文学日本語学		18	243	240	80	3.0
		英米文学英語学		30	362	358	145	2.5
		フランス文学フランス語学		16	152	150	52	2.9
		ドイツ文学ドイツ語学		14	157	152	60	2.5
社会	社会			160	958	945	436	2.2
法	法律			110	1,045	1,008	354	2.8
	政治			35	220	217	73	3.0
経済	文系型			140	1,137	1,113	568	2.0
	理系型				130	127	64	2.0
商				135	1,572	1,536	560	2.7
人間福祉	社会福祉			22	238	231	82	2.8
	社会起業			21	166	164	66	2.5
	人間科学			20	262	258	100	2.6
国際	国際		3科目型	30	280	273	35	7.8
			英語1科目型	20	203	194	22	8.8
教育	教育	幼児教育	文系型	28※	207	206	53	3.9
			理系型		3	3	1	3.0
		初等教育（主体性評価方式を含む）	文系型	36※	432	420	110	3.8
			理系型		38	37	11	3.4
		教育科学	文系型	16※	173	166	55	3.0
			理系型		24	23	9	2.6
総合政策	文系型			100	934	919	340	2.7
	理系型				97	94	29	3.2

（表つづく）

学部・学科等			募集人員	志願者数	受験者数	合格者数	競争率
理	数理科学	総合型	26	228	222	83	2.7
		数学・理科重視型		271	266	104	2.6
	物理・宇宙	総合型	30	422	414	139	3.0
		数学・理科重視型		399	391	127	3.1
	化学	総合型	33	284	277	161	1.7
		数学・理科重視型		238	229	120	1.9
工	物質工学	総合型	26	203	197	100	2.0
		数学・理科重視型		170	166	68	2.4
	電気電子応用工学	総合型	30	255	245	92	2.7
		数学・理科重視型		281	277	116	2.4
	情報工学	総合型	47	446	433	139	3.1
		数学・理科重視型		444	427	136	3.1
	知能・機械工学	総合型	30	346	338	133	2.5
		数学・理科重視型		332	325	123	2.6
生命環境	生物科学	総合型	30	353	342	121	2.8
		数学・理科重視型		258	247	83	3.0
	生命医科学 生命医科学	総合型	13	150	145	60	2.4
		数学・理科重視型		92	89	34	2.6
	生命医科学 発生再生医科学	総合型	13	57	56	21	2.7
		数学・理科重視型		41	40	19	2.1
	生命医科学 医工学	総合型	13	38	37	20	1.9
		数学・理科重視型		36	35	20	1.8
	環境応用化学	総合型	42	340	330	161	2.0
		数学・理科重視型		262	253	124	2.0
建築	建築	総合型	60	602	578	282	2.0
		数学・理科重視型		553	528	264	2.0

（備考）教育学部の募集人員（※）は，理系型入試２日目の募集人員を含まない。

●一般入試：学部個別日程

学部・学科等			募集人員	志願者数	受験者数	合格者数	競争率
神			5	67	65	25	2.6
文	文化歴史	哲学倫理学	10	65	64	32	2.0
		美学芸術学	10	81	80	35	2.3
		地理学地域文化学	8	60	60	39	1.5
		日本史学	8	72	71	37	1.9
		アジア史学	8	67	62	14	4.4
		西洋史学	8	75	72	29	2.5
	総合心理科学	心理科学	32	234	229	80	2.9
	文学言語	日本文学日本語学	16	142	138	64	2.2
		英米文学英語学	26	252	247	124	2.0
		フランス文学フランス語学	12	94	91	33	2.8
		ドイツ文学ドイツ語学	10	118	114	58	2.0
社会	社会		130	891	869	368	2.4
法	法律		110	1,042	998	340	2.9
	政治		35	352	344	144	2.4
経済			120	858	826	429	1.9
商			125	975	946	386	2.5
人間福祉	社会福祉		18	184	177	83	2.1
	社会起業		17	170	167	73	2.3
	人間科学		16	159	158	71	2.2
国際	国際		30	367	355	79	4.5
教育	教育	幼児教育	20※	121	117	44	2.7
		初等教育（主体性評価方式を含む）	26※	212	209	80	2.6
		教育科学	13※	101	94	35	2.7
総合政策			90	898	881	408	2.2

（備考）教育学部の募集人員（※）は，全学部日程の理系型入試２日目の募集人員を含む。

●共通テスト併用／英数日程

＊は英語・数学型，共通テスト併用型・英語，共通テスト併用型・数学を合わせた募集人員。

＊＊は英語・数学型と共通テスト併用型・英語を合わせた募集人員。

＊＊＊は英語・数学型と共通テスト併用型・数学を合わせた募集人員。

【英語・数学型】

学部・学科等			募集人員	志願者数	受験者数	合格者数	競争率
社会	社会		30*	28	25	8	3.1
法	法律		35*	42	40	14	2.9
	政治		15*	19	15	4	3.8
経済			65*	155	154	77	2.0
商			50*	123	120	52	2.3
人間福祉	社会福祉		15**	9	9	4	2.3
	社会起業		8**	6	5	1	5.0
	人間科学		9**	16	16	10	1.6
国際	国際		25**	32	32	13	2.5
総合政策			50*	92	91	60	1.5
理	数理科学		3***	25	23	8	2.9
	物理・宇宙		3***	43	42	12	3.5
	化学		3***	22	21	7	3.0
工	物質工学		3***	17	17	8	2.1
	電気電子応用工学		3***	38	36	13	2.8
	情報工学		4***	50	46	12	3.8
	知能・機械工学		3***	28	27	7	3.9
生命環境	生物科学		4***	33	30	10	3.0
	生命医科学	生命医科学	3***	11	11	4	2.8
		発生再生医科学	3***	7	7	3	2.3
		医工学	3***	4	4	2	2.0
	環境応用化学		4***	32	30	19	1.6
建築	建築		10***	70	68	34	2.0

【共通テスト併用型・英語】

学部・学科等			募集人員	志願者数	受験者数	合格者数	競争率
神			4	9	9	8	1.1
文	文化歴史	哲学倫理学	3	21	19	17	1.1
		美学芸術学	3	22	21	12	1.8
		地理学地域文化学	2	8	8	4	2.0
		日本史学	2	19	17	12	1.4
		アジア史学	2	5	4	3	1.3
		西洋史学	2	15	14	11	1.3
	総合心理科学	心理科学	8	64	60	43	1.4
	文学言語	日本文学日本語学	4	34	31	21	1.5
		英米文学英語学	7	35	31	22	1.4
		フランス文学フランス語学	3	14	12	8	1.5
		ドイツ文学ドイツ語学	3	20	18	13	1.4
社会	社会		30*	124	123	40	3.1
法	法律		35*	128	123	25	4.9
	政治		15*	17	15	4	3.8
経済			65*	93	88	45	2.0
商			50*	143	137	62	2.2
人間福祉	社会福祉		15**	30	29	21	1.4
	社会起業		8**	22	22	12	1.8
	人間科学		9**	20	19	4	4.8
国際	国際	併用型・英語	25**	39	37	7	5.3
		英語重視型		86	82	16	5.1
教育	教育	幼児教育	5	34	34	14	2.4
		初等教育	10	84	76	32	2.4
		教育科学	5	30	28	10	2.8
総合政策			50*	105	103	68	1.5

【共通テスト併用型・数学】

学部・学科等		募集人員	志願者数	受験者数	合格者数	競争率
社会	社会	30*	77	76	38	2.0
法	法律	35*	42	40	18	2.2
	政治	15*	3	3	1	3.0
経済		65*	150	144	75	1.9
商		50*	117	113	58	1.9

（表つづく）

<table>
<tr><th colspan="3">学部・学科等</th><th>募集人員</th><th>志願者数</th><th>受験者数</th><th>合格者数</th><th>競争率</th></tr>
<tr><td colspan="3">総合政策</td><td>50*</td><td>73</td><td>69</td><td>46</td><td>1.5</td></tr>
<tr><td rowspan="3">理</td><td colspan="2">数理科学</td><td>3***</td><td>114</td><td>109</td><td>24</td><td>4.5</td></tr>
<tr><td colspan="2">物理・宇宙</td><td>3***</td><td>111</td><td>109</td><td>30</td><td>3.6</td></tr>
<tr><td colspan="2">化学</td><td>3***</td><td>68</td><td>65</td><td>23</td><td>2.8</td></tr>
<tr><td rowspan="4">工</td><td colspan="2">物質工学</td><td>3***</td><td>59</td><td>59</td><td>29</td><td>2.0</td></tr>
<tr><td colspan="2">電気電子応用工学</td><td>3***</td><td>82</td><td>79</td><td>40</td><td>2.0</td></tr>
<tr><td colspan="2">情報工学</td><td>4***</td><td>162</td><td>157</td><td>20</td><td>7.9</td></tr>
<tr><td colspan="2">知能・機械工学</td><td>3***</td><td>106</td><td>102</td><td>18</td><td>5.7</td></tr>
<tr><td rowspan="5">生命環境</td><td colspan="2">生物科学</td><td>4***</td><td>86</td><td>82</td><td>22</td><td>3.7</td></tr>
<tr><td rowspan="3">生命医科学</td><td>生命医科学</td><td>3***</td><td>30</td><td>28</td><td>12</td><td>2.3</td></tr>
<tr><td>発生再生医科学</td><td>3***</td><td>18</td><td>17</td><td>8</td><td>2.1</td></tr>
<tr><td>医工学</td><td>3***</td><td>17</td><td>16</td><td>10</td><td>1.6</td></tr>
<tr><td colspan="2">環境応用化学</td><td>4***</td><td>89</td><td>84</td><td>38</td><td>2.2</td></tr>
<tr><td>建築</td><td colspan="2">建築</td><td>10***</td><td>214</td><td>206</td><td>103</td><td>2.0</td></tr>
</table>

合格最低点（一般入試）

○全学部日程・学部個別日程では，試験日や選択科目間での有利・不利をなくすために，学部ごとに点数調整「中央値補正法」（p. 42 参照）が実施され，総合点で判定される。以下の合格最低点は補正後の点数である。
○補欠合格者・追加合格者の成績を含む。
○共通テスト併用日程の合格最低点は非公表。

●全学部日程

学部・学科等			2024年度 合格最低点	2024年度 満点	2023年度 合格最低点	2023年度 満点	2022年度 合格最低点	2022年度 満点
神			298.3	550	287.1	550	278.9	550
文	文化歴史	哲学倫理学	308.4	550	306.1	550	312.2	550
		美学芸術学	378.2	550	338.2	550	322.1	550
		地理学地域文化学	299.3	550	274.8	550	276.8	550
		日本史学	348.0	550	312.7	550	312.0	550
		アジア史学	296.9	550	275.9	550	300.3	550
		西洋史学	354.7	550	287.1	550	335.1	550
	総合心理科学	心理科学	322.8	550	287.0	550	315.4	550
	文学言語	日本文学日本語学	338.6	550	304.0	550	314.0	550
		英米文学英語学	300.9	550	302.4	550	291.3	550
		フランス文学フランス語学	275.1	550	275.0	550	310.2	550
		ドイツ文学ドイツ語学	279.8	550	279.9	550	276.2	550
社会	社会		314.9	550	306.4	550	278.3	550
法	法律		289.3	550	304.5	550	290.7	550
	政治		289.3	550	276.9	550	281.2	550
経済	文系型		309.0	550	284.2	550	275.5	550
	理系型		329.8	550	302.3	550	278.4	550
商			318.9	550	309.0	550	310.6	550
人間福祉	社会福祉		298.2	550	299.0	550	314.3	550
	社会起業		304.0	550	307.5	550	301.1	550
	人間科学		298.5	550	300.1	550	297.3	550
国際	国際	3科目型	351.8	550	361.6	550	365.0	550
		英語1科目型	335.0	400	334.0	400	313.0	400

（表つづく）

学部・学科等				2024 年度		2023 年度		2022 年度	
				合　格 最低点	満　点	合　格 最低点	満　点	合　格 最低点	満　点
教育	教育	幼児教育	文系型	288.7	550	261.2	550	300.3	550
			理系型１日目	－	450	228.2	450	325.0	450
			理系型２日目					266.9	450
		初等教育	文系型	306.2	550	284.1	550	308.9	550
			理系型１日目	229.5	450	225.6	450	260.3	450
			理系型２日目					256.5	450
		教育科学	文系型	309.9	550	284.0	550	318.6	550
			理系型１日目	234.6	450	226.5	450	286.0	450
			理系型２日目					274.5	450
総合政策	文系型			277.0	550	286.1	550	285.0	550
	理系型			256.4	500	254.6	500	247.6	500
理	数理科学		均等配点型	214.3	450	215.8	450	244.9	450
			数学・理科重視型	210.6	450	215.5	450	244.2	450
	物理・宇宙		均等配点型	252.9	450	250.2	450	258.4	450
			数学・理科重視型	252.3	450	250.4	450	258.5	450
	化学		均等配点型	210.6	450	221.4	450	208.1	450
			数学・理科重視型	216.4	450	221.1	450	207.8	450
工	物質工学		均等配点型	206.8	450	207.1	450	220.8	450
			数学・理科重視型	207.3	450	205.9	450	220.0	450
	電気電子応用工学		均等配点型	223.4	450	222.8	450	220.2	450
			数学・理科重視型	220.8	450	222.3	450	230.0	450
	情報工学		均等配点型	247.2	450	253.5	450	263.3	450
			数学・理科重視型	247.4	450	253.6	450	263.0	450
	知能・機械工学		均等配点型	236.4	450	257.5	450	242.4	450
			数学・理科重視型	238.7	450	258.7	450	242.6	450
生命環境	生物科学		均等配点型	257.5	450	249.7	450	237.3	450
			数学・理科重視型	257.5	450	250.4	450	238.4	450
	生命医科学	生命医科学	均等配点型	252.7	450	252.7	450	249.6	450
			数学・理科重視型	252.8	450	251.6	450	250.4	450
		発生再生医科学	均等配点型	219.4	450	211.5	450	240.1	450
			数学・理科重視型	213.9	450	211.6	450	240.2	450
		医工学	均等配点型	224.7	450	221.2	450	220.9	450
			数学・理科重視型	223.7	450	223.0	450	213.4	450
	環境応用化学		均等配点型	206.5	450	198.3	450	208.1	450
			数学・理科重視型	205.2	450	199.4	450	205.8	450

（表つづく）

学部・学科等				2024年度 合格最低点	2024年度 満点	2023年度 合格最低点	2023年度 満点	2022年度 合格最低点	2022年度 満点
建築	建築		均等配点型	240.0	450	239.0	450	231.1	450
			数学・理科重視型	241.3	450	239.4	450	231.3	450

●学部個別日程

学部・学科等				2024年度 合格最低点	2024年度 満点	2023年度 合格最低点	2023年度 満点	2022年度 合格最低点	2022年度 満点
神			傾斜配点型	312.8	600	262.9	500	268.7	500
			均等配点型	313.3	600				
文	文化歴史	哲学倫理学	傾斜配点型	382.7	600	312.0	500	330.0	500
			均等配点型	344.1	600				
		美学芸術学	傾斜配点型	439.1	600	348.3	500	341.3	500
			均等配点型	409.4	600				
		地理学地域文化学	傾斜配点型	378.9	600	293.3	500	271.0	500
			均等配点型	348.1	600				
		日本史学	傾斜配点型	453.6	600	315.4	500	315.5	500
			均等配点型	391.4	600				
		アジア史学	傾斜配点型	399.3	600	277.0	500	301.9	500
			均等配点型	353.7	600				
		西洋史学	傾斜配点型	426.1	600	296.7	500	352.3	500
			均等配点型	383.5	600				
	総合心理科学	心理科学	傾斜配点型	407.1	600	280.3	500	349.7	500
			均等配点型	356.9	600				
	文学言語	日本文学日本語学	傾斜配点型	432.7	600	330.2	500	330.1	500
			均等配点型	383.2	600				
		英米文学英語学	傾斜配点型	395.8	600	300.0	500	306.6	500
			均等配点型	343.1	600				
		フランス文学フランス語学	傾斜配点型	349.5	600	268.0	500	321.2	500
			均等配点型	300.1	600				
		ドイツ文学ドイツ語学	傾斜配点型	379.9	600	284.0	500	272.0	500
			均等配点型	335.7	600				
社会	社会		傾斜配点型	349.5	600	321.0	500	308.5	500
			均等配点型	349.4	600				

（表つづく）

学部・学科等				2024年度		2023年度		2022年度	
				合格最低点	満点	合格最低点	満点	合格最低点	満点
法	法律		傾斜配点型	312.5	600	269.8	500	287.5	500
			均等配点型	312.1	600				
	政治		傾斜配点型	312.9	600	259.6	500	262.0	500
			均等配点型	312.3	600				
経済			傾斜配点型	326.0	600	317.9	500	296.8	500
			均等配点型	326.1	600				
商			傾斜配点型	347.1	600	320.9	500	316.4	500
			均等配点型	346.9	600				
人間福祉	社会福祉		英語・国語型	245.0	350	236.0	350	219.0	350
			均等配点型	341.9	600				
	社会起業		英語・国語型	238.0	350	244.0	350	223.0	350
			均等配点型	345.4	600				
	人間科学		英語・国語型	242.0	350	235.0	350	216.0	350
			均等配点型	349.2	600				
国際	国際		傾斜配点型	355.3	600	329.3	550	332.0	550
			均等配点型	355.8	600				
教育	教育	幼児教育	傾斜配点型	307.0	600	270.2	500	285.0	500
			均等配点型	307.8	600				
		初等教育 3教科型	傾斜配点型	334.0	600	288.0	500	290.0	500
			均等配点型	333.4	600				
		初等教育 主体性評価方式						—	510
		教育科学	傾斜配点型	346.9	600	292.6	500	304.9	500
			均等配点型	346.0	600				
総合政策			傾斜配点型	325.1	600	216.3	400	207.2	400
			均等配点型	324.9	600				

※教育学部教育学科初等教育学コースの主体性評価方式については，合格最低点は非公表。
※理・工・生命環境・建築学部では学部個別日程は実施されない。

●英数日程

学部・学科等			2024年度 合格最低点	2024年度 満点	2023年度 合格最低点	2023年度 満点	2022年度 合格最低点	2022年度 満点
社会	社会						355.4	500
法	法律		246.0	400	243.0	400	289.3	400
	政治		245.3	400	211.7	400	261.3	400
経済			252.0	400	231.3	400	248.0	400
商			278.3	400	219.0	400	263.3	400
人間福祉	社会福祉		220.0	350	191.0	350	266.0	350
	社会起業		213.0	350	188.0	350	238.0	350
	人間科学		206.0	350	191.0	350	229.0	350
国際	国際		277.3	400	270.0	400	321.8	400
総合政策			205.3	400	201.0	400	222.3	400
理	数理科学		226.0	400	250.0	400	280.0	400
	物理・宇宙		232.0	400	248.0	400	273.0	400
	化学		214.0	400	221.0	400	252.0	400
工	物質工学		178.0	400	214.0	400	198.0	400
	電気電子応用工学		212.0	400	223.0	400	229.0	400
	情報工学		255.0	400	249.0	400	285.0	400
	知能・機械工学		258.0	400	259.0	400	279.0	400
生命環境	生物科学		244.0	400	244.0	400	263.0	400
	生命医科学	生命医科学	263.0	400	245.0	400	279.0	400
		発生再生医科学	201.0	400	208.0	400	245.0	400
		医工学	182.0	400	229.0	400	276.0	400
	環境応用化学		203.0	400	187.0	400	254.0	400
建築	建築		255.0	400	243.0	400	260.0	400

●中央値補正法とは

各試験科目の成績順で中央に位置する人の得点（中央値：1,001 人受験した場合は，501 番目の人の成績）を，その科目の満点の 5 割の点数となるように全体を補正するものである（ただし，満点と 0 点は動かさない）。平均点は，各科目の全受験者の点数を合計して，人数で割り出した点数のことをいい，中央値とは大きく異なる。

〈参考〉　中央値補正の数式について

中央値補正法による補正後の点（以下，補正点という）は，次の数式によって算出している。

①素点（元点）＜中央値の場合

$$\text{補正点}=\frac{\text{満点の 5 割の点}}{\text{中央値}}\times\text{素点}$$

②素点（元点）≧中央値の場合

$$\text{補正点}=\frac{\text{満点の 5 割の点}}{\text{満点}-\text{中央値}}\times(\text{素点}-\text{中央値})+\text{満点の 5 割の点}$$

募集要項（出願書類）の入手方法

一般選抜入学試験要項は関西学院大学ホームページ（https://www.kwansei.ac.jp）から請求できるほか，FAX，テレメールからも請求できます。

発行時期・請求方法は大学ホームページなどでご確認ください。

問い合わせ先

〒662-8501　兵庫県西宮市上ケ原一番町1番155号
関西学院大学 入学センター
TEL （0798）54-6135（直通）
FAX （0798）51-0915

関西学院大学のテレメールによる資料請求方法

スマートフォンから　QRコードからアクセスしガイダンスに従ってご請求ください。

パソコンから　教学社 赤本ウェブサイト(akahon.net)から請求できます。

気になること、聞いてみました！

在学生メッセージ

大学ってどんなところ？ 大学生活ってどんな感じ？
ちょっと気になることを，在学生に聞いてみました。

以下の内容は 2020〜2022 年度入学生のアンケート回答に基づくものです。ここで触れられている内容は今後変更となる場合もありますのでご注意ください。

メッセージを書いてくれた先輩　［社会学部］N.N. さん　［法学部］A.N. さん

大学生になったと実感！

自己責任で主体的に行動しなければいけないことです。授業の選択や出席欠席を自己責任で行わなければいけないのはもちろんのこと，休講の連絡や課題の提出，試験の日程などは自分でホームページを開いてお知らせを見なければ知ることができないのが，高校までと大きく違うところだと思います。（N.N. さん／社会）

大学生になったなと実感したことは，所属学部の学問を修めていることです。私は人文系の学部に所属しています。国語の現代文で扱われる文章を思い出してもらうとわかりやすいと思いますが，学問は基本的に，ある事象が存在していて，それらが論理的につなげられて，１つの理論として導かれるという流れがあります。人文系の学問の場合は，人間的な活動が言語化されたときの特有のおもしろさがあります。また，異なる考え同士が衝突したり，時代とともに主流である考えが変遷したりします。この興味深さに気づき，学び，自分の意見はどうかと考えるときに，大学生であることを実感します。（A.N. さん／法）

大学生活に必要なもの

パソコンが必要だったので，新たに用意しました。必ず購入しなければいけないということはないのですが，レポートやプレゼン資料の作成，オンライン授業の受講など，パソコンがないと不便なことが多いです。大学が推奨するパソコンのスペックを参考にして購入しました。（N.N. さん／社会）

この授業がおもしろい！

私は必修のキリスト教学が好きです。もともと倫理が好きだったことや，高校でお世話になった日本の神話に詳しい先生の影響を受けたこともあり，とても興味深い授業です。現代にもつながるキリスト教思想を学べたり，映画のワンシーンに織り込まれたキリスト教思想を知ることができたりします。高校で学んだ日本の神話と照らし合わせることで，キリスト教と日本の神話との類似点を見つけることもできて，とてもおもしろいです。（N.N. さん／社会）

大学の学びで困ったこと＆対処法

大学のポータルサイトを使いこなせず，困りました。テストを受けたり，レジュメをパソコンにダウンロードしたりと使用頻度が高いのですが，どのリンクをクリックすればよいのかわからないなど，慣れるまで大変でした。（N.N. さん／社会）

大学で学ぶために最低限必要な教養に不足があることです。私が受験した入試の科目数は 3 つでした。しかし，大学での学びは，高校までの教養を土台にして，発展的に行われています。ここに，受験対象科目以外の知識も必要であることを痛感しています。対処法としては，勉強しかありません。しかし，目的意識が不明瞭な勉強ではなく，必要に迫られた実感の

ある勉強であるため，モチベーションは高いです。（A.N. さん／法）

部活・サークル活動

私はよさこいのサークルに入っています。授業がある期間は週 3 回 3 時間，夏季休暇中は大きな大会があったので，週 4 回 8 時間ほど練習していました。サークルにしては練習時間が多いかもしれませんが，それだけの熱を入れる価値はあると思っています。（N.N. さん／社会）

交友関係は？

おもに少人数授業やサークルで交友関係を築きました。私の所属する社会学部は人数が多いため先輩と関わりをもつのが難しかったのですが，サークルに入ってから他学部の先輩とも関われるようになりました。また，他のキャンパスの友人もできました。（N.N. さん／社会）

いま「これ」を頑張っています

今はよさこいに熱中しています。練習量も多く，大変なことも多いのですが，夏にある大きな大会のキラキラしたステージで踊れたり，他学部の先輩や他大学の人など多くの人と交流をもてたりします。何よりも同じ目標に向かって頑張れる仲間ができてやりがいを感じています。（N.N. さん／社会）

普段の生活で気をつけていることや心掛けていること

普段の生活で心掛けていることは，なるべくゆとりをもった予定を立てることです。自分の周りには時間にルーズな人が多いので，周りに流されず基本的なことだけはしっかりしようと心掛けています。（N.N. さん／社会）

おススメ・お気に入りスポット

西宮上ケ原キャンパス前にある大学生のためのカフェです。アプリをインストールして設定をすれば，1時間に1杯無料で飲み物を飲むことができ，無料 Wi-Fi やコンセントの使用も自由なので，空きコマを使って課題をやるには最適な場所です。オシャレで落ち着くので，よくお世話になっています。（N.N. さん／社会）

入学してよかった！

歩いているだけで色々なところから色々な言語が聞こえてくることです。文化も出身も違う人たちが日本語で話していたり，英語や中国語で話していたりしておもしろいです。私は外国から来た友達や先輩と，文化の違いについての話で盛り上がっています。そして何より勉強になります。（N.N. さん／社会）

高校生のときに「これ」をやっておけばよかった

英語の勉強をもっとしておくべきだったと思います。受験英語だけではなく，人とコミュニケーションを取るための英語を勉強すればよかったと後悔しています。先生や学生同士のコミュニケーションが全て英語で行われる授業を取っているのですが，すぐに単語が出てこなくて困っているので，会話にも力を入れておけばよかったです。（N.N. さん／社会）

合格体験記

みごと合格を手にした先輩に，入試突破のためのカギを伺いました。
入試までの限られた時間を有効に活用するために，ぜひ役立ててください。

（注）ここでの内容は，先輩方が受験された当時のものです。2025 年度入試では当てはまらないこともありますのでご注意ください。

・アドバイスをお寄せいただいた先輩・

H.M. さん　文学部（文化歴史学科〈西洋史学専修〉）
全学部日程 2024 年度合格，愛媛県出身

「受験勉強は，過去問に始まり，過去問で終わる」というのは正しいと思います。そのため，合格のためには，過去問の復習・分析を怠らず，粘り強く取り組むことが大切です。模試の結果で一喜一憂せず，過去問の分析を徹底しましょう！

その他の合格大学　近畿大（文芸）

M.I. さん　法学部（法律学科）
全学部日程・学部個別日程・共通テスト併用日程
2024 年度合格，大阪府出身

関西学院大学は英語に力を入れているので，英語を頑張ったことです！　毎日，英語に触れることが大切だと思います。体調に気をつけて，最後まであきらめずに頑張ってください。

その他の合格大学　近畿大（法）

K.Y. さん　法学部（法律学科）
全学部日程・学部個別日程 2024 年度合格，大阪府出身

合格にとって最大のカギは，赤本の分析だと考えています。というのも，傾向をつかんで出題傾向を把握できると，勉強の道筋が開けてくるからです。たくさん勉学に励むのはもちろんのこと，効率を覚えることも大事です。これを踏まえて勉強すればきっと合格できます。頑張れ，未来の関学生！

その他の合格大学　近畿大（法）

N.N. さん　社会学部（社会学科）
全学部日程 2022 年度合格，愛知県出身

数多ある情報に惑わされないことです。情報が溢れている時代ですので，良いと思ったものを取捨選択して，自分に合っているかどうかを見極めることが大事だと思います。それがうまくできれば，志望校に合格できるはずです。

その他の合格大学　近畿大（総合社会〈推薦〉）

A.K. さん　商学部
学部個別日程 2022 年度合格，兵庫県出身

合格の最大のポイントは赤本をうまく活用することができたことでした。受験は最後までどうなるのかはわからないので，体調に気をつけて志望大学に向けて頑張ってください！！

その他の合格大学　関西学院大（経済）

K.W. さん　商学部
共通テスト併用／英数日程（共通テスト併用型・数学）2022 年度合格，沖縄県出身

少しでも可能性があるならばあきらめずに最後までやり抜くことです。やり始めはなかなか結果が出ず苦しいと思いますが，努力を積み重ねることで着実に力はついてきます。この大学に行きたいという気持ちを強くもち，あきらめずに最後までやり抜いてください！

その他の合格大学　甲南大（経営），武庫川女子大（経営），大阪経済法科大（経営）

入試なんでもQ&A

受験生のみなさんからよく寄せられる，
入試に関する疑問・質問に答えていただきました。

Q 「赤本」の効果的な使い方を教えてください。

A 自分の受験する日程に合わせた対策を行うために購入しました。特に，英語と国語は日程によっては記述形式もあったので，学校や塾の先生に答案を添削してもらっていました。赤本を効果的に使うポイントは，問題を解いてみて思ったことや注意しておきたいことを，傾向と対策や解説のページにどんどん書き込んでいくことです。そうすると，自分のオリジナルの赤本ができて，試験当日の安心材料になると思います。

（M.I. さん／法）

A 赤本は，傾向を知ることに焦点を当てて使いました。というのも，傾向を知らずして学習をすると，必ず関学合格へは遠回りになるという確信があったからです。一番もったいないのが，実力はあるのに対策を怠り落ちてしまうパターンです。そうならないためにも，赤本は傾向を知る，すなわち自分の解き方を確立するために使いましょう。しっかり把握すると普段の勉強がやりやすくなります。 （K.Y. さん／法）

Q 1年間のスケジュールはどのようなものでしたか？

A 私の場合，真剣に受験勉強を始めたのは4月からでした。まず4月～8月中旬にかけて，『システム英単語』（駿台文庫）や600語ある古文単語帳を1周でもいいので，しっかりと頭に染みつくように覚えました。その他に，英文法は『スクランブル英文法・語法』（旺文社）などを活用して各単元ずつ勉強し直したり，古典文法も『ステップアップノート』（河合出版）を活用して一からやり直したりしました。また，世界史は教科書を徹底的に読み込みました。そうすることにより基礎が固まります。そして８月中旬～９月下旬にかけては，固まった基礎を基に基礎レベルの英語長文や現代文，古文の問題を解きました。同時に，この時期から世界史の一問一答をやるのがおすすめです。なぜかというと，教科書で押さえた流れに用語を乗せて覚えることができるからです。10月からは自分の受験する大学の過去問を解いて，傾向をつかみました。このようにして積み重ねができると，あとは本番で普段通りにしていれば受かると思います。頑張ってください。　（K.Y. さん／法）

A　夏前までに単語と文法を固め，夏休みから共通テストの対策を始めました。共通テストやセンターの過去問を解いて苦手だと思った分野の問題集を解いて苦手を克服していました。10月頃からは受験する大学を明確に決め，過去問を解いていきました。できなかったところはできるまで繰り返しました。12～１月の直前期はできなかった問題を解き直したり，本番と同じ時間で過去問を解いて時間配分の感覚をつかんだりしていました。　（K.W. さん／商）

どのように受験勉強を進めていましたか？

A　１日ごとに科目を変えて勉強しました。全体のページ数から１日あたりのページ数を決めて苦手な分野には時間をかけるようにしていました。１日あたりの目標ページ数を決めることで毎日コツコツ続けることができ，参考書を何周も繰り返し学ぶことができました。赤本は一度解き始めたら中断したり解答を見ないようにして緊張感を出して解くようにしました。計画の立て方は人それぞれなので自分に合ったやり方を早く探すことをおすすめします。　（A.K. さん／商）

時間をうまく使うためにしていた工夫を教えてください。

A 私は朝に早起きすることが得意だったので，冬休みに入ってからは3時半に起床して勉強を始めていました。朝早くに起きると周りも静かで勉強するのにとてもいい環境が整っていますし，ご飯を食べる時間などを除いても昼までには8時間以上勉強していることになるので，少し優越感もあり，勉強のモチベーションを保つのも容易でした。何より生活習慣が整うので，体調を崩すこともなく健康に試験当日を迎えることができました。（N.N. さん／社会）

関西学院大学を攻略するうえで特に重要な科目は何ですか？

A 英語だと思います。時間が限られているなかで，問題量の多い長文をたくさん読んでいかなければいけません。単語や構文の復習と文法事項の再確認など，毎日英語の対策は欠かさないようにしていました。過去問を解いた後，いつも使っている単語帳や文法書に戻って復習をするというサイクルも大切にしていました。また復習の一環として，速読力をつけるために，解いた後の長文を音読しました。（M.I. さん／法）

A 私の場合は世界史でした。というのも，関学の世界史は少しクセがあり，細かい流れを問われることが多かったからです。その分，流れをしっかりつかめると，他の人と差をつけやすい科目であると思います。その意味で，私にとって世界史はとても重要な科目でした。受験の社会科目は教科書準拠で作られている性質上，一番の参考書は教科書そのものであると考えています。私が使っていたのは山川出版社のもので，これを使うことで流れをつかむことができました。しかし，中国の次はヨーロッパで，また中国に戻るといったように，縦の流れで覚えづらいものもありました。その場合は書き出して覚えるなどの工夫が大切だと思いました。

（K.Y. さん／法）

 苦手な科目はどのように克服しましたか？

A 苦手な科目は国語でした。特に，古文が苦手でしたが過去問を解くうちに大学の出題傾向などを無意識に分析し始め，得点が上昇しました。志望校の過去問を解いて傾向に慣れることが，苦手科目克服にもつながりました。また，古文の単語帳を20周近く周回したりして，基本的な古文単語や文法の知識を身につけたうえで，状況・背景をイメージしながら古文の文章を読むようにしました。古文は多く読んだほうがいいです。僕は共通テストの古文なども解いて，多くの古典常識を吸収していました。　(H.M.さん／文)

Q スランプに陥ったとき，どのように抜け出しましたか？

A スランプのときはポジティブな音楽を聴きながら単語帳や日本史の教科書を読んでいました。特に有効なのは，学校に行って友達と話すことだと思います。友達の勉強状況などを聞くと自分も刺激されて頑張ろうという気になれました。体を動かしたり，自分の趣味に没頭することもスランプの時にはとても有効です。また僕は受験期には自分が満足するまで寝るようにしていました。そうすることで心のモヤモヤや不満が軽減した状態で勉強に取り組むことができました。　(A.K.さん／商)

 模試の上手な活用法を教えてください。

A 自分の受験科目は特に集中して受けましょう。そして，模試終了後の復習は欠かせません。英語・国語ではなぜこのような答えになるのかと解答根拠を明確にしておくことが大切です。また，社会科目では，用語を間違った意味で覚えていないか，そもそもその用語を知らない知識抜けであったのかという分析も大切です。そういった復習が次の模試に良い影響を及ぼします。しかし，模試の復習に時間を取られすぎないようにすることも大切です。また，これは過去問を解いた後もそうでしたが，英語の場合，知らない単語は単語カードに単語と意味を書いたり，持っている単語帳の空欄に書き込んだりして，オリジナルの単語帳を作るようにしていました。いずれも反復して常々確認しておくことが大切だと思います。

(H.M. さん／文)

Q　併願をする大学を決めるうえで重視したことは何ですか？また，注意すべき点があれば教えてください。

A　私が重視したことは，２つあります。１つ目は配点です。英語が重視されるもの，高得点の教科が重視されるものなど，たくさんの配点方式があります。自分が得意な教科が有利にはたらく配点の方式を見つけることが大切だと思いました。２つ目は日程です。あまり詰め込みすぎた受験スケジュールだと，自分の実力を出し切れなかったり，対策できなかったりするかもしれません。受験は思っているよりも疲れてしまうものなので，できるだけ連続した日程を避けて，余裕をもった受験スケジュールを立てることに気をつけていました。

(M.I. さん／法)

A　第１志望校より前の日程で，安全校など確実に合格できる大学を１つ以上受けておくのがいいと思います。試験の雰囲気に慣れておくことで第１志望校に落ち着いて臨むことができます。また，第１志望校の１つ下のレベルが安全校とは限りません。必ず過去問を解いて，確実に合格できる大学を受けることが重要です。似たような出題傾向の大学だとより対策がしやすいです。私は１つ下のレベルだからと選んだ大学に英作文があり，対策に時間がかかったうえ，本番も手応えを感じられずにとても不安でした。

(K.W. さん／商)

普段の生活の中で気をつけていたことを教えてください。

A 眠い中やっていても身につかないので，1日のタスクが終わっていなくても，夜中の12時半を超えて勉強はしないようにしていました。また，特に夏は朝日が昇るのと同時に起きることで，涼しいうちに勉強を進めることができ，暑さでやる気が削がれることが少なかったです。早起きをできるようにしておくことで，受験の日も寝坊を心配せずに済みました。集中力が切れたらブドウ糖配合のラムネやタブレットを食べていました。甘いものを食べることでリフレッシュになりました。

（K.W. さん／商）

科目別攻略アドバイス

みごと入試を突破された先輩に，独自の攻略法や
おすすめの参考書・問題集を，科目ごとに紹介していただきました。

英語

試験時間がタイトなので，文法・並べ替え問題を先に解き，長文問題を後に解くという順番がベストです。（H.M. さん／文）

おすすめ参考書 『関西学院大学（大学赤本シリーズ）』（教学社）
『やっておきたい英語長文 500』（河合出版）
『THE GUIDE 関関同立の英語』（文英堂）

関西学院大学の英語の問題は限られた時間のなかで，多くの長文を読まなければなりません。単語や文法を復習するなど，毎日英語に触れることが攻略ポイントだと思います。過去問を解いた後に，使い慣れている参考書に戻って勉強しなおすことを大切にしていました。（M.I. さん／法）

おすすめ参考書 『イチから鍛える英語長文 500』（Gakken）
『英語の構文 150』（美誠社）
『システム英単語』（駿台文庫）
『Bright Stage 英文法・語法問題』（桐原書店）

世界史

正誤問題が多いので，文章中の間違いを発見し，正確な内容に訂正できることが大切です。（H.M. さん／文）

おすすめ参考書　『関西学院大学（大学赤本シリーズ）』（教学社）
『関関同立大世界史』（河合出版）
『共通テスト過去問レビュー世界史Ｂ』（河合塾）

関学の世界史は，特に流れをつかむことに焦点を当てるべきだと思いますが，同時にそれを理解するための専門用語の知識も必要です。ですので教科書をメインで使い，一問一答もやり込むことでたいていの問題に対応できる力はつくと思います。（K.Y. さん／法）

おすすめ参考書　『世界史Ｂ一問一答』（ナガセ）
『タテから見る世界史』（Gakken）

数　学

まずは基本的な典型問題を繰り返し解いて慣れることです。何度も解くことで解くスピードはだんだん上がっていきます。二次関数や確率，微分積分はよく出題されるので，得点できるように演習を重ねるべきです。また，記述問題は私の字が大きすぎたのか，解答用紙が足りなくなりそうでした。字の大きさとバランスを考えて解答を書けるように練習しておくといいと思います。（K.W. さん／商）

おすすめ参考書　『基礎問題精講』シリーズ（旺文社）

国　語

文学史が出題されることがあります。対策を忘れがちなので，少しだけでも教科書や参考書で確認しておいたほうがよいと思います。また，古文単語や現代文単語など基本的な知識をしっかりと押さえることも大切です。

（M.I. さん／法）

おすすめ参考書　『日々古文単語帳 365』（駿台文庫）
『読解を深める　現代文単語　評論・小説』（桐原書店）
『大学入試　頻出漢字 2500』（文英堂）

現代文は，学校の定期テストや模試などのレベルで十分に足りると思いますが，古文は単語帳や文法をしっかりやり込まないと，関学においては点数が稼ぎにくいです。基礎も怠らず固めましょう。（K.Y. さん／法）

おすすめ参考書　『GROUP30 で覚える古文単語 600』（語学春秋社）
『岡本梨奈の古文ポラリス［3 発展レベル］』（KADOKAWA）

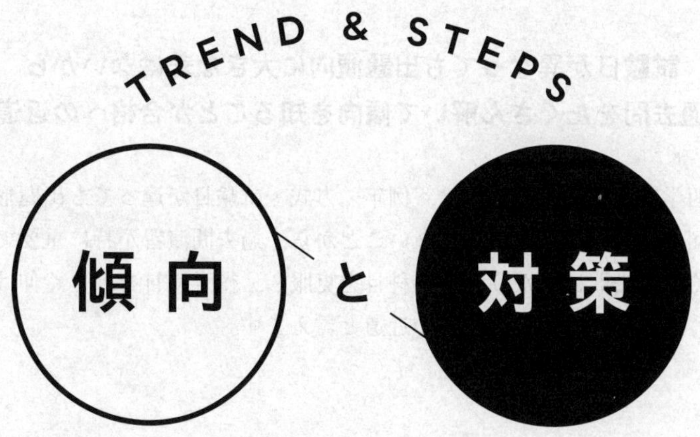

科目ごとに問題の「傾向」を分析し，具体的にどのような「対策」をすればよいか紹介しています。まずは出題内容をまとめた分析表を見て，試験の概要を把握しましょう。

注　意

「傾向と対策」で示している，出題科目・出題範囲・試験時間等については，2024 年度までに実施された入試の内容に基づいています。2025 年度入試の選抜方法については，各大学が発表する学生募集要項を必ずご確認ください。

掲載日程・方式・学部

2月1日実施分：文系３科目型（神・文・社会・法・経済・商・人間福祉・国際・教育・総合政策学部）
英語１科目（英・英）型（国際学部）

試験日が異なっても出題傾向に大きな差はないから 過去問をたくさん解いて傾向を知ることが合格への近道

関西学院大学の一般選抜は，例年，方式・試験日が違っても出題形式・問題傾向に大きな差はみられないことから，過去問演習が特に重要です。

多くの過去問にあたり，苦手科目を克服し，得意科目を大きく伸ばすことが，関西学院大学の合格への近道と言えます。

関西学院大学の赤本ラインナップ

総合版　まずはこれで全体を把握！

✓『関西学院大学（文・法・商・人間福祉・総合政策学部－学部個別日程）』

✓『関西学院大学（神・社会・経済・国際・教育学部－学部個別日程）』

✓『関西学院大学（全学部日程〈文系型〉）』

✓『関西学院大学（全学部日程〈理系型〉）』

✓『関西学院大学（共通テスト併用日程〈数学〉・英数日程）』

科目別版　苦手科目を集中的に対策！（本書との重複なし）

✓『関西学院大学（英語〈3日程×3カ年〉）』

✓『関西学院大学（国語〈3日程×3カ年〉）』

✓『関西学院大学（日本史・世界史・文系数学〈3日程×3カ年〉）』

難関校過去問シリーズ

最重要科目「英語」を出題形式別にとことん対策！

✓『関西学院大の英語［第10版］』

英　語

『No. 496 関西学院大学（英語〈3 日程× 3 カ年〉)』に，本書に掲載していない日程の英語の問題・解答を 3 日程分掲載しています。関西学院大学の入試問題研究にあわせてご活用ください。

年度		番号	項目	内容
2024	文系3科目、英語1科目●	〔1〕	読　解	空所補充，同意表現，内容説明，内容真偽
		〔2〕	読　解	同意表現，内容説明，内容真偽
		〔3〕	読　解	空所補充，内容真偽
		〔4〕	文法・語彙	空所補充
		〔5〕	文法・語彙	語句整序
		〔6〕	会 話 文	空所補充
	英語1科目	〔1〕	読　解	内容説明（120・260 字），計算
		〔2〕	読　解	内容説明（120・200 字），内容真偽
2023	文系3科目、英語1科目●	〔1〕	読　解	空所補充，同意表現，内容説明，内容真偽
		〔2〕	読　解	同意表現，内容説明
		〔3〕	読　解	空所補充，内容真偽
		〔4〕	文法・語彙	空所補充
		〔5〕	文法・語彙	語句整序
		〔6〕	会 話 文	空所補充
	英語1科目	〔1〕	読　解	英文和訳，内容説明（110・180 字）
		〔2〕	読　解	英文和訳，内容説明（120・220 字）
2022	文系3科目、英語1科目●	〔1〕	読　解	同意表現，空所補充，内容説明，内容真偽
		〔2〕	読　解	内容説明，同意表現，内容真偽
		〔3〕	読　解	空所補充，内容真偽
		〔4〕	文法・語彙	空所補充
		〔5〕	文法・語彙	語句整序
		〔6〕	会 話 文	空所補充
	英語1科目	〔1〕	読　解	内容説明（150・180 字），英文和訳
		〔2〕	読　解	内容説明（120・250 字），英文和訳

（注）●印は全問，◑印は一部マークセンス方式採用であることを表す。

読解英文の主題

年　度		番号	主　題
2024	英語1科目、文系3科目	〔1〕	貨幣の定義
		〔2〕	ジャーナリストに望まれる姿勢
		〔3〕	若者たちの睡眠パターン
	英語1科目	〔1〕	報酬を今得るか我慢するか
		〔2〕	少女漫画に見る一人称
2023	英語1科目、文系3科目	〔1〕	高齢者の話を聴くときに大切なこと
		〔2〕	ヒトラーに敬意を払わなかった唯一の男
		〔3〕	気候変動と食糧生産の相互の影響
	英語1科目	〔1〕	割合で比較する意味
		〔2〕	新しい冷戦の危険性
2022	英語1科目、文系3科目	〔1〕	観察に関するとらえ方
		〔2〕	子どもたちのビジネスへの挑戦
		〔3〕	コーヒーの広まりの歴史
	英語1科目	〔1〕	ロボットの進化と弱点
		〔2〕	大河ドラマが観光客を誘引する理由

文法・語彙力と読解力が必須
英語1科目（英・英）型は記述力も必要

01　出題形式は？

文系3科目型，英語1科目（英・英）型共通問題は例年大問6題，全問マークセンス方式で，試験時間90分である。

国際学部の英語1科目（英・英）型独自問題は，大問2題，すべて記述式で，試験時間75分である。

02　出題内容はどうか？

文系3科目型・英語1科目（英・英）型共通問題は，例年，読解問題を中心に，文法・語彙問題，会話文問題の出題。読解問題のテーマは多様で，なかにはややレベルの高いものも含まれているが，全体としては比較的読みやすい英文といえる。設問は，文法・語彙力をみる空所補充や同意表現を選ぶものと，読解力をみる内容真偽や内容説明で構成されている。文法・語彙問題では熟語や成句の知識，文法を問うものが中心であるが，語句整序問題では作文的要素も含まれる。会話文問題は空所補充で，会話独特の表現に加え，会話の流れを理解し，適切な語句を選べるかがポイントとなっているものが多い。

国際学部の英語１科目（英・英）型独自問題は，大問２題とも読解問題で，それぞれ英文和訳１問，内容説明２問の出題が多いが，2024年度は〔1〕〔2〕とも英文和訳がなく，代わりに〔1〕には基本的な計算問題，〔2〕には内容真偽問題が出題された。

03 難易度は？

文系３科目型，英語１科目（英・英）型共通問題は標準的である。90分という試験時間に対して問題量が多めなので，手早く解いていくことが必要である。

国際学部の英語１科目（英・英）型独自問題は，〔1〕〔2〕どちらも長文の内容が高度で語彙のレベルも高く，読解自体に相当の力が必要となる。解答の字数も多く，75分という試験時間を考慮すると，難度は高い。

対策

01 文法・語彙力をつける

読解問題を解くには，まず英文が読めなければならない。英文を読むためには，当然ながら単語を知っていなければならない。地味な学習ではあるが，単語や熟語の知識を増やすことは何よりも重要である。日々の学習で出会った未知の語句を，辞書を使いながら丹念に覚えて語彙を増やすこと。さらに，英文を正確に読むためには文法力が必要である。用例が載った単語集や熟語集で，生きた知識としての文法・語彙力をつけておきたい。もちろんそれは，文法・語彙問題の対策にもなる。

02 英文の構成と展開に慣れよう

英語の文章は，いくつかの展開パターンに沿って書かれていることが多い。文の内容を短時間で正確に理解するためには，よく使われるパターンについて知っておくことが重要である。代表的なものとしては，節どうしやパラグラフどうしを時間的順序に沿って構成する方法，要点や例などを列挙する方法，２つ以上の論点を比較対照しながら話を進めていく方法などが挙げられる。また，それらの展開を道しるべ的に支えているものに，「ディスコース・マーカー」と呼ばれる副詞（句）や接続詞などがある。ディスコース・マーカーの種類についても知っておくとよい。知らない語句が多いうちは，おおざっぱでもよいから英文の内容がどのような形式で書き進められているかを把握することに努め，それから徐々に速く正確に文を読む力をつけたい。

03 文の流れをつかもう

英文の展開を構成しているパターンをつかんだら，次は文の流れを読み取る力をつけよう。英文に対する慣れの問題もあるが，結論から詳細・例示に向かうといった，パラグラフの展開パターンがある程度わかっていれば，それを軸に内容を素早く読み取ることが可能になるからである。これにはパラグラフ・リーディングの方法を扱った参考書や，『大学入試 ぐんぐん読める英語長文』（教学社）など，文の流れについての解説が詳しい問題集に取り組んでみるとよい。また，文の流れを理解することは，会話文問題で応答文を選択するときにも大いに役立つ。

04 客観的な判断力をつけよう

読解問題では，内容説明や内容真偽の場合，選択肢に関して合致，部分的に不一致，無関係など，文章の内容から根拠をもって，客観的に判断する必要がある。練習問題などを解くときは，解説の中にある判断根拠をよく読んで，自分の答えの出し方とかけはなれていないかを確認し，解き方に慣れることが必要である。

05 国際学部の英語１科目（英・英）型独自問題

基本的な対策は前述の01～03の通りであるが，国際学部の英語１科目（英・英）型の独自問題は英文が長く，語彙レベルも高いので，よりいっそう丁寧な学習が求められる。同程度の英文量・難易度の読解問題に積極的にあたっておきたい。時事的な内容にアンテナを張るために，CNN や BBC などのニュースサイトに日頃から目を通すのもよいだろう。さらに，独自問題は記述式なので，『パラグラフリーディングのストラテジー３』（河合出版）などの記述式読解問題集や国公立大学の過去問などを利用し，日本語でうまくまとめることに慣れておきたい。設問に合った形で解答が書けているか，字数は適切かなど，要点を押さえつつ，時間内に答案をまとめる訓練を積んでおこう。

関西学院大「英語」におすすめの参考書

- ✓『大学入試 ぐんぐん読める英語長文』（教学社）
- ✓『関西学院大の英語』（教学社）
  （国際学部 英語記述式向け）
- ✓『パラグラフリーディングのストラテジー３』（河合出版）

日本史

『No. 498 関西学院大学（日本史・世界史・文系数学〈3日程×3カ年〉）』に，本書に掲載していない日程の日本史の問題・解答を3日程分掲載しています。関西学院大学の入試問題研究にあわせてご活用ください。

年度	番号	内容	形式
2024 ●	〔1〕	古代～現代の総合問題	正　誤
	〔2〕	原始・古代の農耕と土地制度	選択・正誤
	〔3〕	「蔭凉軒日録」「仮名読新聞」－加賀の一向一揆，不平士族の反乱 **⊘史料・視覚資料**	選択・正誤
	〔4〕	近・現代の政治と活字メディア	選択・配列
2023 ●	〔1〕	古代～現代の総合問題	正　誤
	〔2〕	古代～近世の法体系	選択・配列
	〔3〕	「相対済し令」「支那事変根本処理方針」－江戸時代の経済・社会，日中戦争 **⊘史料**	選択・正誤
	〔4〕	第一次世界大戦期の外交，戦後の日中外交	選択・正誤
2022 ●	〔1〕	古代～現代の総合問題	正　誤
	〔2〕	古代～近代における日本の人口成長の抑制要因	正誤・選択・配列
	〔3〕	「日本三代実録」「政事要略」「日本外交主要文書・年表」－藤原良房・基経，初期の占領政策 **⊘史料**	選　択
	〔4〕	近・現代の文化	選択・正誤

（注）●印は全問，◑印は一部マークセンス方式採用であることを表す。

短文の正誤判定問題，史料問題が必出
幅広い時代・テーマの学習が必要

01　出題形式は？

大問4題（解答個数40個），全問マーク式での出題。試験時間は60分。

なお，2025年度は出題科目が「日本史探究」となる予定である（本書編集時点）。

02 出題内容はどうか？

時代別では，原始～現代まで幅広く出題されている。近現代史からの出題が比較的多く，2023 年度・2024 年度ともに 40 問中 18 問となっている。戦後史からの出題も目立つ。また，テーマに沿って複数の時代を扱うテーマ史問題も出題されているので，時代別の学習に加えて，テーマ・分野ごとに通史的に把握する姿勢も大切である。

分野別では，政治史を中心に，外交史，社会経済史，文化史からも広く出題されている。テーマ史では，「法体系の歴史」(2023 年度) などが取り上げられている。

史料問題は例年，大問 1 題が必ず出題されており，教科書や史料集にある重要史料が取り上げられることが多い。年度によっては一部見慣れない史料が出題されることもあるが，設問や説明文，語群の語句などを手がかりとして解答が可能なものは多い。分量は比較的多めで，重要史料については史料文の空所補充や語句の意味，背景知識についての設問がある。また，直接史料を引用していなくても史料の知識が必要な設問や，史料の引用部分から時代背景が読み取れるか否かを判断する設問も見られ，この点からも史料学習の充実が求められる。

〔1〕では短文 2 文の正誤を判定する問題が出題されている。正誤の組み合わせで 4 択になっており，各文についての確実な判断が求められる。その他の大問でも，「すべて正しい場合」，または「すべて誤っている場合」を「エ」とする形式の正誤問題が出されており，正確な知識が必要とされる。また，配列問題も出題されている。

03 難易度は？

〔1〕で出題される短文の正誤判定問題は正確な知識が必要で，全体的に難しい印象を受けるだろう。内容的には教科書の標準レベルのものが中心であるが，うろ覚えでは迷ってしまうものが多い。〔1〕以外の正誤判定問題や語句選択問題などにおいても，歴史の流れ（時期についての知識）を確認する問題が多く，全問を 60 分で解答するのは決して容易ではない。しかし，語句選択，文の正誤選択などでは，一部詳細な知識を問うものも

あるが，主となるのは，標準的なレベルの知識を問う問題であり，こうした問題に確実に答えていくことが重要である。少々難しい用語が出題されていても，消去法などで解答可能なことも多いので，ねばり強く取り組みたい。試験にあたっては問題の難易を見極め，標準的なレベルの問題から手早く解答していき，難しい問題に十分な時間を割けるようにするなど，時間配分に工夫が必要だろう。

01 正誤問題の攻略を

高得点を得るためには，まず必出の正誤問題の攻略が必要である。正誤問題の場合，「正確な知識を得る」ことが最大の攻略法となる。問題文・説明文には教科書の本文や注からと思われる記述が散見されるので，学習の際には教科書と，山川出版社の『日本史用語集』を併用して学習すること。必要に応じて，図版や史料集も参照しながら，教科書・用語集で正確な知識を着実に身につけよう。また正誤問題の攻略で特に重要なのは，練習問題を解いたあとの復習である。過去問で正誤問題を解いたら，必ず「なぜこの選択肢は誤りなのか」を確認すること。その「誤り」のパターンを押さえると，正誤問題を解くのがぐっと楽になるはずである。

02 頻出史料は必ず確認しよう

史料問題は分量的にもやや多めで，内容を理解していることが前提になっている出題もあるので，十分な事前学習が必要である。『詳説 日本史史料集』(山川出版社) などの史料集で頻出史料を熟読し，教科書に載っている史料には特に重点的に取り組もう。空所補充は史料を「知っている」あるいは「見たことがある」ぐらいでは解答が難しいため，史料文に出てくる重要歴史用語は丁寧に確認しておくこと。初見の史料であっても諦めてしまわずに，史料中のキーワード，設問や語群の語句などに注目して手がかりを探すようにすることが大事である。また，史料から時代背景などを読み取れるか否かを判断する設問もあるので，暗記だけでなく，史料を読み解き，史料に則して思考・判断する力をつけておきたい。

03 近現代の学習は早めに

例年の特徴の一つとも言えるのが近現代史の出題の多さである。計画的に学習プランを立てて，現代史まで学習を終了しておくことが大切である。なお，現代史の学習については，年表形式で内閣ごとに外交・経済を整理しておくと，正誤問題対策にもなる。

04 過去問中心の対策を

教科書などで通史の学習が戦後史までひととおり終わったら，次は過去問に挑戦しよう。必出の2文正誤判定問題は特徴的な出題形式なので，教材は過去問が最適と言える。同じような時代・分野の問題が繰り返し出題されることもあるので，問題を解いて丁寧な復習をしておくといっそう効果的である。また，出題傾向が類似しているので，学部個別日程での各学部の問題もぜひ解いておきたい。

世界史

『No. 498 関西学院大学（日本史・世界史・文系数学〈3日程×3カ年〉）』に，本書に掲載していない日程の世界史の問題・解答を3日程分掲載しています。関西学院大学の入試問題研究にあわせてご活用ください。

年度	番号	内　容	形　式
2024 ●	〔1〕	西ヨーロッパ中世社会	選　択
	〔2〕	近世から近代のフランス文化	選　択
	〔3〕	ムガル帝国の衰退	選　択
	〔4〕	宋代から明代の社会経済	選　択
	〔5〕	ヨーロッパ統合	選　択
2023 ●	〔1〕	ヘレニズム時代	選　択
	〔2〕	近世のオランダ	選　択
	〔3〕	匈奴からウイグルまでの騎馬遊牧民	選　択
	〔4〕	オスマン帝国の成立と発展	選　択
	〔5〕	阮朝の歴史	選　択
2022 ●	〔1〕	ゾロアスター教	選　択
	〔2〕	14世紀のヨーロッパ	選　択
	〔3〕	ブルボン朝	選　択
	〔4〕	東南アジアの植民地化	選　択
	〔5〕	魏晋南北朝	選　択

（注）●印は全問，◑印は一部マークセンス方式採用であることを表す。

誤文選択問題のウエート大！
宗教史を含む文化史，周辺地域も要注意

01　出題形式は？

大問5題の出題で，解答個数は各大問につき8個で計40個となっている。すべてマーク式による選択問題の出題。試験時間は60分。

なお，2025年度は出題科目が「世界史探究」となる予定である（本書編集時点)。

02 出題内容はどうか？

地域別では，欧米地域・アジア地域・多地域混合問題のいずれも出題されている。2022 年度は欧米地域・アジア地域がほぼ同じ比重，2023 年度はアジア地域の比重が高く，2024 年度は欧米地域の比重が高くなった。欧米地域は西ヨーロッパと北アメリカを中心とするが，一地域・一国を対象とした大問が目立つ。たとえば，2023 年度〔2〕「近世のオランダ」などが典型的である。アジア地域は，中国史が中心で，朝鮮史などを含めて広く東アジア史として出題されることも多い。その他の地域としては，インド，西アジア，東南アジアからの出題が多く見られ，2023 年度はモンゴル高原の騎馬遊牧民が，2024 年度はムガル帝国が出題された。またアフリカも大問として出題されたことがある。周辺地域や欧米・アジア各地を広く扱う多地域混合問題が１題程度出題される場合もある。

時代別では，古代～近現代まで偏りなく出題されている。第二次世界大戦後の現代史も，2024 年度のヨーロッパ統合のような大問のほか，小問，さらには選択肢の一部として問われることも多いので，学習が手薄にならないようにしたい。

分野別では，政治・外交史が中心であるが，文化史も出題され，特にヨーロッパの文化史（美術史・文学史・思想史・哲学史など）は繰り返し出題されている。また，キリスト教や 2022 年度〔1〕「ゾロアスター教」のようなアジアの諸宗教を中心とした大問（ないし小問）も目立つので，十分対策をとっておきたい。

設問は空所補充や下線部関連の語句選択，誤文選択などが出題されている。例年の特徴となっている誤文選択問題には，かなり難度の高い選択肢も見られるが，大半は基本的知識とその応用である。難問は消去法の活用で解答できる。

03 難易度は？

全般的に，教科書に準拠した基本事項が問われているが，一部で用語集の説明文レベルの，さらには用語集レベルを超えた細かい知識を求める設問もあり，全体としての難度を高めている。しかし，設問の大半は，02で述べたように基本的知識とその応用で対応できるため，まず基本的事項の正確な理解を心がけよう。そのうえで，一歩踏み込んだ学習（〔対策〕の02など）をしておくことが合否の分かれ目となるだろう。解ける問題から解いていき，判断に悩む問題は後回しにしよう。60分の試験時間で大問5題なので，1つの大問につき10分程度かけ，残った時間で見直しなどを丁寧に行いたい。

対 策

01 教科書中心の学習

問題のほとんどが教科書のレベルで対応できるものなので，まず教科書を最初から最後まで精読することから始めよう。その際，誤文選択問題が多いことを考慮して，重要語句を覚えるだけではなく，その前後の文章とのつながり，特に一つの事件・事象の原因と結果に注目しながら読む習慣をつけよう。原因や結果が多岐にわたる場合，たとえば多国間の戦争などは，自分で図表や地図を作成して，その因果関係を整理するとよい。こういった横の関係を整理するのが苦手であれば，『ヨコから見る世界史　パワーアップ版』（学研プラス）などの，そのような分野に特化した参考書を利用するのもよいだろう。また，細かい知識を補助的に要求されることもあるので，教科書の本文のみならず，脚注や本文周辺の図表・地図・写真の解説なども精読しておきたい。

02 用語集・問題集の利用

出題の傾向から考えると，基本事項の内容に関わる細かい知識まで身につけた受験生が有利となるため，教科書学習をある程度終えたら，用語集や問題集などを用いて重要事項に付随する内容を確認していこう。『世界史用語集』（山川出版社）の説明文に依拠した問題文も目立つため，必ず利用したい。特に,〔傾向〕でも指摘した「周辺地域」に関する歴史用語の説明文には注意が必要であろう。問題集としては,『体系世界史』(教学社)などの,解説が詳しくややレベルの高いものに取り組み,実戦力を養うことが望まれる。

03 宗教史を含めた文化史に注意

宗教史や音楽史・絵画史なども含めた文化史分野は頻出と言える。単純な暗記作業を避けるためには,文化史専門の参考書を利用して,効果的で系統立った学習をめざすとよい。文化史は,系統を理解しながら学習すれば,意外なほどに点を取りやすい分野であることがわかるだろう。

04 過去問の研究を

出題傾向を押さえるためには過去問の研究にじっくり取り組みたい。同じ地域に関する問題が,切り口を変えて繰り返し出題されることがよくある。また,すべての文系学部が同様の形式で出題されているので,学部個別日程での各学部の過去問も参照しておくとよいだろう。同様の形式の問題を数多く解き,慣れておきたい。そうすることで,関西学院大学特有のリード文にも戸惑うことがなくなるはずである。また,高難度の選択肢を含む誤文選択問題に直面しても,消去法の活用や推測により正答の確定も可能となるだろう。

地　理

年度	番号	内　容		形　式
2024 ●	〔1〕	オセアニアの地誌	⊘地図・グラフ	選　択
	〔2〕	東アジアの地誌	⊘地図・グラフ・統計表	選　択
	〔3〕	工業	⊘グラフ・統計表・統計地図	選　択
	〔4〕	地形図の読図と地理情報	⊘地形図	選択・計算
	〔5〕	村落と都市	⊘統計表・図	選　択
2023 ●	〔1〕	北アメリカの地誌	⊘地図	選　択
	〔2〕	南アジアの地誌	⊘グラフ	選　択
	〔3〕	農林水産業	⊘統計表・地図	選　択
	〔4〕	生活文化と言語・宗教	⊘地図	選　択
	〔5〕	人口	⊘グラフ・統計表	選　択
2022 ●	〔1〕	オセアニアの地誌	⊘地図・統計表	選　択
	〔2〕	中南アメリカの地誌	⊘地図・グラフ・統計表	選　択
	〔3〕	都市	⊘グラフ・統計表	選　択
	〔4〕	人口と人の移動	⊘統計表・地図	選　択
	〔5〕	貿易と運輸	⊘統計表	選　択

（注）●印は全問，◑印は一部マークセンス方式採用であることを表す。

地誌と産業分野が頻出！
統計表・地図を利用した学習の徹底を

01　出題形式は？

大問５題，解答個数は各大問８個，計 40 個である。試験時間は 60 分，全問マーク式による出題である。

なお，2025 年度は出題科目が「地理総合，地理探究」となる予定である（本書編集時点）。

02 出題内容はどうか？

設問は，語句や地図上の位置などの選択，文章の正文・誤文選択および統計から国名や都市名などを判定するものが多い。文章の正文・誤文選択は，誤文を選ぶ問題がほとんどである。

系統分野では，農牧業・工業など産業や自然環境の出題が多いが，年度によって村落・都市，人口，交通・通信，人種・民族，環境問題など各テーマから出題され，地形図や地図投影法が出題されることもあるので，どの分野もひととおり学習しておく必要がある。

地誌分野では，世界各地域からほぼ偏りなく出題されている。設問の内容では，自然環境，産業に関するものが中心だが，人種・民族，国家・国家群に関する出題も目立つ。経度・緯度のような数理的位置に関する設問もある。

また，系統・地誌分野を通じて，地図や統計に関連した問題がきわめて多い。地図・統計を使用せず文章だけで問う問題の場合でも，地図や統計上の知識がなければ判断できないものがある。入試では一般に，①地名や地理用語とその意味，②空間的な認識（国や都市の位置，相互関係など），③地図や統計の読み取り能力，の３つが問われるが，関西学院大学では特に②と③が重視されている。

03 難易度は？

全体的には標準レベルの出題内容である。大半は高校地理の基本・重要事項に関する内容だから，教科書を中心に日頃の学習をしっかりとすれば対応可能である。図表の読み取りや文章の正文・誤文選択など独特の形式に対しては，過去問を解いて問題に慣れておこう。詳細な知識を要するものや判断に迷うものが含まれることもあるが，基本的な問題で取りこぼしをしないことが何よりも大切である。また，地図や資料の読み取りに時間をかけ過ぎないよう，時間配分にも注意して問題に取り組むことが必要である。

対策

01 基本事項の徹底理解を

教科書を徹底的に読みこなし，地理の基本事項を正確に身につけることが必要である。さらに，正文・誤文を選択する問題では，文中の語句を一つ一つ点検しなければならないことが多いので，『地理用語集』（山川出版社）などを利用して，用語の意味や地理的事象の特色・分布を整理し，理解を深めておきたい。

02 地図帳の活用を

地理的事象の地図上での理解を問う出題が多い。学習の際には常に地図帳を参照し，地名とその位置を確認するとともに，都市の場合はその立地（河口にあるのか，山麓にあるのかなど）を読み取るという具合に，地図上の事象と事象との関連にも注意を払いたい。国や主要都市の経緯度，離れた国どうしの位置や形状の比較なども大切である。地誌学習では，白地図を利用して自分で河川，山脈，都市など必要な事象を書き入れると，知識が定着する。

03 統計学習もしっかりと

統計を利用した問題が必ず出題されているので，各国の面積・人口などの国勢，農畜産物や工業品の生産上位国，各国の貿易品目などを中心に念入りに学習しよう。統計学習に際しては，国の順位を単純に覚えるだけでなく，統計から地理的特色を読み取ることが大切である。地域性や地理的特色を読み取る練習を重ねれば重ねる分だけ，確実に実力は向上する。市販の統計集では，『データブック オブ・ザ・ワールド』（二宮書店）が，「世界各国要覧」もついていて地誌学習にも便利である。

04　地形図の読図練習を

地形図の読図もひととおり学習しておく必要がある。学習内容では，等高線の読み方，基本的な地図記号，土地利用と地形との関係が中心となる。また，設問では，縮尺の判定や距離計算，断面図なども問われる可能性があるので練習しておきたい。

05　地誌は全世界を網羅しよう

系統地理で学習した知識に基づいて，世界の各地域や主要な国について地誌的な整理を行おう。その際，以下の３点に配慮する。

①自然環境，産業と都市，民族（言語・宗教），貿易など項目ごとに分けて，特色を理解，整理する。

②アジアやヨーロッパなど情報量の多い地域ほど，深く細かい事項にも注意する。

③一方，どの地域もひととおり学習して全世界に対する目配りを忘れない。

教科書が使いにくい場合，地誌中心の参考書を併用すればよい。また，白地図の利用は必須である。地域や国の略史や時事的な動向についても知っておくと役に立つ。新聞やテレビのニュースなどでさまざまな情報を得るように心がけたい。

数 学

『No. 498 関西学院大学（日本史・世界史・文系数学〈3日程×3カ年〉）』に，本書に掲載していない日程の数学の問題・解答を3日程分掲載しています。関西学院大学の入試問題研究にあわせてご活用ください。

年度	番号	項 目	内 容
2024	〔1〕	小 問 2 問	(1)四面体の体積 (2)カードと条件付き確率
	〔2〕	小 問 2 問	(1)解と係数の関係 (2)等差数列の一般項と和
	〔3〕	微・積分法	絶対値を含む関数のグラフと接線で囲まれた部分の面積
2023	〔1〕	小 問 2 問	(1)2次関数の区間における最大値・最小値 (2)さいころと条件付き確率
	〔2〕	小 問 2 問	(1)領域における最大 (2)等差数列といろいろな数列の和
	〔3〕	微・積分法	3次関数と2次関数のグラフで囲まれた部分の面積
2022	〔1〕	小 問 2 問	(1)絶対値記号を含む2次関数の最大値・方程式の実数解 (2)条件付き確率
	〔2〕	小 問 2 問	(1)3次方程式の解 (2)いろいろな数列の和
	〔3〕	微・積分法	定積分で表された関数，面積の最小値

出題範囲の変更

2025年度入試より，数学は新教育課程での実施となります。詳細については，大学から発表される募集要項等で必ずご確認ください（以下は本書編集時点の情報）。

2024年度（旧教育課程）	2025年度（新教育課程）
数学Ⅰ・Ⅱ・A・B（数列，ベクトル）	数学Ⅰ・Ⅱ・A（図形の性質，場合の数と確率）・B（数列）・C（ベクトル）

旧教育課程履修者への経過措置

2025年度一般選抜志願者のうち，旧教育課程履修者に対しては，出題する教科・科目の内容によって配慮を行うものとする。

微・積分法を中心に広範囲からの出題
定型問題に対する解答能力が重要

01 出題形式は？

出題数は3題で，試験時間は60分。〔1〕〔2〕が小問2問の空所補充形式，〔3〕は記述式である。記述式の解答スペースはおよそA4判の大きさである。下書きなどには問題用紙の余白を利用するよう指示されており，十分なスペースがある。

02 出題内容はどうか？

小問集合形式の問題2題では，2次関数，確率，図形と方程式，三角比・三角関数，対数関数，数列，ベクトルなど，広範囲から出題され，また，絶対値に関する問題もよく出題されている。記述式の問題は微・積分法が中心で計算力・思考力を試される問題が多く，過去には証明問題も出題されている。

03 難易度は？

基本ないし標準レベルの問題である。年度による難易度の変化は小さい。ただし，記述式の問題では年度によって複雑な計算問題や思考力を試される問題が出題されることもあるので，注意が必要である。60分で大問3題の出題であり，試験時間は適切である。1題平均20分で解けるように練習しておこう。

対策

01 基礎学力の充実

基本～標準レベルの問題が中心なので，教科書の例題，章末問題，参考書の重要例題など，代表的な問題を確実に自力で解けるようにしておくこと。また，広範囲から出題されるので，偏りのない学習を心がけ，苦手分野をなくすようにしておこう。

02 問題集による演習

さらに受験用問題集などにより実力を養成する必要がある。定型問題を確実に解けるようにすることから始め，難問は省き，他大学でもよく出題されるような標準程度の頻出問題に数多くあたるとよい。問題の解法を習得するには，丸暗記するのではなく，何を目標とするのか，その目標にたどり着くためにどの基本事項をどのように使えばよいのかを学ぶようにするべきである。

03 微・積分法の徹底学習

微・積分法中心の出題傾向は今後も要注意である。接線や最大値・最小値および面積が最も重要である。もちろんこれらだけでなく，どのような出題にも対処できるように，基本事項の正確な理解に努め，演習により実力を養成しておこう。

04 重点学習

出題範囲すべてについて十分学習しておくことは当然であるが，さらに頻出・準頻出分野については重点的に取り組んでおく必要がある。数列ではいろいろな数列の和と基本的な漸化式の解法，ベクトルでは内積と垂直条件，三角比・三角関数では公式の使い方など，各分野の重点事項を中心に深く勉強しておこう。

05 計算力の強化と答案の作成練習

試験時間は適切だが，十分な余裕があるわけではない。計算は正確・迅速が理想であるが，短期間で身につけられるものではないので，普段からそのような計算力の習得をめざして十分練習しておくこと。また，答案の作成練習も重要である。計算練習に続いて，簡潔で論理的な解答が書けるように練習しておこう。式や説明の記述方法も含めて，所定時間内に答案が作成できるようになることが重要である。

06 図形の利用

図形に関連のある問題では，できるだけ図形を描いてみること。題意を表す図形や，取り扱う関数のグラフなどは必ず描く習慣を身につけておきたい。図形は題意の理解，解法の探究，結果の点検など，その使い道は多い。適切な図形を正しく描き，図形の特徴を的確に読み取る学力がつくと非常に有利である。

07 過去問に挑戦

過去問に挑戦することは最も重要な受験対策の一つである。実際の入試問題に挑戦することで，出題形式や問題の難易度，時間配分に慣れておくことができる。また，関西学院大学の学部個別日程での問題も類似した傾向が見られるので，それらの過去問に挑戦することも有効である。

国　語

『No. 497 関西学院大学（国語〈3日程×3カ年〉）』に，本書に掲載していない日程の国語の問題・解答を3日程分掲載しています。関西学院大学の入試問題研究にあわせてご活用ください。

年度	番号	種類	類別	内　容	出　典
2024 ●	〔1〕	現代文	評論	書き取り，読み，欠文挿入箇所，空所補充，内容説明，語意，内容真偽	「複数種世界で食べること」石倉敏明
	〔2〕	古　文	軍記物語	語意，口語訳，人物指摘，書き取り，和歌解釈，敬語，空所補充，文法，内容真偽，文学史	「保元物語」
2023 ●	〔1〕	現代文	評論	書き取り，読み，内容説明，空所補充，文学史	「森鷗外『翻訳』という生き方」長島要一
	〔2〕	古　文	説話	語意，書き取り，人物指摘，空所補充，口語訳，内容説明，文法，内容真偽，文学史	「宇治拾遺物語」
2022 ●	〔1〕	現代文	評論	欠文挿入箇所，書き取り，読み，内容説明，空所補充，語意，内容真偽	「『複数の状態』にひらかれたデジタル写真をどう認識するか」松本健太郎
	〔2〕	古　文	お伽草子	文法，ことわざ，口語訳，掛詞，内容説明，空所補充，語意，和歌解釈，敬語	「俵藤太物語」

（注）●印は全問，◑印は一部マークセンス方式採用であることを表す。

現代文・古文ともに標準レベルの出題

01　出題形式は？

例年，現代文1題，古文1題の出題で，全問マーク式である。試験時間は75分。なお，文学部の受験生は全学部日程では漢文が出題範囲外であることに留意したい。

02 出題内容はどうか？

現代文：過去には小説からの出題もあったが，例年，評論（または随筆）から出題されている。評論文に関して言えば，文章は長文で，やや難しい文章が出題されることもあるが，設問はよく練られていて本文中に根拠があり，客観的な解答ができるようになっている。それは随筆や小説からの出題においても同様である。説明問題を中心に読解力をみながら，漢字や語意などの国語知識も試すようになっている。近代文学史の問題もその文章と関連があれば出される。総合的な国語力が要求されていると言ってよいだろう。近年は徐々に知識問題の比率が高くなっている。

古　文：中古・中世の幅広い分野の作品から出題されている。設問は，文法や古文単語に関する知識を問うだけではなく，物語の内容が把握できているかを問う問題も出題されている。敬語と絡めて動作の主体や主語を問う問題や，内容真偽問題も出されており，本文の内容をきちんと押さえる力が要求されている。また，和歌の修辞法である枕詞や掛詞を問う問題や，和歌の解釈と関連づけて考えさせる問題も頻出である。文学史も年度により出題されている。

03 難易度は？

現代文は年度によって難易度に多少の差はあるが，極端に易しいものは出題されていない。古文も読解力がなければ解けない問題である。標準的なレベルであるが，現代文の文章が長文で，また，古文も標準よりも若干長めの文章であることを考えると，試験時間75分では時間にそれほど余裕はないであろう。時間配分としては，現代文を40分，古文を30分で解くことをめざしてほしい。

01 現代文

総合的な国語力が試されているので，まず幅広い基礎知識が必要である。できるだけ多くの文章にふれ，その中で漢字の読みや慣用句なども覚えていくこと。特に近年は語彙力を試す問題が増えているので，このことは徹底してほしい。新聞では文化欄や論説がよいが，テーマによっては社説も読んでおきたい。また，近年は多くの出版社から新書が発行されており，新書からの出題も多く見られる。自分が興味をもてる内容のものからでよいので，手に取り読んでみよう。少し難しいと思われるものを丁寧に読む訓練をしておくとよいだろう。読んでいてわからない語が出てきたら，その都度辞書を引く習慣をつけておくと，漢字や語意問題の対策にもなる。漢字問題は必出なので，問題集を１冊は仕上げておこう。近年，出題比率が高まっている文学史も最低限はやっておきたい。

一方で，論旨を的確にたどり，全体・部分の要旨を正確に把握する読解力を養うために問題演習を行おう。対策としては，学部や日程を限定せず広く過去問を解くことをすすめたい。消去法を用いて解くことと，選択肢と本文をきちんと照合しながら正誤判断をする練習をしてほしい。小説題材の問題についてもここで練習をしておくとよいだろう。問題集としては，『体系現代文』（教学社）をすすめたい。評論・小説・随筆それぞれについて，基礎的な読み方がわかりやすく示されており，標準～やや難レベルの問題が多数収載されているので，過去問に取り組む前の問題演習に好適である。また，2024 年度の出題文に近い内容である『食べることの哲学』（檜垣立哉著，世界思想社）なども一読しておくとよいだろう。

02 古　文

まずは単語集などで基本的な古文単語をマスターしておきたい。単語がひととおり頭に入っていることを前提とし，そのうえで前後の文脈からその箇所の意味を推測させるという問題もよく見られるからである。古文単語に関しては基礎的なものを確実に覚える必要があるので『風呂で覚える古文単語』(教学社)をすすめたい。文法も敬語を含めて基礎的なところは確実にマスターしておくこと。口語訳の問題などにおいても，まず文法的に分析できなければお手上げである。文法事項がコンパクトで実戦的にまとめられている『大学入試の得点源 古文』(文英堂)レベルを１冊仕上げておきたい。

古文単語と文法が頭に入ったら，できるだけ多くの文章(説話や日記などの平易なものから始めるとよい)を読もう。主語が問われることも多いので，主語を押さえたうえで，内容を把握しながら読み進めていく訓練が必要である。内容に深く立ち入った問題が多いので，表面的にさらっと訳すだけの練習では太刀打ちできないものと考えておきたい。また，文脈から単語や語句の意味を推定させる問題も出されているので，わからない単語が出てきてもすぐに辞書を引くのではなく，前後から推定する練習もしておきたい。過去問で演習を積むことも有効である。単に設問を解くだけでなく，きちんと根拠を押さえるトレーニングをしておきたい。

なお，文学史の設問がよく出題されている。文章を読むうえで，背景となる状況や人物関係をあらかじめ理解していると有利な場合も多いので，最低限の知識はもっておこう。薄い問題集でいいので，１冊はやっておきたい。また，和歌を題材とした設問も頻出である。解釈につながる，和歌に関する知識や修辞法などはしっかり押さえておきたい。『大学入試 知らなきゃ解けない古文常識・和歌』(教学社)などを読んでおくとよいだろう。

03 過去問演習

関西学院大学の問題はそれほど強いクセはないが，時間配分などの練習が必要なので，本書だけでなく『関西学院大学(国語〈３日程×３カ年〉)』(教学社)を用いて，できるだけたくさんの過去問にあたり，慣れておこう。

関西学院大「国語」におすすめの参考書

- ✓『体系現代文』（教学社）
- ✓『食べることの哲学』（檜垣立哉著，世界思想社）
- ✓『風呂で覚える古文単語』（教学社）
- ✓『大学入試の得点源　古文』（文英堂）
- ✓『大学入試　知らなきゃ解けない古文常識・和歌』（教学社）
- ✓『関西学院大学（国語〈３日程×３カ年〉）』（教学社）

2024年度

問題と解答

全学部日程2月1日実施分
文系3科目型，英語1科目（英・英）型

問題編

▶試験科目・配点

	教科	科目	配点
文系3科目型	外国語	コミュニケーション英語Ⅰ・Ⅱ・Ⅲ，英語表現Ⅰ・Ⅱ	200点
	選択	日本史B，世界史B，地理B，「数学Ⅰ・Ⅱ・A・B」のうちいずれか1科目選択	150点
	国語	国語総合，現代文B，古典B（いずれも漢文を除く）	200点
英語1科目型	外国語	コミュニケーション英語Ⅰ・Ⅱ・Ⅲ，英語表現Ⅰ・Ⅱ Ⅰ限目（90分）は文系3科目型と共通。 Ⅱ限目（75分）	200点
	外国語		200点

▶備　考

文系3科目型：神・文・社会・法・経済・商・人間福祉・国際・教育・総合政策学部

英語1科目（英・英）型：国際学部

・「数学B」は「数列，ベクトル」から出題する。

英語

◀文系3科目型・英語1科目(英・英)型共通▶

(90分)

〔I〕次の英文を読み、下記の設問（A～D）に答えなさい。

What is money? It seems a simple question, but the answer is surprisingly complex. Money isn't just bills and coins in your purse; it's not just any of the things used as currency by people at various times and in various places. Let's take an example of money that has been used for centuries and is still sometimes used for large purchases in the Yap Islands of the western Pacific. Yappish money took the form of giant cartwheel stones* far too heavy for one person to carry, but they worked as money nonetheless because ownership of all those stones was (ア)kept clear. If you wanted to buy a house and you offered the owner six cartwheel stones, and the owner accepted, you would simply (1) all your neighbors know that those six stones that used to be yours now belonged to that other person. There was no need to move the stones. Everyone knew, or could easily find out, to whom they belonged.

You may be thinking that this system of money sounds crazy. But this is essentially how the money in the U.S. economy worked for a long time. The United States has long kept the vast portion of its gold reserves at Fort Knox, Kentucky. The gold in Fort Knox was only very rarely shipped from place to place. Instead, (2) the giant stones of Yap, people simply kept records about which pile of gold belonged to whom: this pile used to belong to Bank A, now it belongs to Bank B; this other pile used to belong to France, now it belongs to the United Kingdom.

But if the large cartwheel stones or the gold in Fort Knox never got moved, the (イ)odd truth is that it didn't matter whether they actually existed. Actual money, those coins and bills and checks we use to buy things, can function perfectly well just by our keeping track of (3). It doesn't have to have some physical asset such as a pile of stones (even gold ones) (ウ)backing it up. Economists, therefore, do not define money by its form but as whatever object performs three functions in an economy: as a (エ)medium of exchange, a store of value, and a unit of account.

A medium of exchange is something that can be exchanged for whatever is for sale. U.S. paper money, for example, has a statement on it: "This note is legal tender** for all debts, public and private." In other words, if you owe a debt, legally speaking, you can pay that debt with these pieces of paper. As the American writer and humorist Ambrose Bierce once wrote, "(i) Money is a blessing that is of no advantage to us, except when we part with it."

As a store of value, money is an object that can be held for a time without losing significant purchasing power. When you receive money, you don't need to spend it (4), because it will still retain value the next day or the next year. Indeed, holding money is a much better way of storing value than keeping physical goods, such as canned food or refrigerators, and trying to exchange them at some point in the future. (ii) This part of the definition does not imply that money must be a perfect store of value. In a situation of hyperinflation***, money almost ceases to be money because it doesn't store value anymore.

Money's final function is a unit of account, which means that the price of most items is measured with money. Money is used as the common (5) of value across the economy, allowing people, businesses, economists, and government officials a way to measure and compare the value of everything they encounter in the economy.

For something to be money, it has to fulfill all three of these functions. A house serves as a store of value in the sense that it builds up value and you can sell it later. But houses do not serve as a medium of exchange; you can't pay that car salesman with a bedroom. Nor do houses serve as a unit of account; you can't calculate how many bathrooms a pound of chicken costs. Thus, houses aren't money.

In a casino, chips might serve as money within the four walls of the casino; inside, you can exchange chips for food and drinks, for a room, or for gifts. They can serve as a unit of account and a store of value for everything you're doing within the casino. But (6) you leave the casino, they're not money anymore, because you can't exchange them for most things.

*cartwheel stone：車輪用（車輪型）の石

**legal tender：法貨（法定貨幣）

***hyperinflation：超インフレ

設　問

A. 本文中の空所（1～6）に入れるのに最も適当なものを、それぞれ下記（a～d）の中から1つ選び、その記号をマークしなさい。

出典追記：The Instant Economist by Timothy Taylor, Plume

(1)　a. get　b. force　c. leave　d. let

(2)　a. as with　b. concerning　c. far from　d. such as

(3)　a. what owes who to whom　b. what owes whom to who

c. who owes what to whom　d. who owes whom to what

(4)　a. carefully　b. easily　c. immediately　d. slowly

(5)　a. ladder　b. length　c. scale　d. thread

(6)　a. just　b. once　c. though　d. unless

B. 本文中の下線部（ア〜エ）の文中での意味に最も近いものを、それぞれ下記（a〜d）の中から1つ選び、その記号をマークしなさい。

(ア)　kept clear

a. canceled　b. inherited　c. missing　d. unmistakable

(イ)　odd

a. different　b. even　c. simple　d. strange

(ウ)　backing it up

a. to pay the debt you owe

b. to guarantee the value it represents

c. to increase your savings

d. to secure the physical asset

(エ)　medium

a. count　b. means　c. quality　d. rule

C. 本文中の二重下線部（i、ii）が文中で表している内容に最も近いものを、それぞれ下記（a〜d）の中から1つ選び、その記号をマークしなさい。

(i)　Money is a blessing that is of no advantage to us, except when we part with it.

a. Having money to donate is a blessing.

b. It is human nature to fight over money during a divorce.

c. Money is only of use when we spend it.

d. We appreciate money when we have plenty to share.

(ii) This part of the definition does not imply that money must be a perfect store of value.

a. Changes in the value of money are perfectly predictable.
b. Money is always exchanged for goods at the same rates.
c. There is no such thing as a perfectly safe way to invest money.
d. Money does not always maintain a constant value.

D. 次の英文（a～h）の中から本文の内容と一致するものを3つ選び、その記号を各段に1つずつマークしなさい。ただし、その順序は問いません。

a. People of the Yap Islands are willing to carry heavy cartwheel stones to exchange for goods.
b. You don't need to physically move the stones or gold to use them as money.
c. Fort Knox in the United States developed as it frequently shipped gold from place to place.
d. In defining money, economists focus on its functions rather than its physical form.
e. Storing physical goods such as canned goods and refrigerators for future inflation is important to preserve the value of your asset.
f. In an economy with inflation, money rarely loses its buying power.
g. While houses do not serve as money, they often serve as a unit of account.
h. The chips used in a casino meet the three requirements that define money but cannot be used as money outside the casino.

〔Ⅱ〕次の英文を読み、下記の設問（A～C）に答えなさい。

A (1)largely unexplored question is: what is journalism's mission? What is its ethical framework? The researchers found that most journalists agree they are in the business of getting information to the public quickly, but there are wide differences of (2)view about the extent to which journalists see themselves as 'watchdogs'* on government or other (ア)centers of power. This is a highly rated objective among journalists in Australia, Britain, and Finland, but much less so in countries which lack a long history of democratic government and a culture of (イ)a free press.

Nor could journalists really agree on the importance of their role as analysts, or whether they have (3)an obligation to report accurately or objectively. Only 30 percent of a British sample agreed that journalists are obliged to be accurate and objective. In Germany, over 80 percent of journalists, and in the U.S. 49 percent, accept this obligation. German journalists, who are regarded by (ウ)their British counterparts as dull and cautious creatures, are much less happy about harassing sources, using documents without permission, and paying for information. Impersonation** is frowned upon more by journalists in Australia than those of other countries.

It is perhaps not surprising, in the light of findings such as these, that there is confusion about standards of behavior in journalism. There simply is no universal language of journalistic ethics. Journalism is an occupation, especially in newspapers and magazines, which prides itself upon the absence of regulation; it, by its very nature, is simultaneously trying to (4)tune into and challenge the moral and political attitudes of the societies in which (エ)it functions. It remains to be seen whether convergence*** of print and audio-visual media via the Internet and other digital platforms will lead to regulation of the press becoming more like broadcasting or vice versa. What is certain is that we will not achieve high moral standards in journalism (5)by accident. Journalists, expert at putting others under pressure, need to feel pressure themselves. At the very least, journalists should recognize that we need a well-educated public debate about journalism if journalism is to survive.

*watchdogs：番犬、監視役

**impersonation：なりすまし取材

***convergence：統合

出典追記：Journalism：truth or dare? by Ian Hargreaves, Oxford University Press

設問

A．本文中の二重下線部（1～5）の文中での意味に最も近いものを、それぞれ下記（a～d）の中から1つ選び、その記号をマークしなさい。

（1）largely unexplored
a．entirely understood　b．not fully surveyed
c．of no major importance　d．reluctant to investigate

（2）view
a．audience　b．opinion　c．question　d．spectacle

（3）an obligation
a．a duty　b．a friend
c．a right　d．a talent

（4）tune into
a．account for　b．focus on
c．allow for　d．attend at

（5）by accident
a．by chance　b．by design　c．by force　d．by turns

B．本文中の下線部（ア～エ）が文中で表している内容に最も近いものを、それぞれ下記（a～d）の中から1つ選び、その記号をマークしなさい。

（ア）centers of power
a．institutions of authority　b．power plants
c．royal residences　d．organizations of information

（イ）a free press
a．a free distributed publication
b．a newspaper that supports liberal thoughts
c．a body of journalism with the freedom of speech
d．a button you can press freely

(ウ) <u>their British counterparts</u>

a. British analysts　　b. British journalists
c. British researchers　　d. British samples

(エ) <u>it functions</u>

a. journalism operates　　b. occupation runs
c. regulation works　　d. nature acts

C. 次の問い(i、ii)の答えとして最も適当なものを、それぞれ下記(a～d)の中から1つ選び、その記号をマークしなさい。

(i) Which of the following is true about journalism in the countries mentioned in the passage?

a. Most journalists agree on monitoring governments and other centers of power.
b. British journalists are usually supposed to be accurate and objective.
c. German journalists are reluctant to pay for information.
d. Australian journalists are good at disguising themselves to get information.

(ii) Which of the following is NOT true about the passage?

a. Most journalists around the world consider it their job to inform people quickly.
b. Journalism is an occupation that prides itself on being free from regulation.
c. There is no telling whether the influence of the Internet and other digital platforms will lead to more regulation on journalism.
d. In order to survive in modern society, we need to trust well-educated journalists.

〔Ⅲ〕次の英文を読み、下記の設問（A、B）に答えなさい。

As parents are well aware, sleep patterns change dramatically during early youth. Sleep becomes delayed, with bedtimes occurring late into the night and wake times sometimes pushing into the afternoon. These problems occur largely because of changes in the biological control of sleep that delay teenagers' bedtime to a late hour. These biological changes often bring teenagers into (1) with parents and society and lead to unhappy accusations of idleness or bad behavior.

Young people experience a delay in their sleep and 24-hour rhythms, with a 2-3 hour change in the timing of their body clocks* over their teenage years, corresponding closely with their stages of (2). Children gradually become more 'evening type' throughout their teenage years until their early 20s. Delayed sleep disorder most often occurs during early youth, at about 15%.

So what are the consequences of this sleep shift? Young adults need lots of sleep—at least 8.5 hours a night when (3) unlimited opportunity to sleep, and more for teenagers. Given that not all time in bed is spent asleep, teenagers going to sleep at midnight, 1 a.m., or later do not have the opportunity to get 8.5 hours sleep before they have to get up for school, (4) in a dramatic reduction of their sleep 5 days a week. When they try and sleep according to their natural cycle at weekends, they are scolded for being lazy and made to get up. (5) the potential seriousness of these problems, older adults often dismiss such social 'jet lag.' This gap between young people's biology and parents' expectations is having significant consequences on the health, development, and safety of young people.

How might these conflicts be reduced? Parents must (6) that later sleep is biologically based; although computer games and TVs may reinforce late sleep times, they are not the basic cause. Understanding the severity of the problem is also key; teenagers are essentially living in another time zone, so having teenagers get up for school at 7 a.m. is like asking adults to wake at 4 a.m., and so it is likely that teenagers get angry. Modest delays in school start times can have a major (7) on academic performance and behavior. Protecting time for sleep, particularly at weekends, is important, as is monitoring of late-evening activities, caffeine use**, and other factors that reduce sleep. While it is difficult for the delay to be entirely (8), reducing activities and light exposure at night may help shift bedtimes earlier and increase sleep opportunities.

*body clock：体内時計

**caffeine use：カフェイン摂取

出典追記：Sleep: A Very Short Introduction by Steven W. Lockley and Russell G. Foster, Oxford University Press

設 問

A．本文中の空所（1～8）に入れるのに最も適当なものを、それぞれ下記（a～d）の中から1つ選び、その記号をマークしなさい。

(1)	a．aid	b．conflict	c．happiness	d．shift
(2)	a．cycle	b．daytime	c．development	d．entertainment
(3)	a．get	b．given	c．giving	d．got
(4)	a．resulting	b．settled	c．talented	d．working
(5)	a．Besides	b．Despite	c．Except	d．Owing to
(6)	a．confess	b．doubt	c．prove	d．recognize
(7)	a．effect	b．effort	c．occasion	d．opportunity
(8)	a．corrected	b．forgotten	c．increased	d．related

B．次の英文（a～f）の中から本文の内容と一致するものを2つ選び、その記号を各段に1つずつマークしなさい。ただし、その順序は問いません。

a．A delay in young people's sleep proves their idleness and bad behavior.
b．Young people's delayed sleep is largely caused by their biological conditions.
c．Young people who stay up late at night need fewer hours of sleep than adults.
d．Computer games and TVs have nothing to do with young people's tendency to stay up late.
e．Parents are advised to realize that their teenage children are living in a different time zone from that of adults.
f．Reducing late-evening activities and light exposure increases health problems among young people.

〔Ⅳ〕次の英文（1～10）の空所に入れるのに最も適当なものを、それぞれ下記（a～d）の中から1つ選び、その記号をマークしなさい。

(1) For academics the recognition they gain by advancing knowledge in their field (　　　) insufficient.

a. are　b. be　c. being　d. is

(2) Urban development is often (　　　) the natural environment, replacing green fields with concrete jungles.

a. at the cost of　b. for the purpose of

c. in spite of　d. on account of

(3) The mind forgets so much of what happened today, but (　　　) the memory of our childhood so clear and bright.

a. fails　b. happened　c. holds　d. took

(4) He insisted that his presence there (　　　) secret even after his departure.

a. of remaining　b. remaining

c. should remain　d. to remain

(5) These parks, (　　　) were once sites of battle, are now places of common ground.

a. they　b. those　c. when　d. which

(6) The youth have a critical role to play (　　　) promoting the development and prosperity of the region.

a. from　b. in　c. to　d. until

(7) While the music was playing, I kept my eyes (　　　) because I wanted to concentrate on the beautiful sound.

a. close　b. closed　c. closing　d. to close

(8) In my opinion, purple is a (　　　) better color for this room than blue.

a. far　b. more　c. most　d. very

(9) All of a sudden, a puppy showed up in front of him out of (　　　).

a．anywhere　　b．everywhere　　c．nowhere　　d．wherever

(10) Although they spent many years in trying to develop their mutual understanding, the two nations (　　　) up in a war.

a．ended　　b．made　　c．saved　　d．started

〔V〕次の日本文（1～5）に相当する意味になるように、それぞれ下記（a～h）の語句を並べ替えて正しい英文を完成させたとき、並べ替えた語句の最初から3番目と7番目に来るものの記号をマークしなさい。

（1） 私は10年の家庭菜園の経験からトマト栽培のこつを学んだ。

Ten (　　　　　　) the secrets of growing tomatoes.

a．experience　　b．has　　c．home gardening　　d．in

e．me　　f．of　　g．taught　　h．years

（2） 戦時下の生活において情報がいかに統制されていたかを思い起こすことは役に立つだろう。

It (　　　　　　) controlled in wartime life.

a．be　　b．how　　c．information　　d．recall

e．to　　f．useful　　g．was　　h．would

（3） 目標達成のために、彼女が相当な努力をしてきたことは間違いない。

There is (　　　　　　) to achieve her goals.

a．a　　b．has　　c．doubt　　d．considerable effort

e．made　　f．no　　g．she　　h．that

（4） その本の出版で、私の祖父は世界中の何百万という人々に知られることになった。

The publication (　　　　　　) around the world.

a．known　　b．made　　c．millions of　　d．my grandfather

e．of　　f．people　　g．that book　　h．to

（5） 彼の話題は次から次へと飛ぶので、結局何を言いたいのかわからなかった。

As his talk skipped from one topic to another, (　　　　　　) to say.

a．meaning　　b．failed　　c．he　　d．I

e．to　　f．understand　　g．was　　h．what

〔Ⅵ〕次の会話文を読み、空所（1～10）に入れるのに最も適当なものを、それぞれ下記（a～d）の中から1つ選び、その記号をマークしなさい。

In the classroom during a break

Nao: Hi, Ken. Got (1)? I have something to ask you about Ms. Pinkerton's English class.

Ken: Sure. If you want my advice about the assignment, (2) going off to a cafeteria and discussing it over coffee?

Nao: Oh, sorry, I haven't got that much time, but can we talk about it for just a couple of minutes (3)?

Ken: OK. How can I help you?

Nao: I (4) her lesson yesterday, and I heard the students were formed into groups for the final presentation, right?

Ken: Yes, indeed. We are to (5) research into different topics and read a final paper in English by group.

Nao: I'd like to know which group I belong to.

Ken: Oh, I see. But . . . uh . . . I'm so sorry, I was too much occupied with myself and don't (6) remember which group you were assigned to. Did you submit your topics to Ms. Pinkerton?

Nao: Yes, I submitted them last week. My first choice was the future of artificial intelligence.

Ken: Oh, well, then you (7) with Orhan. I remember him talking about his topic and how his sister can help him. Why (8) you ask him?

Nao: Oh, is Orhan's sister (9) with artificial intelligence?

Ken: I believe she's working for an IT company or something. You know, Orhan always boasts of her.

Nao: I see. Thanks a lot. Let's have lunch some (10).

Ken: OK. See you.

(1) a. a minute　　b. a topic　　c. together　　d. with it

(2) a. am I　　b. are you　　c. how about　　d. how is it

(3) a. just then　　b. right now　　c. very soon　　d. yet

(4) a. drew b. lost c. missed d. rested

(5) a. all b. do c. each d. hit

(6) a. exactly b. rarely c. stop to d. try to

(7) a. are troubled b. must be c. were done d. will happen

(8) a. did b. do c. don't d. will

(9) a. enough b. familiar c. known d. parallel

(10) a. food b. of us c. other time d. over time

◀英語1科目(英・英)型▶

(75分)

〔Ｉ〕次の英文を読み、下記の設問（Ａ～Ｃ）に答えなさい。

Since not everything happens at once, conflicts between goals often involve goals that are realized at different times. And these in turn often feel like (ア)<u>conflicts between different selves</u>, a present self and a future self.

The psychologist Walter Mischel captured the conflict in a difficult choice he gave four-year-olds in a famous 1972 experiment: one marshmallow* now or two marshmallows in fifteen minutes. Life is full of dilemmas similar to this one: to choose between a sooner small reward and a later large reward. Watch a movie now or study for next weeks' exam; spend your allowance now or save it for the future; eat sweets now or resist temptation to avoid weight gain later.

The marshmallow dilemma goes by several names, including self-control, delay of a reward, time preference, and discounting the future. It figures into any analysis of rationality because it helps explain the misunderstanding that too much rationality leads to a restricted and boring life. Scholars have studied the grounds for self-control—when we ought to enjoy now or hold off for later—since it is the basis for interest rates, which compensate people for giving up money now in exchange for money later. They have reminded us that (イ)<u>often the rational choice is to enjoy now</u>: it all depends on when and how much. In fact, this conclusion is already a part of our folk wisdom, captured in sayings and jokes.

First, a bird in the hand is worth two in the bush. How do you know that the experimenter will keep the promise and reward you for your patience with two marshmallows when the time comes? How do you know that the pension fund will still be solvent** when you retire and the money you have put away for retirement will be available when you need it? It's not just the dishonesty of the experts that punishes patience; it's the imperfect knowledge of experts. "Everything they said was bad for you is good for you," we joke, and with today's better nutrition science we know that a lot of pleasure from eggs, shrimp, and nuts was avoided in past decades for no good reason.

Second, in the long run we're all dead. You could be struck by lightning tomorrow, in which case all the pleasure you deferred to next week, next year, or next decade will have gone to waste. As the bumper sticker advises, "Life is short. Eat dessert first."

Third, you're only young once. It may cost more overall to take out a mortgage in your thirties than to save up and pay cash for a house in your eighties, but with the mortgage you get to live in it all those years. And the years are not just counted but valued differently. As my doctor once said to me after a hearing test, "The great tragedy in life is that when you're old enough to afford really good audio equipment, you can't hear the difference."

Does this mean it's rational to eat the marshmallow now after all? Not quite—it depends on how long you have to wait and how many marshmallows you get for waiting. Let's put aside aging and other changes and assume for simplicity's sake that every moment is the same. Suppose that every year there's a 1 percent chance that you'll be struck by a bolt of lightning. That means there's a 0.99 chance that you'll be alive in a year. What are the chances that you'll be alive in two years? For that to be true, you will have had to escape the lightning bolt for a second year, with an overall probability of 0.99×0.99, that is, 0.99^2 or 0.98. Three years, $0.99\times0.99\times0.99$, or 0.99^3 (0.97); ten years, 0.99^{10} (0.90); twenty years, 0.99^{20} (0.82), and so on—an exponential*** drop. So, taking into account the possibility of never enjoying it, a marshmallow (ウ)<u>ten years</u> from now will only be worth (エ)<u>90%</u> of what you have today. Additional hazards—a faithless experimenter, the possibility you will lose your taste for marshmallows—change the numbers but not the logic. It's rational to discount the future exponentially. That is why the experimenter has to promise to reward your patience with more marshmallows the longer you wait—to pay interest. And the interest compounds exponentially, compensating for the exponential decay in what the future is worth to you now.

*marshmallow：マシュマロ
**solvent：支払い能力がある
***exponential：指数関数的な

設　問

A．本文中の下線部(ア)<u>conflicts between different selves</u>の具体的な内容について、本文の内容に基づき、日本語（80字以上120字以内で、句読点を含む。記号や数字を含む場合は１文字を１マスに記入すること）で説明しなさい。答えは記述式解答用紙の所定欄に記入しなさい。

B．本文中の下線部(イ)<u>often the rational choice is to enjoy now</u>とあるが、その理由を本文の内容に基づき、日本語（220字以上260字以内で、句読点を含む。記号や数字を含む場合は１文字を１マスに記入すること）で説明しなさい。答えは記述式解答用紙の所定欄に記入しなさい。

出典追記：Rationality by Steven Pinker, Allen Lane

C. 本文中の下線部$_{(ウ)}$ten years を「four years」に書き換えたとすると、それに合わせて下線部$_{(エ)}$90% はどう書き換えるべきか答えなさい。答えは計算結果の小数点以下第3位を四捨五入した上で、記述式解答用紙の所定欄に記入しなさい（例：計算結果が0.3684の場合、8を四捨五入し、37%と書くこと）。

〔Ⅱ〕次の英文を読み、下記の設問（A～C）に答えなさい。

While the term $_{(ア)}$*yakuwarigo* refers to the speech which consists of many elements of spoken Japanese, the expressions used for person reference can be counted as some of its most distinctive features. Contemporary Japanese boasts a wide range of expressions one can use to call oneself, such as *watakushi, watashi, atakushi, atashi, atai, a(s)shi, boku, ore, ora, oira, uchi,* and *jibun*. This list can easily be expanded by adding dialects or historical terms. Besides pointing out the speaker, these expressions carry numerous implications in their use, such as cultural background, gender, social group and status, and personal distance. It is no wonder that first-person expressions can therefore also play a part in the sketch of fictional characters by being associated with some stereotypical characteristics.

In the following paragraphs, I would like to map out which first-person expressions appear in the speech of female Japanese *shōjo manga* characters (that is, of manga characters representing young women) through an analysis of a manga corpus*, which was created based on the results of a survey among the manga readership. *Yakuwarigo* is often used in various Japanese popular media (such as manga, anime, light novels, etc.). It has a unique characteristic to portray secondary characters and accordingly to highlight the protagonist**, who requires a more detailed and nuanced description.

For the teenage girl characters appearing in the collected *shōjo manga*, texts are divided into three categories: protagonists, major characters, and minor characters. In the analyzed *shōjo manga*, the protagonists are heroines of the stories, and the major characters often serve as close friends or schoolmates to the protagonists. The female characters who are classified as minor are chiefly classmates or schoolmates appearing in the background, and usually left unnamed.

According to the corpus data presented, *watashi*, the most general first-person expression that a female speaker of standard Japanese can use, is the dominant means of self-reference for all but one of the protagonists. When compared to the speech of protagonists, the data for major characters suggest that the words to express self-reference is slightly more varied. This applies not only in the ratio of primary forms of self-reference—*watashi* versus *atashi*—but also in the variations the individual characters employ. Quite interestingly, a plural form *uchi-ra*, which is used only in severely limited cases in the expression of the heroines of the stories, seems to be more frequent in the speech of major characters. However, besides the three forms mentioned above (*watashi, atashi, uchi-ra*), no other self-reference expressions were observed in the collected data. And the data shows that the expression of *watashi* prevailed as the most repeated first person term for minor characters, with the feminine casual *atashi* being the second most frequent.

(イ)<u>There seems to be a strong overall tendency towards a low variation of self-reference terms in the speech of characters in the collected data.</u> In other words, each *shōjo manga* character usually uses only one primary self-reference expression. This tendency is the most dominant in the case of protagonists. The overall number of individual first-person expressions appearing in the corpus is also relatively low—the most frequently used ones are, in fact, *watashi* and *atashi*.

One of the reasons for the low variation of expressions used is the nature of *shōjo manga* stories. The conversation in *shōjo manga* follows the common features derived from realism, and while the discussed topics often include the character's emotions, the speech remains casual, as would be expected from teenagers. Moreover, while an appearance of a new character or progress in an existing relationship is often one of the key elements of the plot, the character groups are stable on the basis of social distance and relatively stable on the basis of psychological distance. Together with the low social gap, this makes the use of more formal expressions (i.e., *watakushi* for women) unnecessary. There is very little switching between codes to be found.

*corpus：言語学的研究を前提に収集された言語資料の集合体

**protagonist：主人公

設　問

A．本文中の下線部(ア)<u>*yakuwarigo*</u>（日本語表記は「役割語」）の具体的な内容について、本文の内容に基づき、日本語（80字以上120字以内で、句読点を含む。記号や数字を含む場合は１文字を１マスに記入すること）で説明しなさい。答えは記述式解答用紙の所定欄に記入しなさい。

B．次の１～４の中から本文の内容と一致しないものを１つ選び、その記号を記述式解答用紙の所定欄に記入しなさい。

出典追記：First Person Expressions Used by Teenage Girl Characters in Shojo Manga, Silva Iaponicarum No.64 & 65 Sring / Summer 2021 by Hana Kloutvorová

1. 日本語で書かれた少女マンガにおいて、女性の主人公は、ほぼ、一般的な日本女性が一人称として使用する「わたし」という表現を用いている。
2. 日本語で書かれた少女マンガにおいて、主要な役割を有する女性脇役が使用している一人称には、「わたし」「あたし」「うちら」という表現が含まれる。
3. 日本語で書かれた少女マンガにおいて、主要な役割を有せず背景に登場する女性脇役が使用する一人称で、一番多く使われているのは「あたし」である。
4. 日本語で書かれた少女マンガにおいて、主人公が「うちら」という一人称を使用する機会は限られる。

C. 本文中の下線部(イ)There seems to be a strong overall tendency towards a low variation of self-reference terms in the speech of characters in the collected data.と分析できる理由を、本文の内容に基づき、日本語（150字以上200字以内で、句読点を含む。記号や数字を含む場合は1文字を1マスに記入すること）で説明しなさい。答えは記述式解答用紙の所定欄に記入しなさい。

日本史

(60分)

〔Ⅰ〕次の1～10の文章について、a・bとも正しい場合はアを、aが正しくbが誤っている場合はイを、aが誤りでbが正しい場合はウを、a・bともに誤っている場合はエをマークしなさい。

1. a. 江戸時代に現在の福岡県志賀島で掘り出された金印は、「魏志」倭人伝にみえる卑弥呼に授けられた金印とする説が有力である。
   b.『宋書』倭国伝によると、倭の五王はそれぞれが親子であることが記されており、5世紀代から直系継承が王権の基本であったことが分かる。

2. a. 厩戸王(聖徳太子)が建てた法隆寺は、創建時の建物が現在まで残っている。
   b. 長く和同開珎が日本最初の貨幣とみられていたが、後の発見で、富本銭が天武天皇の頃に発行されていたことが分かった。

3. a. 藤原道長は、自分の娘を皇后や皇太子妃にたて、後一条・後朱雀・後冷泉の3天皇の外戚となって、3天皇の約50年にわたって摂政・関白の地位についた。
   b.「夫れ往生極楽の教行は、濁世末代の目足なり。道俗貴賤、誰か帰せざる者あらんや」で始まる『往生要集』は、空也が浄土教の教えを説いたものである。

4. a. 文永の役の後、鎌倉幕府は再度の元軍の襲来に備えて博多湾沿岸に防塁(石塁、石築地)を築いた。現在でもこの元寇防塁の一部を見ることができる。
   b. 建武政権では諸国に国司と守護が併置された。東北には陸奥将軍府、関東には鎌倉将軍府が置かれ、それぞれの将軍には親王が任じられた。

5. a.「日本開白以来、土民蜂起是れ初めなり」とある正長の土一揆では、酒屋・土倉や寺院が破却の対象となったと『大乗院日記目録』に記されている。
   b. 豊臣秀吉の刀狩令では、集めた刀や脇指を東大寺大仏の再建資材に充てることを目的の一つとしていた。

6. a. 17世紀初めに江戸幕府は、大名や商人に朱印状を与えて海外貿易を許可したが、その後の奉書船貿易の時代には、朱印状の発給を廃止して老中奉書を許可状とした。
   b. 17世紀初めに対馬の宗氏は朝鮮と己酉約条を結んだ。それにより朝鮮は、将軍就任を奉祝する慶賀使と朝鮮国王の代替わりを感謝する謝恩使を幕府に派遣するようになった。

7. a. 享保の改革では、幕府の財政補填策として大名に石高の1%の米を上納させる上げ米を実施し、その代わりに参勤交代での江戸在府期間を半分に緩めた。

b. 水野忠邦は、幕府財政の安定と対外防備の強化のため、江戸・京都・大坂の各都市の周辺で、合わせて100万石の地を幕府直轄地とする計画を打ち出した。

8. a. 坂下門外の変の後、薩摩藩の島津久光は幕政改革を要求し、幕府はこれを容れて徳川慶喜を政事総裁職に、松平慶永を将軍後見職に任命した。

b. 明治新政府は、五箇条の誓文を公布して国策の基本を示し、また政体書を制定して政府の組織を整えて、三権分立制を取り入れようとした。

9. a. 財源に乏しかった成立当初の明治新政府は、京都や大阪の商人から資金を徴し、さらには金・銀等の正貨との交換を保証しない紙幣を発行した。

b. 社会主義者等を弾圧した大逆事件の後、警視庁内に社会主義運動等を取り締まる特別高等警察（特高）が置かれた。

10. a. 占領期には、あらゆる分野の科学者を代表する機関として、学術の発達とその行政・産業・国民生活への反映を目的とする日本学術会議が発足した。

b. 大衆消費社会となった高度経済成長期には「三種の神器」、「新三種の神器」と呼ばれた耐久消費財が普及し、現在では「三種の神器」の3つの家電製品の普及率はほぼ100%となった。

〔Ⅱ〕次の文章A・B・Cを読んで設問に答えなさい。もっとも適切な答えを一つマークしなさい。

A.　a水稲農耕は日本列島の一部ですでに縄文時代晩期に始まっていたが、紀元前4世紀頃にはさらに西日本へと、またさらに東日本へと広がっていった。これは、b北海道と南西諸島を除く日本列島の大部分が食料採取文化から食料生産文化に移行したことを意味する。その後もc農地の改良やd農機具の発達によって水稲農耕の生産性は高まっていった。

【設　問】

1．下線部aの遺構で代表的な遺跡とその所在地の組合せとして正しいものを下記より選びなさい。

ア．板付遺跡・長崎県　　イ．吉野ヶ里遺跡・福岡県

ウ．菜畑遺跡・佐賀県　　エ．荒神谷遺跡・大分県

2．下線部bに関連して、正しいものを下記より選びなさい。なお、すべて誤っている場合は「エ」をマークしなさい。

ア．北海道では7世紀以降になって農耕を基盤とする擦文文化が発達した。

イ．貝塚文化の遺跡は海浜部にあり、代表的な遺跡は大森貝塚や加曽利貝塚である。

ウ．オホーツク文化はシベリアやアラスカとの物資の流通に基礎を置く交易文化であった。

3．下線部cに関連して、弥生時代の農耕や田の説明として正しいものを下記より選びなさい。

ア．湿田は、水流によって土壌の栄養分が全体に補われやすく、乾田に比べて生産性が高かった。

イ．湿田は、乾田に比べて生産性が高く、鉄製農具なしにも開墾できたため、弥生時代後期には大半の田が湿田となった。

ウ．乾田は、灌漑・排水を繰り返すことで土壌の栄養が補われたため、湿田に比べて生産性が高かった。

エ．乾田は牛馬を使った深耕が可能で生産性が高かったため、弥生時代後期には大半の田地が乾田化された。

4．下線部dに関連して、弥生時代の農具とその主たる用途の組合せとして正しいものを下記より選びなさい。

ア．木臼・脱穀　　イ．石包丁・根刈

ウ．竪杵・穀粒選別　　エ．扱箸・脱穀

B.　10世紀に入ると律令体制の破綻がはっきりしてくるが、それでも政府はe様々な策を講じて体制の維持を図った。とはいえ、戸籍・計帳の制度が崩れている以上、そこに基礎を置く班田収授が維持できるわけもなく、f地方支配やg徴税体制等では様々な変革が迫られた。

【設　問】

5．下線部ｅに関連して、正しいものを下記より選びなさい。なお、すべて誤っている場合は「エ」をマークしなさい。

ア．延喜の荘園整理令が出されたが、藤原基経の妨害にあって頓挫した。

イ．三善清行が「意見封事十二箇条」を提出し、地方政治の改革等を主張した。

ウ．醍醐天皇は班田の励行を命じたが、源高明の失脚によって挫折した。

6．下線部ｆに関連して、この時代の地方支配を示すものとして誤っているものを下記より選びなさい。

ア．任国に赴く国司の最上位者は大きな責任と権限を与えられ、受領と呼ばれた。

イ．受領という呼び名は、前任者からその国の財産等を受け取るところから来ている。

ウ．受領が勤務する国衙や居宅は重要な役割をもつようになった。

エ．国衙と同様に郡家（郡衙）もますます重要性を増すようになった。

7．下線部ｇに関連して、正しいものを下記より選びなさい。

ア．租・調・庸に代わる税として公出挙の制が創設され、利稲が受領の取り分となった。

イ．戸籍に記載された人間を単位に徴税する制度から土地を基礎として徴税する制度へ移行した。

ウ．徴税制度の変化にともなって田を失い小作に没落する農民が増えた。それらの没落農民は負名と呼ばれた。

エ．徴収した税の運搬は郡司の仕事とされ、郡司はこれによって大きな利益を得た。

C．　寄進地系荘園では、寄進を受けた領主は［　h　］と呼ばれ、さらに上級の貴族等が寄進を受けた場合、その上級領主は［　i　］と呼ばれた。その一方で元の開発領主は［　j　］等と呼ばれる荘官の地位に就いた。寄進地系荘園は、寄進先の権威によって k 様々な特権を獲得していった。また国司が支配する l 公領のあり方も変化していった。

【設　問】

8．空欄ｈ・ｉ・ｊに該当する語句の組合せとして正しいものを下記より選びなさい。

ア．ｈ：領家・ｉ：本家・ｊ：郎党　　イ．ｈ：本家・ｉ：領家・ｊ：郎党

ウ．ｈ：領家・ｉ：本家・ｊ：公文　　エ．ｈ：本家・ｉ：領家・ｊ：公文

9．下線部ｋに関連して、正しいものを下記より選びなさい。

ア．太政官符や治部省符によって不輸の権を得た荘園は官省符荘と呼ばれた。

イ．国免荘が得た不輸の権は、本来は国司の任期中に限られるものとされていた。

ウ．不入の権とは中央政府が派遣する検田使等の立ち入りを認めずにすむ権利である。

エ．国衙は、不輸の権の例外として、加徴米を徴収する権限をもっていた。

10. 下線部lに関連して、正しいものを下記より選びなさい。なお、すべて誤っている場合は「エ」をマークしなさい。
 ア. 国司は、郡司・郷司・保司を任命して公領の管理を任せたが、徴税権は委譲しなかった。
 イ. 遙任国司は目代を派遣し、目代の指揮の下で在庁官人に実務をとらせた。
 ウ. 名を割り当てられた有力農民は名主であるが、後に田堵と呼ばれるようになった。

〔Ⅲ〕次の史料A・Bを読んで設問に答えなさい。もっとも適切な答えを一つマークしなさい。なお史料は省略したり、書き改めたところがあります。

A.(5月)二十六日、(中略) a b 蜂起し、 c の城を相囲む。故をもって d 合力*の事、①江州の御所より仰せ付けらる。使節の事、しかるべき仁体*これを書立て、早々に進上すべきの由仰せ出さる。(中略)瑞順西堂*をもって内議あり。

(6月)朔癸巳、(中略)この日瑞順西堂、越前の使節として江の御陣へ赴く。

二十二日(中略)叔和西堂*越前より帰洛す。当軒に来たりて曰く、越前の合力勢またその曲なし*、 a c の城攻め落とされ(中略)一党尽く生害すと云々。

二十五日(中略)、今晨、香厳院において叔和西堂語りて云く、今月五日、越前府中に行く。それ以前に越前の合力勢 a に赴く、しかりと雖も一揆衆二十万人、 c の城を取り回す、故をもって同九日城を攻め落とされ、皆生害す、しかるに c 一家の者一人これを取立つ。

(注)合力…助けること/仁体…人/瑞順西堂・叔和西堂…相国寺の僧、両者は同一人物/曲なし…つまらない、なさけない

【設 問】

1. 空欄a・bに該当する語句の組合せとして、正しいものを下記より選びなさい。
 ア. a:島原天草・b:吉利支丹
 イ. a:南山城・b:国一揆
 ウ. a:賀州・b:土一揆
 エ. a:石山・b:一向一揆

2. 下線部①はある人物を指し示している。その人物として正しいものを下記より選びなさい。
 ア. 徳川秀忠
 イ. 足利義尚
 ウ. 織田信長
 エ. 足利義教

3. 空欄cに該当する語句の説明として正しいものを下記より選びなさい。
 ア. 有馬晴信のもと支配地であり、現領主による過酷な年貢賦課と宗教弾圧が行われていた。
 イ. 山科本願寺の壊滅後に栄えた寺内町で、後に豊臣秀吉が跡地に巨大な城を築いた。
 ウ. 室町幕府管領家の一つで、政長と義就の時に家督争いが起こった。
 エ. 当地の守護であり、戦いの後に一族の一人が名目上の守護として取り立てられた。

4．空欄dに該当する人物の説明として正しいものを下記より選びなさい。

ア．一乗谷に居館があった。

イ．室町幕府管領家の一つで、越前・尾張・遠江３国の守護を世襲した。

ウ．諱を光佐といい、本願寺の宗主を務めた。

エ．室町幕府四職家の一つで、後に幕府軍に討たれた。

5．史料Aから読み取れることとして正しいものを下記より選びなさい。

ア．空欄dのはたらきによって20万人の蜂起勢は短期間に鎮圧された。

イ．史料Aの筆者は、空欄cの城が６月末に落城したことを使者役を務めた者から聞いた。

ウ．一揆勢による国支配が約１世紀の間つづいた。

エ．五山僧は領主層の政治的問題に関して折衝役を期待されることがあった。

B．次の史料は、『仮名読新聞』1877年３月８日号掲載の記事（菓子店開業広告のパロディ）と、同年同月15日出版の錦絵である。

御費料*

各々様ますます御機嫌よくござ遊ばされ恐悦至極に存じ奉り候。随って私事、今般御当地において左の商法相開き候間、多少に限らず御用向仰せ付けられ下されたく。則ち製品左に

一　お芋の頑固(かたま)り　不平おこし　消化(こなれ)あしくくづれやすし

一　新製買徳*　有兵党(あるへいとう)*　ようやく一万ばかり出来　値打ちなし大まけ大まけ

一　肥後の城ごめにてせいす［　e　］戦べい　根団(ねだん)は少しも御負け申さず候

一　毎日新製　②瓦斯提邏(がすていら)*　もはや二三千西国へ積み輸る

一　三菱形西様風　③蒸洋艦*　売切れの日多し

一　抜刀(こほり)がけ　困弊盗(こんぺいとう)*　世間が騒々敷いにつけて出来もうし候　味ひ不良

一　旅費鳥(りよひどり)せんべい　御遠国出張の方より多分の御誂(あつ)らへあり

(中略)

何分新商店にて士族無の種子のみ出来ます故、貴社お手数ながら有名の船橋屋*サンエ練直しのご依頼を投書願ひます　　　浅草　新平右衛門町　若菜堂*

(注) 御費料…御披露／新製買徳…新政厚徳。反政府軍側の標語／有兵党…有平糖(南蛮伝来の砂糖菓子)／邏(邏卒)…巡査の旧称。ランプ等を提げて夜回りした／蒸洋艦…蒸羊羹／困弊盗…金平糖／船橋屋…著名な江戸の菓子店／若菜堂…新聞記者で投書家、戯作者の若菜貞爾

【設　問】

6．空欄eに該当する語句を下記より選びなさい。

ア．馬鹿　　イ．戊辰　　ウ．幕長　　エ．熊鹿

7．下線部②に関連して、正しいものを下記より選びなさい。なお、すべて誤っている場合は「エ」をマークしなさい。

ア．カステラの製法が日本に伝来したのは、出島のオランダ人が伝えたことに始まる。

イ．明治初期、巡査は士族のおもな就職先の一つだった。

ウ．ガスの供給事業は、日露戦争前までには全国の主要都市に普及した。

8．下線部③に関連して、正しいものを下記より選びなさい。

ア．有事の軍事輸送等を目的に、政府は岩崎弥太郎が経営する会社に手厚い保護を与えた。

イ．日本初の蒸気軍艦咸臨丸は、榎本武揚を艦長として通商条約批准のため初めて太平洋を渡った。

ウ．船長以下の乗員・乗客が全員死亡したノルマントン号事件は、日英間の外交問題に発展した。

エ．通商を求めて浦賀に来航したモリソン号は幕府に拒絶され、薪水を受け取って長崎へ回航した。

9．Bの史料より後の出来事を下記より選びなさい。

ア．江華島事件　　イ．郡区町村編制法の公布　　ウ．神風連の乱　　エ．佐賀の乱

10．Bの両史料から読み取れることとして誤っているものを下記より選びなさい。

ア．当時の士族反乱を揶揄しており、錦絵では反政府軍の背後に島津氏がいると語られている。

イ．反政府軍は短期間で敗北するだろうと考えられており、世間の評判も悪いとしている。

ウ．西国の出来事の影響で、人びとの日常生活にも影響が出ていることが語られている。

エ．不慣れな商売を興して商売に失敗する士族を揶揄したものである。

〔Ⅳ〕次の文章を読んで設問に答えなさい。もっとも適切な答えを一つマークしなさい。

近代の活字メディアは、［　a　］の推進する$_b$交通機関の整備や、通信事業の開始に支えられて急速に発展した。$_c$新聞等が次々と創刊されたが、なかには$_d$自由民権運動と連動するものもあり、$_e$政府の圧力にもさらされた。大正時代から昭和初期にかけては都市の生活水準向上とともに$_f$多様なメディアが台頭し、$_g$大衆の政治意識の高まりを促した。だが明治時代より警察組織を統括してきた［　h　］の検閲等は厳しさを増し、$_i$総力戦体制下での言論統制は細部にわたっていった。戦後当初の$_j$GHQ 統治下でも、$_k$サンフランシスコ平和条約の発効まで事前検閲は行われた。

【設　問】

1．空欄a・hに該当する語句の組合せとして正しいものを下記より選びなさい。

ア．a：工部省・h：内務省　　イ．a：兵部省・h：内務省

ウ．a：工部省・h：司法省　　エ．a：兵部省・h：司法省

2．下線部bに関して、古い順に正しく並んでいるものを下記より選びなさい。

ア．東京・横浜間の電信線の実用化 → 官営の郵便事業開始 → 新橋・横浜間の官営鉄道敷設

イ．東京・横浜間の電信線の実用化 → 新橋・横浜間の官営鉄道敷設 → 官営の郵便事業開始

ウ．官営の郵便事業開始 → 東京・横浜間の電信線の実用化 → 新橋・横浜間の官営鉄道敷設

エ．官営の郵便事業開始 → 新橋・横浜間の官営鉄道敷設 → 東京・横浜間の電信線の実用化

3．下線部cに関連して、次の①から③の文が古い順に正しく並んでいるものを下記より選びなさい。

①新聞『日本』を陸羯南が創刊した。

②『時事新報』に「脱亜論」が掲載された。

③日本初の日刊紙である『横浜新聞』(『横浜毎日新聞』)が創刊された。

ア．②→③→①　イ．①→③→②　ウ．③→①→②　エ．③→②→①

4．下線部dに関して、正しいものを下記より選びなさい。

ア．各地の民権派政治結社の全国連合組織として大阪に立志社が創設された。

イ．大隈重信の結成した立憲民政党はイギリスをモデルとした議院内閣制を掲げた。

ウ．県令三島通庸と対立していた福島自由党の県会議員らが検挙された。

エ．インフレ促進の経済政策により農村は窮迫し、民権運動を撤退する地主らが急増した。

5．下線部eに関連して、制定された順番が正しく並んでいるものを下記より選びなさい。

ア．集会条例 → 新聞紙条例 → 保安条例　イ．新聞紙条例 → 集会条例 → 保安条例

ウ．保安条例 → 新聞紙条例 → 集会条例　エ．集会条例 → 保安条例 → 新聞紙条例

6．下線部fに関連して、大正期から昭和初期の出来事として正しいものを下記より選びなさい。

ア．明治に小新聞として始まった『読売新聞』は、大正時代に販売部数が100万部を超えた。

イ．都市富裕層を主な読者とする総合雑誌『太陽』が創刊され、高山樗牛らが活躍した。

ウ．八木秀次等が八木アンテナを発明し、テレビの本放送が開始された。

エ．児童向けの文学作品を掲載した雑誌『赤い鳥』が鈴木三重吉によって創刊された。

7．下線部gに関連して、正しいものを下記より選びなさい。

ア．『東洋経済新報』で石橋湛山は記者として植民地の放棄を提唱した。

イ．野呂栄太郎は雑誌『労農』に論文を発表して、講座派の論者との間ではげしい論争を展開した。

ウ．大川周明は全国水平社を結成し、雑誌『戦旗』を発行した。

エ．平塚らいてうは青鞜社を結成し、雑誌『婦人公論』を発行した。

8．下線部iに関連して、この時代に出版や連載が禁止・中止された作品として誤っているものを下記より選びなさい。

ア．津田左右吉『神代史の研究』　イ．石川達三『生きてゐる兵隊』

ウ．大岡昇平『俘虜記』　エ．谷崎潤一郎『細雪』

9．下線部jに関して、誤っているものを下記より選びなさい。

ア．新聞の検閲はプレス=コードに従っていた。

イ．公職追放によって、大政翼賛会の幹部等多くの議員が失格した。

ウ．人権指令への対処に窮した幣原喜重郎内閣は総辞職に至った。

エ．レッドパージの一環で日本共産党の幹部が公職追放の指令を受けた。

10．下線部kに関連して、正しいものを下記より選びなさい。

ア．ソヴィエト連邦とインドは講和会議に出席したが条約に調印しなかった。

イ．アメリカのドッジは、アメリカ軍の日本駐留を条件として講和の交渉を進めた。

ウ．全連合国との講和や軍事基地への反対等を求める全面講和運動が起こった。

エ．同時に締結された日米安全保障条約は、国会での承認が平和条約の発効後になった。

世界史

（60分）

〔Ⅰ〕次の文中の［　　］に最も適当な語を語群から選び、また下線部に関する問いに答え、最も適当な記号1つをマークしなさい。

10世紀から11世紀の西ヨーロッパでは、新たな社会秩序として①荘園制を経済的基盤とする封建社会が形成された。封建社会では、主君と家臣は一定の契約関係で結ばれており、これを②封建的主従関係という。

こうした封建社会では当初は現物経済が中心となっていたが、11世紀から12世紀にかけて③農業生産が上昇し始め、しだいに商業活動も活発となり貨幣経済がさかんになる。十字軍の影響で交通が発達し、遠隔地貿易を行う都市が現れた。主な商業圏としては、ヴェネツィア・［　イ　］などの北イタリアの港市や、内陸のミラノ・フィレンツェなどを含む地中海商業圏と、北海・バルト海周辺の④北ヨーロッパ商業圏がある。こうした⑤南と北の両商業圏の間にある内陸の諸都市も繁栄した。

中世の西ヨーロッパ諸都市は、商業活動によって得た経済力を背景として、しだいに政治的な力を増し、自治権を獲得し始めた。こうした都市の運営や秩序形成を担ったのは、同業組合としての⑥ギルドである。ギルドは当初、大商人などの特権階層から構成された商人ギルドであったが、後に手工業者の親方たちが［　ロ　］と呼ばれる同職ギルドを結成し、これに対抗するようになった。また、当時のドイツやイタリアで見られたように、有力な都市は相互に同盟関係を結び共通の利益を守った。

［語　群］

イ　a．トリノ　　b．ジェノヴァ　　c．ナポリ　　d．アッシジ

ロ　a．コムーネ　　b．ギベリン　　c．ツンフト　　d．ゲルフ

［問　い］

①荘園制に関する記述として、誤りを含むものはどれか。

a．荘園には、農民保有地、領主直営地、共同利用地があった。

b．農奴は移動の自由を制限された。

c．農奴は自由に結婚や相続を行うことができた。

d．農奴には賦役と貢納の義務があった。

②封建的主従関係に関する記述として、誤りを含むものはどれか。

a．封建的主従関係の起源のひとつに、ゲルマン人の従士制がある。

b．主君は家臣に封土を与えた。

c．家臣は主君に忠誠を誓い、軍事的奉仕などを行った。

d．封建的主従関係は個人と個人の契約であり、世襲されることはなかった。

③中世ヨーロッパの農業に関する記述として、誤りを含むものはどれか。

a．垣根のない開放耕地で農作業が行われた。

b．牛馬に重量有輪犂を引かせることで、アルプス以北の重い土壌を深く耕せるようになった。

c．カブやクローヴァーを利用するノーフォーク農法が普及した。

d．耕地を秋耕地・春耕地・休耕地に3分し、年ごとに順に交代させるようになった。

④北ヨーロッパ商業圏に関する記述として、誤りを含むものはどれか。

a．イギリスは主にフランドル地方から羊毛を輸入した。

b．北ドイツの諸都市では海産物、木材、毛皮などが交易された。

c．ロンドンは北海貿易の拠点のひとつであった。

d．ブリュージュでは毛織物業がさかんであった。

⑤南と北の両商業圏の間に位置し、大市で有名なフランス東北部の地方はどれか。

a．シャンパーニュ地方　　b．ノルマンディー地方　　c．ブルターニュ地方

d．ギュイエンヌ地方

⑥ギルドに関する記述として、誤りを含むものはどれか。

a．同職ギルドのもと、親方と職人・徒弟の間には厳格な身分序列が存在した。

b．商人ギルドは自由競争を奨励し、商品の価格は市場によって決定された。

c．同職ギルドの組合員になれたのは親方だけである。

d．フランスでは、革命時に国民議会によって廃止が決定された。

〔II〕次の文中の［　　］に最も適当な語を語群から選び、また下線部に関する問いに答え、最も適当な記号1つをマークしなさい。

17世紀から18世紀のヨーロッパ社会では識字率が上昇し、書物や雑誌・新聞などの印刷物の刊行が増加した。それとともに様々な分野に対する知的探究心が、貴族や学者だけでなく①市民層にも見られるようになった。フランスでは18世紀半ばから［　イ　］らが編集した『百科全書』の刊行が始まるが、これは科学や技術、宗教や哲学に対する当時の知的関心の高まりを象徴するものといえよう。

知的関心の対象は芸術にも及んだ。例えば王室が所蔵する芸術作品の公開を求める声がこの頃に聞かれるようになる。フランスでは②ルイ15世の時代に王室コレクションの一部がリュクサンブール宮殿に集められ1770年代末まで一般公開された。その後、王室コレクションをルーヴル宮殿で公開する試みが旧体制下からフランス革命期にかけて断続的にすすめられた。③ルイ16世はルーヴル宮殿の改修工事を計画した際、美術館の開設も視野に入れていた。革命の混乱のなかで計画は遅延したが、1793年についにルーヴル美術館が開館する。フランス革命期の④対外戦争や⑤ナポレオン戦争の際には、戦地で接収された数多くの美術品がここに運び込まれた。こうした作品の多くは⑥復古王政下で返還を余儀なくされるが、その後「ミロのヴィーナス」が寄贈されるなどルーヴル美術館の所蔵作品は着実に充実していった。ナポレオンのイメージ戦略の一翼を担った画家［　ロ　］の「ナポレオンの戴冠式」もルーヴル美術館に収められている。

[語　群]

イ　a. ヴォルテール　b. モンテスキュー　c. ダランベール　d. ルソー

ロ　a. ドラクロワ　b. ダヴィド　c. ゴヤ　d. アングル

[問　い]

①17世紀から18世紀のヨーロッパの市民層に関する記述として、誤りを含むものはどれか。

a. オランダの市民による注文でレンブラントの「夜警」が制作された。

b. 都市の市民層に支えられてスウィフト『ロビンソン=クルーソー』などの小説が生まれた。

c. イギリスのコーヒーハウスやフランスのカフェは、市民による世論形成の場でもあった。

d. 貴族だけでなく市民もまた外国貿易で輸入された茶や砂糖などを消費するようになった。

②ルイ15世統治下のフランスに関する記述として、誤りを含むものはどれか。

a. 七年戦争でシュレジエン奪還を目指すオーストリアを支援した。

b. フレンチ=インディアン戦争でイギリスに敗北した。

c. プラッシーの戦いでイギリス東インド会社軍に敗れた。

d. 1763年のパリ条約でイギリスにハドソン湾地方を譲渡した。

③ルイ16世に関する記述として、誤りを含むものはどれか。

a．改革派のテュルゴーやネッケルを起用し財政改革を試みた。

b．パリの民衆によるヴェルサイユ行進の結果、テュイルリー宮殿に移された。

c．オーストリアへの逃亡を企てたが、ヴァレンヌで発覚して失敗した。

d．立法議会における裁判で処刑が決定された。

④フランス革命期の対外戦争に関する記述として、誤りを含むものはどれか。

a．フイヤン派は政権を掌握すると、ピルニッツ宣言を行ったオーストリアに宣戦した。

b．ヴァルミーの戦いで、フランス軍は初めてオーストリア・プロイセン連合軍に勝利した。

c．フランス軍のベルギー侵入を受け、イギリスのピットは第１回対仏大同盟を呼びかけた。

d．国民公会は戦争に備えて30万人の募兵を実施した。

⑤ナポレオンに関する記述として、誤りを含むものはどれか。

a．エジプト遠征時にロゼッタ=ストーンが発見された。

b．ブリュメール18日のクーデタで総裁政府を樹立した。

c．教皇ピウス７世と宗教協約を結んだ。

d．民法典を公布し、私有財産の不可侵など近代市民社会の原理を示した。

⑥復古王政に関する記述として、誤りを含むものはどれか。

a．タレーランが王朝の正統性を主張し、ブルボン王家が復活した。

b．ルイ18世が即位し、制限選挙制による立憲君主政がとられた。

c．シャルル10世はアルジェリアに侵攻した。

d．六月蜂起により崩壊し、オルレアン家のルイ=フィリップが即位した。

〔Ⅲ〕次の文中の［　　］に最も適当な語を語群から選び、また下線部に関する問いに答え、最も適当な記号1つをマークしなさい。

18世紀初頭に皇帝アウラングゼーブが死亡すると、①ムガル帝国ではその息子たちの間で後継者争いが起こり、その後は短命の皇帝が続いた。ラージプートの王たちやムスリムの州長官など帝国の有力者たちは事実上独立し、ムガル帝国は衰退していった。

インドでムガル帝国の衰退が顕著となっていたころ、イラン高原では②アフガン人の侵入により③サファヴィー朝が事実上滅亡し、混乱に陥っていた。そのなかから、トルコ系騎馬遊牧民出身のナーディル=シャーが［ イ ］を創始してイラン高原を平定し、その勢いのままにインドへと進軍した。ナーディル=シャーの暗殺後、イラン高原は再び不安定な状態となるが、18世紀末に④カージャール朝によって統一された。

ナーディル=シャーによる約2カ月にわたる中心都市［ ロ ］の占領や、アフガン人の度重なる侵攻は、ムガル皇帝の権威の失墜につながった。アウラングゼーブの時代から反乱を起こしていた⑤マラーター同盟やシク教が勢力を伸ばしたことも、ムガル帝国を解体に導いた。各地に有力な地方政権が割拠した状況下、そのなかの一勢力にすぎなかった⑥イギリス東インド会社は、諸勢力との戦いに勝利するなかでインドの植民地支配へとすすんでいく。

[語　群]

イ　a. トゥグルク朝　b. ガズナ朝　c. ゴール朝　d. アフシャール朝

ロ　a. カルカッタ　b. デリー　c. ゴア　d. カーブル

[問　い]

①ムガル帝国期のインドに関する記述として、誤りを含むものはどれか。

a. バーブルがパーニーパットの戦いでサイイド朝を破り、ムガル帝国を建てた。

b. アクバルがヒンドゥー教徒に課せられるジズヤを廃止した。

c. 貴族と官僚に序列をつけ、位階に応じて給与地と保持すべき騎兵・騎馬数を定めた。

d. モスリンやサラサなどがヨーロッパや日本に輸出された。

②アフガン人とアフガニスタンに関する記述として、誤りを含むものはどれか。

a. アフガン人の自称はパシュトゥーンである。

b. アフガン人は、18世紀半ばにドゥッラーニー朝を建国した。

c. 第1次アフガン戦争で、アフガニスタンはイギリスの保護国となった。

d. 1990年代半ばにターリバーンがアフガニスタンの政権を掌握した。

③サファヴィー朝に関する記述として、誤りを含むものはどれか。

a. 神秘主義教団の教主がトルコ系遊牧民の信者を率いて建国した。

b．イスマーイール派のシーア派を国教とした。

c．生糸や絹織物の交易など、ヨーロッパ諸国との通商がさかんになった。

d．アッバース1世は、ホルムズ島からポルトガル人を駆逐した。

④カージャール朝に関する記述として、誤りを含むものはどれか。

a．イギリスやロシアの経済的支配に苦しんだ。

b．バーブ教徒が反乱を起こした。

c．商人やウラマーが中心となってタバコ=ボイコット運動を展開した。

d．20世紀初頭の白色革命で国民議会が開設された。

⑤マラーター同盟やシク教に関する記述として、誤りを含むものはどれか。

a．シヴァージーの建てたマラーター王国は、マラーター同盟の前身となった。

b．デカン高原を中心に、諸侯の連合体としてマラーター同盟が形成された。

c．シク教はパンジャーブ地方のアムリットサルに総本山を置いた。

d．イスラーム教の影響を受けたナーナクが、シク王国を建てた。

⑥イギリス東インド会社のインド支配に関する記述として、誤りを含むものはどれか。

a．カーナティック戦争でフランスを破り、南インドにおける優位を決定づけた。

b．ブクサールの戦いで、ムガル皇帝やベンガル太守の連合軍を破った。

c．マドラス管区では、領主層に土地所有権を与えて納税させた。

d．19世紀前半に商業活動を停止し、統治機関となった。

〔Ⅳ〕次の文中の[　　]に最も適当な語を語群から選び、また下線部に関する問いに答え、最も適当な記号1つをマークしなさい。

唐の滅亡に続く五代十国の戦乱の際にも比較的平穏であった江南では産業育成がはかられ、宋代以後には①農業生産の中心地となった。宋では商品作物の生産量も増大して、②商工業や③貨幣経済が発展した。宋朝の支配階層である文人官僚は、主として大規模な土地を所有して荘園を経営する④地主から輩出されたが、地主の世襲的継承は必ずしも安定せず、農民の大半は小規模自作農や小作農であった。このような経済的・社会的構造は元代以後にも受け継がれ、⑤明代には、小規模自作農に依拠する経済の確立を目指して、農業の保護育成が行われたが、商工業や貨幣経済が進展する社会の趨勢を押しとどめることはできなかった。16世紀後半、弛緩した財政の再建をはかる[イ]は、土地税や徭役を簡素化して銀納とする[ロ]の全国的施行などの改革を実施したが、政争による政治の混乱や財政の悪化から反乱が頻発し、明朝は⑥滅亡へと追い込まれていく。

〔語　群〕

イ　a．張居正　b．王安石　c．司馬光　d．王守仁

ロ　a．地丁銀　b．一条鞭法　c．戸調　d．両税法

〔問　い〕

①宋代における農業に関する記述として、誤りを含むものはどれか。

a．長江デルタ地帯の低湿地には堤防で囲った圩田や囲田がつくられた。

b．ベトナム方面から早生で日照りに強い占城稲が導入された。

c．江蘇や浙江が華北をしのぐ穀倉地帯となった。

d．華北では茶の栽培がさかんになり、重要な輸出品となった。

②宋代における商工業に関する記述として、誤りを含むものはどれか。

a．北宋の首都開封では商業活動は西市と東市に限定された。

b．草市と呼ばれる定期市が各地に立った。

c．手工業者は作、商人は行という同業組合を形成した。

d．醸造業などが都市を舞台として発展した。

③宋代から明代にかけての貨幣や通貨に関する記述として、誤りを含むものはどれか。

a．宋では銅銭が大量に鋳造され、国外へも輸出された。

b．宋では手形として生まれた交子や会子が紙幣として使用された。

c．元では銀との兌換紙幣である牌符が広く流通した。

d．16世紀後半の明にはメキシコ銀が流入した。

④宋代の地主に関する記述として、誤りを含むものはどれか。

a．江南を中心に台頭した新興の地主は形勢戸と呼ばれた。
b．地主に小作料を支払う小作農は官戸と呼ばれた。
c．地主などの子弟から、儒学などの教養を備える士大夫層が形成された。
d．地主の世襲的継承の不安定さの一因は、均分相続による家産の零細化にあった。

⑤明代における農業に関する記述として、誤りを含むものはどれか。
a．桑や麻、綿花などの栽培が奨励された。
b．江南では施肥の普及などにより二毛作が進展した。
c．この時期に発生した小作料の不払い運動は抗糧と呼ばれる。
d．徐光啓が『農政全書』を編纂して農業技術を集大成した。

⑥明朝の滅亡とその前後に関する記述として、誤りを含むものはどれか。
a．東林派と、宦官勢力と結んだ非東林派との政争が激化した。
b．遼河の東で、明朝に対抗する女真が台頭した。
c．李自成が北京を占領し、崇禎帝が自害した。
d．顧憲成や黄宗羲らが、滅亡した明朝の復興を目指した。

〔V〕次の文中の［　　］に最も適当な語を語群から選び、また下線部に関する問いに答え、最も適当な記号1つをマークしなさい。

第二次世界大戦後、①ヨーロッパの西部では地域統合を目指す動きが活発化した。その背景には、冷戦の本格化とともにすすんだ②東西ヨーロッパの分断もさることながら、2度の世界大戦による深刻な荒廃と惨禍を繰り返さないという機運の高まりもあった。1947年に、アメリカ合衆国の国務長官であった［　イ　］によるヨーロッパ経済復興援助計画が発表されると、その影響を受けた西欧諸国から、地域統合によるヨーロッパの再生をはかろうとする動きが現れた。

まず1952年には③西ドイツとフランスを中心に他の西欧諸国も参加する④ヨーロッパ石炭鉄鋼共同体（ECSC）が発足し、その後の発展を経て1967年には⑤ヨーロッパ共同体（EC）が成立した。当初、⑥イギリスは地域統合の動きに反発したものの、その後はこの動きに加わり、1973年にECに加入した。冷戦が終結すると、ヨーロッパは統合の動きをさらに加速させ、1993年にはヨーロッパ連合（EU）が誕生した。2004年には［　ロ　］などの東欧諸国も加わり、その後も拡大して、共通の政治・外交・安全保障をうたう地域統合体として形成されていった。

[語　群]

イ　a．トルーマン　b．ハル　c．マーシャル　d．ジョン=ヘイ
ロ　a．セルビア　b．スロヴァキア　c．モンテネグロ　d．アルバニア

[問　い]

①ヨーロッパにおける20世紀の文化に関する記述として、誤りを含むものはどれか。

a．ピカソは、フォーヴィズム（野獣派）を代表する画家である。

b．トーマス=マンが『魔の山』を著した。

c．哲学者のサルトルは、実存主義哲学を発展させた。

d．シュペングラーが『西洋の没落』を著した。

②東西ヨーロッパの分断に関する記述として、誤りを含むものはどれか。

a．東欧諸国は、人民民主主義に基づくソ連型の社会主義を採用した。

b．ソ連と東欧諸国は、ワルシャワ条約機構を発足させた。

c．西欧諸国は西ヨーロッパ連合条約を締結した。

d．チェコスロヴァキアがコミンフォルムから除名された。

③西ドイツに関する記述として、誤りを含むものはどれか。

a．キリスト教民主同盟のアデナウアー首相が主導して、経済復興に成功した。

b．東方外交により、オーデル=ナイセ線を国境として認めた。

c．主権回復と同時に国際連合に加盟した。

d．コール内閣の下で東ドイツを吸収して、ドイツ統一を達成した。

④ヨーロッパ石炭鉄鋼共同体（ECSC）に関する記述として、誤りを含むものはどれか。

a．フランス外相のシューマンによって提唱された。

b．石炭・鉄鋼産業の共同管理を目指した。

c．ルクセンブルクは原加盟国のひとつであった。

d．マーストリヒト条約によってヨーロッパ経済共同体（EEC）へと発展した。

⑤ヨーロッパ共同体（EC）に関する記述として、誤りを含むものはどれか。

a．イギリスと同時にアイルランドとデンマークも加盟した。

b．民主主義などを加盟の条件として定めた。

c．単一欧州議定書により、人間の移動や金融取引の域内自由化を定めた。

d．全加盟国の決済通貨としてユーロを導入した。

⑥イギリスに関する記述として、誤りを含むものはどれか。

a．アトリー政権は、「ゆりかごから墓場まで」といわれる福祉政策をすすめた。

b．サッチャー政権は、「大きな政府」による財政支出を目指した。

c．フォークランド（マルビナス）諸島の領有をめぐってアルゼンチンと戦った。

d．イラク戦争では、アメリカ合衆国とともにフセイン政権を攻撃した。

地　理

(60分)

〔Ⅰ〕オセアニアに関する以下の設問に答え、最も適当な記号を1つ選んでマークしなさい。なお、地図中のW～Zは経線、A～Fは都市、Pは盆地、ア～エは島、▲と△は鉱産物の主要産地を示している。

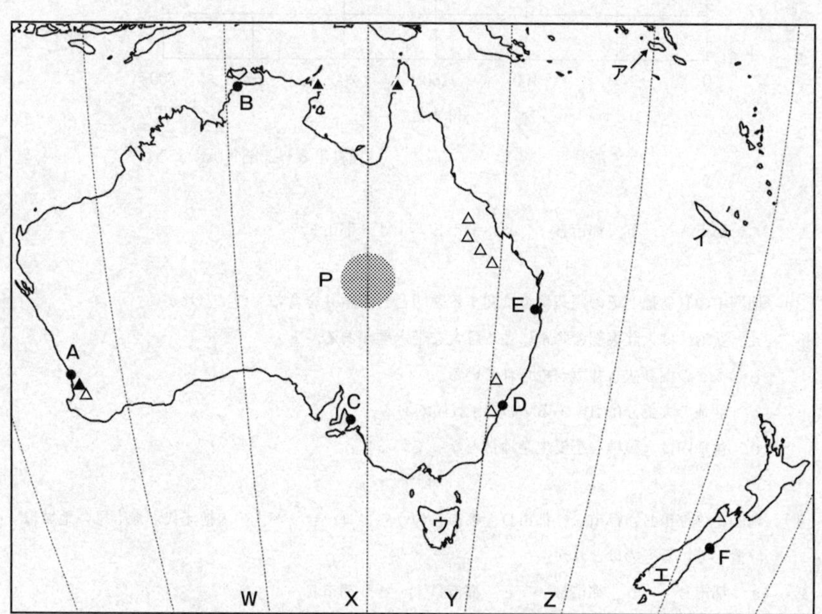

(1) 地図中の経線W～Zのうち、東京の経度に最も近いものはどれか。

a. W　　b. X　　c. Y　　d. Z

(2)　下の図は、地図中の都市A、都市B、都市E、都市Fのいずれかの月平均気温と月降水量を示したものである。この図に対応する都市はどれか。

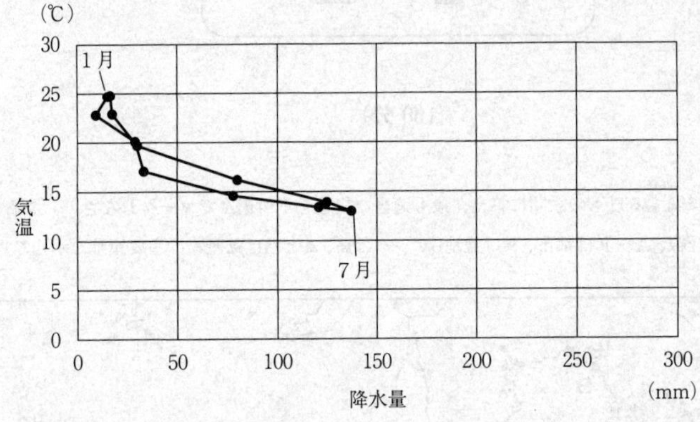

『理科年表』2023年版による。

a．都市A　b．都市B　c．都市E　d．都市F

(3)　地図中のP盆地とその周辺環境に関する説明として誤りを含むものはどれか。

a．盆地には大陸東部の降水による巨大な帯水層がある。

b．多くの掘り抜き井戸が掘られている。

c．盆地の大部分はBWあるいはBS気候である。

d．盆地内は大規模な小麦生産地帯となっている。

(4)　地図中の都市B、都市C、都市D、都市Eのうち、ヨーロッパ人の入植年代が最も早い地域に位置しているものはどれか。

a．都市B　b．都市C　c．都市D　d．都市E

(5)　地図中のア島、イ島、ウ島、エ島に関する説明として正しいものはどれか。

a．ア島を含む島嶼部はポリネシアに属している。

b．イ島はニッケル鉱の生産地域である。

c．ウ島の北岸はクック海峡に面している。

d．エ島の西側は東側に比べ牧羊が盛んな地域である。

(6)　地図中の▲と△において主に生産される鉱産物の組み合わせとして正しいものはどれか。

	▲	△
a	ウラン	石炭
b	ウラン	鉄鉱石
c	ボーキサイト	石炭
d	ボーキサイト	鉄鉱石

(7)　オーストラリアとニュージーランドにおける先住民に関する説明として誤りを含むものはどれか。

a．オーストラリアではアボリジニの保留地が設けられている。

b．オーストラリアにおけるアボリジニの人口は減少を続けている。

c．ニュージーランドのマオリの半数以上が都市部に居住している。

d．ニュージーランドの議会ではマオリに割り当てられた議席がある。

(8)　オーストラリアとニュージーランドの国際関係に関する説明として誤りを含むものはどれか。

a．両国ともコモンウェルス・オブ・ネーションズ（イギリス連邦）に加盟している。

b．日本のワーキングホリデー制度はこの両国を相手国としてスタートした。

c．オーストラリアの提唱によってアジア太平洋経済協力会議が結成された。

d．ニュージーランドは貿易自由化を推進しており、外資規制はほぼ撤廃されている。

〔Ⅱ〕東アジアに関する以下の設問に答え、最も適当な記号を1つ選んでマークしなさい。

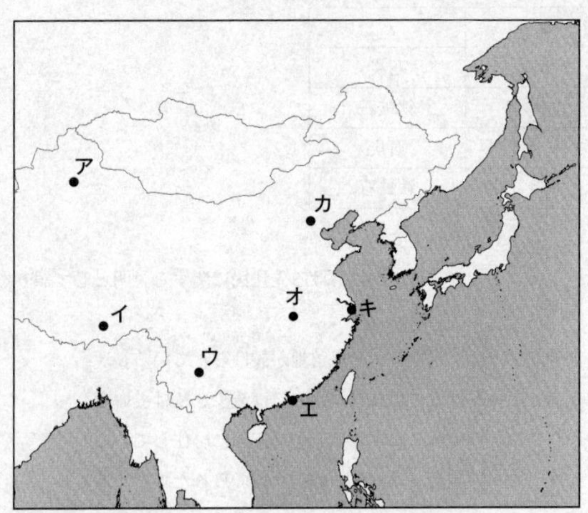

（1） 下の図X～Zは、地図中の都市ア、都市ウ、都市カのいずれかの月平均気温と月降水量を示したものである。都市ア、都市ウ、都市カと図X～Zの組み合わせとして正しいものはどれか。

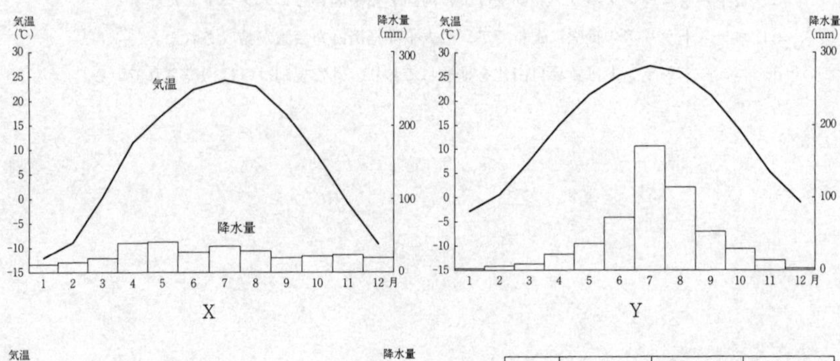

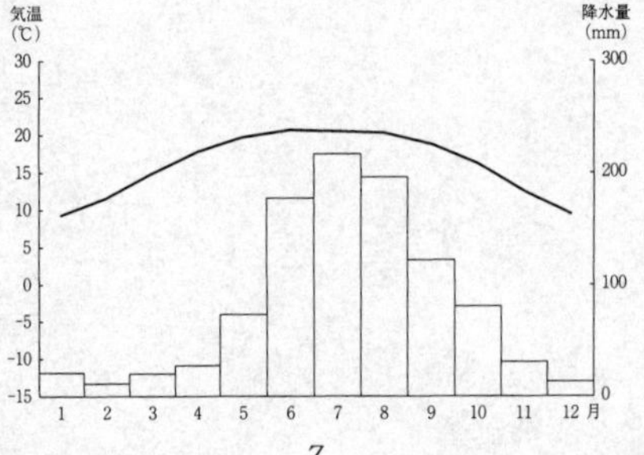

	都市ア	都市ウ	都市カ
a	X	Y	Z
b	X	Z	Y
c	Y	X	Z
d	Y	Z	X
e	Z	X	Y
f	Z	Y	X

『理科年表』2023年版による。

(2) 下の表は、4つの国における65歳以上人口の割合、乳児死亡率、合計特殊出生率を示したものである。表中のa～dは、韓国、中国、日本、モンゴルのいずれかに対応している。中国はどれか。

国	65歳以上人口の割合(%)	乳児死亡率(‰)	合計特殊出生率
a	28.6	1.82	1.34
b	14.3	2.59	0.84
c	13.5	5.47	1.70
d	4.2	13.22	2.83

年次は2020年。ただし、韓国の65歳以上人口の割合のみ2018年。
『世界国勢図会』2022/23年版による。

(3) 地図中の都市イ、都市エ、都市オ、都市キの説明として誤りを含むものはどれか。

a. 都市イはチベット仏教の聖地であり、標高3000 m を超える高地に位置する。

b. 都市エはかつてイギリスの植民地支配を受けており、国際商業都市として発展した。

c. 都市オは湖北省の省都であり、鉄鋼コンビナートを中心に重工業が発達した。

d. 都市キはこの国の首都に次ぐ人口を擁し、日本の都市とも多くの航空便で結ばれている。

(4) 台湾の説明として誤りを含むものはどれか。

a. 山脈が南北に走り、最も標高が高い地点は日本のそれを超える。

b. 政治経済の中心となっている都市は島の南端付近に位置する。

c. 液晶パネルやパソコン、集積回路などの産業が発達している。

d. アジア太平洋経済協力会議や世界貿易機関に加盟している。

(5) 東アジアの環境問題に関する説明として誤りを含むものはどれか。

a. 中国の長江流域では、過度な農地開発や過伐採により砂漠化が進んでいる。

b. 中国沿岸部では、工業化や自動車の普及を背景にPM 2.5 による健康被害が生じている。

c. 黄砂は偏西風に乗って日本や韓国にも飛来し、人々の生活に影響が生じている。

d. 日本では高度経済成長期に四大公害病が社会問題となり、深刻な被害をもたらした。

（6）　下の表は、中国の貿易相手国・地域の上位6位までについて、中国からの各国・地域への輸出量および各国・地域から中国への輸入量の総額に占める比率（2020年）を示したものである。表中のa～dは、アメリカ合衆国、オーストラリア、韓国、ドイツのいずれかに対応している。韓国はどれか。

	中国からの輸出		中国への輸入	
第1位	a	17.4	台湾	9.8
第2位	香港	10.6	日本	8.5
第3位	日本	5.5	b	8.4
第4位	ベトナム	4.4	a	6.6
第5位	b	4.4	d	5.6
第6位	c	3.3	c	5.1

単位：%。『世界国勢図会』2022/23年版による。

（7）　下の表は、5か国における国内の自動車販売台数に占める電気自動車（乗用車）の比率（2021年）と、GDP あたり CO_2 排出量（1990年、2019年）を示したものである。表中のa～dは、アメリカ合衆国、中国、ドイツ、日本のいずれかに対応している。日本はどれか。

国	電気自動車の比率（%）	GDP あたり CO_2 排出量（kg）	
		1990年	2019年
a	26.0	0.40	0.18
イギリス	19.0	0.31	0.11
b	16.0	2.04	0.69
c	4.6	0.49	0.24
d	1.0	0.31	0.23

『世界国勢図会』2022/23年版および2021/22年版による。

（8）　東アジアの宗教に関する説明として誤りを含むものはどれか。

a．韓国では儒教倫理が生活に浸透している一方、全人口に占めるキリスト教徒の比率が高い。

b．台湾では道教や民間信仰の寺廟が各地にみられ、観光客が多く訪れている。

c．中国では政府がプロテスタントやイスラム教などを五大宗教として公認している。

d．モンゴルでは民主化に伴い宗教が復興し、全人口に占めるイスラム教徒の比率が最も高い。

〔Ⅲ〕 以下の設問に答え、最も適当な記号を1つ選んでマークしなさい。

(1) 在来産業・伝統産業に関する説明として誤りを含むものはどれか。

a. イギリスでは産業革命後に家内制手工業に代わりマニュファクチュアが普及した。

b. ヨーロッパの皮革産業や時計産業は、高付加価値による利益をあげている。

c. 日本の織物産業と陶磁器産業は特定地域への集積がみられる。

d. 日本では伝統産業の職人とデザイナーとの共作の取り組みがみられる。

(2) エレクトロニクス産業に関する説明として誤りを含むものはどれか。

a. 半導体の生産拠点は空港の近接地域に設置される傾向が強い。

b. 半導体の生産部門に特化したファブレス企業が増加している。

c. インドではアメリカ合衆国との時差を利用したソフトウェア産業が発展している。

d. 韓国では半導体や薄型パネル、スマートフォン製造などの分野が成長した。

(3) 国際的な工業生産や企業活動に関する説明として誤りを含むものはどれか。

a. 先進国と途上国の最終製品どうしの貿易を垂直貿易と呼ぶ。

b. 1980年代には日本とアメリカ合衆国との間で自動車貿易に関わる貿易摩擦が起こった。

c. 多国籍企業内で工場どうしの役割分担の効率化をはかる国際分業がみられる。

d. 多国籍企業は進出先の政治や慣習などに合わせ現地化を進めてきた。

(4) アジアの産業に関する説明として誤りを含むものはどれか。

a. シンガポールには多国籍企業の地域統括会社が集中している。

b. タイでは工業の分散をはかるため投資奨励地区が設定された。

c. 台湾では輸出額の約半分を精密機械を含む機械類が占める。

d. 日本の自動車産業では完成車を輸出するノックダウン輸出が一般的である。

（5）　下の図は、4か国の自動車（完成車）生産台数の推移を示したものである。図中のa～dは、インド、韓国、ドイツ、フランスのいずれかに対応している。韓国はどれか。

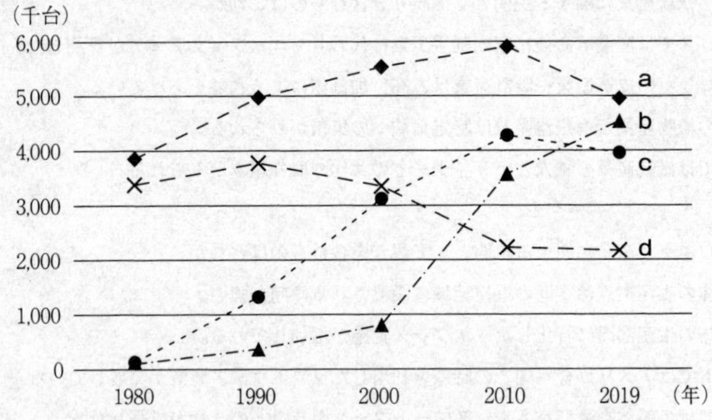

『世界国勢図会』2021/22年版による。

（6）　鉄鋼業に関する説明として正しいものはどれか。

a．イギリスのミッドランド地域は炭田指向の鉄鋼の生産地として発展した。
b．イタリアのタラントには鉄山指向の製鉄所が建設されている。
c．韓国の粗鋼生産量は日本の粗鋼生産量よりも多い。
d．中国の鉄鋼の輸入量と1人あたりの消費量はともに世界最大である。

（7）　下の表は、4か国の知的財産使用料の貿易額を示したものである（2020年）。輸出額は知的財産使用料の受取額、輸入額は知的財産使用料の支払額を意味する。表中のa～dは、アメリカ合衆国、シンガポール、中国、日本のいずれかに対応している。中国はどれか。

国	輸出額（百万ドル）	輸入額（百万ドル）
a	113,779	42,984
b	43,038	28,218
c	8,673	15,345
d	8,554	37,782

『世界国勢図会』2022/23年版による。

（8）　下の図は、日本における４種類の産業別製造品出荷額等（2020年）の上位５位までの都府県を示したものである。図のａ～ｄは、印刷・印刷関連業、繊維工業、パルプ・紙・紙加工品、輸送用機械器具のいずれかに対応している。繊維工業はどれか。

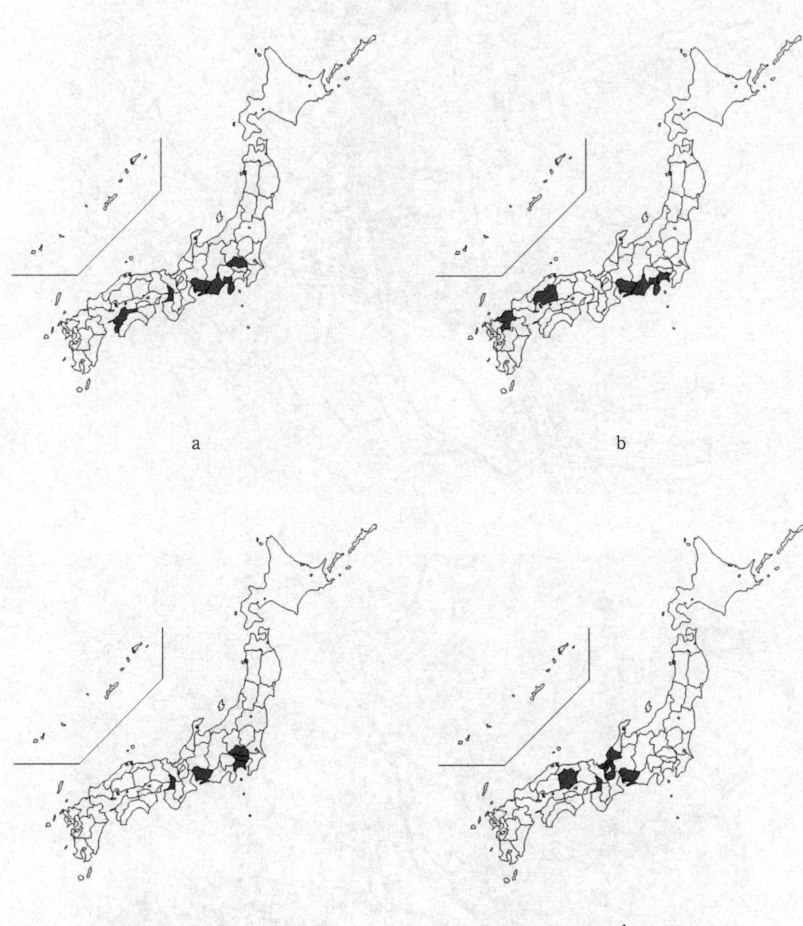

『日本国勢図会』2023/24年版による。

〔Ⅳ〕以下の設問に答え、最も適当な記号を１つ選んでマークしなさい。

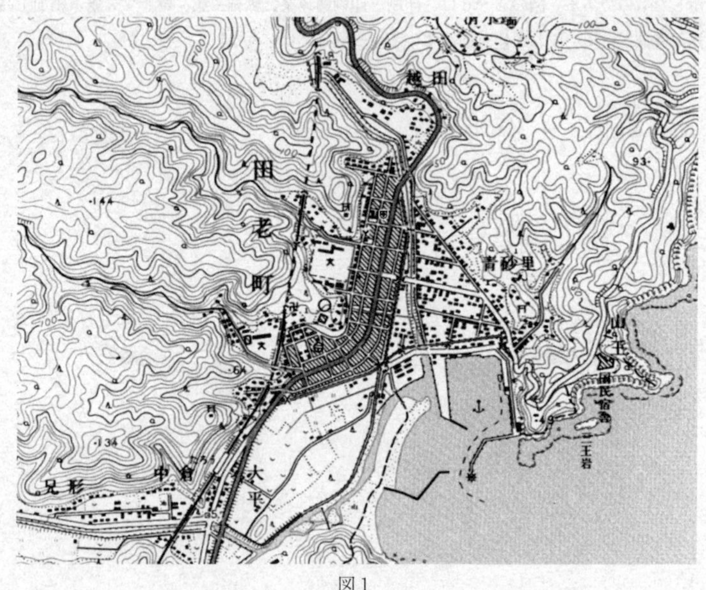

図１

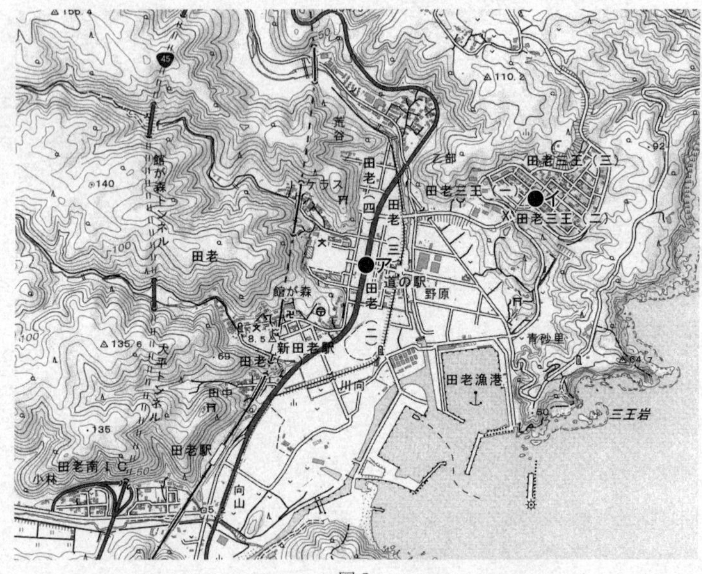

図２

編集部注：図１・図２とも，編集の都合上，70％に縮小

（1） 図１は国土地理院発行の２万５千分の１地形図「田老」(1983年修正測量、原寸、一部改変)、図２は国土地理院発行の２万５千分の１地形図「田老」(2022年調製、原寸、一部改変) の一部である。

図１からは判読できない地形はどれか。

a．海食崖　　b．砂州　　c．干潟　　d．V字谷

（2） 図１のみにみられる地図記号として正しいものはどれか。

a．消防署　　b．水田　　c．灯台　　d．病院

（3） 図２の地点アから地点イまでの地図上の長さは約３cm である。地点アから地点イまでのおおよその直線距離と標高差の組み合わせとして正しいものはどれか。

	直線距離	標高差
a	約 750 m	約 50 m
b	約 750 m	約 100 m
c	約 1500 m	約 50 m
d	約 1500 m	約 100 m

（4） 図１と図２を比較して読み取れることとして誤りを含むものはどれか。

a．寺院や神社のおおよその位置に変化はみられない。

b．丘陵では区画整理が行われ、住宅地や交番などが整備された。

c．国道沿いの市街地では区画整理が行われ、道の駅などが建設された。

d．防潮堤の下を道路が通過する場所はみられなくなった。

（5） 下の表は、２万５千分の１地形図で用いられる地図記号の名称を示したものである。2010年代以降に新設されたものと廃止されたものの組み合わせとして正しいものはどれか。

	新設	廃止
a	自然災害伝承碑	工場
b	自然災害伝承碑	都道府県庁
c	老人ホーム	工場
d	老人ホーム	都道府県庁

（6） 地理情報の用語に関する説明として誤りを含むものはどれか。

a．GNSS は、人工衛星の電波を利用し、正確な位置を把握するしくみをいう。

b．地図は一般図と主題図に大別でき、一般図には都市計画図がある。

c．統計地図は絶対分布図と相対分布図に大別でき、絶対分布図には流線図がある。

d．リモートセンシングは、人工衛星などにより地球上の現象を探る技術をいう。

(7) 地図の歴史に関する説明のうち、最も年代の古いものはどれか。

a. イドリーシーが世界図を作成した。

b. 伊能忠敬らが日本の実測図を完成させた。

c. マルティン＝ベハイムが地球儀を製作した。

d. メルカトルが正角円筒図法を考案した。

(8) オーストラリアのシドニーからアメリカ合衆国のサンフランシスコまで、飛行機の直行便で約15時間かかる。シドニー（グリニッジ標準時＋10時間）を2月1日午前9時に出発した便は、サンフランシスコ（グリニッジ標準時－8時間）にいつ到着するか。なお、この時期のオーストラリアではサマータイムを実施している。

a. 2月1日午前5時　b. 2月1日午前6時　c. 2月1日午前7時

d. 2月2日午前5時　e. 2月2日午前6時　f. 2月2日午前7時

〔V〕以下の設問に答え、最も適当な記号を1つ選んでマークしなさい。

(1) 村落に関する説明として正しいものはどれか。

a. ドイツやポーランドでみられる林地村は円村の一形態である。

b. タウンシップ制の1セクションは6マイル四方を基準とした。

c. 奈良盆地では条里制に基づく散村が発達した。

d. 濃尾平野では堤防で集落を囲む輪中が発達した。

(2) 都市に関する説明として誤りを含むものはどれか。

a. 市街地の拡大によって隣接する複数の都市が連続し、1つの都市域を形成したものをメガロポリスと呼ぶ。

b. 大都市周辺部において、住宅・工場などの施設が無秩序に広がる現象をスプロール現象と呼ぶ。

c. 中心都市への通勤者が多く居住する郊外の都市をベッドタウンと呼ぶ。

d. 多国籍企業や国際金融市場が集中し、世界の政治・経済と密接に結びついた都市を世界都市と呼ぶ。

（3） 下の表は、4か国について都市人口割合（%）の推移を示したものである。表中のa～dは、アルジェリア、オーストラリア、日本、ポーランドのいずれかに対応している。ポーランドはどれか。

	1980年	2000年	2020年
a	85.6	84.2	86.2
b	76.2	78.6	91.8
c	58.1	61.7	60.0
d	43.5	59.9	73.7

『世界国勢図会』2022/23年版による。

（4） 下の図は、都市の内部構造を異なる3つの形で示したモデル図である。図中の数字1～10は地区類型を示しており、3つの図に共通する。地区類型1、2、5は、それぞれCBD、卸売業・軽工業地区、高級住宅地区に対応している。その組み合わせとして正しいものはどれか。

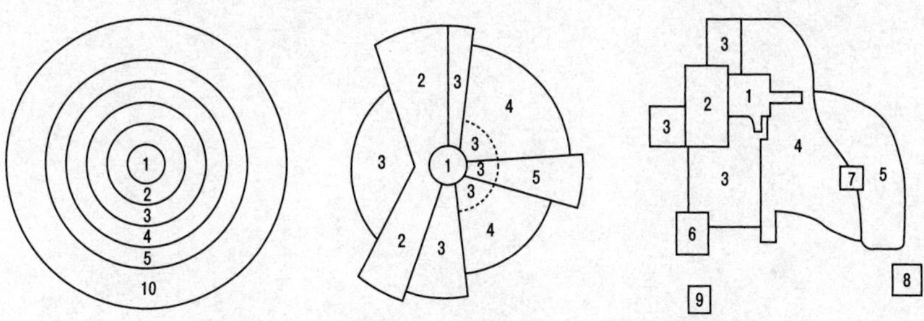

	地区類型1	地区類型2	地区類型5
a	CBD	卸売業・軽工業地区	高級住宅地区
b	CBD	高級住宅地区	卸売業・軽工業地区
c	卸売業・軽工業地区	CBD	高級住宅地区
d	卸売業・軽工業地区	高級住宅地区	CBD
e	高級住宅地区	CBD	卸売業・軽工業地区
f	高級住宅地区	卸売業・軽工業地区	CBD

（5） 下の表は、4つの歴史的集落形態ごとに、3つの例を示したものである。表中のa～dは、寺内町、宿場町、城下町、門前町のいずれかに対応している。寺内町はどれか。

a	宇都宮（栃木県）、彦根（滋賀県）、萩（山口県）
b	吉崎（福井県）、山科（京都府）、富田林（大阪府）
c	大内（福島県）、奈良井（長野県）、赤坂（愛知県）
d	長野（長野県）、伊勢（三重県）、琴平（香川県）

(6)　日本の国土面積に占める過疎地域の面積の割合に最も近いものはどれか。

a．20%　　b．40%　　c．60%　　d．80%

(7)　都市の再開発に関する説明として誤りを含むものはどれか。

a．シンガポールのチャイナタウンでは歴史的景観を保全した再開発がみられる。

b．パリのラ・デファンスでは旧市街のインナーシティが再開発された。

c．ロンドンのドックランズではかつての港湾地区が再開発された。

d．横浜のみなとみらいでは再開発に港湾倉庫などが活用されている。

(8)　都市環境の問題やその対策に関する説明として誤りを含むものはどれか。

a．ストラスブールでは都市内交通を路面電車に転換し、街のにぎわいを取り戻した。

b．フライブルクでは車社会からの脱却を目的としてパークアンドライドを導入している。

c．マニラではスラム地区に対する環境対策の一環として地下鉄が運行されている。

d．メキシコシティでは排ガス対策として自動車の市街地乗り入れ制限を実施している。

数学

(60 分)

〔1〕

次の文章中の [ ] に適する式または数値を，解答用紙の同じ記号のついた [ ] の中に記入せよ．途中の計算を書く必要はない．

(1) 四面体 OABC において，$OA = OB = OC = AB = 3$, $AC = 5$, $\cos\angle BAC = \frac{1}{3}$ とする．

(i) $\triangle ABC$ の面積は [ア] であり，$\triangle ABC$ の外接円の直径は [イ] である．

(ii) $\triangle ABC$ の外接円の中心を D とすると，$OD =$ [ウ] であり，四面体 OABC の体積は [エ] である．

(2) 袋の中に [1], [1], [1], [2], [2], [3] の 6 枚のカードが入っている．この袋から同時に 3 枚のカードを取り出し，記されている数の最大値を M，最小値を m とし，$X = M - m$ とする．例えば，[1], [1], [2] のカードを取り出したとき，$X = 1$ である．なお，解答は既約分数にすること．

(i) $X = 0$ となる確率は [オ] である．

(ii) $X = 2$ となる確率は [カ] である．

(iii) $X = 1$ であったとき，[1] のカードを取り出している条件付き確率は [キ] である．

〔2〕

次の文章中の [ ] に適する式または数値を，解答用紙の同じ記号のついた [ ] の中に記入せよ．途中の計算を書く必要はない．

(1) a を実数とし，x の 3 次方程式 $x^3 - (a-3)x^2 - (2a-1)x + 3a + 3 = 0$ ……① を考える．

(i) 方程式 ① は a の値にかかわらず $x =$ [ア] を解にもち，① の左辺を $x -$ ([ア]) で割ったときの商は [イ] である．

(ii) 方程式 ① が虚数解 α, β をもつとき，a の取りうる値の範囲は [ウ] である．a が [ウ] の範囲を動くとき，$\alpha^2 + \beta^2$ の最小値は [エ] である．

(2) 等差数列 $\{a_n\}$ は初項が -3 で，$2a_2 + a_4 = 6$ を満たすとする．数列 $\{a_n\}$ の項のうち一の位が 5 であるものを小さい順に並べてできる数列を $\{b_n\}$ とする．

(i) 数列 $\{a_n\}$ の一般項は $a_n =$ [オ] であり，数列 $\{b_n\}$ の一般項は $b_n =$ [カ] である．

(ii) $\displaystyle\sum_{k=1}^{20} b_{2k} =$ [キ] である．

〔3〕 $f(x)=x(|x|-1)$ とし，曲線 $y=f(x)$ を C とする．また，曲線 C 上の点 $\mathrm{A}(-1, f(-1))$ における曲線 C の接線を ℓ とする．このとき，次の問いに答えよ．

(1) $x \geqq 0$ における $f(x)$ の最小値を m, $x \leqq 0$ における $f(x)$ の最大値を M とする．m, M を求めよ．

(2) 接線 ℓ の方程式を求めよ．また，接線 ℓ と曲線 C の点 A 以外の共有点 B の x 座標を求めよ．

(3) 接線 ℓ と曲線 C で囲まれた部分を D とする．D のうち，$x \leqq 0$ を満たす部分の面積を S とし，$x \geqq 0$ を満たす部分の面積を T とする．S, T を求めよ．

イ　おくり　ロ　はなむけ　ハ　みそぎ　ニ　まねび　ホ　よばひ

問十二　問題文の内容と合致するものを次のイ〜ヘから二つ選び、その符号をマークしなさい。

イ　法皇は熊野での心霊体験の内容を巫女に打ち明けて、その意味を確かめようとした。

ロ　巫女によると、法皇が亡くなった後、天下は平和になるとのことであった。

ハ　法皇は権現に延命を願ったが、権現はその手立てがないと話した。

ニ　法皇は熊野での心霊体験を、伊岡の板が再現したことで、彼女の言うことを信じた。

ホ　法皇は熊野詣の翌年の秋を待たずして亡くなった。

ヘ　熊野からの帰路は法皇の極楽往生を悦ぶ道中になった。

問十三『保元物語』は軍記物語の一つである。同じジャンルの作品を次のイ〜ホから一つ選び、その符号をマークしなさい。

イ　大鏡　ロ　伊曽保物語　ハ　落窪物語　ニ　太平記　ホ　日本霊異記

ホ　手にすくった水に映る月の光のもと、法皇はあるかどうかわからない世界に向かうことになるということ

問七　傍線部G「せたまひ」は誰から誰に対する敬意を表しているか。最も適当なものを次のイ〜ホから一つ選び、その符号をマークしなさい。

イ　作者から権現に対する敬意

ロ　法皇から権現に対する敬意

ハ　作者から巫女に対する敬意

ニ　法皇から巫女に対する敬意

ホ　作者から法皇に対する敬意

問八　空欄甲に入る言葉として最も適当なものを次のイ〜ホから一つ選び、その符号をマークしなさい。

イ　蛍雪　ロ　山河　ハ　松風　ニ　江月　ホ　星霜

問九　傍線部H「べけれ」の文法的意味として最も適当なものを次のイ〜ホから一つ選び、その符号をマークしなさい。

イ　意志　ロ　適当　ハ　婉曲　ニ　可能　ホ　推量

問十　傍線部I「権現やがてあがらせたまひぬ」の解釈として最も適当なものを次のイ〜ホから一つ選び、その符号をマークしなさい。

イ　権現はそのあと何もおっしゃらなくなってしまった

ロ　権現はいつのまにか法皇のそばから離れてしまわれた

ハ　権現はすぐに玉座に上がってお過ごしになった

ニ　権現はそのまま神仏の世界にお戻りになった

ホ　権現は徐々に巫女を我が物としてしまわれた

問十一　空欄乙に入る言葉として最も適当なものを次のイ〜ホから一つ選び、その符号をマークしなさい。

ニ　川の波音は夜が更けるにしたがって静かになったので、法皇は全土掌握のお気持ちもなくなって
ホ　夜遅く、川の波音が静かになったら、法皇は修行をお済ましになろうとして

問三　傍線部B「日中過ぐるまでえおりさせたまはず」、C「「これはいかに、これはいかに」と申しければ」の主語として最も適当なものを次のイ～ホからそれぞれ一つずつ選び、その符号をマークしなさい（同じ符号を二回用いてもよい）。

イ　公卿　ロ　巫女　ハ　法皇　ニ　権現　ホ　見物の貴賤

問四　傍線部D「たなごころ」の漢字表記として最も適当なものを次のイ～ホから一つ選び、その符号をマークしなさい。

イ　腕　ロ　襟　ハ　掌　ニ　拳　ホ　懐

問五　傍線部E「いかでか是非をわきまへんや」の現代語訳として最も適当なものを次のイ～ホから一つ選び、その符号をマークしなさい。

イ　どうして礼儀正しくしていられましょうか、いえ、できません。
ロ　どうして物事の道理を理解できましょうか、いえ、できません。
ハ　どうして平常心でいられるでしょうか、いえ、いられません。
ニ　どうすれば物事の道理を理解できるようになるでしょうか。
ホ　どうすれば平常心でいられるでしょうか。

問六　傍線部F「手に掬(むす)ぶ水に宿れる月影のあるかなきかの世にもすむかな」はどういうことを伝えようとしているか。その説明として最も適当なものを次のイ～ホから一つ選び、その符号をマークしなさい。

イ　手にすくった水に映る月の光は、老少不定の世の中でも澄みきっているということ
ロ　手にすくった水に映る月の光が澄みきっているように、法皇は清廉な人物であるということ
ハ　手にすくった水に映る月の光が頼りなげであるように、法皇の命もおぼつかないものであるということ
ニ　手にすくった水に映る月の光のもと、法皇は神仏に手を引かれてあの世に行くということ

＊和光同塵…神仏が本来の威光を和らげ、民衆に受け入れられやすい姿となって現れること。
＊本誓…本来の誓い。本願。

問一　傍線部①～④の意味として最も適当なものを次のイ～ホからそれぞれ一つずつ選び、その符号をマークしなさい。

①「踵（くびす）を継ぎ」
イ　一致団結して　ロ　首尾一貫して　ハ　右往左往して
ニ　土下座して　ホ　行列をなして

②「通夜」
イ　夜通しの祈願　ロ　夜通しの茶毘　ハ　夜通しの供応
ニ　夜通しの講義　ホ　夜通しの葬儀

③「候ひける」
イ　座っていた　ロ　困り果てた　ハ　話し合った
ニ　仕えていた　ホ　疲れ果てた

④「事のよし」
イ　基準　ロ　方法　ハ　善悪　ニ　仔細　ホ　口実

問二　傍線部A「ふけゆくままに静まれば、御心をすまして」の解釈として最も適当なものを次のイ～ホから一つ選び、その符号をマークしなさい。

イ　夜遅く、川の波音が静かになったら、法皇は信仰心を高めようとして
ロ　川の波音は夜が更けるにしたがって静かになったので、法皇はお気持ちを静められて
ハ　夜遅く、川の波音が静かになったら、法皇は出家のご決心をなさろうとして

具縛の凡夫なり、神慮はかりがたし。Eいかでか是非をわきまへんや。よろしく④事のよしを示したまへ」と申させたまへば、巫女、よに心細げなる声にて、

F手に掬ぶ水に宿れる月影のあるかなきかの世にもすむかな

この歌占を二、三度詠じて、涙をはらはらと落とし、「君はいかで知ろし召さるべき。明年の秋、必ず崩御なるべし。その後、世間、手の裏を返すがごとくなるべし」と御託宣あり。公卿、殿上人、みな心騒ぎして、色を失ひ、「いかがしてか御寿命延びさせましますべき」と声々に申されければ、法皇も叡慮を驚かさせましまして、重ねて申さGせたまひけるは、「それ*和光同塵の方便は、抜苦与楽のためなれば、大悲大慈の神慮にも、などかあはれみたまはざらむ。それ厄難を救はせたまはん事、もっとも権現の*本誓なり。願はくはかの方法を示したまへ」と泣く泣く申させたまへば、巫女、いよいよ涙を流して、「君は我が朝のあるじとして、四十余回の春秋を治めたまひ、我はこの国の鎮守として、一千余年の［甲］ふりにたり。しかれば、利生方便の途、あはれみ奉らずといふ事なけれども、定業限りある事には、神力も及ばず。まして、守護の天童、満山の護法も力及ばざる事なり。およそは極楽浄土不退の地をこそ願ひても願はせたまふHべけれ。かかる五濁乱漫の憂き世に、御心をとどむべからず。今はただ今生の事をば思し召し捨てて、後生菩提の御勤めあるべきなり」とて、I権現やがてあがらせたまひぬ。

神は明年の秋とこそ示したまへども、君はただ今入滅やらんと思し召され、臣はまた別れ奉らんやうに悲しみたまふ。上道には供奉の人々所々に従ひ、王子王子の馴子舞、よのつねならぬ旅のよそほひをつかさどり、勇み合ひてこそ参りしに、御下向には引き替へて、皆人、涙を流し、袖を絞り、ただ、亡き人の［乙］する、その儀式にもことならず。熊野詣の下向をば、皆上下悦びの道とこそ申せども、占ひ申しける巫女さへかへりてすさまじく思し召す。

（『保元物語』より）

（注）＊九五の尊位を踏む…天子の位につくということ。

ニ　内臓の中で展開される生命の運動は、人間が死んでしまった後にも、無数の細菌類によって永続的に行われる。

ホ　「我食べられる」という次元が看過されているため、デカルトによる自己の存在証明の論理は、現在では無用なものである。

ヘ　動物も植物も、食べ物として捉えようとしたところで、捕獲される前の生態が想起されてしまうため、うまく対象化ができない。

ト　「食べるもの」でありながら「食べられるもの」であるという条件は、人間を含む全ての動物に共通している。

次の文章を読んで、後の問に答えなさい。

同年の冬のころ、法皇、熊野へ御参詣あり。見物の貴賤、千里の浜まで①踵(くびす)を継ぎ、供奉(ぐぶ)の月卿雲客、瑞籬(みづがき)のみぎりにひざまづく。すでに本宮証誠殿(しようじやうでん)の御前に御②通夜ありて、現当二世の御祈請あり。御前の川波嵐にたぐひ、山をひびかす。Aふけゆくままに静まれば、御心をすまして、行末(ゆくすゑ)今の御観法ありける程に、夜深更(しんかう)に及び、人静まつてのち、証誠殿の御簾のすそより左の御手とおぼしきが美しげなるを、指し出ださせたまひて、打ち返し打ち返し、度々せさせたまふ。法皇、これを夢ともなくうつつともなく御覧ありて、人々にはかうとも仰(おほ)せられず、山上(さんじやう)に無双(ぶさう)の伊岡(これをか)の板(いた)と申す巫女(かんなぎ)を召されて、「御不審の事あり。きつと占(うらな)ひ申せ」と仰せある。巫女、朝(あした)より権現をおろし奉りしに、B日中過ぐるまでえおりさせたまはず。人々心を静め、度々の輩(ともがら)に至るまで、目をすましてぞ③候ひける。程経て後、権現すでにおりさせたまひぬとおぼえて、巫女、法皇に向ひまゐらせて、左の手を捧げ、二、三度打ち返し打ち返し、C「これはいかに、これはいかに」と申しければ、法皇、御夢想に御覧ぜられつるに少しも違(たが)はねば、「真実の御託宣よ」と思し召され、急ぎ御座をすべらせたまふ。御Dたなごころを合せて、「我十善の余薫に酬(むく)ひて、*九五(きうご)の尊位を踏むといへども、それ三界器官となっている。

ホ　人間と細菌類とがコンタクト・ゾーンで団結し協力することができるよう、根や腸は構造化されており、これらの器官の中で多様な生物たちが共存している。

問十一　空欄Ⅱに入る言葉として最も適当なものを次のイ〜ホから一つ選び、その符号をマークしなさい。

イ　区別　ロ　遮断　ハ　上下　ニ　開拓　ホ　貫通

問十二　波線部ⓐ「複数の「考える《我》」」、ⓑ「複数の主体」」、ⓒ「複数種」が指示する対象の同異を表した組み合わせとして、最も適当なものを次のイ〜ニから一つ選び、その符号をマークしなさい。

イ　ⓐとⓑは同じで、ⓒのみが異なる対象

ロ　ⓐとⓒは同じで、ⓑのみが異なる対象

ハ　ⓑとⓒは同じで、ⓐのみが異なる対象

ニ　ⓐとⓑとⓒの指示する対象は全て同じ

問十三　空欄Ⅲに入る言葉として最も適当なものを次のイ〜ホから一つ選び、その符号をマークしなさい。

イ　静態　ロ　業態　ハ　擬態　ニ　常態　ホ　世態

問十四　問題文の内容と合致するものを次のイ〜トから二つ選び、その符号をマークしなさい。

イ　いつ何を食材として選び、どうやって調理し食べればよいのかという「可食性」のコードは、地球上の全ての文化にあるわけではない。

ロ　「郷土食 local food」をともに食べることを通して、各地域に住む人びとは強固なつながりによる共同体を維持してきた。

ハ　社会的な出来事として食事が成立するのは、食べ物が単なる物質ではなく、情報としての側面を有していることに起因する。

ニ　社会に生息する「生物」は人間の身体の内に運び込まれ、「食物」として吸収されるということ
ホ　自然と文化の境界を超え、「生物」を人間の身体に資する「食物」として取り込むということ

問八　傍線部④「禁忌」の言い換えとして最も適当なものを次のイ～ホから一つ選び、その符号をマークしなさい。
イ　モード　　ロ　タブー　　ハ　アンチテーゼ
ニ　コンプライアンス　　ホ　イニシエーション

問九　傍線部⑤「可食性の網目」の意味として最も適当なものを次のイ～ホから一つ選び、その符号をマークしなさい。
イ　食材として認定された生物しか捕獲してはいけないという掟
ロ　食材とみなされるものを共同体内に流通させるためのネットワーク
ハ　食べられる生物種と食べられない生物種とを分ける規範
ニ　ある生物が食べてもよいものとして判断されるまでにかかる時間
ホ　人体に害をもたらすかもたらさないかを峻別する生物学的な知見

問十　傍線部⑥「他種との共存による協働のパターンが、集合体レベルでの生命活動の維持に関わっている」の説明として最も適当なものを次のイ～ホから一つ選び、その符号をマークしなさい。
イ　根や腸における微生物や細菌類は、宿主にとってのエネルギー吸収や危険物排出に関わることで、自らと宿主との種を超えた共生を実現させている。
ロ　宿主は根や腸を通して外部から生物を取り入れようとするが、その生物も宿主の内部に形を留め独自に生命活動を行うことによって、共生圏が生じている。
ハ　微生物や細菌類は、宿主の根や腸の中でエネルギー摂取や敵からの防御を集団でなすことによって、群れとしての生存を可能にしている。
ニ　植物の根と動物の腸とは、生物種の違いにもかかわらず類似した構造をもっており、宿主たちの生命維持を手伝う

ロ　何処に位置しているのか

ハ　何を欲しているのか

ニ　何からできているのか

ホ　如何様に食べるのか

問五　傍線部①「もともと食材が持っていた他者性が、彼が考えていたほど簡単に解消されるものではない」とあるが、「食材が持っていた他者性」が「解消されるものではない」とはどういうことか。その説明として最も適当なものを次のイ〜ホから一つ選び、その符号をマークしなさい。

イ　食材は、主体の内に取り込まれてその輪郭を失った後も、主体の心身に影響を与えるということ

ロ　食材は、容易には取り去ることのできない苦しみや異物感を、長期的に主体に与え続けるということ

ハ　食材は、主体が意識していないにもかかわらず、情動に対して少なからぬ効果を与えるということ

ニ　食材は、主体の内に入り込んだ後も、主体の精神に刺激を与えるような存在感を持つということ

ホ　食材は、主体の中で解体・吸収された後も、自己同一性を保ち続けるということ

問六　傍線部②「酩酊」の意味として最も適当なものを次のイ〜ホから一つ選び、その符号をマークしなさい。

イ　よっぱらうこと　　ロ　めまいがすること　　ハ　気を失うこと

ニ　中毒になること　　ホ　体が震えること

問七　傍線部③「社会的身体の「外」にあるものを「内」に変換する」とはどういうことか。その説明として最も適当なものを次のイ〜ホから一つ選び、その符号をマークしなさい。

イ　自然の中の「生物」を観察することによって、「食物」についての文化的な知恵を生み出すということ

ロ　「生物」の身体は「食物」となるようにあらかじめ処理がなされた後、人間社会の内部で加工されるということ

ハ　自然と社会どちらにも属する人間の身体を通過させることで、「生物」を「食物」という資源にするということ

F　謳カ
イ　半カ通
ロ　一カ言
ハ　カ人薄命
ニ　隔カ掻痒
ホ　四面楚カ

G　ザン滓
イ　ザン時の猶予
ロ　明け方のザン月
ハ　ザン首刑となる
ニ　ザン敗を喫する
ホ　贅沢ザン味の暮らし

問二　傍線部B、D、Eの読みとして正しいものを次のイ～ホからそれぞれ一つずつ選び、その符号をマークしなさい。

B　蛸
イ　イナゴ
ロ　タコ
ハ　カエル
ニ　ハチノコ
ホ　タガメ

D　嚥下
イ　ヒゲ
ロ　スイカ
ハ　エンゲ
ニ　コウカ
ホ　タンカ

E　慎ましさ
イ　ヤましさ
ロ　ツツましさ
ハ　タクましさ
ニ　カシましさ
ホ　イタましさ

問三　次の一文が入るべき箇所として最も適当なものを問題文の【イ】～【ホ】から一つ選び、その符号をマークしなさい。

誰もが、日常的に食べ物を口にし、消化し、排泄している。

問四　空欄Ⅰに入る言葉として最も適当なものを次のイ～ホから一つ選び、その符号をマークしなさい。

イ　何のために存在するのか

きる糧となる。ヒトは、究極的には他の動物と同じく死骸となり、地球上の物質循環過程に帰っていく生き物である。「食べること」や「食べられるようにすること」の生物学的な条件にまで遡れば、私たちは自然に、動物と人間に共通する身体の構造や条件に考えを及ばさざるを得ない。「食べるもの」であり、同時に「食べられるもの」でもあるという相互的な条件は、人間だけでなく他の動物にも共通しているからだ。動物は走り、這い回り、泳ぎ、飛翔して、自分を食べてしまおうとする外敵から逃れ、また今度は反対に、自分以外の生物(餌)を捜して、どうにかこれを捕食しようとする。

先に述べたように、食という営みを深く捉え返そうとするとき、一人の「思考する主体」に先行する「食べる主体」の次元に光を当てることが求められる。だが、そこで浮上する「食べること」の背面には、当然その行為の反転像である事態が予測されることになる。それこそが「我食べられる」という次元であり、ヒトの身体は、さまざまな動物たちによって、じっさいに食べられてきた。特に現生人類以前のヒトの条件を探る自然人類学者たちは、他の動物がヒトを餌にする事態が［Ⅲ］として繰り返されてきたことを、明らかにしている。それは自然史的な現実であり、食物連鎖の中にいる動物としては、例外なき事態であったのだ。

(石倉敏明「複数種世界で食べること」より)

問一　傍線部A、C、F、Gのカタカナの部分を漢字で書いたとき、傍線部に同一の漢字を使うものを次のイ～ホからそれぞれ一つずつ選び、その符号をマークしなさい。

A　高ヨウ
- イ　善行を称ヨウする
- ロ　文明のヨウ籃期
- ハ　寛ヨウの精神
- ニ　両親を扶ヨウする
- ホ　斜ヨウ産業

C　全ボウ
- イ　共ボウによる犯行
- ロ　近ボウの風景
- ハ　ボウ外の幸せ
- ニ　王者のような風ボウ
- ホ　仕事にボウ殺される

持には欠かすことのできない細菌との共生圏を形成しているのだ。人間にとっても「食べる」という活動は、このような共生圏に棲む無数の他者の力を借りて、異物を吸収し、危険物を排出しようとする、内臓の中で起こる底なしの生命の運動に通じている。それは知覚の快楽と欠乏感がせめぎあい、欲望と満足、生と死が波のように押しては引く人間性の境界でもある。それは私たち人間という存在の生命活動の根拠であり、心と身体の、もっとも深い次元へと続いている。それゆえ、私たちはデカルトの論理をさらに突き詰めて「我食べる、故に我あり」と表明し直さなければならないし、「考える《我》」に先立つ「食べる《我々》＝ⓑ複数の主体」の思考と無思考の間へと、食をめぐる複数種の問いを進めなければならないのだ。

食べ物は、私たちの存在に先立って思考を可能にし、生命活動を稼働させる。それにもかかわらず、食べ物はあまりにも謎めいていて、捉えがたい。ひとたび食べ物について考えようとすれば、それはかつて生きていたときの動物の足取りで軽やかに《我》の思考から逃れ去り、植物の[E]慎ましさをもって沈黙の領域に逃れてしまう。だが、共生細菌の例が示すように、「食べること」を通して、食べ物は物質の次元と心的な次元を［Ⅱ］し、情動や健康状態を左右する。食事は単なるエネルギーの摂取ではなく、私たちの欲望の充足であり、その露出であり、食卓を共にする人々との体験の共有であり、生活の歓びの表現でもある。食べることがなければ、私たちはかくも多様な仕方で生存し、ⓒ複数種の共生体である身体を持って、生命を[F]謳歌することはできただろうか？

「食べる」ということは、他の生き物の身体をエネルギーに変えて利用し、それによって食べた者自身が生き延びることを意味している。「考える主体」にとって、その思考に先立つ存在を敢えて「他者」と規定するならば、私たちはまさに、他者の〈からだ＝身体〉を「食べて」生きていることになる。他者の身体は、私たち自身の血となり肉となり、息となり思考となって、「食べる主体」を形成する。しかし同時に、その主体はすでに単数ではなく、体内に膨大な他者（微生物）の寄宿者を抱え、それとともに食べ、食べられてもいる。

そしてこの過程で生じた[G]ザン滓もまた、少なくとも理論的には、自然界に返還されることで、他の生物にとっての生るが、重要なことは可食性を判断する基準は、無意識的な慣習や禁忌によっても規定される、という点にある。

【ハ】しかし、だからといって、「食べる」という行為の全ボウ(C)が、いつも私たちの意識にのぼっているというわけではない。私たちは食事中にも空腹や喉の渇き、味や香りや色彩といったさまざまな感覚的な刺激を受け取っている。もっと繊細な次元では、料理された食べ物の味や質感やぬくもりを感じ、食事中の会話や空間の雰囲気、食器の触感やデザインを楽しみながら、口や舌や鼻や耳を総動員してそれらを味わっているはずだ。食べることの根幹には、そうした身体の感覚的要件が存在する。

【ニ】食べ物は、単なる物質ではなく、情報でもある。だからこそ、社会的な出来事としての食事が成立する。食事するとき、私たちは身体の奥から湧き上がってくる飢えを満たすだけでなく、さまざまな情報を取捨選択しながら食べ物を噛み砕き、舌で味わい、口腔の奥で嚥下(D)している。それは生物としての必要性に根差した生々しい行為であるからこそ、文化的な作法や規則にも関係付けられている。食事という体験の根幹には、食べ物をとおして時間と空間を結びつけ、他者と体験を共有しながら、食べ物をより良く味わおうとする積極的な心の働きも認められる。

【ホ】しかし、「喉もと過ぎれば熱さを忘れる」というように、食べ物は口のなかで解体された後、すぐに消化過程という無意識の運動に委ねられてしまう。食べ物はこの消化過程を通じて異物性を失い、内臓器官と排泄器官を貫く長いトンネルのなかで消化吸収され、残りは体内の微生物の死骸とともに排泄される。その過程で、とりわけヒトの腸に住み着く膨大な細菌類は、自らも身体の外部から侵入した異物を消化する働きを助けている。土壌生態学者のデイビッド・モントゴメリーとアン・ビクレーが述べている通り、このような共生圏の構造は、植物の根茎が地下で形成する構造にそっくりである。根と腸は、異種のコンタクト・ゾーンであり、そこで微生物は、宿主の生存に欠かすことのできない二つの要件に関わる。それは、エネルギーの摂取と、敵から身を守ることである。この二つの器官を観察すると、⑥他種との共存による協働のパターンが、集合体レベルでの生命活動の維持に関わっていることがわかる。

植物の根茎と動物の腸は、構造的には互いにチューブを裏返したような反転関係にあるのだが、いずれも生物の個体維ところで、レオン・カスは食事を「他者」を均質な物質に変えて吸収する身体的な活動と考えていた。しかし「食べる行為」を出来事として観察してみると、①もともと食材が持っていた他者性が、彼が考えていたほど簡単に解消されるものではないことがわかる。たとえば食事の効果として、気分が落ち着いたり、A高ヨウしたり、胃腸がもたれるような効果も現れるし、嘔吐や下痢や②酩酊をもたらすこともある。場合によっては、死に至る病をもたらすこともあるし、逆に病気を癒し、健康を保つのに役立つ食べ物（薬）もある。いずれにしても、食べることを通じて、食べ物は外の世界から私たちの身体の内側に入り込み、主体の忘却や無関心をものともせずに分子レベルで解体・吸収され、何らかの作用を及ぼすのだ。だからこそ、いつ何を食材として選び、どうやって調理し食べればよいのかという、地域食における「可食性」のコードが、地球上のどの文化においても構築されてきた。

【イ】食文化とは、こうしたコードに従って、自然という「外」の領域から社会というコントロールされた空間の「内」へと、私たち自身の血となり肉となりエネルギーとなる資源を得る生産技術の体系である。かつて、私たちの先祖は、「生物」を「食物」に変えるために、狩猟や解体や調理の技術を育み、祈りや儀礼や祭りや食卓作法を生み出してきた。これらは③社会的身体の「外」にあるものを「内」に変換する技術である。たとえば、「郷土食 local food」の文化を知ることは、海・川・湖・森・林・草原・田畑・牧場といった人間にとって身近な自然環境についての知識をもとに、どの時期にどんな生物を収穫し、または栽培・飼養し、これを屠殺・解体し、調理・保存するかという地域的な知恵を身につけることを意味していた。

【ロ】可食性のコードは、その地域に住む人びとが食べることのできる生物種を規定し、反対に何を食べてはいけないかという、社会的な④禁忌を作り出す基準となる。たとえば、牛、豚、馬、犬、猫、鼠、蛇、B蛸、鯨、猿といった動物は、それぞれある社会においては可食的な肉として認識されるが、別の社会では肉食禁忌の対象となる。昆虫食のように、それに対する情動的な反応はより強くなる場合もある。私たちの食べる食品は、このような⑤可食性の網目の中で選定され、加工されてはじめて食べられるようになったはずである。その過程には、ⓐ複数の「考える《我》」が関与することにな

国語

（七五分）

一

次の文章を読んで、後の問に答えなさい。

私たちは日々、何かを食べて生きている。このことは、人類学が教えるさまざまな知見のなかでもとりわけ力強く、人類の普遍性を物語っているように思われる。世界中どこに暮らし、どのような集団に属していても、たしかに人は必ず何かしらの食材を加工して「食べ物」を生み出しているし、独自の作法に従ってそれらを食べているからだ。「食べる」という営みは、自然と文化の境界を超えて私たちの身体をつくり、社会性の輪郭を描き出してきた、と言えるかもしれない。

この場合の社会性とは、精神と身体という二元論を越えた次元に存在している。たとえば「我考える、故に我あり」というルネ・デカルトによる有名な自己の存在証明は、「その考える《我》の身体は［Ｉ］」という、先行する問いを隠している。デカルトの「考える主体（コギト）」は、おそらく考えることに先立って、何かを食べてきたはずだ。私たちは皆、自分自身が過去に食べた食べ物によって生かされ、それによって思考したり活動したりすることができる。

栄養学的に考えれば、私たちの身体は、日々の生活で摂取される食べ物によって創られ、維持されてゆく。私たちの日々の活動も、食べ物によって得られるエネルギーを前提としている。この観点からすれば、食の営みは、思考（精神）を支える生物的な基盤としての身体を、「考える主体」に先立って準備している、とも考えられるだろう。

解答編

英　語

◀文系3科目型・英語1科目(英・英)型共通▶

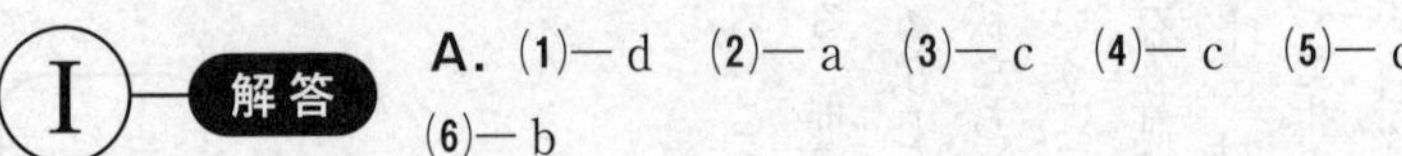

I　解答　**A.** (1)—d　(2)—a　(3)—c　(4)—c　(5)—c　(6)—b

B. (ア)—d　(イ)—d　(ウ)—b　(エ)—b

C. (i)—c　(ii)—d

D. b, d, h

全訳

《貨幣の定義》

1　貨幣とは何だろう？　簡単な質問のように思えるが，その答えは，驚くほどに複雑である。貨幣は財布に入っている紙幣やコインだけではない。つまり，さまざまな時やさまざまな場所で人々に通貨として使われているものだけではないのである。西太平洋のヤップ島で，何世紀もの間使われ，現在も依然としてときおり大きな買い物に使われる貨幣の例を挙げてみよう。ヤップ島の貨幣は，一人の人間では重すぎて運べないような巨大な車輪型の石の形をしていたが，それにもかかわらず，それらの石の所有権が明らかであったため，貨幣としての役割を果たしていたのである。もし，ある家を買いたいと思い，その所有者に車輪型石6つを提供し，所有者が受諾したとしたら，近隣のすべての人たちに，以前は自分のものだったその6つの車輪型石が，今はその別の人物のものであることを，ただ知らせるだけでいいのである。石を移動させる必要はなかった。その石は誰のものであるのかを，すべての人が知っていたか，あるいは容易にわかることができたのである。

2　この貨幣システムは無茶なものだと思うかもしれない。しかし，本質的にはこれが，米国経済において貨幣が長い間機能していた方法なのである。米国は，その金保有量の大部分をケンタッキー州フォート・ノックスに長く保管していた。フォート・ノックスの金は，いろいろなところに輸送されることがまずほとんどなかった。その代わりに，ヤップ島の巨大な石と同じように，どの金塊が誰のものかを記録していただけで，例えば，この金塊は，以前はA銀行が所有していたが，今はB銀行が所有しているとか，この別の金塊は，以前はフランスのものだったが，今はイギリスのものだ，といった具合である。

3　しかし，もし大きな車輪型の石やフォート・ノックスにある金が決して動かされないのなら，奇妙な事実であるのは，それらが実際に存在しているのかどうかは問題ではなかったということである。私たちが物を買うのに使うコインや紙幣や小切手などの現金は，私たちが，誰が何の代金を誰に借りているのかを記録しているだけで完全にうまく機能することができる。現金は，石の塊（金の塊も）のような何らかの物理的な資産にその価値を裏打ちさせる必要はないのである。そのため，経済学者たちは，貨幣をその形ではなく，経済活動においての交換手段，価値の貯蔵，計算の単位という3つの機能を果たすあらゆる物体として定義づけている。

4　交換手段とは，販売されているあらゆるものと交換できるもののことである。例えば，米国の紙幣には，その上に「この紙幣は，私的および公的なすべての負債に対する法貨である」という言葉が書かれている。言い換えれば，借金があっても，法的に言えば，その借金をこれらの紙切れで支払うことができるということである。アメリカ人の作家でユーモア表現の巧みなアンブローズ=ビアスはかつて「貨幣とは，使うとき以外は何の利点もない有り難きものだ」と書いていた。

5　価値の貯蔵としては，貨幣は，重要な購買力を失うことなくしばらくの間保持されることのできる物体なのである。貨幣を受け取ったとき，すぐにそれを使う必要はない。というのも，それは，次の日も次の年も価値をずっと持ち続けるだろうからである。実際，貨幣を保持することは，缶詰の食品や冷蔵庫などの物理的な商品を保持して将来のどこかでそれらを交換しようとすることより，価値を蓄えるのにはずっと良い方法である。貨幣を定義づけしているこの部分は，貨幣が価値の完璧な貯蔵方法に違いないと示唆しているわけではない。超インフレの状況では，貨幣はもはや価値を蓄えないため，貨幣であることをほとんど止めてしまうのである。

[6] 貨幣の最後の機能は計算の単位で，ほとんどのものの値段は，貨幣によって計られることを意味している。貨幣は，経済活動全体にわたって，共通の価値尺度として使われ，人々や企業，経済学者や政府の役人に，経済活動の中で出会うすべてのものの価値を計ったり比べたりする方法を与えている。

[7] 貨幣であるためには，これら3つの機能のすべてを遂行しなければならない。家というものは，価値を高め，後日それを売ることができるという意味において，価値の貯蔵として機能している。しかし，家は，交換の手段として機能しない。例えば，車のセールスマンに寝室を支払うことはできない。また，家は，計算の単位としても機能しない。例えば，1ポンドのチキンが浴室何個分かと計算することはできない。したがって，家は貨幣ではないのである。

[8] カジノでは，チップがカジノの四方の壁の中では貨幣としての役割を果たしているかもしれない。つまり，その中では，チップを飲食物や部屋，ギフトに交換できるのである。チップは，カジノの中で行うすべてのことに対して，計算の手段や価値の貯蔵の役割を果たしている。しかし，ひとたびカジノを出ると，チップはもはや貨幣ではない。チップはほとんどのものと交換できないからである。

解説

A. (1) 当該箇所は，車輪型石でのものの売買の方法について説明しているところである。空所の後ろには，all your neighbors know とあり，know が原形であることに注目。後ろに原形を伴うのは，d．let「～させる」と c．leave「～するのを任せる」である。文脈から考えると，近所の人たちに知ることを任せるのではなく，こちらから知らせるのであるから，leave ではなく，d の let が正解である。なお，a の get は get *A* to *do*「*A* に～させる」と不定詞をとり，b の force も force *A* to *do*「*A* に無理やり～させる」と不定詞をとる。leave も to 不定詞をとるのが一般的である。

(2) 当該部分は，米国で金を実際に移動させることなく売買に用いていたことを述べている箇所である。それが，前の段で書かれているヤップ島での巨石を使ったやりとりと同様であることから，空所には「〜と同じように」という内容を表す語句が入ると推測できる。a の as with は「〜の場合と同様に」，b の concerning は「〜に関して」，c の far from は「〜にはほど遠い」，d の such as は「例えば〜のような」の意味で，正解は a の as with。

(3)　動詞 owe の使い方に関する問題である。owe は，*A* owe *B* to *C* の形で，「*A*（人）は，*C*（人や店など）に *B* の代金などを借りている」という意味になる。お金を借りるのは基本的に *A*（人）なので，まず，a の what owes who to whom と b の what owes whom to who が正解から外れる。残った c の who owes what to whom と d の who owes whom to what を比べると，owe の直後の目的語 *B* には，購入したりする「もの」がくるため，正解は，owes の直後に what がきている c である。

(4)　空所の直後には，「それは次の日も次の年も価値をずっと持ち続けるだろうから」とあるため，don't と否定形に続く空所には「早急に」や「焦って」などの急ぐ様子を伝える副詞が入ると推測できる。a の carefully は「注意深く」，b の easily は「たやすく」，c の immediately は「直ちに」，d の slowly は「ゆっくりと」の意味で，正解は，c の immediately。

(5)　前文に「ほとんどのものの値段は，貨幣によって計られる」と書かれていることから，空所には，「価値を計るもの」を表す語が入ると推測できる。a の ladder は「はしご」，b の length は「長さ」，c の scale は「ものさし」，d の thread は「糸」の意味で，計測するものは，c の scale。

(6)　空所の後ろには，you leave … という節と they're not … という節があり，それら２つの節をつなぐ接続詞が空所に入ると推測できる。a の just は接続詞の機能を持っていないため，まず正解から外れる。あとは，接続詞としての意味を考えると，b の once は「ひとたび〜すると」，c の though は「〜だけれども」，d の unless は「〜しないなら」。正解は，「ひとたびカジノを出たら貨幣ではない」となる b の once。once には，接続詞としての用法もあることに注意。

B. (ア)　kept clear「明らかにされたままで」

a.「中止された」，b.「受け継がれた」，c.「いなくなっている」，d.

「間違えようのない，明白な」の意味で，dのunmistakableが最も近い。

(イ) odd「奇妙な」

a.「異なった」，b.「均一な」，c.「単純な」，d.「変な」の意味で，dのstrangeが最も近い。

(ウ) backing it up「それを後押しする，裏打ちする」

a.「あなたが借りているお金を支払う」，b.「それが表す価値を保証する」，c.「あなたの貯蓄を増やす」，d.「その物理的資産を保証する」の意味だが，なかなか答えを導きにくい問題である。この場合のback upは，石や金のような物理的資産で紙幣の価値を裏付けることと考えられるため，最も近い意味を表しているのは，bのto guarantee the value it represents。

(エ) medium「媒体，手段」

a.「数えること」，b.「手段」，c.「質」，d.「規則」の意味で，bのmeansが最も近い。

C. (i)「貨幣とは，使うとき以外は何の利点もない有り難きものだ」blessing「恩恵，ありがたいもの」of no advantage「利益がない」except「～を除いて」part with～「～と別れる，～を手放す」(ここでは「(お金) を使う」の意味)

a.「寄付をするお金を持っているということは，神の賜物だ」donate「寄付する」

b.「離婚のときにお金に関して争うのは人間の性(さが)だ」nature「特質」divorce「離婚」

c.「お金は使うときに役立つだけだ」of use「役に立つ（＝useful)」

d.「お金が他人に分けられるぐらいたくさんあるときに，私たちはお金の価値を認める」appreciate「～の価値を正しく認める」

(i)の文のpart withはこの場合「お金と離れる＝お金を使う」という意味であり，最も近いのはc。

(ii)「貨幣を定義づけしているこの部分は，貨幣が価値の完璧な貯蔵法に違いないと示唆しているわけではない」definition「定義づけ」imply「～を暗に意味する」

a.「貨幣価値の変化は，完璧に予測できる」predictable「予測できる」

b.「貨幣は，いつも同じレートで商品と交換される」

c.「お金を投資するのに完璧に安全な方法などというものはない」 invest「～を投資する」

d.「貨幣はいつも一定の価値を維持しているとは限らない」 not always「いつも～とは限らない(部分否定)」 maintain「～を維持する」 constant「不変の，一定の」

前文で「貨幣は価値を保ち続けるのに良い方法だ」と言っているが，(ii)では「完璧な方法だと言っているのではない」と述べ，後には超インフレ時には価値を貯蔵しないという内容が続いている。つまり，貨幣の価値がなくなる場合もあるということである。最も近いものはdである。

D. a.「ヤップ島の人たちは，商品と交換するのに重い車輪型の石を運ぶのをいとわない」

b.「貨幣として使うために，石や金を物理的に移動させる必要はない」 physically「物理的に」

c.「米国のフォート・ノックスは，金を頻繁にあちこちに輸送したために発展した」 developed「発展した」 ship「(商品などを) 出荷する」 from place to place「あちこちに」

d.「貨幣を定義づける際，経済学者たちは，その物理的な形よりもむしろその機能に焦点を当てている」 define「定義づける」 function「機能」

e.「将来のインフレーションに向けて缶詰の商品や冷蔵庫などの物理的な物品を貯蔵することは，財産の価値を維持するのに重要である」 inflation「インフレーション」 preserve「～を保存する，維持する」 asset「資産」

f.「インフレーション下の経済では，貨幣はその購買力をめったに失わない」 rarely「めったに～ない」 buying power「購買力」

g.「家は，貨幣としての役割は果たさないが，その一方で，しばしば計算の単位としての役割は果たしている」 serve as ～「～としての役割を果たす」 account「勘定，計算」

h.「カジノで使われるチップは，貨幣を定義づける3つの要件を満たすが，カジノの外では貨幣として使うことができない」 casino「カジノ」 meet「(要件などを) 満たす」

まず，bは，第1段最後から2文目 (There was no need …) に石について，また第2段第4文 (The gold in Fort Knox was …) およびその

次文（Instead,（ 2 ）the giant stones of Yap, …）に金（塊）について，それぞれ移動させる必要がないことが書かれており，本文に一致している。また，d は，第3段最終文（Economists, therefore, do not …）に，貨幣を形ではなく，その機能で定義づけていると述べられていることから，本文に一致している。さらに，h は，最終段最終文（But（ 6 ）you leave the casino, …）に，チップはカジノを出たらもう貨幣ではないと書かれており，本文の内容に一致している。よって正解は，b，d，h。

また，a は第1段第6・7文（If you wanted to buy … move the stones.）に，物を買っても，車輪型の石は移動させず，石が誰のものかを示すだけだと書かれており，不一致である。c は第2段第4文（The gold in Fort Knox …）に，フォート・ノックスの金はまずめったに輸送されることがなかった，と書かれており，本文に不一致。e は第5段第3文（Indeed, holding money is …）に，価値を蓄えるのには，貨幣を保持する方が，物理的なものを保持するより良いと書かれているため，不一致である。f は第5段最終文（In a situation of hyperinflation, …）に，超インフレーションの状況では，貨幣は貨幣であることを停止するとあり，これも不一致である。g は第7段第4文（Nor do houses serve as …）に，家は計算の単位としての役割も果たさないと書かれており，不一致である。

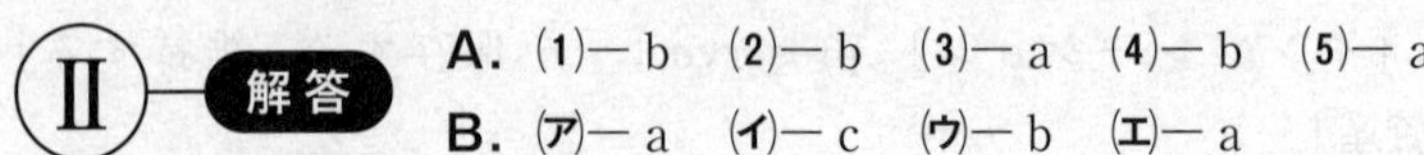
Ⅱ 解答

A. (1)—b (2)—b (3)—a (4)—b (5)—a

B. (ア)—a (イ)—c (ウ)—b (エ)—a

C. (i)—c (ii)—d

全訳

《ジャーナリストに望まれる姿勢》

□1 ほとんど詳細に議論されていない疑問に，ジャーナリズムの使命は何だろうかということがある。その倫理的な構造は何だろうか？ 研究者たちが気づいたのは，ほとんどのジャーナリストは自分たちが一般の人たちに素早く情報を届けるのに従事していることには同意しているが，自分たちを政府やその他の権力中枢の「監視役」であると見なす程度についての見解には大きな違いがあるということである。オーストラリアやイギリス，フィンランドでは，このことはジャーナリストの間で高く評価されている目的なのであるが，民主的な政治の長い歴史や言論の自由がある報道の文化を欠く国々では，そうではない。

2 またジャーナリストたちには，解説者としての自分たちの役割の重要性についてや，物事を正確に，つまりは客観的に報告する責務があるかどうかについても，意見の一致はあまり見られない。イギリスのサンプルで，ジャーナリストは正確で客観的であるのが義務だということに同意したのは，わずか 30 パーセントであった。ドイツではジャーナリストの 80 パーセント以上が，また米国では 49 パーセントが，この責務を受け入れている。ドイツのジャーナリストたちは，イギリスの同業者たちからは切れ味のよくない慎重な生き物だと見なされているのだが，情報源を苦しめたり，文書を許可なく利用したり，情報を買ったりすることを良しとしないのである。また，なりすまし取材には，オーストラリアのジャーナリストが他国のジャーナリスト以上に不快感を示している。

3 これらのような新たな知見に照らし合わせて考えると，ジャーナリズムの行動基準に混乱が存在しているのは，おそらく驚くべきことではないのであろう。ただジャーナリストの倫理観に世界共通語がないだけである。ジャーナリズムは，特に新聞や雑誌において，規制するものがないことを誇りに感じている職業である。そして，その特質から考えると，ジャーナリズムとは，それが機能している社会の道徳上や政治上の姿勢に波長を合わせつつも，同時に異議を唱えようとするものである。インターネットや他のデジタルプラットフォームを通じて印刷媒体と視聴覚媒体が統合することで，出版業の規制が放送業界のようになることへとつながるのか，あるいはその逆なのかについては，現段階ではまだわからない。確かなことは，ジャーナリズムにおける高度な道徳基準を偶然に獲得することはないだろうということである。他人にプレッシャーをかける達人であるジャーナリストたちは，自分たちにもプレッシャーを感じる必要がある。少なくとも，ジャーナリストたちは，もしジャーナリズムが生き残ろうとするのなら，ジャーナリズムに関する教養ある公開ディベートが必要だと認識すべきなのである。

解説

A. (1) largely unexplored「ほとんど探究されていない」 largely「大部分は」 unexplored「探究されていない」 explored に接頭語の un- が

ついたもの。

a.「すっかり理解されている」 entirely「すっかり」

b.「十分には調べられていない」 surveyed「調査された」

c.「大きな重要性のない」 of no importance「重要でない」

d.「調査することに気が進まない」 reluctant「乗り気でない」 investigate「詳しく調べる」

bのnot fully surveyedが一番近い意味である。ここで出てきている類語(explore, survey, investigate)をまとめて学習しておくとよいだろう。

(2) view「ものの見方，意見」

a.「聴衆」，b.「意見」，c.「疑問」，d.「光景」で，最も近いのは，bのopinion。

(3) an obligation「責務，義務」

a.「義務」，b.「味方」，c.「権利」，d.「才能」で，aのa dutyが正解。

(4) tune into ～「～に波長を合わせる」

a.「～を説明する」，b.「～に焦点を当てる」，c.「～を考慮に入れる」，d.「～に出席する」。この問題は答えに困った受験生も多いだろう。tuneは「調律する，調和させる」という意味があり，intoと組み合わせて「波長を合わせる」など対象に照準を合わせる意味合いになる。ここでは「モラルや政治における社会の姿勢」が目的語になっていて，そこに焦点を合わせることを述べており，選択肢の中ではbが最も近い。

(5) by accident「たまたま，偶然に」

a.「偶然に」，b.「故意に」，c.「力ずくで」，d.「代わる代わる」で，aのby chanceが正解。

B. (ア) centers of power「権力中枢」

a.「権威をもつ機関」 institutions「組織，機関」 authority「権威，権力」

b.「発電所」 plant「製造工場」

c.「宮殿」 royal「王族の」 residence「住居」

d.「情報組織」

正解はaのinstitutions of authority。

(イ)　a free press「言論の自由のある報道（機関)」 press「報道機関，出版業」

a.「無料配布の出版物」 distributed「配布された」 publication「出版物」

b.「自由主義的な思想を支持する新聞」 liberal「自由主義的な」

c.「言論の自由をもつジャーナリズムの一組織体」 body「団体，組織体」 freedom of speech「言論の自由」

d.「自由に押せるボタン」

pressには,「新聞」という意味もあるため，bとcで迷った人も多いかもしれない。ただ，本文では，新聞業界だけでなくジャーナリズム全体を扱っているため，この文脈を考えると，新聞だけを示しているbは正解ではない。正解は，cのa body of journalism with the freedom of speech。

(ウ)　their British counterparts「イギリスの同業者たち」 counterparts「同等物，同地位の人たち」

a.「イギリスの解説者」 analyst「解説者，分析者」

b.「イギリスのジャーナリスト」

c.「イギリスの研究者」

d.「イギリスの標本」

ここでいう「同業者」とは，ジャーナリストのことなので，正解は，bのBritish journalists。

(エ)　it functions「それ（＝ジャーナリズム）が機能している，本来の活動をする」 function「機能する，うまく働く」

a. journalism operates「ジャーナリズムが作動する」 operate「作動する，動く」

b. occupation runs「仕事がうまく進んでいる」 occupation「仕事」

c. regulation works「規則がうまく効いている」 regulation「規制，規則」

d. nature acts「自然が作用している」 act（動詞)「働く，作用する」

itがジャーナリズムを指すので，最も近いのは，aのjournalism operatesである。

C. (i)「次のうち，本文で述べられた国々のジャーナリズムに関して正しいものはどれか」 the following「下記のもの，次に述べること」 mention「～を述べる」

a.「ほとんどのジャーナリストたちは，政府や他の権力中枢を監視することに同意している」 monitor「～を監視する」

b.「イギリスのジャーナリストたちは，たいていの場合，正確で客観的であることになっている」 be supposed to *do*「～することになっている」 accurate「正確な」 objective「客観的な」

c.「ドイツのジャーナリストたちは，情報を買うことに気乗りがしない」

d.「オーストラリアのジャーナリストたちは，情報を得るためになりすますことが得意である」 disguise「変装する，偽装する」

まず，a については，第1段第3文（The researchers found that …）に，ジャーナリストについて，自分たちがどこまで政府や権力中枢の監視役であるかについては見解に大きな差があると述べられており，本文と一致しない。b については，第2段第2文（Only 30 percent of …）に，イギリスのジャーナリストの中で正確で客観的であるのが義務だと思っているのは，30パーセントしかいないと書かれており，これも本文に一致しない。c は，第2段第4文（German journalists, who are …）に，ドイツのジャーナリストは，情報を買うことを良しとしないと書かれており，本文に一致している。第2段第4文は挿入節もあり複雑だが，who から creatures までの挿入節を取り除いて考えると，次のような構造となる。

German journalists are much less happy

about ┬ harassing sources
　　　├ using documents without permission
　　　└ paying for information

ドイツのジャーナリストが happy だと感じないのは，harassing sources「情報源を苦しめること」，using documents without permission「許可なく書類を使うこと」，paying for information「情報を買うこと」であると読み取れる。ここの much は比較級 less happy を強調する副詞で「さらに，ずっと」の意味。次に，d については，第2段最終文（Impersonation is frowned upon …）に，オーストラリアのジャーナリストは，なりすまし取材には他国よりも不快感を示すと書かれていることから，本文に一致していない。よって本文に一致しているのは，c である。

(ii) 「次のうち，本文の内容に一致していないものはどれか」

a.「世界中のほとんどのジャーナリストは，人々に情報を素早く届けることが自分たちの仕事だと考えている」

b.「ジャーナリズムは，規制するものがないことに誇りをもっている職業である」 pride *oneself* on ～「～に誇りをもっている」 free from ～「～がない」

c.「インターネットや他のデジタルプラットフォームの影響がジャーナリズムに対するさらなる規制へとつながるかどうかは，言うことができない」 There is no *doing*「～することはできない」

d.「現代社会で生き残るためには，私たちは教養あるジャーナリストを信頼する必要がある」 well-educated「教養ある」

この問題は，本文に一致していないものを選ぶ問題なので，注意が必要である。まず，a については，第 1 段第 3 文（The researchers found that …）に，ほとんどのジャーナリストは，自分たちの仕事は一般の人たちに素早く情報を伝えることだということで意見が一致していると書かれており，本文に一致している。また，b は，最終段第 3 文（Journalism is an occupation, …）に，規制するものがないことを誇りに感じている職業であると述べられており，これも本文に一致している。さらに，c については，最終段第 4 文（It remains to be seen …）に，インターネットや他のデジタルプラットフォームを通じての印刷媒体と視聴覚媒体の統合が，出版の規制へとつながっていくのか，あるいはその逆なのかについては，現段階ではまだわからない，と書かれており，本文に一致している。ところが，d については，最終段最終文（At the very least, …）には，もしジャーナリズムが生き残ろうとするのなら，ジャーナリズムに関する教養ある公開ディベートが必要だと認識すべきであるとは書かれているが，教養あるジャーナリストを信頼する必要があるとは書かれていないため，本文に一致していない。正解は，d である。

Ⅲ　解答　A. (1)―b　(2)―c　(3)―b　(4)―a　(5)―b　(6)―d　(7)―a　(8)―a

B. b，e

全訳

《若者たちの睡眠パターン》

1　親たちが十分に知っているように，青年期の初期のころには睡眠パターンが劇的に変化する。睡眠が遅くなり，就寝時刻が真夜中になったり，起床時刻がときおり午後にずれ込んだりすることもある。これらの問題は，主に，10代の若者の就寝時刻を後の時間に遅らせるような睡眠の生物学的な制御の変化によるものである。これらの生物学的変化は，しばしば10代の若者を両親や社会との衝突へと追いやり，怠惰や素行の悪さといった不幸な言いがかりへとつながることがある。

2　若者たちは，10代の間に，体内時計のタイミングに2～3時間の変化が起こり，睡眠や24時間のリズムに時間の遅れを経験するが，それは，彼らの発達段階と密接に符合しているのである。子どもたちは，10代から20代の初めまで，徐々に「夜型」になっていく。睡眠後退障害は，青年期初期に一番よく起こり，約15パーセントである。

3　それで，この睡眠変化の結果はどうなるのだろうか？　若年成人たちにはたくさんの睡眠が必要であり，際限なく眠る機会を与えられれば，少なくとも一晩に8時間半は必要であり，10代にはもっと必要なのである。ベッドに入っている時間のすべてが眠っているとは限らないと仮定すると，真夜中午前1時，あるいはそれ以降に就寝する10代の若者は，学校に行くために起きなければならない時間までに8時間半の睡眠をとる機会はなく，結果的に，週に5日，睡眠を劇的に削ることになる。週末に自然なサイクルに従って眠ろうとすると，怠惰だと叱られ，起こされてしまう。これらの問題には潜在的な重大さがあるにもかかわらず，年上の大人たちは，このような社会的「時差ボケ」をしばしば忘れてしまうのである。若者の生物学と両親の期待との間のこのギャップは，若者の健康や発達，安全に重大な結果を招いているのである。

4　どのようにしたら，これらのぶつかり合いを少なくすることができるのだろうか？　親たちが認めなければならないのは，睡眠が遅くなるのは生物学に基づいているということである。つまり，コンピュータゲームやテレビが睡眠時間を遅くする後押しをしているかもしれないが，それが根本的な原因ではないのである。その問題の重大さを理解することもまた，カギである。10代の若者は基本的に別のタイムゾーンに暮らし，学校に行くために10代の若者を午前7時に起こすことは，大人たちを午前4時に起こすことに似ていて，だからこそ，10代の若者が腹を立てるのはよくあることなのである。学校の開始時刻を適度に遅らせることで，学業成績や態度に大きな効果が出る可能性がある。睡眠時間，特に週末の睡眠時間を守ってやることが，夜遅くの活動やカフェイン摂取，睡眠を減らす他の要素を監視するのと同じように重要なことなのである。時間の遅れをすっかり修正するのは難しいが，夜の活動や夜に光を浴びるのを減らすことが，就寝時刻を早め，睡眠の機会を増やす手助けをするかもしれない。

解説

A. ⑴　a.「救いの手」　b.「衝突，対立」　c.「幸福」　d.「変化」

空所の後ろにある節には，怠惰や素行の悪さといった不幸な言いがかりにつながっていくと書かれており，両親との間にあまり良いことが起こっていないと推測できる。aやcはうれしい状況となり，文脈に合わない。また，dでは，良い方への変化なのか良くない方への変化なのかが示されておらず，不適である。正解は，bのconflict。

⑵　a.「サイクル，周期」　b.「昼間」　c.「発達」　d.「娯楽」

空所の前の部分には，10代のうちに体内時計のリズムが遅れることが書かれ，空所のところで，それは彼らの（　　）の段階に一致している，と説明を加えている。生物学的な観点から説明している文脈なので，空所にbやdは入らない。aについては，サイクルの段階についての説明が本文にはなく，不適である。正解は，cのdevelopment。

⑶　a．getの原形，b．giveの過去分詞形，c．giveの現在分詞形，d．getの過去形および過去分詞形。

迷った受験生も多いことだろう。まず形の点から考えると，当該部分には，直前のwhenから始まる節の主語と動詞が入るとも考えられるが，選択肢は動詞ばかりで主語が見当たらないため，whenから始まる部分は節ではなく分詞構文だと判断できる。分詞構文は，意味上の主語がする動作（能動）の場合は現在分詞，される動作（受動）の場合は過去分詞を使う。問題文では，whenの後ろに主語がない（＝省略されている）ということは，主となる節（Young adults need lots of sleep …）の主語が，分詞構文の意味上の主語（この場合は，Young adults）となり，動詞に当たる現在分詞または過去分詞を空所に入れると考える。次に，意味の点から考える。分詞構文の意味上の主語に当たるYoung adultsが，際限なく眠る機会を「与える」のか「与えられる」のか，あるいは，「入手する」のか「入手される」のかを考えると，「与えられる（＝given)」(受動)，および「入手する（＝getting)」(能動）で意味が通じる。giveの過去分詞givenは選択肢にあるが，getの現在分詞gettingは選択肢にない。正解は，giveの過去分詞であるbのgivenとなる。

(4)　(直後のinと組み合わせた意味として）a.「結果的に～となって」b.「～に落ち着いて」 c.「～に才能のある」 d.「～にうまく作用して」

空所の前には，夜更かしをする若者は学校に行くために起きなければならない時間までに8時間半の睡眠をとる機会はないと書かれ，さらに，後ろの部分には，週に5日，睡眠を劇的に削ることになる，と歓迎できるとは言えない内容が続いている。b・c・dは，後ろの部分に肯定的あるいは容認できる内容が続くため，空所後の内容から考えると適切ではない。正解は，あまり歓迎できない内容もつなぐことができるaのresultingである。

(5)　a.「～に加えて」 b.「～にもかかわらず」 c.「～を除いて」 d.「～のせいで」

この部分は，「これらの問題の潜在的な重大さ（　　），大人たちは，このような社会的『時差ボケ』をよく忘れてしまう」という内容である。重大なのに大人は忘れてしまう，とつながると考えられるため，あてはまるのは，bのDespiteである。

(6)　a.「～だと告白する」 b.「～であることを疑う」 c.「～だと立証する」 d.「～だと認める」

空所を含む文の前文に，「どのようにしたら，これらのぶつかり合いを少なくすることができるのだろうか？」と書かれており，空所を含む部分には，その対処方法が書かれているものと推測できる。睡眠が遅くなるのは生物学に基づいているということを，親たちがどうしなければならないのかを考えると，aでは，以前から知っていたことになり，文脈に合わないし，bでは，対処方法にはならない。また，cについては，that節の内容は立証されていることで，親が立証することではないため，不適である。正解は，dのrecognize。

(7) a.「影響，効果」b.「努力」 c.「場合，(特定の)時」 d.「機会」

空所を含む文は「学校の開始時刻を適度に遅らせることは，学業成績や態度に大きな（　　）を持つ可能性がある」という内容である。後ろに前置詞onをとるものなので，正解はaのeffect。have an effect on～で「～に効果がある」の意味。effort onはあり得るが，主語は「遅らせること」なので，bを入れると，「遅らせること」が努力をもつ，となり意味が通らない。

(8) a.「修正される」 b.「忘れられる」 c.「増やされる」 d.「関係づけられる」

空所を含む文は，「時間の遅れをすっかり（　　）のは難しいが，夜の活動や夜に光を浴びるのを減らすことが，就寝時刻を早め，睡眠の機会を増やす手助けをするかもしれない」という内容である。この段では，若者の生物学的な生活時間の遅れに関わる問題の解決策がいくつか述べられている。bでは解決にはつながらず，不適である。また，cでは文脈に合わず，これも不適である。dは，何と関係づけられているのかが述べられておらず，不適である。正解は，aのcorrected。

B. a.「若者の睡眠の遅れが，彼らの怠惰と素行の悪さを立証している」delay「遅れ」 idleness「怠惰」 behavior「態度」

b.「若者の睡眠が遅くなることは，主に彼らの生物学的な状態によって引き起こされる」 biological「生物学的な」

c.「夜更かしをする若者は，大人よりも少ない睡眠時間を必要としている」 stay up late at night「夜更かしする」

d.「コンピュータゲームやテレビは，若者の夜更かしの傾向と何の関係もない」 have nothing to do with～「～と何の関係もない」 tendency「傾向」

e.「親たちは，10代の子どもたちは大人とは異なったタイムゾーンに生きていると認識するように勧められている」time zone「時間帯，同じ標準時を使う地域」

f.「夜遅くの活動や夜に光を浴びることを減らすことが，若者の健康問題を増やすことになる」 light exposure「光に当たること，露光量」

まず，b については，第 1 段第 3 文（These problems occur …）に，若者の睡眠パターンが変化するのは，生物学的な制御の変化のせいであると書かれており，本文に一致している。また，e については，最終段第 3 文（Understanding the severity …）に，その問題の重大さを理解することもカギになり，10 代の若者は基本的に別のタイムゾーンに暮らしているのだ，と書かれており，本文に一致している。正解は，b と e。

a については，第 1 段第 3 文（These problems occur …）に，若者の睡眠時間が遅くなるのは，睡眠の生物学的な制御の変化のせいであると書かれており，睡眠時間の遅れが若者の怠惰や素行の悪さを立証しているわけではないため，本文に一致しない。また，c は，第 3 段第 2 文（Young adults need lots of sleep …）に，若者は 8 時間半の睡眠を必要とするとあり，夜更かしをするからといって，大人よりも必要な睡眠時間が少ないわけではないため，本文に不一致である。さらに，d は，最終段第 2 文の後半（although computer games and TVs …）に，コンピュータゲームやテレビが睡眠時間を遅くする後押しをしているかもしれない，と書かれており，関係がないとは述べていないため，本文に一致しない。また，f については，最終段最終文の後半（reducing activities and light exposure …）に，夜の活動や夜に光を浴びることを減らすことが，就寝時刻を早め，睡眠の機会を増やす手助けをするかもしれない，と書かれている。つまり，健康問題を増やすのではなく，睡眠の機会を増やすものであるため，本文に一致していない。

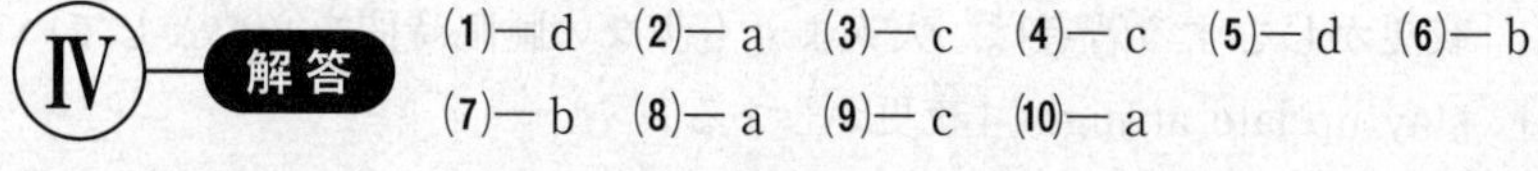

Ⅳ　解答　(1)―d　(2)―a　(3)―c　(4)―c　(5)―d　(6)―b　(7)―b　(8)―a　(9)―c　(10)―a

解説

(1)「学者にとっては，彼らが自分の分野の先進的な知識によって獲得する認識は十分ではない」 academics「学者，研究者」 recognition「認識」 insufficient「不十分な」

何が文の主語で述語動詞かをしっかり見極めることがポイント。the recognition が主語で，空所の部分が述語動詞である。まず，助動詞はないので，原形であるbのbeは入らないし，cのbeingは述語動詞としては不適切な形である。残りは，aのareとdのisであるが，主語は単数形なので，isが入ることになる。正解は，dのis。

(2)「都市開発は，しばしば自然環境を犠牲にし，緑の野原をコンクリートジャングルに置き換える」 urban「都市の」 replace「置き換える」

文脈に合った前置詞句を選ぶのがポイント。それぞれの前置詞句は，a.「～を犠牲にして」，b.「～の目的で」，c.「～にもかかわらず」，d.「～の理由で」の意味で，一つひとつを入れてみて意味を考えるとよいだろう。b，c，dでは，文意が通じない。正解は，aのat the cost of。

(3)「頭脳は，今日起こったことの多くを忘れてしまうが，子どものころの記憶ははっきりと鮮明に覚えている」

ポイントは，逆接の接続詞butを意識することと，目的語であるthe memoryとうまくつながるかどうかである。前半は「今日起こったことを忘れる」となっており，その後にbutがあるため，後半は逆の内容（「忘れる」の反対）になるはずである。まず，aのfails「～を果たさない」では，逆接の意味にならない。また，bのhappened「発生する」は，自動詞であるため，直後に目的語（the memory）がくることはない。さらに，dのtookでは，意味をなさない文になる。正解は，cのholds「～を保持する」。

(4)「彼は，出発した後も自分がそこにいたことは秘密にしておくように要求した」 insist「要求する」 presence「存在」 departure「出発」

ポイントはinsistedの後のthatの役割。このthatは，後ろに節（主語と動詞を持つかたまりのこと）がくることを示す接続詞である。that以下が節になると考えると，his presenceがその主語で，空所がその動詞であるとわかる。節の動詞の形になっているのは，cだけである。正解は，cのshould remain。insist that S should *do*「Sが～するよう要求する」の語法。

(5)「これらの公園は，かつては戦場だったが，今や公共グラウンドの場となっている」 battle「戦争」 common「公共の」

この問題文の主となる節はThese parks are now places of common ground.であり，空所からbattleまでは，途中に挿入されている節である。ポイントは，文中に節と節とをつなぐ接続詞がないことである。まず，a

の they や b の those は，主節とつなぐ役割をもたないため，どちらも不適である。また，c の when は関係詞として節をつなぐ役割はもっているが，関係副詞であり，直後には完全な文がこなければならないため，これも不適である。正解は，d の which。関係代名詞の継続用法で，先行詞は these parks。

(6) 「若者たちは，その地域の発展と繁栄を推進する上で果たすべき非常に重要な役割をもっている」 critical「重大な」 prosperity「繁栄」

in *doing* で「～する際に，～するのにおいて」の意味である。from や to，until を入れても意味が通じない。正解は，b の in。

(7) 「音楽が演奏されている間，私はその美しいサウンドに集中したかったので目を閉じたままでいた」 concentrate on ～「～に集中する」

ポイントは，keep が SVOC の文型をとるとき，C にくる動詞はどんな形になるかということである。O がする動作の場合は keep O *doing*「O に～させておく」，O がされる動作の場合は keep O *done*「O を～されたままにしておく」である。my eyes は，自ら閉じるのではなく，閉じられるものであるから，過去分詞がきて keep my eyes closed の形となる。正解は，b の closed.

(8) 「私の意見では，この部屋には，青より紫の方がはるかにいい色だ」

ポイントは，比較級を強調する場合に使う修飾語（副詞）はどれかということ。強調するとは，「ずっと，はるかに」などの意味を加えることである。b の more は，better がすでに比較級であるため入らないし，c については，最上級 most が比較級 better を修飾することはなく，どちらも不適である。また，d の very については，the very best「飛び抜けて一番よい」のように，最上級を強調できるが，比較級は強調できない。正解は，a の far。比較級を強調する副詞としては，far 以外に，much や even，still なども使われる。

(9) 「突然，一匹の子犬がどこからともなく彼の前に現れた」
all of a sudden「突然」 show up「現れる」

これは，表現を知っているかどうかの問題である。out of nowhere で「どこからともなく」の意味。正解は，c の nowhere。a，b，d では，意味をなさない。

(10) 「その2つの国は，何年もかけて相互理解を構築しようとしてきたが，ついに戦闘状態となった」

ポイントは，mutual understanding「相互理解」と war「戦争」の対比をうまくつなぐ表現を見つけることである。b の made は make up で「仲直りする」という意味になり，文脈に合わない。c の saved は形はともあれ，「救う」という意味をもつので，これも文脈に合わない。d の started は意味的に入りそうだが，start up in 〜は「〜で仕事を始める」という意味になり，文脈に合わない。正解は，a の ended。end up in で「ついに〜に至る」という意味である。

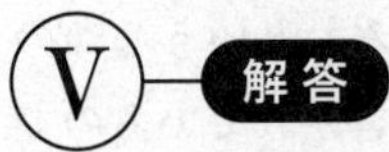

（3番目・7番目の順に）(1)—a・g　(2)—f・c　(3)—h・a　(4)—b・c　(5)—e・g

解説

(1) (Ten) years of experience in home gardening has taught me (the secrets of growing tomatoes.)

ポイントは，何を主語と動詞に設定するかである。英文は Ten で始まり，しかも選択肢に I はないので，日本語を組み替えて考える必要がある。「私は 10 年の経験から学んだ」→「10 年の経験が私に教えてくれた」と考える。そうすると，主語は「10 年の経験」，（述語の）動詞は「教えてくれた」で，ひとまず，Ten years has taught me とつなぐことができる。「10 年の経験」は Ten years' experience とも表現できるが，ここでは years' ではなく years なので，Ten years of experience となる。あとは，「〜における」の意味を表す前置詞 in を使って，in home gardening を後ろからつなげばよいだろう。動詞が，have taught ではなく，has taught となっているのにも注意。Ten years が主語なのではなく，Ten years of experience「10 年の経験」を一つのかたまりとしてとらえ，単数扱いであるため，has taught となっている。答えは，a. experience と g. taught。

(2) (It) would be useful to recall how information was (controlled in wartime life.)

ポイントは，形式主語の使い方である。すでに主語に当たる It があるのに気づけば，次は，日本語のどこからどこまでをその形式主語で表せるかを考える。日本語の「戦時下…思い起こすこと」までが主語に当たるので，それを形式主語で表すことができる。さらに，それが「役に立つだろう」という構造になると考えられるので，It would be useful とまずつなぐ。あとは真主語になる部分を考えることになる。「思い起こす」は recall。選択肢に to があるので，不定詞 to recall となる。「情報がいかに(＝どのように）統制されていたか」は how information was controlled という疑問詞＋S V の間接疑問文の語順になるのに注意。答えは，f．useful と c．information。

(3) (There is) no doubt that she has made a considerable effort (to achieve her goals.)

ポイントは，「～することは間違いない」と「努力する」という２つの表現。「間違いない」という表現は，すでに There is が書かれているので，There is no doubt that となる。この that は後ろに節を導く接続詞である。「努力する」は，make an effort であるが，これに「かなりの」の意味の considerable が加わり，さらに「努力をしてきた」とあるので，現在完了の has made とする。答えは，h．that と a．a。

(4) (The publication) of that book made my grandfather known to millions of people (around the world.)

ポイントは２つ。１つ目は，この大問の(1)と同様に，何を主語と動詞に設定するかということ。２つ目は，「知られる」をどのように表現するかということである。まず１つ目。日本語では，「祖父」が主語で「知られることになった」が（述語の）動詞であるが，英語文では The publication「出版」が主語になるので，日本語の組み換えが必要になる。「その本の出版が，祖父のことを知らせた」と考えると，主語は The publication of that book となるが，述語動詞になり得る動詞は選択肢には made しかなく，ひとまず The publication of that book made とつなぐ。次に２つ目のポイントであるが，「祖父が知られる」なので，made を使った「祖父を知られた状態にした」という表現を考える。そうすると，made my grandfather known となる。あとは，「～に知られる」を表す known to を使い，known to millions of people とする。答えは，b．made と c．millions of。

(5) (As his talk skipped from one topic to another,) I failed to understand what he was meaning (to say.)

ポイントは2つ。1つ目は,「わからなかった」をどう表現するかということ。2つ目は,「何を言いたいのか」の語順である。1つ目のポイントであるが,選択肢に failed があるので,fail to *do*「～できない」を使う。そうすると,failed to understand とつなぐことができる。次に2つ目のポイントは,「(彼が) 何を言いたいのかを」ということであるが,疑問詞 what を使っても,疑問文の語順ではなく,間接疑問文となり,what he was meaning の語順となる。ここでの meaning は mean to *do*「～するつもりだ」の意味。what he was meaning to say で「彼が何を言うつもりでいたか」。答えは, e の to と g の was。

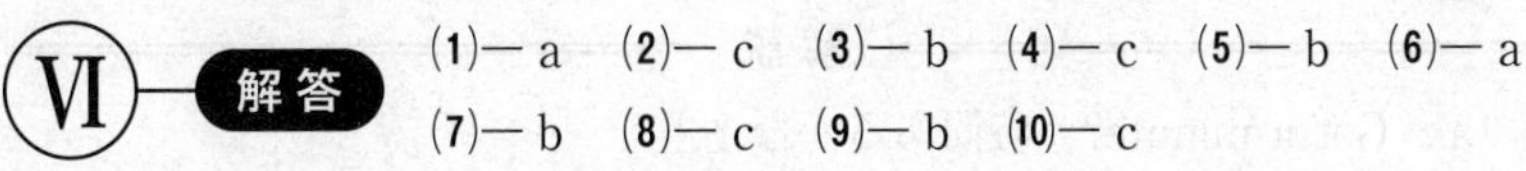

Ⅵ 解答

(1)—a　**(2)**—c　**(3)**—b　**(4)**—c　**(5)**—b　**(6)**—a
(7)—b　**(8)**—c　**(9)**—b　**(10)**—c

全訳

《プレゼンテーションのグループ分けについて》

休み時間の教室で

ナオ：こんにちは,ケン。時間ある？　ピンカートン先生の英語の授業について尋ねたいことがあるの。

ケン：大丈夫だよ。課題について僕のアドバイスが欲しいなら,カフェテリアに行ってコーヒーを飲みながら話さないか？

ナオ：えっと,ごめんね。そんなに時間はないのよ。でも,今,ちょっと数分間それについて話せないかな？

ケン：了解。で,どうしたの？

ナオ：昨日の授業には行けなかったんだけど,学生たちが最後のプレゼンテーションのためにいくつかのグループに分けられたと聞いたの。そうなの？

ケン：確かにそうだよ。さまざまなトピックの調査研究をして,グループごとに英語で最終研究レポートを発表することになっているんだ。

ナオ：私がどのグループに所属しているのか知りたいの。

ケン：そうだね……だけど……うーん……ごめん,自分のことに一生懸命で,君がどのグループに割り当てられたかはっきりと覚えてないんだよ。ピンカートン先生に,自分のトピックは提出した？

ナオ：うん,先週提出したわ。私の第一希望は,人工知能の将来だったわ。

ケン：ああ，わかった，それなら，君はきっとオーハンと一緒だよ。彼が自分のトピックについて話していて，彼のお姉さんがどういうふうに助けてくれるかについて言っていたのを覚えているよ。彼に尋ねてみたらどう？

ナオ：まあ，オーハンのお姉さんは人工知能のことをよく知っているの？

ケン：確か，彼女はIT企業かなにかで働いているんだよ。オーハンはいつも彼女のことを自慢しているからね。

ナオ：わかったわ，どうもありがとう。また別の機会に一緒にランチを食べましょうね。

ケン：そうだね，じゃあまた。

解説

(1)　a．Got a minute?「時間あるかな？」

b．get a topic「トピックを手に入れる」

c．get together「集まる」

d．get with it「流行についていく」

空所の直後で，ナオがケンに尋ねたいことがあると言っている状況を考える。bは唐突で，何のトピックかがわからず，不適である。また，cやdでは，意味が通らず，不適である。正解は，aのa minute。Got a minute?で「時間はある？」の意味。gotになっているのは，前にYou'veが省略されているものと考えられ，過去の意味ではない。

(2)　a．am I going off「私は出かけようとしていますか」

b．are you going off「あなたは出かけようとしていますか」

c．how about going off「出かけるのはどうですか」

d．how is it going off「どう進行していますか」

空所のある文の後の発言で，ナオが「そんなに時間はないの」と言っているところから，ケンに何かを誘われたものと考えられる。正解は，cのhow about。その他のものでは，文脈に合わない。

(3)　a．「ちょうどそのとき」　b．「今すぐに」　c．「もうじき」　d．「今までにもう」

ナオは，カフェテリアに行って話す時間はないと言っていて，その後，話が進んでいるので，「今」話したいと言っているものと考えられる。正解は，bのright now。他のものでは，文脈に合わない。

(4)　a.「引いた」 b.「失った」 c.「〜(授業など) を休んだ」 d.「休ませた」

空所の直後の発言で，ナオは「最終プレゼンのグループ分けがされたと聞いた」と言っており，ナオは昨日の授業にいなかったことがわかる。a の drew や b の lost では意味が不明で，不適である。また，d の rested は，I rested a horse.「馬を休ませた」のように，目的語に休息を与えるという意味になり，文脈に合わず不適である。正解は，c の missed。miss は「〜し損なう」「〜を見落とす」「〜がいないのを寂しく思う」「〜を免れる」などたくさんの意味があるが，ここでは「(授業など) を休む」の意味。

(5)　research は名詞も動詞も同じ形であり，どちらととらえればいいのかがポイントとなる。research を動詞ととらえ，不定詞 to research の間に，a の all や c の each の修飾語が入ることができるかを考えると，入ることはできない。「私たち全員が」あるいは「私たちのそれぞれが」の意味であれば，We の後に置かれることになり，この場所では不適である。次に，research を名詞ととらえ，(　　) research の意味を考える。d の hit では意味が通じず，正解は，b の do となる。do research で「研究を行う」の意味。

(6)　a.「正確に，まさに」 b.「めったに〜ない」 c.「立ち止まって〜する」 d.「〜しようとする」

ナオが属するグループを尋ねられ，ケンが覚えていないと伝えている場面である。空所の直前に don't があることに注意する。まず，b の rarely はそれ自身に否定の意味が入っており，空所の前にすでに don't があるため，意味が通じない文になる。また，c の stop to では「君がどのグループに割り当てられたかを思い出すのに立ち止まったりしない」と意味不明の文になり，d の try to では「君がどのグループに割り当てられたかを思い出そうとはしない」と非常に失礼な内容の文になり，文脈に合わない。正解は，a の exactly。not exactly で「正確には〜ない」という部分否定の意味になる。

(7)　a.「困っている」 b.「〜であるにちがいない」 c. be done with「〜を終える，〜と交際をやめる」 d.「発生する」

ナオの希望するトピックが人工知能であることを聞いて，ケンが彼女の所属するグループに思い当たった場面である。正解は，bのmust be。aやcやdでは，意味が通じない。

(8)　ケンが，トピックの内容から，ナオはオーハンと同じグループじゃないかと推測し，彼に尋ねてみるといいと勧めている流れと考えられる。Why don't you ～で「～してはどうか」という意味であり，正解は，cのdon't。他の選択肢では，意味が通じない。

(9)　a.「十分な」 b.「よく知っている」 c.「知られている」 d.「同等の」

オーハンの姉が人工知能に詳しいかを尋ねていると考えられる。正解は，bのfamiliar。be familiar with ～で「～のことをよく知っている」。aのenoughでは，人工知能に関して何が十分なのかがわからず，不適である。また，cのknownは，known as ～「～として知られている」やknown for ～「～で知られている」という使い方になるため，withでは意味が通じず，不適である。さらに，dのparallelでは，「人工知能と同等」となり，意味が通じない。

(10)　別れる前のあいさつである。今は時間がないが，今度一緒にランチを食べようと言っていると推測できる。aのfoodやbのof usでは，意味が通じず不適である。また，dのover timeは「時が経つにつれて」の意味で，文脈に合わない。正解は，cのother time。some other timeで「いつか別のときに」の意味である。

講評

例年どおり，全問マーク式で，試験時間90分である。問題の構成も，読解問題3題，文法・語彙問題2題，会話文問題1題の計6題で，2023年度までと変わらない。

読解問題については，Ⅰ～Ⅲ合わせての総語数は，2023年度より100語程度増えているが，小問数は変わらない。まず，**Ⅰ**は，2023年度は少し短かったが，2024年度は700語を超える英文である。貨幣のあり方を考察した上で，貨幣の3つの機能からの定義を取り上げたものである。英文としては，例年に比べれば難しい表現などはほとんどなく，主張内容も貨幣のあり方の考察から3つの機能へと段ごとに話が進められており，理解しやすい。全体の設問数は 2023 年度と変わらず，依然として多めであるが，難問はほとんどなく，使用されている語彙もさほど難しいものではない。Ⅱは，さまざまな国のジャーナリズムの例を挙げながら，ジャーナリストやジャーナリズムに望まれる姿勢を考察した文章である。少し短くなった 2023 年度よりさらに短いため，トピックセンテンスを中心に，各段の流れをしっかり把握しながら読み進めるとよいであろう。使用語彙はさほど難しくないが，同意表現の問題で解答に悩むものがあった。Ⅲは，若者の睡眠パターンについて考察した文章である。これは，2023 年度より少し長く，例年程度の長さに戻っている。段ごとに内容が読みやすくまとめられており，特に，考察の中心となる第 3 段と第 4 段は，トピックセンテンスが疑問文の形で提示されているため，整理しながら読み進めやすい。難しい語句や難問はほとんどなく，基本的な語彙や知識を活用して解答することが可能な設問である。

文法・語彙問題は，Ⅳは空所補充で，例年と同様，学校の授業をよく理解していれば十分に解答できる標準的なものがほとんどである。Ⅴは語句整序で，例年と同じく，複雑な問題もなく，英語でよく使われる表現を学校の授業で日々学習しておけば答えられる標準レベルの問題である。

Ⅵの会話文問題は空所補充である。例年どおり，話の流れを把握する力が要求されるものがほとんどで，標準的なレベルの問題である。

全体としては，90 分の試験時間の割には，依然として分量が多めである。解答するには，基本的な語彙・文法・語法などの知識をしっかりと身につけるとともに，英文を素早く正確に読み進める力が必要となる。

◀英語1科目(英・英)型▶

I 解答例 **A.** マシュマロを今1つもらうか，15分我慢して2つもらうか，今映画を見るか，我慢して来週の試験の勉強をするか，お小遣いを今使うか，将来のために貯めるかといった，すぐ得られる小さな報酬と後で得られる大きな報酬のどちらを選ぶかで葛藤すること。(80字以上120字以内)

B. 1つ目の理由は，専門家が不誠実であったり，知識が不十分であったりすることである。将来のために今我慢しても，約束を忘れられたり，貯めておいたお金が戻ってこなかったりするかもしれない。2つ目は，誰でも明日にでも死んでしまう可能性があるということである。死んだら，先延ばししていた楽しみはすべて無駄になってしまう。3つ目は，若さは一度きりだということである。我慢して歳を重ねても，その間に実は損をしていたり，体が劣化して思っていたほど楽しめなくなったりする。(220字以上260字以内)

C. 96％

全訳

《報酬を今得るか我慢するか》

1 すべてのことが同時に起こるわけではないため，いくつかの目標間の葛藤は，異なる時間に実現達成される目標を含むことがよくある。そして今度は，それらが異なる自分，つまり現在の自分と将来の自分との間の葛藤であるように感じられるのである。

2 心理学者であるウォルター=ミシェルは，有名な1972年の実験の中で4歳の子どもたちに与えた，今マシュマロ1つをもらうか，15分後に2つもらうかという難しい選択にその葛藤を見出したのだった。人生は，これによく似たジレンマに満ちあふれている。つまり，すぐに手に入る小さな報酬と，後ほどもらえるもっと大きな報酬の間の選択である。今映画を見るか来週の試験の勉強をするか，今お小遣いを使うか将来のために貯めるか，今スイーツを食べるか後で体重が増えるのを避けるために誘惑に抵抗するか，といったことである。

3 マシュマロのジレンマは，自制心とか，報酬の後回しとか，時間選好とか，将来の割引といったようないくつかの名前で知られている。それは，理性を持ちすぎることは制限あるつまらない人生へとつながっていくという誤解を説明するのに役立つため，合理性のあらゆる分析に登場するのである。学者たちは，利息の割合の基礎となるため，今楽しむべき時なのか，あるいは後のために遅らせるべき時なのか，という自制心の根拠について研究をしてきた。利息とは，後々のお金と引き換えに今のお金をあきらめることに対する人々への補償である。理性ある選択とは，多くの場合，今楽しむことである，と学者たちは私たちに思い出させてくれている。つまり，すべては時と程度によるのだ。実際，この結論は，ことわざや冗談の中に表現されて，すでに庶民の知恵の一部になっている。

4　その1つ目は，手中の1羽には，やぶにいる2羽の価値があるということである。実験者が約束を守って時間が来たら，我慢のご褒美にマシュマロを2個くれると，どうしてわかるのか？　退職する際，年金基金に依然として支払い能力があって，退職のために貯めておいたお金が必要な時に利用可能だと，どうしてわかるのか？　我慢を懲らしめているのは，専門家の不誠実さだけではなく，専門家の不十分な知識もそうである。私たちは「過去に彼らがあなたにとって良くないと言ったことすべてがあなたにとって良いことだ」と冗談を言うが，今日の進歩した栄養科学のおかげで，卵やエビ，ナッツから得られる多くの楽しみが過去何十年かの間，訳もなく避けられていたことを私たちは知っている。

5　2つ目は，結局私たちはみんな死んでしまうということである。あなたは明日雷に打たれるかもしれないが，その場合，あなたが来週とか来年とか10年後とかに先延ばししていたすべての楽しみが無駄になってしまう。バンパーステッカーのアドバイスのように，「人生は短い。まずデザートを食べよう」なのである。

6　3つ目は，若さは一度だけだということである。30代で住宅ローンを借りるのは，お金を貯めて80代で家を現金で支払うのよりも概して高くつくかもしれないが，住宅ローンがあれば，その期間中ずっとその家に住むことができるのだ。そして年月は，ただ数えられるだけではなく，違う価値も持つのである。かつて私の主治医が聴力テストをした後にこう言った。「人生の大きな悲劇は，歳をとって実にいい音響機器を買えるほどの金銭的余裕ができても，その違いを聞き分けられないことだ」

7　結局，このことはマシュマロをその時に食べるのが理にかなっているということなのだろうか？　いや，必ずしもそうとは限らない。どのくらい待たねばならないかとか，待てばいくつのマシュマロをもらえるかによる。年齢を重ねることやその他の変化は横に置いておいて，話を単純にするために，すべての時が同一だと仮定してみよう。雷に打たれる可能性が毎年1パーセントあるとしよう。それはあなたが1年間を生き延びる0.99の可能性があるということである。2年間を生き延びる可能性はどうなるだろうか？　それを真実にするためには，2年目の間落雷をずっと避けなければならないだろうが，全般的な確率は0.99×0.99，つまり0.99^2すなわち0.98となる。3年では$0.99 \times 0.99 \times 0.99$すなわち$0.99^3$（0.97），10年では$0.99^{10}$（0.90），20年では$0.99^{20}$（0.82）と，指数関数的に下がっていく。そういうことなので，もう絶対に食べられないという見込みを考慮に入れると，今から10年後には，マシュマロは現在の90パーセントの価値にしかならないであろう。さらなる危険要素，例えば，約束を守らない実験者とか，あなたがマシュマロへの好みを失う可能性とかがその数字を変化させるが，論理は変わらない。指数関数的に未来を割り引くのは理にかなっていることである。だからこそ，長く待てば待つほど，実験者は，我慢したことに対してさらに多くのマシュマロのご褒美をあげる，つまり利息を支払う約束をしなければならないのである。そして，その利息は指数関数的に複利で計算し，現在のあなたにとっての未来の価値が指数関数的に落ちていくことへの補償をするべきなのである。

解説

A. 下線部(ア)の conflicts between different selves は，「異なる自分の間での葛藤」という意味である。これだけでは何のことかわかりにくいが，直後に，a present self and a future self「現在の自分と将来の自分」と書かれているので，現在の自分と将来の自分との間の葛藤について，具体的に書けばいいということである。第2段第2文（Life is full of dilemmas …）のコロン以下に，現在の自分と将来の自分との間の葛藤についての端的な説明があるので，この箇所に具体例を加えて指定された字数（80字以上120字以内）でまとめるとよいだろう。同段第1文（The psychologist Walter Mischel captured …）にマシュマロの例があり，同段最終文（Watch a movie now …）にも具体例がいくつか書かれている。

conflict「葛藤」 self「自己」

B. 下線部(イ)の often the rational choice is to enjoy now は「多くの場合，理性ある選択とは今楽しむことである」という意味である。その理由については，次の第4段から第6段にわたって，First, Second, Third とわかりやすく提示されているため，その3つの段の内容をまとめることになる。ただ，指定字数が220〜260字と分量があるため，それぞれのトピック・センテンス（多くは段の最初の文）をまとめるだけでは字数が足りない。トピック・センテンスを具体的に説明している部分を探し，付け加えていくとよいだろう。rational「理性的な，道理にかなった」

C. 1年ごとに0.99を掛けていけばよいので，4年であれば，0.99^4 となる。$0.99\times0.99\times0.99\times0.99=0.9605$ で，小数点以下第3位を四捨五入するので，0を四捨五入して0.96。答えは，96％である。

II　解答例

A. 役割語とは話し方のことで，その最も際立った特徴として，例えば一人称の「私」「わたくし」「あたくし」のような表現が挙げられる。それらは，話者を指すだけでなく，文化背景やジェンダー，社会的な集団や地位，個人の距離など数多くのことを暗に示す。(80字以上120字以内)

B. 3

C. 一つに，少女漫画の会話は，現実社会に則した一般的な特徴に従っていて，その話し方は10代の若者たちから期待されるようなカジュアルなものだという，少女漫画のストーリーの特性のためである。さらに，新しい人物が登場したり，関係が進展しても，登場人物たちの社会的距離や心理的距離が変化しないため，よりフォーマルな表現の使用が不要で，言葉遣いの切り替えがほとんど起こらないためである。(150字以上200字以内)

全訳

《少女漫画に見る一人称》

1　役割語という用語は，日本語の話し言葉の多くの要素から構成される話し方のことを指している一方で，人物を指し示すのに使われる表現は，役割語の最も際立った特徴を示すものに数えることができる。現代日本語は，「わたくし」「わたし」「あたくし」「あたし」「あたい」「あ（っ）し」「ぼく」「おれ」「おら」「おいら」「うち」「じぶん」など，自分自身を呼ぶのに使う表現が幅広いことを誇っている。このリストは，方言や歴史的用語を加えれば，容易に広げることが可能である。これらの表現は，話し手を指し示すだけでなく，文化背景やジェンダー，社会的な集団や地位，個人の距離など，使用の際に数多くのことを示唆する。それゆえ，一人称表現が，固定観念的な特徴と結びつくことにより，架空の人物の描写に一役買うこともできるのは当然である。

2　以降の段落では，どの一人称表現が日本の少女漫画の女性登場人物（つまり，若い女性を表す登場人物）の発話の中に現れているかを，ある漫画コーパスの分析を通じて詳しく示したい。その漫画コーパスは，漫画の読者層の間での調査結果に基づいて作られたものである。役割語は，漫画やアニメ，ライトノベルなどのさまざまな日本の人気メディアの中でよく使われている。それは，脇役たちを描き出し，そして結果的に，より詳しい微妙な差のある描写を必要とする主人公を際立たせるという無比の特徴を持っている。

3　収集された少女漫画に現れる10代の少女の人物に関して，テキストは，主人公，主要な登場人物，主要でない登場人物の3つの種類に分けられる。分析された少女漫画の中で，主人公は物語のヒロインで，主要な登場人物はだいたいが主人公にとっての親友や学校の友人の役割をしている。主要でないと分類される女性登場人物は主に背景に現れるクラスの友人や学校の友人であり，たいていの場合は，名前も付けられていない。

4　提示されたコーパスデータによると，標準的な日本語を話す女性の話し手が使う最も一般的な一人称表現である「わたし」が，一人を除いたすべての主人公について，自分自身を示す主要な手段である。主人公の話し方に比べると，主要な登場人物のデータは，自分自身への言及を表現するための単語が少しばかり変化に富んでいることを示している。このことは，自分自身を示すのに一番よく使われる形の「わたし」対「あたし」の割合だけでなく，個々の登場人物が使用する変化形にも当てはまる。非常に興味深いことに，「うちら」という複数形は，物語のヒロインの表現では極めて限られたケースにしか使われないが，主要な登場人物の発話にはより多く出てくるようなのである。しかし，上記の3つの形（「わたし」「あたし」「うちら」）以外には，他の自分自身を示す表現は，収集されたデータでは観察されなかった。また，そのデータは，主要でない登場人物に最も繰り返し出てくる一人称表現としては「わたし」という表現が広まっており，女性のカジュアルな表現である「あたし」が2番目によく出てくるということを示している。

5 どうやら，収集されたデータの登場人物の発話の中に見られる自分自身を示す用語には，種類があまり多くないという強い全体的傾向がありそうである。言い換えれば，少女漫画のそれぞれの登場人物は，たいていの場合，自分自身を示す表現は主要な1つしか使っていないのである。この傾向は，主人公の場合に最もよく見られるものである。コーパスに出てくる個々の一人称表現の全体数も比較的少なく，実際，最もよく使われているのは，「わたし」と「あたし」なのである。

6 使用されている表現の種類があまり多くない理由の一つは，少女漫画のストーリーの特性である。少女漫画の中の会話は，現実性から引き出された普通によく見かけられる特徴に従っているものである。そして，議論される話題は，登場人物の感情を含むことがよくある一方で，話し方は，10代の若者たちから期待されるように，カジュアルなままである。さらに言うと，新しい人物の出現や既存の人間関係の進展は，しばしば話の筋のカギとなる要素の一つである一方で，登場人物たちは，社会的距離をベースに考えると変化しないし，また，心理的距離をベースに考えても比較的変化しない。社会的格差があまりないことと相まって，このことが，例えば女性の「わたくし」のような，よりフォーマルな表現の使用を不必要なものにするのである。言葉遣いの切り替えはほとんど見当たらない。

解説

A. 役割語とは，ある特定の人物像を思い起こさせるような特定の言葉遣い，話し方のことである。具体的な内容については，第1段第1文（While the term *yakuwarigo* refers …）と同段第4文（Besides pointing out the speaker, …）を中心にまとめる。第1段第2文（Contemporary Japanese boasts …）から，役割語の中の自分を示す表現への説明にシフトしているので，第1文の the expressions … reference は一人称のこととしてまとめ，求められている字数に仕上げるとよいだろう。字数が足りなければ，同段最終文（It is no wonder …）の「役割語の一人称表現は固定観念的な特徴と結びつく」という内容を入れることも考えられる。初めて「役割語」という言葉を知った受験生には，その概要をつかむのはかなり難しかったのではないだろうか。

B. 第4段の内容に基づく内容真偽の問題である。1については，第4段第1文（According to the corpus data …）に，標準的な日本語で女性が使う最も一般的な一人称表現である「わたし」が，主人公が自分自身を示す主要な手段だと書かれており，本文内容と合っている。また，2については，第4段第2～4文（When compared to the speech … of major characters.）から，主人公ではない主要な登場人物の発話には，「わたし」「あたし」「うちら」が出てくることが読み取れるので，本文に合っている。また，4については，第4段第4文（Quite interestingly, a plural form *uchi-ra*, …）のはじめの部分に，「うちら」は，ヒロインの表現の中では極めて限られたケースにしか使われないことが書かれており，これも本文の内容に合っている。

しかし，3については，第4段最終文（And the data shows that …）に，主要でない登場人物でも，「わたし」という表現が一番多く，「あたし」が二番目であることが書かれており，「あたし」が一番ではないため，本文に合っていない。正解は，3である。

C. 下線部(イ)は「収集されたデータの登場人物の発話の中に見られる自分自身を示す用語には，種類があまり多くないという強い全体的傾向がありそうだ」という意味である。たいていの場合，その理由は，直後かあるいは少し離れて同じ段の中に書かれていることが多いが，この問題では次の段に書かれている。最終段第1文（One of the reasons …）に理由の1つ目，同段第3文（Moreover, while an appearance …）後半に理由の2つ目が書かれているが，その部分を答えるだけでは，求められている字数には足りない。1つ目の理由には同段第2文（The conversation in *shōjo manga* …）の内容を，2つ目の理由には同段最終2文（Together with the low …）の内容をそれぞれ加え，指定字数にまとめるとよいだろう。字数に余裕があれば，「よりフォーマルな表現が不要」な理由に，同段第4文（Together with the …）の「社会的格差があまりないこと」を足してもよい。overall「全体的な」 tendency「傾向」 self-reference「自己言及，自分のことをさし示すこと」 term「用語」

講評

例年どおり，全問記述式で，試験時間75分である。問題の構成も，読解問題2題のみで，2023年度と基本的には変わらない。論述に要求される字数も，全体では2023年度より少し増えてはいるが，例年とさほど変わらない。ただし，これまで出されていた英文和訳が出題されず，代わりに，2021年度と同様の計算問題に加え，新たに内容真偽が1問出題されている。

Ⅰは，今楽しむか，あるいは後の報酬等を期待して我慢するかの葛藤を題材にした文章で，2023年度より長い，700語を超える長文である。設問の内容は，主題の説明と，第4～6段をまとめる理由説明である。具体例がふんだんに盛り込まれ，さらにFirst，Second，Thirdというディスコース・マーカーが使われていて流れを読み取りやすいため，比較的解答はしやすいだろう。計算問題も難しいものではない。

Ⅱは，日本の少女漫画に使われている一人称表現の種類を題材にした文章で，2023年度よりは少し短いが，それでも650語程度の長文である。日本語学で使われる表現が出てくるが，この分野になじみのない受験生は，読み進めるのに少々とまどったかもしない。第2段のはじめに，それ以降の段に書かれる内容が提示してあるため，それを頭に置き，書かれている情報を整理しながら読み進めれば，展開が理解しやすいだろうし，内容真偽問題を含め，比較的容易に解答を見出すことができるであろう。

全体としては，75分の試験時間の割には，読む英文が長く，全体的な語彙レベルも比較的高い。英語の力に加え，内容に関する知識が必要なものもあるが，2題とも論説文なので，論説文の基本的な展開（Introduction→Body→Conclusion）を意識して読めば，決して難解なものではない。入学後に要求される力や知識に鑑みると，適切な話題と設問であると思われる。

日本史

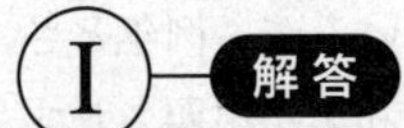

1—エ　2—ウ　3—エ　4—ア　5—イ　6—エ
7—イ　8—ウ　9—ア　10—イ

解説

《古代～現代の総合問題》

1. a．誤文。志賀島で発見された金印は，『後漢書』東夷伝に記された奴国の王が後漢の光武帝から授けられたものと考えられている。

b．誤文。倭の五王は父子関係だけでなく，倭王興を継いだ武のように兄弟で王位を継承している例がある。

2. a．誤文。若草伽藍跡の発見によって，法隆寺は7世紀後半に焼失し再建されたことが明らかになった。

b．正文。

3. a．誤文。藤原道長は3天皇の外戚となったが，その約50年にわたって摂政・関白の地位にあったのは，彼の子藤原頼通である。

b．誤文。『往生要集』は源信（恵心僧都）の著作である。

4. a・b．ともに正文。

5. a．正文。

b．誤文。刀狩令では没収した刀などは方広寺の大仏に使用するとしていた。

6. a．誤文。朱印状は廃止されず，朱印状に加えて老中奉書を有する奉書船だけに貿易を認めた。

b．誤文。慶賀使や謝恩使は琉球王国が江戸幕府に派遣した使節である。

7. a．正文。

b．誤文。水野忠邦の発した上知令では，江戸と大坂周辺の合わせて約50万石の地を直轄領にしようとした。

8. a．誤文。島津久光の要求によって行われた文久の改革では，徳川慶喜が将軍後見職，松平慶永が政事総裁職に就任した。

b．正文。

9. a・b．ともに正文。

10. a．正文。
b．誤文。「三種の神器」は白黒テレビ・電気洗濯機・電気冷蔵庫で，白黒テレビは現在ほとんど使われていない。

A. 1―ウ　2―エ　3―ウ　4―ア
B. 5―イ　6―エ　7―イ
C. 8―ウ　9―イ　10―イ

解説

《原始・古代の農耕と土地制度》

A. 1. ウが正しい。菜畑遺跡は佐賀県にある最も古い時期の水田遺構である。アの板付遺跡は福岡県，イの吉野ヶ里遺跡は佐賀県，エの荒神谷遺跡は島根県にある。

2. すべて誤文である。ア．誤文。擦文文化は漁労と狩猟を基盤としている。

イ．誤文。貝塚文化は南西諸島で独自に発展した食料採取文化であり，大森貝塚は東京都，加曽利貝塚は千葉県にある縄文文化の遺跡である。

ウ．誤文。オホーツク文化は北海道オホーツク海沿岸の漁労や狩猟に基礎をおく文化である。また，アラスカとの物資の流通は確認されていない。

3. ウ．正文。

ア・イ．ともに誤文。湿田は低湿地に営まれ，鉄製農具は不要だった。弥生初期には多かったと考えられるが，乾田に比べると生産性は低かった。

エ．誤文。牛馬耕が行われるようになったのは鎌倉時代である。

4. アが正しい。

イ．石包丁は穂首刈りで使用された。

ウ．竪杵は木臼とともに脱穀に使われた。

エ．扱箸は江戸時代の脱穀具である。

B. 5. イ．正文。

ア．誤文。延喜の荘園整理令は902年に発せられたが，藤原基経は9世紀の人物。

ウ．誤文。醍醐天皇在位中の902年に最後の班田が行われたが，源高明は醍醐天皇の子で969年の安和の変で失脚した人物である。

6. エ．誤文。受領の権限が強化されると，受領の勤務する国衙や居宅の館の役割は大きくなったが，地方支配の実務を担ってきた郡司の拠点である郡家（郡衙）の役割は衰えていった。

7. イ．正文。

ア．誤文。公出挙は租・調・庸に代わる税ではない。

ウ．誤文。負名は，受領から田地の耕作を請け負った有力農民である。

エ．誤文。徴税は受領の指揮下の郎党（郎等）たちによって実現され，郡司の役割は衰退した。

C．9. イ．正文。

ア．誤文。官省符荘は，太政官符や，徴税・民政一般を担当する民部省によって発行される民部省符によって，不輸の権を認められた荘園である。

ウ．誤文。検田使を派遣したのは国司である。

エ．誤文。加徴米は鎌倉時代の地頭の収益である。

10. イ．正文。

ア．誤文。郡司・郷司・保司は徴税を請け負っていた。

ウ．誤文。公領の耕作を請け負った有力農民（田堵）は名を割り当てられて負名と呼ばれた。後に，名に対する権限を強めて名主と呼ばれるようになった。

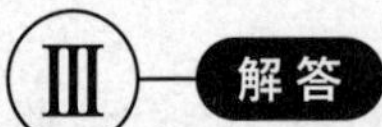

A．1—ウ　**2**—イ　**3**—エ　**4**—ア　**5**—エ
B．6—エ　**7**—イ　**8**—ア　**9**—イ　**10**—エ

解説

《加賀の一向一揆，不平士族の反乱》

A．1. ウが正しい。史料は『蔭凉軒日録』で，1488年の加賀の一向一揆に関する史料である。越前（現在の福井県）からの合力勢（援軍）がこの地に赴いていることから，空欄aは，越前の隣国加賀（賀州）での事件だと推測しよう。

2. イが正しい。「江州の御所」とは，当時江州（近江国）に出陣していた将軍足利義尚のことである。加賀の一向一揆が発生した時期の人物として他の3人は該当しないことからも判断できる。

3. エ．正文。空欄cに該当する語句は「富樫」である。加賀の一向一揆は，加賀国守護富樫政親と対立してその城を包囲し，滅亡させた。

4. ア．正文。史料の後半にある「越前の合力勢」は越前からの援軍をさすが，当時越前を支配していたのは守護代出身の朝倉氏であり，空欄 d は「朝倉」である。一乗谷は朝倉氏によって建設された城下町である。

5. エ．正文。(注) にあるように，使者を務めた瑞順西堂 (叔和西堂) は京都五山の相国寺の僧である。朝倉氏に援軍を派遣させるよう将軍から命令が出された際，使者として彼が選ばれ，彼は越前と将軍のいる近江を往来し折衝にあたったことが史料から読み取れる。

ア．誤文。守護富樫氏は一揆勢によって滅ぼされ，越前からの援軍によって一揆が鎮圧されることはなかった。

イ．誤文。史料Aの筆者は，6月9日には富樫氏の城は攻め滅ぼされたと6月25日に使者から聞いている。

ウ．誤文。一向一揆による加賀国の支配は約1世紀の間続いたが，この史料からは確認できない。

B．6. エが正しい。史料・視覚資料は1877年3月8日号『仮名読新聞』と同月15日出版の錦絵「士族の商法」である。史料の記事や錦絵が作成された1877年3月は，西南戦争中であり，西郷隆盛の拠点鹿児島と政府軍がたてこもった熊本城から1文字ずつとり，「熊鹿戦べい」と称したのである。

7. イ．正文。「瓦斯提邏」はカステラをもじっているが，巡査の制度が定められる前に警察官は邏卒と称されたことをふまえ，ランプをもって夜回りする巡査をさしている。巡査の大部分は士族で，多くの巡査が西南戦争に動員された。

ア．誤文。カステラはポルトガル語に語源があり，南蛮貿易によって伝えられた。

ウ．誤文。ガス供給事業が主要都市に普及するのは大正～昭和初期である。

8. ア．正文。

イ．誤文。咸臨丸の艦長として渡米したのは勝海舟である。

ウ．誤文。ノルマントン号事件では，日本人乗客は死亡したが，船長をはじめイギリス人乗組員は全員脱出したことから政治問題化し，条約改正の要求が強まった。

エ．誤文。モリソン号は異国船打払令によって浦賀・山川で撃退され，薪水の給与は受けず帰国した。

9. イが正しい。地方三新法の一つである郡区町村編制法は1878年に公布された。士族反乱や農民一揆が終息した後，明治政府は地方制度を確立するため，地方三新法を制定した。アは1875年，ウは1876年，エは1874年である。

10. エ．誤文。両史料は西南戦争を風刺しているが，商売に失敗する士族を揶揄してはいない。

ア．正文。錦絵では店の屋号「嶋屋」や店員の背中に「○に十字」の島津家の家紋があることから，西郷軍の背後に島津家がいることが読み取れる。

イ．正文。史料に「有兵党ようやく一万ばかり出来，値打ちなし大まけ大まけ」と記されて，有兵党（不平士族の反政府軍）が多数存在する一方，その敗北が予想されている。また，錦絵中の会話に「せけんのひやうばんはよろしくございません」とある。

ウ．正文。史料の「困弊盗」や「世間が騒々敷い」から，人びとの生活にも影響が出ていることが読み取れる。

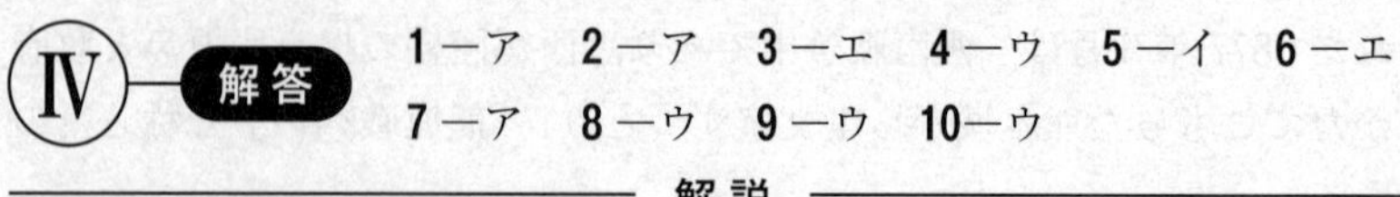
Ⅳ　解答
1—ア　**2**—ア　**3**—エ　**4**—ウ　**5**—イ　**6**—エ
7—ア　**8**—ウ　**9**—ウ　**10**—ウ

解説

《近・現代の政治と活字メディア》

1. アが正しい。工部省は鉄道・電信などを司り，殖産興業のための社会基盤整備を推進した。内務省が設置されると殖産興業政策推進の中心は内務省に移り，内務省は殖産興業のほか，地方制度・警察など広範囲の権限を有した。

2. アが正しい。東京・横浜間の電信線の実用化は1869年，官営の郵便事業開始は1871年，新橋・横浜間の官営鉄道敷設は1872年である。

3. エが正しい。③日本初の日刊紙『横浜毎日新聞』創刊は1870年，②『時事新報』に「脱亜論」が掲載されたのは1885年。朝鮮国内の親日派がクーデターに失敗した甲申事変に失望して書かれたと言われる。①新聞『日本』は陸羯南が大日本帝国憲法発布日（1889年2月11日）に創刊し，近代的民族主義の主張を展開した。

4. ウ．正文。

ア．誤文。民権派政社の全国組織は愛国社である。立志社は高知県の地方政社。

イ．誤文。大隈重信が結成したのは立憲改進党である。

エ．誤文。松方財政によるデフレ政策によって米価・繭価が下落して農村が疲弊し，地主層が自由民権運動から離れていった。

5． イが正しい。新聞紙条例は愛国社結成直後の 1875 年に讒謗律とともに制定された。集会条例は 1880 年，国会期成同盟結成で高まった自由民権運動弾圧のため制定された。また，保安条例は三大事件建白運動の高まりに対して 1887 年制定された。

6． エ．正文。

ア．誤文。『読売新聞』が発行部数を増加させたのは昭和期である。大正期に発行部数が 100 万部を超えたのは『毎日新聞』と『朝日新聞』であった。

イ．誤文。雑誌『太陽』は明治期の 1895 年に発刊され，近代的民族主義の主張を展開した。

ウ．誤文。テレビの放送開始は第二次世界大戦後の 1953 年である。

7． ア．正文。

イ．誤文。野呂栄太郎は『日本資本主義発達史講座』編集に携わった講座派のマルクス主義経済学者である。

ウ．誤文。大川周明は右翼指導者で昭和期の軍部に影響を与えた。

エ．誤文。平塚らいてうが発行した雑誌は『青鞜』である。

8． ウが誤り。『俘虜記』は大岡昇平が捕虜体験をもとに戦後書いた小説で，総力戦体制下での統制を受けてはいない。

ア．津田左右吉の著作は古代史の科学的解明が皇室の尊厳を冒すとして発行禁止となった。

イ．『生きてゐる兵隊』は南京攻略に向かう日本軍の実態などを描いて発売禁止となった。

エ．『細雪』は太平洋戦争中の時局にふさわしくないとする軍部の圧力で連載が中止された。

9． ウ．誤文。GHQ の人権指令に対して，その実施は不可能だとして総辞職したのは東久邇宮稔彦内閣であった。

10． ウ．正文。

ア．誤文。インドは条約案への不満からサンフランシスコ講和会議に出席しなかった。

イ．誤文。サンフランシスコ平和条約締結の交渉にあたったのはアメリカのダレス外交顧問である。

エ．誤文。日米安全保障条約はサンフランシスコ平和条約と同時に国会で承認され，1952年4月に発効した。

講評

原始から現代まで，幅広い時代・分野から出題されている。時代別には近代・現代が小問の約半数を占め，近世が比較的少なかった。分野別には政治史や社会経済史からの出題が多かった。基本的な事項をもとに解答できる設問もあり，基礎的な理解を確実にしておく必要がある。

Ⅰ　例年出題されている2文の正誤判定問題である。設問のなかには詳細な事項もあり，丁寧に読んで判定していきたい。

Ⅱ　Aは弥生時代の農耕文化を中心とした設問，B・Cは平安時代後半の地方支配の変化や荘園に関する設問となっている。4択の選択問題がほとんどで，3択の小問もすべて誤りならばエと答える形式であり，正誤の判断を確実に行える知識が求められる。

Ⅲ　Aは加賀の一向一揆，Bは西南戦争に関する史料・視覚資料に関連した設問である。いずれも教科書などに掲載されている資料であるが，空欄の部分もあり，加賀の一向一揆の史料とわかるまで戸惑ったかもしれない。教科書や史料集を使って史料をよく読んでおく必要があろう。史料から読み取れること，読み取れないことを判断させる小問もあり，史料にしたがって考察する習慣が求められる。

Ⅳ　近現代の活字メディアを通じて，政治・社会・文化に関しての設問である。年代配列問題が3問あり，いずれも近接した時期の同分野の事項である。政治・社会の動きと関連づけて理解したうえで解答できるようにしたい。

世界史

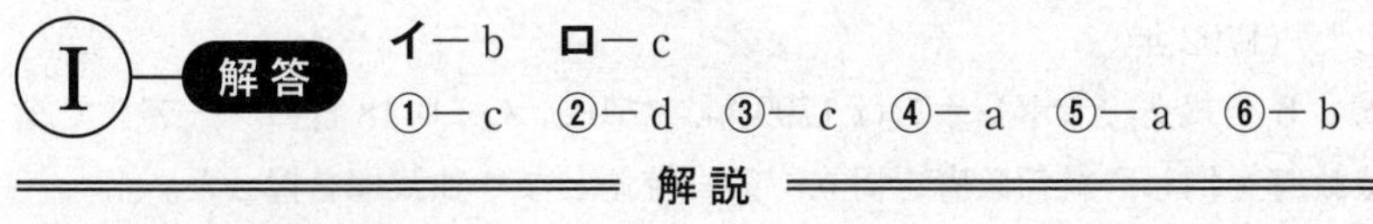
I　解答
イ—b　ロ—c
①—c　②—d　③—c　④—a　⑤—a　⑥—b

解説

《西ヨーロッパ中世社会》

①　c．誤文。農奴は領主から結婚税や死亡税を納める義務を課されており，自由は制限されていた。

②　d．誤文。封建的主従関係は個人間の契約であったが，一代限りのものから次第に世襲されるようになった。

③　c．誤文。ノーフォーク農法が始まったのは18世紀前半である。この農法は農地を4つに分け，大麦・クローヴァー・小麦・カブを植え，4年で一巡する四輪作法。中世ヨーロッパでは11世紀頃からdに述べられている三圃制が普及し，農業生産力が向上した。

④　a．誤文。イギリスは毛織物産業のさかんなフランドル地方に羊毛を輸出した。

⑥　b．誤文。商人ギルドは自由競争を禁止し，商品の価格を規制して市場を独占した。

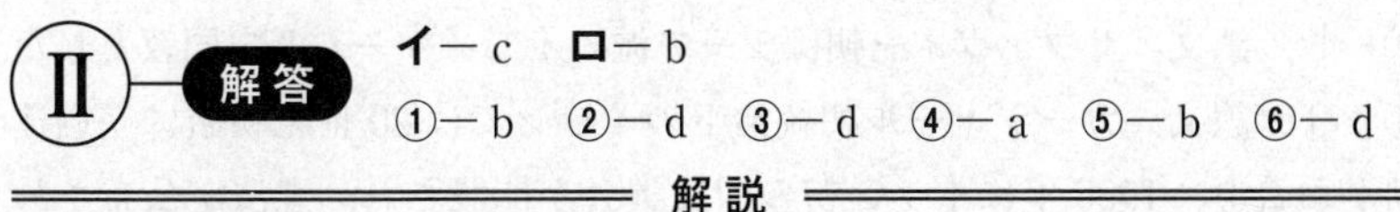
II　解答
イ—c　ロ—b
①—b　②—d　③—d　④—a　⑤—b　⑥—d

解説

《近世から近代のフランス文化》

①　b．誤文。スウィフトは『ガリヴァー旅行記』の著者。『ロビンソン=クルーソー』はデフォーの小説。いずれも航海や植民活動がさかんであった18世紀イギリスの状況を背景に書かれた小説である。

②　d．誤文。七年戦争とフレンチ=インディアン戦争終結時に結ばれた1763年のパリ条約で，フランスがイギリスに割譲したのはカナダとミシシッピ川以東のルイジアナである。ハドソン湾地方は，スペイン継承戦争終結の際に結ばれたユトレヒト条約（1713年）でニューファンドランド

とともにイギリスに割譲された。

③　d．誤文。ルイ 16 世の処刑が決定されたのは国民公会における裁判である。

④　a．誤文。立法議会で成立したジロンド派内閣がオーストリアに宣戦した（1792 年）。

⑤　b．誤文。ナポレオンは 1799 年，ブリュメール 18 日のクーデタで総裁政府を倒し，統領政府を樹立，第一統領となり独裁権を握った。

⑥　d．誤文。シャルル 10 世の反動政治に対し，1830 年，七月革命がおこり，オルレアン家のルイ=フィリップが王位に就いて七月王政が成立した。六月蜂起は，1848 年の二月革命後に行われた男性普通選挙で社会主義者が大敗し，穏健共和派による政府が成立したことに反発したパリの労働者がおこした蜂起。

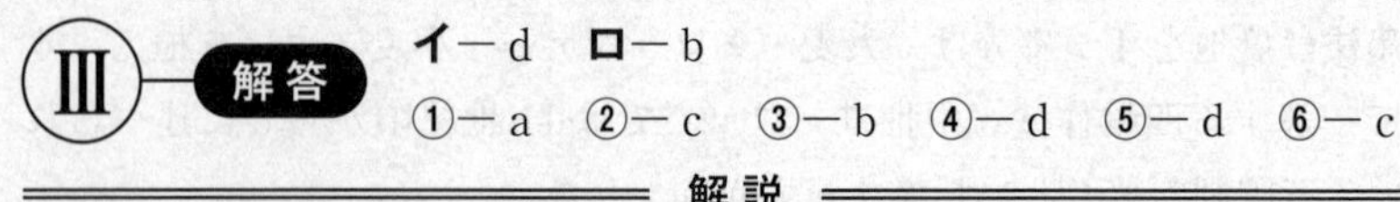

Ⅲ　解答　イ－d　ロ－b

①－a　②－c　③－b　④－d　⑤－d　⑥－c

解説

《ムガル帝国の衰退》

①　a．誤文。バーブルがパーニーパットの戦いで破ったのは，デリー=スルタン朝最後のロディー朝である。

②　c．誤文。イギリスは第 1 次アフガン戦争で敗北，第 2 次アフガン戦争でアフガニスタンを保護国とした。

③　b．誤文。サファヴィー朝はシーア派の十二イマーム派を国教とした。

④　d．誤文。カージャール朝統治下のイランでは 20 世紀初頭に立憲運動がおこり，1906 年にイラン初の国民議会が開設され，憲法が公布された（立憲革命）。白色革命は 1963 年から国王パフレヴィー 2 世の主導で推進された，アメリカを後ろ盾とした経済・社会の近代化。

⑤　d．誤文。ナーナクは 16 世紀初頭にシク教を創始した。その後，パンジャーブ地方に勢力をひろげ，ランジット=シングが 1799 年にシク王国を建てた。

⑥　c．誤文。イギリス東インド会社は，ベンガル管区で領主層（ザミンダール）に土地所有権を与えて納税させるザミンダーリー制を施行した。マドラス・ボンベイ管区では農民（ライヤット）に土地所有権を認めて直

接地税を徴収するライヤットワーリー制を実施した。

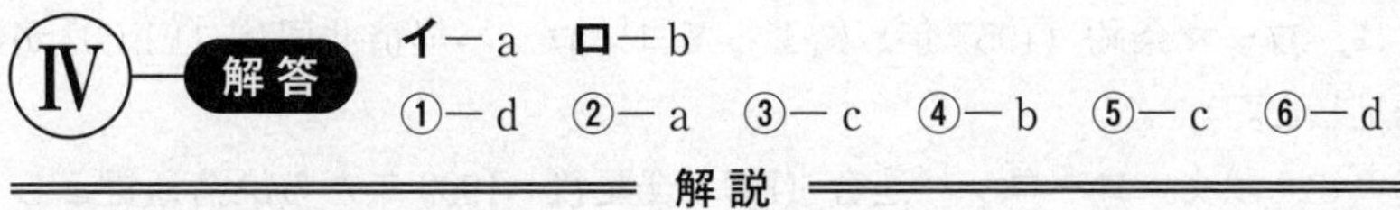

イ－a　ロ－b
①－d　②－a　③－c　④－b　⑤－c　⑥－d

解説

《宋代から明代の社会経済》

①　d．誤文。宋代に茶の栽培がさかんとなったのは江南地方である。

②　a．誤文。商業活動が特定の地区に限定されていたのは唐代。

③　c．誤文。元で流通したのは銀との兌換紙幣である交鈔。牌符は政府が発行した通行証。

④　b．誤文。小作農は佃戸。官戸は官僚の家のこと。

⑤　c．誤文。小作料をめぐる佃戸による地主への不払い運動は抗租と呼ばれる。抗糧は，清代に国家が土地所有者に課す税の減免を求めて行われた，地方政府に対する抵抗運動のことである。

⑥　d．誤文。顧憲成は士大夫を中心とした政治集団である東林派の指導者で，乱れた政治や社会を批判した。明朝の復興を目指した学者は顧炎武である。

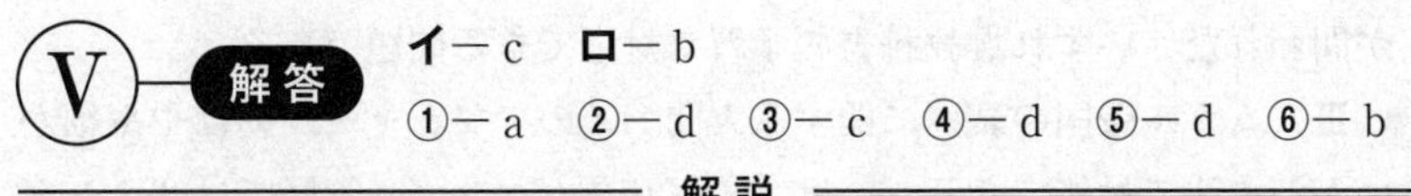

イ－c　ロ－b
①－a　②－d　③－c　④－d　⑤－d　⑥－b

解説

《ヨーロッパ統合》

①　a．誤文。ピカソは立体派（キュビズム）を代表する画家である。キュビズムは20世紀初頭から始まった運動で，自然を円筒や球などの立体として表現する芸術運動。なお，原色を奔放に用いて表現するフォーヴィズム（野獣派）を代表する画家はマティス。

②　d．誤文。コミンフォルムから除名されたのは，ティトーの指導下，ソ連から距離をおき自主的路線をとったユーゴスラヴィアである。

③　c．誤文。西ドイツはパリ協定（1954年）で主権を回復し，翌年NATOに加盟した。その後，東方外交や東西ドイツ基本条約（1972年）など東方諸条約締結により，東ドイツとともに国際連合に加盟した（1973年）。

④　d．誤文。マーストリヒト条約（1992年）によって発足したのはヨーロッパ連合（EU）である。ヨーロッパ石炭鉄鋼共同体（ECSC）を基礎に，ローマ条約（1957年）によってヨーロッパ経済共同体（EEC）が発足した。

⑤　d．誤文。ヨーロッパ連合（EU）発足後，1999年から決済通貨としてユーロが発行され，2002年から一般市民の取引にもユーロが導入された。

⑥　b．誤文。保守党のサッチャー政権は，社会保障費の削減や，市場での競争を重視する政策をとり，国有企業の民営化などを進める「小さな政府」の実現を目指した。なお，このような「小さな政府」の実現を目指す思想を新自由主義といい，1980年代にアメリカのレーガン政権も同様の政策をとった。

講評

Ⅰ　西ヨーロッパ中世の封建社会と社会経済に関する大問。空所補充，誤文選択問題ともに標準的なレベルの問題である。

Ⅱ　近世から近代のフランス文化をリード文に，これに関連する事項が問われた。いずれも教科書の学習で対応できる問題である。

Ⅲ　ムガル帝国の衰退に関する大問。イのアフシャール朝はやや細かいが消去法で対処できる。⑥は，イギリスがベンガル管区ではザミンダーリー制を実施したことを押さえておきたい。

Ⅳ　宋代から明代の社会経済に関する大問。⑤の抗糧はやや難。抗租が佃戸による小作料不払い運動であることを押さえておこう。

Ⅴ　ヨーロッパの統合に関する大問。空所補充，誤文選択問題とも標準的なレベルの問題である。

すべての大問が空所補充2問，下線部に関する設問6問で構成されており，下線部に関する設問はすべて誤文選択問題である。誤文選択はほぼ教科書の学習で対応できる内容であるが，選択肢のなかにやや細かい事項が含まれている。

地理

I 解答

(1)―b　(2)―a　(3)―d　(4)―c　(5)―b　(6)―c
(7)―b　(8)―b

解説

《オセアニアの地誌》

(1)　東京の経度は東経140度くらいなので，Xの東経140度線が最も近い。

(2)　ハイサーグラフは夏少雨冬多雨の地中海性気候（Cs）を示している。地中海性気候は中緯度の大陸西岸に分布するので，都市A（パース）に対応する。

(3)　d．誤文。Pのグレートアーテジアン盆地は雨が少ない乾燥地域なので，小麦栽培には適していない。主に牧羊地域となっている。

(4)　オーストラリアで最も早くヨーロッパ人が入植したのは，都市D（シドニー）である。

(5)　b．正文。イはニューカレドニア島でニッケル鉱の産地である。

a．誤文。アはソロモン諸島のガダルカナル島で，メラネシアに属する。

c．誤文。ウのタスマニア島の北岸はバス海峡に面する。クック海峡はニュージーランドの北島と南島の間の海峡。

d．誤文。エのニュージーランド南島は西側より東側で牧羊が盛んである。

(6)　▲は北部の熱帯に多いのでボーキサイト，△は古期造山帯のグレートディヴァイディング山脈沿いに多いので石炭である。

(7)　b．誤文。アボリジニの人口はヨーロッパ人の入植後減少したが，その後は徐々に回復している。

(8)　b．誤文。日本のワーキングホリデー制度は，まずオーストラリアのみを相手国として始まった。

Ⅱ 解答

(1)—b (2)—c (3)—d (4)—b (5)—a (6)—b (7)—d (8)—d

解説

《東アジアの地誌》

(1) 西部の都市ア（ウルムチ）は高緯度の乾燥気候なので冬寒冷で年降水量の少ないX，南部のユンコイ（雲貴）高原にある都市ウ（クンミン（昆明））は冬温暖で夏涼しいZ，残る都市カ（ペキン（北京））はYである。

(2) 65歳以上人口の割合が最も高いaは日本，合計特殊出生率が最も低いbは韓国，乳児死亡率が最も高いdはモンゴルで，残りのcが中国である。

(3) d．誤文。都市キはシャンハイ（上海）であり，首都のペキンよりも人口が多い。都市イはラサ，エはホンコン（香港），オはウーハン（武漢）。

(4) b．誤文。台湾の政治経済の中心都市はタイペイ（台北）で，島の北端付近に位置する。

(5) a．誤文。長江流域は年降水量が多いので砂漠化は見られない。

(6) 中国の最大の輸出相手国であるaはアメリカ合衆国，日本に次ぐ輸入相手国であるbは韓国，輸出よりも輸入の順位で上位にあるdは資源の輸入先であるオーストラリア，残りのcはドイツである。

(7) 電気自動車の比率が最も高く，2019年のGDPあたりCO_2排出量が少ないaは環境対策に熱心なドイツ，1990年のGDPあたりCO_2排出量が最も多かったbは環境対策が遅れていた中国，1990年，2019年とも他の先進諸国よりもGDPあたりCO_2排出量が多いcはアメリカ合衆国で，1990年ですでにGDPあたりCO_2排出量が低く，電気自動車の比率が最も低いdが日本である。

(8) d．誤文。モンゴルではイスラム教徒の比率は約5％で，チベット仏教の信者の比率が約23％である（2005年）。

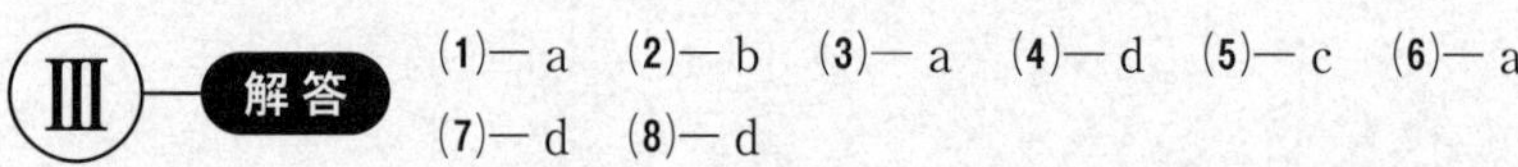

Ⅲ 解答

(1)—a (2)—b (3)—a (4)—d (5)—c (6)—a (7)—d (8)—d

解説

《工　業》

(1) a．誤文。産業革命後はマニュファクチュアから工場制機械工業に代わった。

(2)　b．誤文。半導体の生産部門に特化した企業はEMSと呼ばれる。

(3)　a．誤文。垂直貿易は，途上国からは一次産品が，先進国からは最終製品が輸出される貿易のことである。

(4)　d．誤文。自動車のノックダウン輸出とは，部品一式を輸出して現地で組み立てるものである。

(5)　1980年の生産台数が少なかったbとcがインドと韓国のいずれかで，bよりも先に生産台数が増えたcが韓国である。aはドイツ，bはインド，dはフランスである。

(6)　b．誤文。タラントには南部開発のために建設された港湾立地型の製鉄所がある。

c．誤文。韓国よりも日本の粗鋼生産量が多い（2021年）。

d．誤文。中国の鉄鋼輸入量は世界最大であるが，1人あたりの消費量は韓国の方が多い（2020年）。

(7)　知的財産使用料の輸出額が輸入額よりも多いaとbは先進国でaはアメリカ合衆国，bは日本である。輸入額の方が多いcとdのうち，輸入額が非常に多いdが中国，残りのcがシンガポールである。

(8)　静岡県や愛媛県が含まれるaはパルプ・紙・紙加工品，自動車工業の発達している愛知県，静岡県，広島県などが含まれるbは輸送用機械器具，首都圏と大阪府など大都市圏の都府県が上位のcは印刷・印刷関連業で，残りのdが繊維工業である。

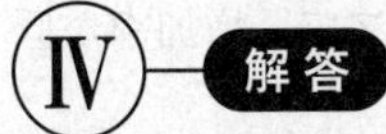

(1)―c　(2)―d　(3)―a　(4)―d　(5)―a　(6)―b　(7)―a　(8)―a

解説

《地形図の読図と地理情報》

(1)　沿岸に隠顕岩の記号はあるが干潟は見られない。地図南部を流れる河川の河口付近は砂州と考えられる。

(2)　図1の市街地北部にあった病院が図2ではなくなっている。

(3)　縮尺が2万5千分の1地形図なので約3cmは約750m，イ付近の住宅地の南側に50mの計曲線があるので，アとイの標高差は約50mである。

(4)　d．誤文。の地図記号が防潮堤であり，図2でも川向付近の防潮堤の下を道路が通過している。

(5)　自然災害伝承碑の記号は2019年，老人ホームの記号は2006年に新設された。工場の地図記号は2013年に廃止されている。

(6)　b．誤文。都市計画図は特定の事象を示した地図なので主題図である。

(7)　イドリーシーの世界図は12世紀，伊能忠敬の日本図は19世紀，マルティン=ベハイムの地球儀は15世紀，メルカトルの地図は16世紀。

(8)　シドニーとサンフランシスコの時差は18時間であるが，オーストラリアではサマータイムで1時間進んでいるので，時差は19時間となる。サンフランシスコ到着時刻は，出発時刻の2月1日午前9時に飛行時間の15時間を加え，時差の19時間を引いて，2月1日午前5時となる。

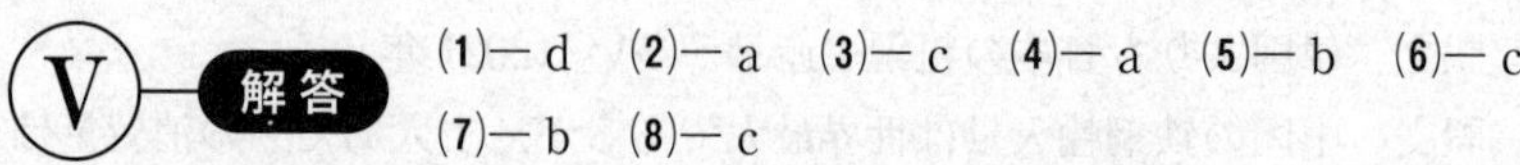

V　解答　(1)—d　(2)—a　(3)—c　(4)—a　(5)—b　(6)—c　(7)—b　(8)—c

解説

《村落と都市》

(1)　a．誤文。林地村は路村の一種である。

b．誤文。タウンシップ制の1セクションは1マイル四方の区画である。

c．誤文。条里制に基づく村は集村である。

(2)　a．誤文。複数の都市が連続した都市域をコナーベーションという。

(3)　早くから都市人口割合が高いaとbは先進国のオーストラリアと日本のいずれかで，日本は2000年以降の市町村合併により都市人口割合がきわめて高くなったためbで，aはオーストラリアである。cとdのうち都市人口割合の増加率が高いdが発展途上国のアルジェリアで，増加率が低いcはポーランドである。

(4)　どのモデルでも中心部にある1はCBD（中心業務地区），その周辺の2は卸売業・軽工業地区，郊外の5は高級住宅地区である。

(5)　aは城下町，cは宿場町，dは門前町の例である。

(6)　過疎地域の面積は国土の63.2％を占める（2020年）。

(7)　b．誤文。ラ・デファンスはパリの郊外に新しく建設された副都心である。

(8)　c．誤文。2024年3月現在，マニラには地下鉄はないし，環境対策として地下鉄が運行という記述もおかしい。

講評

Ⅰ　オセアニアの地誌問題で，気候，入植の歴史，鉱産資源，先住民，国際関係などが問われた。(7)・(8)は正誤の判断がやや難しい。

Ⅱ　東アジアの地誌問題で，気候，人口，環境問題，貿易，宗教などが問われた。誤文選択は誤りの箇所が明瞭で答えやすい。

Ⅲ　工業に関する問題で，知的財産使用料の貿易額やファブレス企業のような新しい語句も問われたが，いずれも基本的な問いである。

Ⅳ　地形図の読図と地理情報についての問題で，読図そのものは易しいが，(5)の新設・廃止された地図記号や(7)の地図の歴史はやや難しい。

Ⅴ　村落と都市についての問題で，基本的な問題が多い。(5)の寺内町の例，(6)の過疎地域の面積割合などはやや細かい知識問題である。

数 学

1 解答

(1)ア. $5\sqrt{2}$ イ. $3\sqrt{3}$ ウ. $\dfrac{3}{2}$ エ. $\dfrac{5\sqrt{2}}{2}$

(2)オ. $\dfrac{1}{20}$ カ. $\dfrac{9}{20}$ キ. $\dfrac{9}{10}$

解説

《四面体の体積，カードと条件付き確率》

(1) (i) $0°<\angle BAC<180°$ より，$\sin\angle BAC>0$ であるから

$$\sin\angle BAC=\sqrt{1-\cos^2\angle BAC}=\sqrt{1-\left(\frac{1}{3}\right)^2}=\frac{2\sqrt{2}}{3}$$

よって，$\triangle ABC$ の面積を S とすると

$$S=\frac{1}{2}\cdot AB\cdot AC\cdot\sin\angle BAC=\frac{1}{2}\cdot3\cdot5\cdot\frac{2\sqrt{2}}{3}=5\sqrt{2}\quad(\to ア)$$

また，$\triangle ABC$ で余弦定理により

$$BC^2=AB^2+AC^2-2\cdot AB\cdot AC\cos\angle BAC$$
$$=3^2+5^2-2\cdot3\cdot5\cdot\frac{1}{3}=24$$

$BC>0$ であるから　　$BC=\sqrt{24}=2\sqrt{6}$

$\triangle ABC$ の外接円の半径を R とおき，正弦定理により

$$\frac{BC}{\sin\angle BAC}=2R$$

$$2R=2\sqrt{6}\cdot\frac{3}{2\sqrt{2}}=3\sqrt{3}$$

よって，$\triangle ABC$ の外接円の直径は $3\sqrt{3}$ である。（→イ）

(ii) 頂点Oから平面 ABC に垂線 OH を下ろすと，$OA=OB=OC$ より $\triangle OAH\equiv\triangle OBH\equiv\triangle OCH$ であるから　　$AH=BH=CH$

よって，点Hは$\triangle ABC$ の外心Dに一致する。

$\triangle OAD$ は直角三角形であるから，三平方の定理により

$$OD=\sqrt{OA^2-AD^2}$$

$$=\sqrt{3^2-\left(\frac{3\sqrt{3}}{2}\right)^2}=\frac{3}{2}\quad(\to ウ)$$

よって，四面体OABCの体積をVとすると

$$V=\frac{1}{3}\cdot S\cdot \mathrm{OD}$$

$$=\frac{1}{3}\cdot 5\sqrt{2}\cdot\frac{3}{2}=\frac{5\sqrt{2}}{2}\quad(\to エ)$$

(2)　6枚のカードから3枚のカードを取り出す組合せの総数は${}_6C_3=20$通りであり

(i)　$X=0$となるのは，取り出した3枚のカードが（1，1，1）の1通りであるから，その確率は$\frac{1}{20}$である。（→オ）

(ii)　$X=2$となるのは，取り出した3枚のカードの組合せが（1，1，3），（1，2，3）の場合で，それぞれ

$${}_3C_2\cdot 1=3\text{ 通り},\ {}_3C_1\cdot {}_2C_1\cdot 1=6\text{ 通り}$$

であるから，その確率は

$$\frac{3+6}{20}=\frac{9}{20}\quad(\to カ)$$

(iii)　$X=1$である事象をA，1のカードを取り出す事象をBとすると，$X=1$であったとき，1のカードを取り出している条件付き確率は$P_A(B)$である。

$X=1$となるのは，取り出した3枚のカードの組合せが（1，1，2），（1，2，2），（2，2，3）のいずれかの場合で，それぞれ

$${}_3C_2\cdot {}_2C_1=6\text{ 通り},\ {}_3C_1\cdot {}_2C_2=3\text{ 通り},\ {}_2C_2\cdot 1=1\text{ 通り}$$

であるから

$$P(A)=\frac{6+3+1}{20}=\frac{10}{20}$$

このうち，1のカードを取り出している確率$P(A\cap B)$は

$$P(A\cap B)=\frac{6+3}{20}=\frac{9}{20}$$

よって，求める条件付き確率は

$$P_A(B)=\frac{P(A\cap B)}{P(A)}=\frac{9}{20}\div\frac{10}{20}=\frac{9}{10}\quad(\to キ)$$

2　解答

(1)ア．-3　イ．$x^2-ax+a+1$

ウ．$2-2\sqrt{2}<a<2+2\sqrt{2}$　エ．-3

(2)オ．$3n-6$　カ．$30n-15$　キ．12300

解説

《解と係数の関係，等差数列の一般項と和》

(1)　(i)　方程式①を a について整理すると

$$x^3-(a-3)x^2-(2a-1)x+3a+3=0$$
$$(x^2+2x-3)a-(x^3+3x^2+x+3)=0$$

これが a の値にかかわらず成り立つとき

$$x^2+2x-3=0 \quad \text{かつ} \quad x^3+3x^2+x+3=0$$

すなわち

$$(x+3)(x-1)=0 \quad \text{かつ} \quad (x+3)(x^2+1)=0$$

よって，$x=-3$ を解にもつ。

(→ア)

①の左辺を $x-(-3)=x+3$ で割ると，右の計算から，商は $x^2-ax+a+1$ である。（→イ）

$$\begin{array}{r} x^2 \quad -ax \quad +a+1 \\ x+3\,\overline{)\,x^3-(a-3)x^2-(2a-1)x+3a+3} \\ \underline{x^3+\quad 3x^2 \qquad\qquad\qquad} \\ -ax^2-(2a-1)x \qquad \\ \underline{-ax^2-\quad 3ax \qquad} \\ (a+1)x+3a+3 \\ \underline{(a+1)x+3a+3} \\ 0 \end{array}$$

(ii)　(i)より，方程式①を変形すると

$$(x+3)(x^2-ax+a+1)=0$$

2次方程式 $x^2-ax+a+1=0$ の判別式を D とすると，方程式①が虚数解 α, β をもつとき，$D<0$ であるから

$$D=(-a)^2-4\cdot 1\cdot (a+1)$$
$$=a^2-4a-4$$

$a^2-4a-4<0$ より　　$2-2\sqrt{2}<a<2+2\sqrt{2}$　(→ウ)

a がこの範囲を動くとき，解と係数の関係から

$$\alpha+\beta=a,\ \alpha\beta=a+1$$
$$\alpha^2+\beta^2=(\alpha+\beta)^2-2\alpha\beta=a^2-2(a+1)=(a-1)^2-3$$

よって，$\alpha^2+\beta^2$ の最小値は $a=1$ のとき -3 である。($2-2\sqrt{2}<a<2+2\sqrt{2}$ を満たす)　(→エ)

(2)　(i)　等差数列 $\{a_n\}$ の公差を d とすると，$a_2=-3+d$，$a_4=-3+3d$ より

$$2a_2+a_4=6$$

$$2(-3+d)+(-3+3d)=6 \qquad \therefore\ \ d=3$$

よって，数列 $\{a_n\}$ の一般項は

$$a_n=-3+(n-1)\cdot 3=3n-6 \quad (\to オ)$$

数列 $\{a_n\}$ の項のうち一の位が5であるものは，$a_n=3n-6=3(n-2)$ より，$n-2$ が5の倍数かつ奇数であるから，l を自然数として

$$n-2=5(2l-1) \qquad n=10l-3$$

と表せ，これを小さい順に並べてできる数列 $\{b_n\}$ は a_7, a_{17}, a_{27}, …となり，一般項は

$$b_n=a_{10n-3}$$
$$=3(10n-3)-6=30n-15 \quad (\to カ)$$

(ii) $\displaystyle\sum_{k=1}^{20} b_{2k}=\sum_{k=1}^{20}(30\cdot 2k-15)$

$$=60\cdot\frac{1}{2}\cdot 20\cdot 21-15\cdot 20=12300 \quad (\to キ)$$

3 解答

$f(x)=x(|x|-1)$

$$=\begin{cases} x(x-1)=x^2-x=\left(x-\frac{1}{2}\right)^2-\frac{1}{4} & (x\geqq 0) \\ -x(x+1)=-x^2-x=-\left(x+\frac{1}{2}\right)^2+\frac{1}{4} & (x\leqq 0) \end{cases}$$

(1) グラフは右図のようになるから，

$x\geqq 0$ における $f(x)$ の最小値 m は

$$m=-\frac{1}{4} \quad \cdots\cdots(答)$$

$x\leqq 0$ における $f(x)$ の最大値 M は

$$M=\frac{1}{4} \quad \cdots\cdots(答)$$

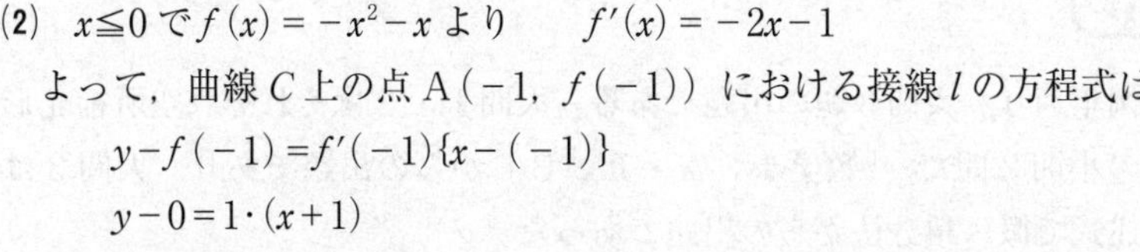

(2) $x\leqq 0$ で $f(x)=-x^2-x$ より $\qquad f'(x)=-2x-1$

よって，曲線 C 上の点 $\mathrm{A}(-1,\ f(-1))$ における接線 l の方程式は

$$y-f(-1)=f'(-1)\{x-(-1)\}$$
$$y-0=1\cdot(x+1)$$
$$\therefore\ \ y=x+1 \quad \cdots\cdots(答)$$

また，接線 l と曲線 C の $x\geqq 0$ における共有点の x 座標は

$$x^2-x=x+1 \qquad x^2-2x-1=0 \qquad \therefore\ x=1\pm\sqrt{2}$$

$x\geqq 0$ より　$x=1+\sqrt{2}$

よって，A以外の共有点Bの x 座標は $1+\sqrt{2}$ である。……(答)

(3)　(2)より，グラフは右図のようになるから

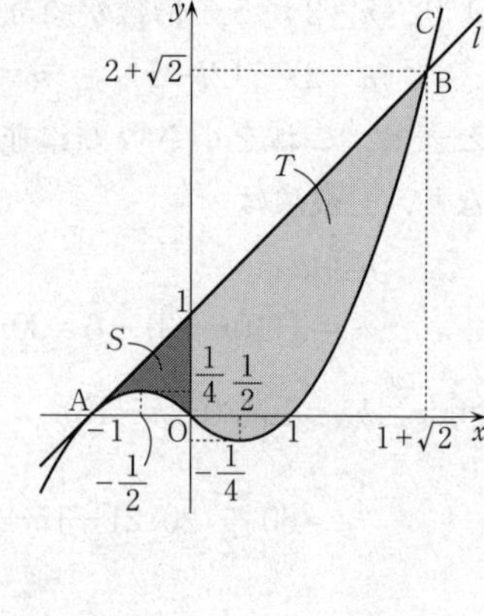

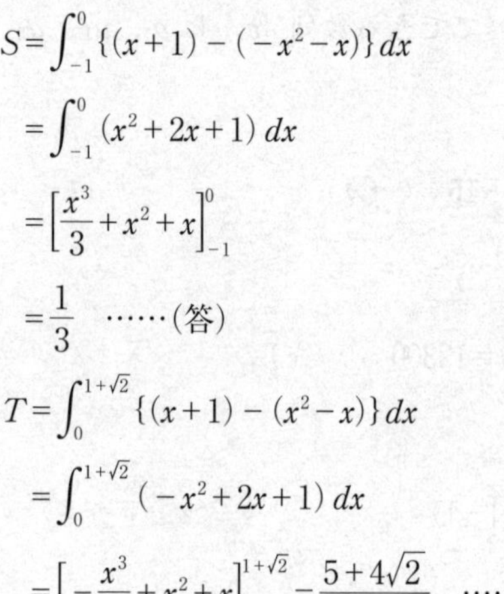

$$S=\int_{-1}^{0}\{(x+1)-(-x^2-x)\}\,dx$$

$$=\int_{-1}^{0}(x^2+2x+1)\,dx$$

$$=\left[\frac{x^3}{3}+x^2+x\right]_{-1}^{0}$$

$$=\frac{1}{3}\quad\cdots\cdots(答)$$

$$T=\int_{0}^{1+\sqrt{2}}\{(x+1)-(x^2-x)\}\,dx$$

$$=\int_{0}^{1+\sqrt{2}}(-x^2+2x+1)\,dx$$

$$=\left[-\frac{x^3}{3}+x^2+x\right]_{0}^{1+\sqrt{2}}=\frac{5+4\sqrt{2}}{3}\quad\cdots\cdots(答)$$

解説

《絶対値を含む関数のグラフと接線で囲まれた部分の面積》

(1)　$x\geqq 0$ と $x\leqq 0$ で場合分けをすることで絶対値記号を外し，それぞれの区間で最小値 m，最大値 M を求める。

(3)　(2)で求めた接線 l と曲線 C の共有点Bから，面積を求める図形を図示することがポイントである。曲線 C が $x\leqq 0$ と $x\geqq 0$ で関数が変わることに注意して，積分法により面積 S，T を求める。

講評

例年通り，大問３題の出題である。大問１・２はそれぞれ空所補充形式の小問２問で，「数学Ⅰ・A・Ⅱ・B」からの出題であり，大問３は記述式で微・積分法からの出題であった。

1　(1)は図形と計量の典型的な問題であり，後半の図形の対称性に気

付くかどうかで差がついただろう。(2)は条件付き確率の考え方を理解しているかが問われている。数え上げる際にもれや重複がないよう注意したい。

2　(1)は高次方程式の問題である。恒等式の性質から3次方程式の解が1つわかり，2次方程式の解と係数の関係を利用して誘導に沿って進めばよい。(2)は等差数列と整数の性質の融合問題である。数列 $\{b_n\}$ の規則性を見つけることができるかがポイントである。

3　曲線と直線で囲まれた図形の面積は頻出問題である。絶対値を含む関数を苦手とする受験生は多いが，本問は $x\geqq 0$ と $x\leqq 0$ で分けて考えるよう誘導してくれているので解きやすかっただろう。

全体的に典型問題，頻出問題で構成され，幅広い分野の基礎力を問う内容であるから，日頃の学習成果が十分表れるだろう。教科書に出てくる用語の意味や基礎知識，公式を正しく使えるように演習しておこう。

たくわからないといった難解さではない。設問は例年通り平易で、曖昧な選択肢もなく、「踵を継ぎ」「たなごころ」といった見慣れない語句も文脈から正解を選べるものである。ただし、空所補充の「星霜」「おくり」など、ある程度の語彙力が要求される設問は正答率が低いであろう。

ハ、法皇は「厄難を救はせたまはん事」を願っており、それに対して権現は「神力も及ばず」「力及ばざる事なり」と告げている。
ニ、法皇が巫女の左手の動作を見た後に、「御夢想に御覧ぜられつるに少しも違はねば、『真実の御託宣よ』と思し召され」とある。
ホ、法皇は「ただ今入滅やらん」と思っただけで、現実に死んだわけではなく、法皇の死は本文中にはない。
へ、「悦びの道とこそ申せども」とあるが、実際は「皆人、涙を流し」とあって、その逆の悲しみの道となった。

問十三 イは歴史物語、ロは『イソップ物語』を訳した江戸時代の仮名草子、ハは物語、ホは仏教説話集。『太平記』は南北朝の乱を描いた軍記物語。

講評

例年通り、現代文一題・古文一題の大問二題の構成で、試験時間は七五分。全問マーク式である。トータルの小問数は二〇二三年度と同じ。文章量に特に大きな変化はなく、難易度もそれほど変わらない。

一の現代文は、二〇二三年度と比べると、内容が理解しやすくなっている。設問の難易度はそれほど変わらない。例年通り選択肢を本文と照らし合わせてきちんと検討していけば解けるものが大半である。問六の「酩酊」や問八「禁忌」は常識の範囲内であり、少し読書をしていれば正解にたどり着ける。問十二はこれまでにないパターンの問題で、しかも四択になっている。もし、五択目に「全て異なる」があれば非常に迷ったことだろう。

二の古文は、軍記物語である『保元物語』からの出題であった。軍記物語にはよくあることだが、本文は漢語が多く、「御観法」「天童」「満山の護法」など意味が推測できないものや、「崩御」「叡慮」「方便」「下向」など常識力を問われる語も少なくない。受験生には難解に感じられるかもしれないが、主語はほとんど明示されており、ストーリーがまっる。

問八　空欄は「一千余年の」を受けて〝年月、歳月〟などの意味が入る。イ「蛍雪」は「蛍の光窓の雪」で有名な苦学を意味する故事。ニ「江月」は川面に映った月のこと。ホ「星霜」は現代語でも「幾星霜を経て」というように〝年月、歳月〟の意。星が一年で天を一周し、霜の季節が一年周期であることからくる。「ふり」は〝年月が経過する〟の意の「旧る・古る」の連用形で、「(霜が)降り」と掛詞になっている。

問九　「べけれ」は「こそ」を受ける助動詞「べし」の已然形。「べし」は二人称主語のとき命令となることが多い。ここは権現からは二人称に当たる法皇が主語で、後の「とどむべからず」と対になって〝〜せよ。〜してはいけない〟という意味。選択肢に命令がないのでそれに近い〝〜するがよい〟の意の適当を選ぶ。権現の託宣の主旨は〈寿命には限りがあるので、現世に執着しないで来世に極楽に行くことを願え〉というもの。

問十　「やがて」の意味は〝そのまま〟か〝すぐに〟。問三Bで解説したように、権現が巫女に乗り移るという意味の「おり」に対して「あがら」はその反対。巫女に姿を借りて地上に降臨した権現が巫女から離れて天上に戻ったということ。

問十一　熊野参詣における往路の行列の派手な様子に対して、法皇が死の託宣を受けた後の復路の行列の沈んだ様子を表現する言葉。「涙を流し」を伴う悲しい儀式を選ぶ。ロ「はなむけ」は旅立つ人に贈る詩歌や金品のことで、「亡き人」を見送ることではない。ハ「みそぎ」はけがれを払い身を清めることで涙と関係ない。ニ「まねび」は〝まねをすること〟、ホ「よばひ」は〝求婚すること〟で不適。「おくり」は〝死者を送ること、葬送〟のことで、沈んだ行列の様子を葬送の列にたとえたのである。

問十二　イ、「内容を巫女に打ち明けて」が誤り。「御不審の事あり」としかいっていない。ロ、「平和になる」が誤り。「世間、手の裏を返すがごとくなるべし」とあり、「手の裏を返す」は急激に変化することをいい、変化はよい方向とは限らない。

C、「申し」が謙譲語なので主語は法皇でも権現でもない。「巫女、法皇に向ひまゐらせて」に続いている。「これはいかに、これはいかに」は権現が巫女に乗り移って巫女に語らせている言葉で、現実に語っているのは巫女。神の託宣は比喩などを用いて暗示的に語ることが多く、ここでは手のひらを返す動作を示して〝この意味がわかるか〟と謎をかけている。

問四　法皇が権現に託宣の真意を教示してくれるようにお願いする場面で、手を合わせて「合掌」したということ。「掌」の読みは「てのひら」または「たなごころ」。極めて短い作品を掌編といい、川端康成の掌編集『掌の小説』が有名。他の読みはイ「うで」、ロ「えり」、ニ「こぶし」、ホ「ふところ」。

問五　「打ち返し打ち返し」の動作の意味が理解できないことからの発言。「是非をわきまへ」は直訳すると〝物事の善悪・正不正を判別する〟となり、イ「礼儀」、ハ・ホ「平常心」は関係ない。ニの疑問かロの反語かは文脈から判断するしかない。ニの「どうすれば」は方法を問うており、「事のよし」の意味も〝方法〟となるが、後の「君はいかで」以下の託宣が方法を教示しているわけではないので不適。ここは「神慮はかりがたし」と「事のよしを示したまへ」の間にあって、法皇が「神慮」「事のよし」を理解できないと解釈するべきなので、反語と判断する。

問六　「手に掬ぶ水に宿れる月影の」が「あるかなきかの」を導く序詞。「すむ」が「住む」と「澄む」の掛詞。「澄む」は「月影」の縁語。直訳すると〝手にすくう水に映る月の光のように、あるのかないのかわからないような（はかない）世に住んでいることよ〟となる。序詞の部分は実景ではなく比喩であり、歌の主旨は下の句の無常の世に住んでいることへの詠嘆。「月影」が比喩となっていないイ・ニ・ホは誤り。ロ「清廉な人物」では後の「必ず崩御なるべし」につながらない。

問七　「誰から」は敬意の主体のことで、地の文の敬語は作者からの敬意と決まっている。「せたまひ」は尊敬の助動詞「せ」と尊敬の補助動詞「たまひ」の組み合わせで二重尊敬となり、「重ねて申さ」の主語を敬う。「重ねて」は、法皇が最初に「打ち返し」の動作の意味を問い、次に死を免れる方法を問うたことをいうので、敬意の対象は法皇とな涙を流し、神を絞り、ただ、亡き人の葬送をする、その儀式とも異ならない。熊野参詣の帰り道を、すべての人が貴賤を問わず喜びの道だと申すけれども、占い申し上げた巫女のことまで（法皇は）かえって興覚めだとお思いになる。

解説

問一 ①　現代語の慣用句「踵(きびす)を接する」と同じで〝前後の人の踵(かかと)がふれあうほど次々と大勢の人々が続く〟の意。法皇の参詣を見物する人が多いこと。

②　「通夜(つや)」は現代語ではホの意だが、この場面は葬儀と関係なく、寺社に籠って一晩中祈願することである。参詣は物見遊山ではなく祈願が目的である。

③　「候ふ」は丁寧と謙譲の用法があるが、地の文の丁寧語は、現代語の「です・ます」と同様に、一カ所だけで使われるとは考えにくい。ここでは地の文に他に丁寧語は使われていないので「候ふ」は謙譲の動詞だと判断できる。〝お仕えする、控えている〟の意。〈法皇のお側でお仕えしていた〉と解して、敬意の対象は法皇とする。

④　「よし」の意味は〝理由、方法、事情、趣旨〟など多数あるが、選択肢の中ではロ「方法」、ニ「仔細（＝物事の詳しい事情）」、ホ「口実（＝理由）」が該当する。法皇が権現に尋ねた「事のよし」は〈手のひらをひるがえす動作が何を意味するのか〉ということ。権現の答えは、法皇の死と世の中の変化の二つで、ロ「方法」、ホ「口実」は不適当。

問二　重要語「～ままに」の意味は〝～ので、～とすぐに、～するにつれて〟。「静まれ」は已然形で「ば」は確定条件。よってイ・ハ・ホの「なったら」は仮定条件で誤り。「すます」は「済ます」ではなく「澄ます」。「心を澄ます」で〝集中する〟の意。

問三　B、「巫女」は神霊を自身に乗り移らせて神の託宣を告げる女性。巫女が神を乗り移らせることを「おろし」、神が乗り移ることを「おり」と表現している。地の文では巫女に敬語は使われていないので、巫女が権現を〝おりさせなさる〟のではなく権現が〝おりなさる〟となる。「させたまは」は二重尊敬で権現への敬意。

子の位についているけれども、そもそも輪廻に縛られたただの人間であり、神のお考えは推量できない。どうして物事の道理を理解できましょうか、いえ、できません。どうか仔細をお示しください」と申し上げなさると、巫女は、まことに頼りなさそうな声で、

手にすくう水に映る月の光のように、あるのかないのかわからないようなはかない世に住むことだなあ

この吉凶を占う歌を二、三度口ずさんで、涙をはらはらと落とし、「あなた様がどうしてお知りになることができようか。来年の秋、きっとお亡くなりになるだろう。その後、世の中は、手のひらを返すようになる（＝急にすっかり変わる）であろう」とご託宣がある。公卿、殿上人は、みな気持ちが乱れ、顔色を失い、「どうにかしてご寿命がお延びになれないだろうか」と声々に申し上げなさったので、法皇もご自身驚きなさって、重ねて申し上げなさったことには、「そもそも和光同塵という方便は、苦しみを除き楽しみを与えるためであるので、大きな慈悲ある神慮によっても、どうして憐れみなさらないことがあろうか、いや、憐れみなさるにちがいない。そもそも災厄をお救いになるようなことが、いちばんの権現の本願である。どうかその方便をお示しください」と泣く泣く申し上げなさると、巫女は、いっそう涙を流して、「あなた様は我が国の主として、四十余年の年月をお治めになり、私はこの国の鎮守として、一千余年の年月がたった。だから、利生方便（＝方便によって人々にご利益を与えること）の道理として、憐れみ申し上げないということはないけれど、定まった運命（＝寿命）には限りがあることには、神の力も及ばない。まして、（仏法を）守護する天童も、熊野三山の護法も力の及ばないことである。まずもって極楽浄土という（迷界に）退転することのない地をひたすら願いなさるがよい。このような五つの穢れ（けが）で乱れ濁った俗世に、お心をとどめてはいけない。今はひたすら現世のことを思い捨てなさって、来世往生のため（仏道に）勧めなさるべきである」といって、権現はそのまま神仏の世界にお戻りになった。神は翌年の秋だとお示しになるけれども、法皇は今すぐに死ぬのであろうかとお思いになり、臣たちもまた（今にも）お別れ申し上げるように悲しみなさる。ご参詣の往路にはお供の人々があちこちとつき従い、末社の前を通るたびの手向けの舞や、尋常でない旅のお仕度を執り行い、みな奮い立って参ったが、お帰りの道では打って変わって、すべての人が、

問八 ホ
問九 ロ
問十 ニ
問十一 イ
問十二 ハ・ニ
問十三 ニ

全訳

同年の冬の頃、法皇が、熊野神社へ参詣なさる。見物の貴賤の人々が、千里の浜まで行列をなして、お供の公卿や殿上人が、神社の垣根のところにひざまずく。いよいよ本宮の証誠殿の御前で夜通しのご祈願があり、現世来世のことを誓いを立ててお祈りになる。(証誠殿の)御前の川波が強風に呼応して(波音を立て)、山を響かせる。(川の波音は)夜が更けるにしたがって静かになるので、(法皇は)お気持ちを静められて、来世現世をあれこれとお考えになっていたときに、深夜に及び、人が寝静まって後に、証誠殿の御簾のすそから御左手と思われる手で美しいさまの手を、差し出しなさって、ひるがえしひるがえし、何度も繰り返しなさる。法皇は、これを夢ともなく現実ともなくご覧になって、人々にはこうだとも仰せにならず、熊野山上で並ぶ者のいない伊岡の板と申す巫女(=神の託宣を告げる女)をお呼びになって、「不審のことがある。必ず占い申せ」とお命じになる。巫女は、朝から権現(=熊野の神)を(我が身に乗り移るよう)お招き申し上げたが、(権現は)昼を過ぎるまで(巫女に)乗り移ることがおできにならない。(お供の)人々は心を静め、折々の(参詣していた)人々に至るまで、注目して仕えていた。しばらくして後、権現はすでに乗り移りなさったと思われて、巫女が、法皇にお向かい申し上げて、左の手を捧げ、二、三度ひるがえしひるがえしして、「これはどうか、これはどうか」と申し上げたところ、法皇は、御夢想にご覧になったことと少しも異ならないので、「真実のご託宣であるよ」とお思いになり、急いで御座をすべり下りなさる。お手を合わせなさって、「私は前世に十善を果たした功徳のおかげで、天

問十三 すぐ後の「繰り返されてきた」がヒント。

問十四 イ、第四段落の最後の文の内容に反する。

ロ、郷土食の話は第五段落に具体例として出てくるが、ロのような内容は書かれていない。

ハ、第八段落の冒頭の二文の内容に合致する。

ニ、最後から二つ目の段落の「死骸となり、地球上の物質循環過程に帰っていく」という内容に反する。

ホ、第二・三段落の内容からすれば、筆者は「デカルトによる自己の存在証明の論理」を否定しているわけではなく、「考える主体」の「身体」が「食の営み」によって「準備」されているということを述べているだけである。

ヘ、「捕獲される前の……」以下が不適。傍線部Eを含む文とその前文から作られた選択肢だが、本文での「動物の足取り」「植物の慎ましさ」は「食べ物」が「捉えがたい」ことを表す比喩である。

ト、最後から二つ目の段落の「『食べるもの』であり……共通している」に合致する。

二

出典 『保元物語』〈上　法皇熊野御参詣幷御託宣事〉

解答

問一 ①―ホ　②―イ　③―ニ　④―ニ

問二 ロ

問三 B―ニ　C―ロ

問四 ハ

問五 ロ

問六 ハ

問七 ホ

えて人間の「内」に取り込むという内容を持つのはホのみ。

問八　知識問題。「禁忌」は〝忌み嫌い、慣習的に禁止したり避けたりすること〟の意。

問九　傍線部は、その三文前の「可食性のコード」と同一内容。三文前の内容からすると、「可食性のコード」によってわれわれは、ある「生物種」を〈食べることができる〉と「規定」している。この内容を持つものはハ。

問十　「共存」しているのは、「他種」である。前々文の「異種のコンタクト・ゾーン」でコンタクトをとっているのは「微生物」と「宿主」であるので、「共存」している「他種」とは「微生物」と「宿主」であるとわかる。ハは「宿主」と「微生物」の「共存」ではなく、「微生物や細菌類」の「群れとしての生存」について述べているので、不適当。ニは「微生物」に関する言及がない。ホは「宿主」と「微生物」ではなく、「多様な生物」の「共存」について述べているので、不適当。イとロは「宿主」との「共生」について述べているが、ロは「根や腸を通して……形を留め」が本文にない内容。

問十一　「共生細菌の例」から考えるなら、空欄Ⅱ直前の「物質の次元と心的な次元」は、前段落の「心と身体の、もっとも深い次元」の言い換えになっている。前段落の言葉を借りれば、「物質の次元」においては「吸収」や「排出」が行われると同時に「心的な次元」においては「快楽」をもたらす。よって、この二つの次元はどちらが「上下」=ハということもなく、また同時に現象を起こさせる以上、無関係ではないのでイ・ロではない。また、もともと「食べ物」にはこの二つの次元が存在するので「開拓」=ニもおかしい。

問十二　「考える《我》」とは第二段落のデカルトの言葉の引用であり、「思考したり活動したりする」人間を指す。ⓐは生物の「可食性」を判定し、食品に加工する過程に加わる複数の人間の意。ⓑは直前に「『考える《我》』に先立つ」とあるので、この二つは異なるものとわかる。ⓑのあとに「食をめぐる複数種の問い」とあることから、ⓑは「食べる」人間と、その体内に共生し、「食べる」活動をともに行う「他種」を指しており、ⓒと同じであることがわかる。よってハが正解。

2024年度　2月1日　国語

要旨

デカルトの「考える主体」は、考えることに先立って食べ物によって生かされている「食べる主体」でもある。その「食べる主体」は体内に膨大な他者（微生物）の寄宿者を抱えている。その意味では「考える《我》」に先立つのは「食べる《我々》＝複数の主体」である。「食べる主体」の次元に光を当てたとき、その背面には「我食べられる」という次元が浮上する。ヒトにおいても食べられるというのは食物連鎖の中にいる動物としては、例外なき事態であった。

解説

問三 【ハ】に何かを入れない限り、【ハ】の前後のつながりがおかしい。【ハ】の直前は「無意識的な慣習や禁忌に…規定される」という内容であるのに対し、【ハ】の直後では「しかし」という逆接の接続詞があるにもかかわらず、「意識にのぼっているというわけではない」すなわち〈無意識であることもある〉と続いてしまい、直前と同じような内容になってしまっている。

問四 空欄は「先行する問い」であり、次文に「何かを食べてきたはずだ」という一種の「問い」がある。この問いをそのまま言い換えれば「何を食べてきたのか」となる。この問いは、食べたものが身体を作ることから、ニのように言い換えることができる。

問五 次文・次々文が傍線部の具体例となっており、その後の「いずれにしても……」の文が傍線部の言い換えになっている。そこには「食べ物」が「身体の内側に入り込み」、「何らかの作用を及ぼす」と書かれており、イの「主体の心身に影響を与える」が同一内容。ロ「苦しみや異物感」、ハ「情動」、ニ「精神」はいずれも限定的。ホは「自己同一……」以下が不適。

問六 知識問題。「酩酊」とは、酔っぱらうことを意味する。

問七 直前の「これら」が指す前文の内容を押さえる。前文は『生物』を『食物』に変えるため」の「技術」の話をしている。「これら」が指すのはその技術の具体的な例である「狩猟」や「調理」などである。「生物」を「食物」に変

国語

一

出典 石倉敏明「複数種世界で食べること―私たちは一度も単独種ではなかった」(奥野克巳・シンジルト・近藤祉秋編『たぐい』vol.1 亜紀書房)

解答

問一 **A**―イ **C**―ニ **F**―ホ **G**―ロ

問二 **B**―ロ **D**―ハ **E**―ロ

問三 ハ

問四 ニ

問五 イ

問六 イ

問七 ホ

問八 ロ

問九 ハ

問十 イ

問十一 ホ

問十二 ハ

問十三 ニ

問十四 ハ・ト

2023年度

問題と解答

■全学部日程 2 月 1 日実施分

文系 3 科目型，英語 1 科目（英・英）型

問題編

▶試験科目・配点

	教　科	科　　目	配　点
文系3科目型	外国語	コミュニケーション英語Ⅰ・Ⅱ・Ⅲ，英語表現Ⅰ・Ⅱ	200 点
	選　択	日本史Ｂ，世界史Ｂ，地理Ｂ，「数学Ⅰ・Ⅱ・Ａ・Ｂ」のうちいずれか１科目選択	150 点
	国　語	国語総合，現代文Ｂ，古典Ｂ（いずれも漢文を除く）	200 点
英語1科目型	外国語	コミュニケーション英語Ⅰ・Ⅱ・Ⅲ，英語表現Ⅰ・Ⅱ Ⅰ限目（90 分）は文系３科目型と共通。	200 点
	外国語	Ⅱ限目（75 分）の英語は英語題材日本語論述とし，英語長文を題材に日本語訳，日本語要約などを問う。	200 点

▶備　考

文系 3 科目型：神・文・社会・法・経済・商・人間福祉・国際・教育・総合政策学部

英語 1 科目（英・英）型：国際学部

- 「数学Ｂ」は「数列，ベクトル」から出題する。

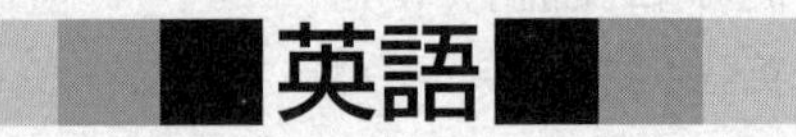

英語

◀文系3科目型・英語1科目(英・英)型共通▶

(90分)

〔Ⅰ〕次の英文を読み、下記の設問（A～D）に答えなさい。

Listening is quite a different act from hearing. Listening can only be developed through practice. This is especially true for social workers. In order to listen, social workers must be able to demonstrate a lot of interest in their encounters with older people, (　1　) seek to understand the world from their perspective, and be aware of the importance of non-verbal* communication. Communication skills, such as asking further questions, expressing the same message in different words, and using non-verbal communication, can tell older people that their story and the information they are giving are important and are being closely attended to.

Active listening involves social workers paying close attention to older people, but also communicating to them that they are being listened to. It is a difficult skill to acquire, (　2　) it requires social workers to focus on listening rather than allowing their mind to drift off into other thoughts; (i)this can be very hard to do for a busy social worker. It is also difficult because it requires them to achieve a balance between asking questions that promote gathering information actively and appropriately, listening to older people, and giving information in an environment where they can talk easily.

Non-verbal communication may function as the interpreter of verbal communication. The role of non-verbal communication in interaction is (ア)fundamental to us all, but thinking about non-verbal communication is particularly important with respect to older people. One must consider the needs of older people to make sure they are fully engaged. Older people may have a significant hearing and sight loss, which can have an important (　3　) on their ability to participate in verbal communication on a one-to-one basis or in group settings. It is important for a social worker to be aware of these issues and also of the possible solutions to them.

It might simply be enough to establish whether that person usually wears a hearing aid. If they do, then (イ)it makes sense, if they appear to have difficulty hearing, to ask them if they need any assistance with their hearing aid. It is essential to check whether the hearing aid is fitted correctly, in the correct ear, switched on and with a functional battery. This may seem obvious, but it is (4) to find older people who have hearing aids with batteries that must be replaced, who have put on their hearing aid in a wrong way or who have an unrecognized hearing disorder. A researcher has demonstrated a significant reduction in disability among people with dementia** living in care homes when they were examined for hearing loss, given treatment, and ordered to use hearing aids.

Eye contact is an important non-verbal behavior in terms of its ability to communicate interest, attention, and concern. Eye contact, similar to other non-verbal communication, is culturally influenced and may not be (5) when older people are communicating something that they feel is embarrassing. Eye contact may also be avoided by the speaker if they do not want to see the reaction of the person they are talking to. These issues need to be kept in mind when talking one to one, especially if talking about issues that older people feel uncomfortable or sensitive about.

Another form of non-verbal communication is physical distance, that is, how near people sit to each other. For example, it is stated that if we stand too far away, we will (ウ)come across as quite literally too distant. Like eye contact, physical distance is influenced by culture and context. Again, however, the individual situation of older people may mean that (ii)the usual rules of distance do not apply. Older people who are in bed may require that we sit closer than might be considered usual in order to improve their hearing and participation in the (6). Older people with dementia may prefer us to move more closely into their personal space so that they can listen and respond well. These adjustments have to be made carefully; it would be wrong to assume, (7), that older people with dementia will necessarily feel comfortable with someone sitting inside their personal space usually reserved for people with whom they have a closer relationship.

*non-verbal：言葉を用いない

**dementia：認知症

設 問

A. 本文中の空所（1～7）に入れるのに最も適当なものを、それぞれ下記（a～d）の中から1つ選び、その記号をマークしなさい。

出典追記：Social Work with Older People by Mo G. Ray and Judith Phillips, Red Globe Press

(1) a. merely b. hardly c. separately d. actively

(2) a. as b. while c. although d. yet

(3) a. case b. resolution c. diversity d. impact

(4) a. ready b. unique c. common d. suspicious

(5) a. succeeded b. excited c. preferred d. surprised

(6) a. personal space b. conversation
c. individual environment d. context

(7) a. but b. as expected
c. not necessarily d. for example

B. 本文中の下線部(ア〜ウ)の文中での意味に最も近いものを、それぞれ下記(a〜d)の中から1つ選び、その記号をマークしなさい。

(ア) fundamental
a. advanced b. environmental
c. classic d. basic

(イ) it makes sense
a. it is comfortable b. it is reasonable
c. it is inevitable d. it is valuable

(ウ) come across as
a. explain that we are b. make a gesture of being
c. give an impression of being d. measure whether we are

C. 本文中の二重下線部(i、ii)が文中で表している内容に最も近いものを、それぞれ下記(a〜d)の中から1つ選び、その記号をマークしなさい。

(i) this can be very hard to do
a. Active listening prevents older people's minds from wandering during conversations.
b. Social workers need to work at not letting their minds wander while talking to older people.
c. Acquiring the skill of information gathering is quite difficult for older people

in a comfortable environment.

d. Social workers have to require older people to concentrate during interviews.

(ii) the usual rules of distance do not apply

a. Social workers sometimes enter older people's personal space to let them communicate smoothly.

b. Older people do not sit close to social workers in order to communicate with them.

c. Social workers avoid being inside older people's personal space without considering their culture.

d. Older people do not sit closer to social workers whom they feel close to.

D. 次の英文（a～h）の中から本文の内容と一致するものを3つ選び、その記号を各段に1つずつマークしなさい。ただし、その順序は問いません。

a. Like listening, hearing skills are developed through practice.

b. One of the communication skills which social workers need is active listening.

c. When social workers interview older people, they should not be fully engaged.

d. If an older person is wearing a hearing aid, then it does not make sense to ask questions about that hearing aid because the older person is following doctor's orders.

e. People living in care homes have significantly improved their hearing ability by themselves.

f. Because eye contact is an important non-verbal behavior, it is useful when talking to older people about uncomfortable issues.

g. Social workers use physical distance carefully when talking with older people because it is influenced by culture and context.

h. People with dementia do not always prefer social workers to sit closely to them.

〔Ⅱ〕次の英文を読み、下記の設問（A～C）に答えなさい。

There is a famous black-and-white photograph from the so-called period of 'the Third *Reich**,' the rule of Germany under Adolf Hitler. It was taken in Hamburg, Germany, in 1936. The picture is of the workers of a ship building factory, a hundred or more, (ア)<u>facing</u> the same direction in the light of the sun. They are stretching out their arms (イ)<u>in a uniform way</u> eagerly saluting** Hitler, their political leader. If you look closely, you can see a man in the upper right who is different from the other workers. His face is gentle but firm. He is surrounded by fellow citizens who have been influenced by the (1)<u>false teachings</u> of the Nazis***. He keeps his arms folded across his chest, while others stretch out their arms. He alone is (ウ)<u>refusing</u> to show respect to the national leader.

Looking back from our perspective, he is the only person in the entire (エ)<u>scene</u> who is on the right side of history. Everyone around him is sadly and completely wrong. In that moment, only he could see it. His name is believed to have been August Landmesser. At the time, he could not have known the amount of violence which the enthusiasm of the people around him would lead to. But he had already seen (2)<u>enough</u> to refuse it.

Landmesser had joined the Nazi Party himself years before. By now though, he knew clearly that the Nazis were telling Germans lies about Jews and that the Party had caused fear, pain, and division even during this early period of their rule. He knew that Jews were anything (オ)<u>but</u> 'Less-Than-Human.' He knew that they were the same citizens, as human as anyone else. In fact, he was in love with a Jewish woman. However, laws were recently introduced that made their relationship illegal. They were banned from marrying or raising a family, either of which led to what the Nazis regarded as a 'racial crime.'

His personal experience and close connection to the Jewish people allowed him to see beyond the lies so easily (カ)<u>embraced</u> by the majority of people. He could see what his fellow citizens chose not to see. In the age of Hitler's rule, it was an act of courage to (3)<u>stand firm against the tide</u>. We would all want to believe that we would have been him. What would it take to be him in any period of time? What would it take to be him now?

*the Third *Reich*：ナチスの第三帝国

**salute：敬礼する

***the Nazis：ナチス党

出典追記：Caste (Oprah's Book Club): The Origins of Our Discontents by Isabel Wilkerson, Random House

設　問

A. 本文中の下線部（ア〜カ）の文中での意味に最も近いものを、それぞれ下記（a〜d）の中から1つ選び、その記号をマークしなさい。

（ア） facing
a. turning away　b. looking in
c. heading for　d. walking about

（イ） in a uniform way
a. wearing a uniform　b. in the same way
c. in various ways　d. in the center of a road

（ウ） refusing
a. reducing　b. referring　c. remarking　d. rejecting

（エ） scene
a. period of time　b. city of Hamburg
c. Party of the Nazis　d. situation

（オ） but
a. akin to　b. except　c. like　d. of

（カ） embraced
a. believed　b. made　c. repeated　d. seen

B. 本文中の二重下線部（1〜3）が文中で表している内容に最も近いものを、それぞれ下記（a〜d）の中から1つ選び、その記号をマークしなさい。

（1） false teachings
a. incorrect beliefs　b. current news
c. correct ways of saying　d. effective textbooks

（2） enough
a. members of the Nazi Party　b. violence caused by Nazi lies
c. his fellow factory workers　d. pictures taken by the Nazis

(3) <u>stand firm against the tide</u>

a. swim in the ocean with the Jewish people

b. follow the marriage laws

c. resist the teachings of the Nazis

d. have a close connection with the Nazis

C. 次の問い(ⅰ、ⅱ)の答えとして最も適当なものを、それぞれ下記(a～d)の中から1つ選び、その記号をマークしなさい。

(ⅰ) Which of the following is NOT true about the photograph?

a. The photograph is well-known.

b. Most of the factory workers in the photograph seem to have been in favor of the Nazis.

c. It is a group picture of the workers of a ship building factory.

d. The photograph had been taken long before August Landmesser joined the Nazi Party.

(ⅱ) Which of the following is true about August Landmesser?

a. He was refusing to show approval for Hitler.

b. He was refusing to be in the photograph.

c. He was smiling in the photograph.

d. He was taking a picture of workers of a ship building factory.

〔Ⅲ〕次の英文を読み、下記の設問（A、B）に答えなさい。

There have been major changes in the Earth's climate in the past, caused not by human activity but by natural (　1　) such as variations in the Earth's orbit around the sun. The last 10,000 years have, however, been a period of stable climate, so future changes to the climate could have significant effects on agriculture. The impact of climate change on the future of food production has two aspects: food production (　2　) greenhouse gases* that cause global warming, and climate change itself will reduce agricultural productivity** in some parts of the world.

At the start of the 21st century, agriculture and changes in land use (　3　) about 25 percent of global greenhouse gas discharges, but in 2050, they could amount to more than 75 percent if nothing was done to reduce the contribution from agriculture. Changes in land use are an important contributor to agricultural discharges, especially cutting down forests to make way for crops, which releases into the atmosphere large (　4　) of carbon that have been stored in the trees and soil. In short, whatever methods are used to increase food production will need to reduce greenhouse gases if we are to (　5　) climate change.

The second impact of climate change is that agricultural production itself will be affected by the changing climate. There are likely to be winners and losers. Warmer summers and higher carbon dioxide*** levels mean that productivity in such areas as Canada and northern Europe may (　6　). On the other hand, areas currently suitable for agriculture such as the countries of southern Europe may become too hot and dry for growing food. Africa, with its growing population and relatively low agricultural productivity, is predicted to (　7　) in many parts from more uncertain rainfall and a longer dry season. Agricultural productivity may, therefore, (　8　) by somewhere between 5 percent and 25 percent, depending on the crop and the location, by the latter part of the 21st century.

*greenhouse gas：温室効果ガス

**productivity：生産性

***carbon dioxide：二酸化炭素

設　問

A．本文中の空所（1～8）に入れるのに最も適当なものを、それぞれ下記（a～d）の中から1つ選び、その記号をマークしなさい。

出典追記：Food : A Very Short Introduction by John Krebs, Oxford University Press

(1)	a. creatures	b. discharges	c. materials	d. phenomena
(2)	a. decreases	b. generates	c. prohibits	d. removes
(3)	a. accounted for	b. agreed with	c. divided into	d. got over
(4)	a. amounts	b. averages	c. charges	d. waves
(5)	a. predict	b. prefer	c. preserve	d. prevent
(6)	a. compose	b. drop	c. engage	d. increase
(7)	a. explore	b. investigate	c. rely	d. suffer
(8)	a. decline	b. demand	c. describe	d. destroy

B. 次の英文（a～f）の中から本文の内容と一致するものを2つ選び、その記号を各段に1つずつマークしなさい。ただし、その順序は問いません。

a. Both human behavior and natural disasters caused significant changes in the Earth's climate in the past.
b. Our current methods of food production depend on the stability of our climate.
c. Agriculture and changes in land use will not cause any greenhouse gas discharges in the future.
d. The increase of food production will eventually contribute to decreasing greenhouse gases.
e. Climate change may increase food production in certain areas of the world.
f. In total, agricultural productivity will be about the same in the latter part of the 21st century as it was at the start of the century.

〔Ⅳ〕次の英文（1～10）の空所に入れるのに最も適当なものを、それぞれ下記（a～d）の中から1つ選び、その記号をマークしなさい。

（1） You might as (　　　) give up camping today as a storm is coming.

a. better　b. good　c. best　d. well

（2） We went fishing, (　　　) to find the major road to the sea was closed because of falling stones.

a. where　b. only　c. which　d. ever

（3） (　　　) this button, and the door will close.

a. Press　b. Pressing　c. To press　d. Pressed

（4） Monica considers her artwork (　　　) of all of the entries in the art contest.

a. was excited　b. the most exciting

c. it was exciting　d. an exciting

（5） You can see a statue on your left (　　　) head is like a birds' nest.

a. that　b. whose　c. what　d. which

（6） What would have happened if he (　　　) a mobile phone?

a. will not have　b. does not have

c. has not had　d. had not had

（7） I obtained my driver's license (　　　) before graduating from university.

a. exact　b. immediate　c. right　d. quite

（8） It was too bad that their way of solving the issue was (　　　).

a. many more polite　b. many less politer

c. as much polite　d. less than polite

（9） The reason she could become the company president was (　　　) her achievements and reputation were outstanding.

a. that　b. why　c. which　d. what

（10） My training shoes need (　　　).

a. to wash　　b. washing

c. having washed　　d. being washed

〔V〕次の日本文（1～5）に相当する意味になるように、それぞれ下記（a～h）の語を並べ替えて正しい英文を完成させたとき、並べ替えた語の最初から2番目と7番目に来る語の記号をマークしなさい。ただし、文頭に来るものも小文字になっています。

（1）急激な売り上げの減少はかなりの生産削減を強いた。

(　　　　　　　) in production.

a. forced　　b. drop　　c. in　　d. considerable

e. sudden　　f. cuts　　g. sales　　h. a

（2）問題が処理されるまで父親は家に留まっていなければならなかった。

The father had to stay home (　　　　　　　).

a. taken　　b. until　　c. the　　d. of

e. been　　f. care　　g. problem　　h. had

（3）新しいコンピュータは以前のものの2倍の速度で情報を処理できる。

The new computer (　　　　　　　) the previous one.

a. speed　　b. twice　　c. of　　d. information

e. the　　f. can　　g. at　　h. process

（4）コール氏は母親に電話をしなかったし、また彼女に花を送りもしなかった。

Ms. Cole did not give her mother (　　　　　　　).

a. send　　b. nor　　c. call　　d. her

e. she　　f. flowers　　g. did　　h. a

（5）作業員らが2階の窓を拭けるように、はしごが壁に立てかけてあった。

The ladder was (　　　　　　　) clean the windows of the second floor.

a. the　　b. set　　c. that　　d. wall

e. against　　f. could　　g. workers　　h. so

〔Ⅵ〕次の会話文を読み、空所（1～10）に入れるのに最も適当なものを、それぞれ下記（a～d）の中から1つ選び、その記号をマークしなさい。

A clerk is speaking to Sarah at a shop in Japan.

Clerk: Can I help you?

Sarah: No, thank you. I'm just looking.

Clerk: Please (1).

After a while, Sarah speaks to the clerk again.

Sarah: Excuse me. Do you have this dress in a different color... maybe black?

Clerk: Certainly. (2) We have small and medium in stock.

Sarah: I'm not sure. Could I try them on to see (3)? I'd like to try both sizes in different colors.

Clerk: Of course. You can try as many as five items at a time.

Sarah: Great! I'm also (4) some T-shirts for my family in the U.S. Do you have something simple with some Japanese patterns?

Clerk: (5) how much you are willing to spend?

Sarah: Maybe somewhere between 3,000 and 5,000 yen. Do you have something in that price range?

Clerk: Sure. Then, how about this T-shirt? This is popular especially among tourists. Actually, (6) they are made in our store, they are quite reasonable.

Sarah: (7) Do you have them in large?

Clerk: Yes. How many would you like? We can give you a discount if you purchase three or more.

Sarah: I'd like four of them in large, and maybe one in medium.

Clerk: O.K., let me check... They are available. Would you like them to be wrapped? Although we do charge you for gift wrapping.

Sarah: (8) They are just for my family, and I brought my own shopping bag.

Clerk: That's great. Is there anything else you'd like?

Sarah: (9) Now, I'd like to see which dress I'd like to purchase for myself.

Clerk: That's right! Of course. Now, let me take you to the (10).

（1）　a．watch your clothes　　b．help yourself
　　　c．have a nice day　　d．take your time

(2) a. How long will it take? b. How many do you need?
c. What do you recommend? d. What size would you like?

(3) a. what it sounds like b. what works for you
c. which fits better d. whichever I like

(4) a. dealing with b. looking for c. putting on d. turning over

(5) a. Can I tell you b. Please inform me
c. May I ask d. Would you mind

(6) a. as b. before c. if d. as if

(7) a. Go ahead. b. Looks great.
c. Not really. d. What for?

(8) a. They are already wrapped. b. No, thank you.
c. Sounds good. d. Why not?

(9) a. I wouldn't like something. b. Yes, actually.
c. Same here. d. Yes, absolutely for you.

(10) a. cash register b. checkout counter
c. fitting room d. parking lot

◀英語 1 科目(英・英)型▶

(75 分)

〔 I 〕 次の英文を読み、下記の設問（A～C）に答えなさい。

Often the best thing we can do to make a large number more meaningful is to divide it by a total. That total could, for instance, be the total population. When we divide an amount (say, the number of children in Hong Kong) by another amount (say, the number of schools in Hong Kong), we get a rate (children per school in Hong Kong). (a)<u>Amounts are easier to find because they are easier to produce. Somebody just needs to count something. However, rates are often more meaningful.</u>

"The forecasts show that it is China, India, and the other emerging economies that are increasing their carbon dioxide emissions* at a speed that will cause dangerous climate change. In fact, China already emits more carbon dioxide than the USA, and India already emits more than Germany."

This frank statement came from an environment minister from a European Union country who was part of a panel discussing climate change at the World Economic Forum in Davos in January 2007. He made (b)<u>his statement of blame</u> in a neutral tone of voice, as if he were stating a self-evident fact. Had he been watching the faces of the Chinese and Indian panel members, he would have realized that his view was not self-evident at all. The Chinese expert looked angry but continued to stare straight ahead. The Indian expert, in contrast, could not sit still. He waved his arm and could barely wait for the moderator's** signal that he could speak.

He stood up. There was a short silence while he looked into the face of each panel member. His elegant dark blue head scarf and expensive-looking dark gray suit, and the way he was behaving in his moment of outrage, confirmed his status as one of India's highest-ranking officials with many years' experience as a lead expert at the World Bank and the International Monetary Fund. He made a sweeping gesture toward the panel members for the rich nations and then said loudly and accusingly, "It was you, the richest nations, that put us all in this delicate situation. You have been burning increasing amounts of coal and oil for more than a century. You and only you put us in danger of climate change." Then he suddenly changed posture, put his hands together in an Indian greeting, bowed, and whispered in a very kind voice, "But we forgive you, because you did not know what you were doing. We should never blame someone after the fact for harm they were unaware of." Then he straightened up and delivered his final remark as a judge giving his verdict, emphasizing each word by slowly moving his raised index finger, "But from now on we count carbon dioxide emission per person."

(c)<u>I couldn't have agreed more.</u> I had for some time been surprised by the systematic blaming of climate change on China and India based on total emissions per nation. It was like claiming that obesity*** was worse in China than in the United States because the total bodyweight of the Chinese population was higher than that of the US population. Arguing about emissions per nation was pointless when there was such enormous variation in population size. By this logic, Norway, with its population of 5 million, could be emitting almost any amount of carbon dioxide per person.

In this case, the large numbers—total emissions per nation—needed to be divided by the population of each country to give meaningful and comparable measures. Whether measuring GDP, mobile phone sales, internet users, or carbon dioxide emissions, a per capita measurement—i. e., a rate per person—will almost always be more meaningful.

*carbon dioxide emissions：二酸化炭素の排出量
**moderator：議長、司会
***obesity：肥満

設 問

A. 本文中の下線部(a)<u>Amounts are easier to find because they are easier to produce. Somebody just needs to count something. However, rates are often more meaningful.</u>を日本語に訳しなさい。答えは記述式解答用紙の所定欄に記入しなさい。

B. 本文中の下線部(b)<u>his statement of blame</u>の具体的な内容について、日本語（70字以上110字以内で、句読点を含む。記号や数字を含む場合は1文字を1マスに記入すること）で説明しなさい。答えは記述式解答用紙の所定欄に記入しなさい。

C. 本文中の下線部(c)<u>I couldn't have agreed more.</u>について、筆者がこのように言う理由を、日本語（140字以上180字以内で、句読点を含む。記号や数字を含む場合は1文字を1マスに記入すること）で説明しなさい。答えは記述式解答用紙の所定欄に記入しなさい。

出典追記：Factfulness：Ten Reasons We're Wrong About the World—and Why Things Are Better Than You Think by Hans Rosling, Anna Rosling Rönnlund and Ola Rosling, Flatiron Books

〔Ⅱ〕次の英文を読み、下記の設問（A～C）に答えなさい。

We are on the brink of a new cold war. (a)Unlike the first, which emerged from a world wearied from a devastating global conflict, the second has come during an era of converging global challenges, a more complex international system, and diminishing respect for international norms and institutions. At this moment, global military spending and capabilities exceed those seen at any point since the fall of the Berlin Wall in 1989.

During the first cold war, major crises directly involving the super-powers centered on episodes of spying, threatening placements of strategic weapons and shifting spheres of influence. It was an extremely difficult period in our history with many frightening moments and tragic wars between small countries under the influence of super-powers. But, in response to near misses, accidents and the spiraling arms race, the powers actively pursued measures to prevent conflict, maintain stability and ease the military burden on their publics. Institutions were established and they functioned well. Negotiations and lines of communications flourished, even if the processes were often too slow and the results too modest.

The new cold war is increasingly marked by unlimited arms competition, covert interference in domestic political processes and the increasing pursuit of hostile acts just below traditional limits for the use of force. Multilateral* arms reduction negotiations have not been going well for more than two decades, and channels between individual countries have been allowed to break down. Limits on major conventional forces have been left aside. No measures are in place to prevent rapid escalation resulting from strategic threats in new domains, including cyberspace and outer space.

Influence within the international system and the institutions devoted to disarmament were dominated by a bipolar** world order for many years. This has changed since the end of the first cold war. The new cold war is not just a matter of relations between two countries, or a clash between contradicting political thoughts.

The international system is becoming multipolar***. This accompanies multiple spheres of power and influence, a growing diversity of interests, conflicts and asymmetries. The resulting lack of clarity in power relations has led increasingly to greater unpredictability, division and at times unilateralism****. The diffusion of power results in a multiplicity of regional arms races. Added to this is the increase in the range of significant non-State actors, from the private sector to foundations, which exercise more and more influence over decision-making processes.

This new reality challenges multilateral decision-making and consensus-building. Once, agreement between two powers could serve as the basis for a universal agreement.

Today, international governance and decision-making have become more complex as the relative influence of other powers has grown. As a result, consensus has become more fuzzy, leading to increasing majority-rule to overcome endless debate. Our disarmament and international security institutions have not kept up with this change, and remain restrained by old rules and practices designed for (b)<u>a simpler time</u>.

Fading respect for international norms is weakening our international political, security and economic institutions. Many of the fundamental principles developed over the past century to preserve the peace and to safeguard humanity are under tension. Morally unacceptable weapons have been repeatedly used on the battlefield and against civilian populations. Civilians and the infrastructure they rely upon, including schools and hospitals, have been made the object of attack. Arms control agreements have been abandoned or interrupted. Increasingly, our multilateral institutions are under threat. Some countries have resorted to the use of force unilaterally, both when it served their interests and when our international institutions have failed to live up to their responsibilities.

Each of (c)<u>these developments</u> described in these paragraphs is a challenge to the principles and purposes of the United Nations, but these challenges also provide clear indications of where we need to redouble our efforts to strengthen the implementation of our collective norms.

Progress in disarmament is not an abstract game of numbers. Reductions of inherently dangerous weapons are always important and welcome. But action in disarmament must be understood as a central means for addressing today's sources of violence and lack of security. Continued collapse in the disarmament process will only make the international situation more dangerous.

*multilateral：多国間の
**bipolar：二極化した
***multipolar：多極化した
****unilateralism：単独主義

設　問

A. 本文中の下線部(a)<u>Unlike the first, which emerged from a world wearied from a devastating global conflict, the second has come during an era of converging global challenges, a more complex international system, and diminishing respect for international norms and institutions.</u>を日本語に訳しなさい。答えは記述式解答用紙の所定欄に記入しなさい。

出典追記：Securing Our Common Future by United Nations Office for Disarmament Affairs, United Nations Fund for Population Activities

B. 本文中の下線部$_{(b)}$a simpler time について、本文の内容に基づき、日本語（80字以上120字以内で、句読点を含む。記号や数字を含む場合は1文字を1マスに記入すること）で説明しなさい。答えは記述式解答用紙の所定欄に記入しなさい。

C. 本文中の下線部$_{(c)}$these developments とは何かを、本文の内容に基づき、日本語（180字以上220字以内で、句読点を含む。記号や数字を含む場合は1文字を1マスに記入すること）で説明しなさい。答えは記述式解答用紙の所定欄に記入しなさい。

日本史

(60分)

〔Ⅰ〕次の１～10の文章について、ａ・ｂとも正しい場合はアを、ａが正しくｂが誤っている場合はイを、ａが誤りでｂが正しい場合はウを、ａ・ｂともに誤っている場合はエをマークしなさい。

1．ａ．６世紀には、横穴式石室を取り入れた古墳が一般的になっていった。また山の斜面を掘り込んで墓室とする横穴（墓）も各地に出現した。

ｂ．古墳時代には熱湯に手をいれて真偽を判定する盟神探湯などの呪術的な風習も存在した。

2．ａ．ヤマト政権は、６世紀前半に新羅と結んだ筑紫の磐井の反乱をしずめるなど、地方豪族の抵抗を抑えながら、地方への支配を強化していった。

ｂ．６世紀中頃のヤマト政権では、物部氏が朝廷の機構整備を実施し、斎蔵・内蔵・大蔵の管理を通じて、朝廷の財政を掌握していた。

3．ａ．11世紀に荘園が発達する中で、検田使など国衙の使者の立ち入りを認めない不入の特権を得る荘園が増えるようになった。

ｂ．清和源氏の源義家は房総半島で反乱を起こした平忠常を打ち破り、東国での源氏の基盤を固めた。

4．ａ．鎌倉時代には浄土真宗や日蓮宗など新仏教が勃興する中で、神仏習合の考えが勢いを失っていった。

ｂ．円仁は承久の乱後に執筆を始めた『愚管抄』の中で、朝廷の権威を抑えようとする鎌倉幕府の姿勢に批判的な考えを示している。

5．ａ．室町幕府の６代将軍である足利義教は将軍の権力強化をめざし、鎌倉公方の足利持氏を討伐するなどしたが、有力守護の一人である赤松満祐によって殺された。

ｂ．室町時代に頻発した徳政一揆には農民以外の人びとも多く参加した。その中には馬借と呼ばれた輸送業者も含まれていた。

6．ａ．江戸幕府は鎖国下でもオランダとは長崎の出島を通じて貿易を行った。ただしオランダ商人が出島の外に出ることはなかった。

ｂ．江戸幕府の５代将軍、徳川綱吉は近親者が死んだ時に喪に服する日数などを定めた服忌令を出した。

7. a. 将軍の徳川家斉を支えた老中の松平定信は、困窮した百姓の出稼ぎを奨励し、地域社会の不安を取り除こうとした。

b. 水野忠邦が老中の時に発せられた上知令は、江戸や大坂周辺を幕府の直轄地にすることにより、幕府の財政の安定や対外防備の強化をはかろうとした。

8. a. 渋沢栄一が中心となって定めた国立銀行条例は、銀行に銀と交換できる兌換紙幣を発行させることが狙いだった。

b. 当初官営事業としてスタートした佐渡金山は19世紀末に古河に払い下げられた。

9. a. 神道を国教とするために神仏分離令が公布されると、仏教を排斥する廃仏毀釈の運動が激化し、寺院では仏像が破壊された。

b. 明治時代には紡績業が盛んになった。大阪紡績会社が大規模操業により成功したのを契機に、後には綿糸の国内生産高が輸入高を上まわった。

10. a. 戦後アメリカから日本に派遣されたドッジは、予算均衡や徴税の強化などを通じてインフレを抑える政策の実施を日本政府に求めた。

b. 1980年代に日米間で貿易摩擦が激化した背景には、為替相場が1ドル=360円という円安水準に固定されていたため、日本の対米輸出が大幅に増加したことがある。

〔Ⅱ〕次の文章を読んで設問に答えなさい。もっとも適切な答えを一つマークしなさい。

日本古代の法体系は、中国の法律を参考にして$_a$大宝律令と養老律令が撰定・施行されたことによって一つの完成形に達し、$_b$裁判制度も整えられた。律令は、その後の改変や施行細則としての$_c$格や式が整備され、$_d$形式的には長く法典として命脈を保った。

鎌倉幕府の創設時には体系的な法典はなかったが、執権［　e　］の時に$_f$御成敗式目（貞永式目）が制定された。また裁判を担当する$_g$問注所が置かれていた。御成敗式目は制定後に必要に応じて追加が出され、式目の補足・修正が行われた。室町幕府はこれを継承し、また$_h$戦国大名の分国法にも影響があった。

江戸時代には、$_i$武家諸法度が制定され大名を厳しく統制した。これは$_j$将軍の代替わりごとに少しずつ修正されていった。

【設　問】

1．下線部aの説明として誤っているものを下記より選びなさい。

ア．大宝律令の撰定には刑部親王や藤原不比等らがあたった。

イ．大宝律令は文武天皇の時に完成し施行された。

ウ．養老律令の撰定には藤原不比等らがあたった。

エ．養老律令は元正天皇の時に完成し施行された。

2．下線部bをつかさどった官司を下記より選びなさい。

ア．中務省　　イ．式部省　　ウ．兵部省　　エ．刑部省

3．下線部cの成立順に正しく並んでいるものを下記より選びなさい。

ア．延喜格式→弘仁格式→貞観格式　　イ．延喜格式→貞観格式→弘仁格式

ウ．弘仁格式→貞観格式→延喜格式　　エ．弘仁格式→延喜格式→貞観格式

4．下線部dの説明として正しいものを下記より選びなさい。

ア．承久の乱後、幕府は後鳥羽上皇に圧力を加えて養老律令の廃止の宣旨を出させた。

イ．建武の新政において、後醍醐天皇は養老律令の復活を命じる院宣を出した。

ウ．徳川家光は禁中並公家諸法度で養老律令の廃止を命じた。

エ．養老律令を廃止するという主旨の法令は出されたことはなく、中央官制の二官八省は、明治維新まで名目の上では存続した。

5．空欄eに該当する人物が執権であった時の出来事の説明として、誤っているものを下記より選びなさい。

ア．源実朝が暗殺された。　　イ．評定衆を置いた。

ウ．藤原頼経が第4代の将軍となった。　　エ．連署を置いた。

6．下線部 f に関して、誤っているものを下記より選びなさい。

ア．源頼朝以来の先例や武士社会の慣習・道徳に基づくものであった。

イ．守護や地頭の任務と権限を定めたものであった。

ウ．御家人の紛争を公平に裁く基準を示したものであった。

エ．下線部 f が制定されると、日本国中がこれによって規制されることとなった。

7．下線部 g に関して、初代長官となった人物として正しいものを下記より選びなさい。

ア．三善清行　　イ．三善康信　　ウ．大江匡房　　エ．大江広元

8．下線部 h の条文として誤っているものを下記より選びなさい。

ア．駿・遠両国の輩、或はわたくしとして他国より嫁をとり、或は婿にとり、娘をつかはす事、自今以後これを停止し畢ぬ。

イ．朝倉が館之外、国内に城郭を構えさせまじく候。

ウ．且つは天下の御為、且つは往還の旅人御憐愍の儀を思し食され、御分国中に数多之在る諸関諸役上させられ（後略）

エ．喧嘩の事、是非に及ばず成敗を加ふべし。

9．下線部 i の最初のものについての説明として誤っているものを下記より選びなさい。

ア．豊臣氏が滅亡した直後に出された。

イ．南禅寺金地院崇伝が起草した。

ウ．徳川家康の名義で発布された。

エ．福島正則は城修築の許可手続きの不備（武家諸法度違反）により改易された。

10．下線部 j に関して、次のα、β、γの条項が古い順に並んでいるものを下記より選びなさい。

α：文武弓馬ノ道、専ラ相嗜ムベキ事。

β：文武忠孝ヲ励シ、礼儀ヲ正スベキ事。

γ：大名小名、在江戸交替、相定ル所也。毎歳夏四月中参勤致スベシ。

ア．$\alpha \to \beta \to \gamma$　　イ．$\alpha \to \gamma \to \beta$　　ウ．$\beta \to \alpha \to \gamma$　　エ．$\beta \to \gamma \to \alpha$

〔Ⅲ〕次の史料A・Bを読んで設問に答えなさい。もっとも適切な答えを一つマークしなさい。なお史料は省略したり、書き改めたところがあります。

A. 一、近年 a金銀出入段々多く成り、　b　寄合の節も此儀を専ら取扱い、公事訴訟ハ末に罷成、評定の本旨を失ひ候。c借金銀・買懸り等の儀ハ、人々相対の上の事ニ候得ば、自今は　d　ニて済口の取扱い致す間敷候。併欲心を以て事を巧み候出入ハ、不届を糺明いたし、御仕置申し付くべく候事。

一、e只今迄奉行所ニて取上げ、日切ニ申し付け、段々済寄り候金銀出入も、向後罷出間敷由申し付くべく候事。

【設　問】

1．下線部aの意味として正しいものを下記より選びなさい。

ア．幕府の歳入と歳出　　イ．金銀の貸借などに関する訴訟

ウ．武士の家計簿　　エ．幕府の金貨・銀貨の発行高

2．空欄b・dに該当する語句の組合せとして正しいものを下記より選びなさい。

ア．b：大老・d：評定所　　イ．b：大目付・d：評定所

ウ．b：評定所・d：三奉行所　　エ．b：大目付・d：三奉行所

3．下線部cの説明として正しいものを下記より選びなさい。

ア．借金銀や掛け買いでの購入に関する紛争は、当事者同士のことであるから、これからは空欄dでは当事者の調停・和解の取扱いをしない。

イ．借金銀や商品購入に関する紛争を刑事事件として処理するので、これからは空欄dで当事者の調停・和解の取扱いをしない。

ウ．借金銀や商品購入に関する事柄は、経済に関わる重要な事柄なので、これからは空欄dで訴えを取り上げる。

エ．借金銀や掛け買いでの購入は、倫理的に好ましくない行為であるので、これからは空欄dで強制執行を行わないこととする。

4．下線部eの内容として正しいものを下記より選びなさい。

ア．従来は、すぐに破産の手続を取っていた。

イ．従来は、奉行所が取り上げるまでには様々な手続が必要であった。

ウ．従来は、債務を分割して徐々に弁済させるようにすることがあった。

エ．従来は、即日、訴えられたものを切り捨てていた。

5．史料Aに関して、正しいものを下記より選びなさい。なお、すべて誤っている場合は「エ」をマークしなさい。

ア．史料Aが発せられた当時、江戸幕府が受け付けた訴訟のうち、「金銀出入」の割合は増加する傾向にあった。

イ．史料Aは実効性に乏しく、その後発せられることはなかった。

ウ．最初に史料Aを発した将軍は、司法制度の整備に尽力し、関東取締出役を設けた。

B．　帝国ハ特ニ政戦両略ノ緊密ナル運用ニ依リ、左記各項ノ適切ナル実行ヲ期ス。

一、f支那現中央政府ニシテ此際反省翻意シ、誠意ヲ以テ和ヲ求ムルニ於テハ、別紙（甲)、日支講和交渉条件ニ準拠シテ交渉ス。

二、支那現中央政府カ和ヲ求メ来ラサル場合ニ於テハ、帝国ハ爾後之ヲ相手トスル事変解決ニ期待ヲ掛ケス、新興支那政権ノ成立ヲ助長シ、コレト両国国交ノ調整ヲ協定シ更正新支那ノ建設ニ協力ス。支那現中央政府ニ対シテハ、帝国ハ之カ潰滅ヲ図リ、又ハ新興中央政権ノ傘下ニ収容セラルル如ク施策ス。

（中略）

別紙　甲　日支講和交渉条件細目

一、支那ハ［ g ］ヲ［ h ］スルコト。

二、支那ハ排日及反［ g ］政策ヲ放棄スルコト。

三、北支及内蒙ニ非武装地帯ヲ設定スルコト。

四、北支ハ支那主権ノ下ニ於テ日［ g ］支三国ノ共存共栄ヲ実現スルニ適当ナル機構ヲ設定シ、之ニ広汎ナル権限ヲ賦与シ、特ニ日［ g ］支経済合作ノ実ヲ挙クルコト。

五、内蒙古ニハ［ i ］自治政府ヲ設立スルコト。

六、支那ハ［ i ］政策ヲ確立シ、日［ g ］両国ノ同政策遂行ニ協力スルコト。

【設　問】

6．下線部fの説明として正しいものを下記より選びなさい。

ア．張作霖が率いる北京政府　　イ．蔣介石が率いる国民政府

ウ．汪兆銘が率いる新国民政府　　エ．毛沢東が率いる共産政府

7．空欄gに該当する国名としてもっとも適当なものを下記より選びなさい。

ア．ソ連　　イ．朝鮮　　ウ．満州国　　エ．台湾

8．空欄h・iに該当する語句の組合せとして正しいものを下記より選びなさい。

ア．h：正式承認・i：防共　　イ．h：放棄・i：開放

ウ．h：放棄・i：反共　　エ．h：正式承認・i：容共

9．史料Bに関して、誤っているものを下記より選びなさい。

ア．第一条では、中国政府に対し別紙にある講和条件をもって和平交渉を行うとしている。

イ．第二条では、中国政府が講和を求めなかった場合、新たな政権の成立を助長し、現政権を崩壊させるか、新政権のもとに収容するよう施策を講じるとしている。

ウ．史料Bは、柳条湖事件に端を発した日中戦争に際して、日本政府の方針を決定したものである。

エ．講和条件には、中国国内に非武装地帯を設定するなど、半植民地化を企図したものが含まれる。

10．史料Bの時に首相を務めていた人物の内閣が制定・締結した法律・条約の一節として誤っているものを下記より選びなさい。

ア．日本国ハ、独逸国及伊太利国ノ欧州ニ於ケル新秩序建設ニ関シ、指導的地位ヲ認メ且之ヲ尊重ス。

イ．両締約国（日本国・ソヴィエト連邦のこと）ハ両国間ニ平和及友好ノ関係ヲ維持シ、且相互ニ他方締約国ノ領土ノ保全及不可侵ヲ尊重スヘキコトヲ約ス。

ウ．本法ニ於テ国家総動員トハ戦時（戦争ニ準スベキ事変ノ場合ヲ含ム以下之ニ同ジ）ニ際シ国防目的達成ノ為、国ノ全力ヲ最モ有効ニ発揮セシムル様、人的及物的資源ヲ統制運用スルヲ謂フ。

エ．締約国（日本国・独逸国のこと）ハ共産「インターナショナル」ノ活動ニ付、相互ニ通報シ、必要ナル防衛措置ニ付協議シ且緊密ナル協力ニ依リ右ノ措置ヲ達成スルコトヲ約ス。

〔Ⅳ〕次の文章A・Bを読んで設問に答えなさい。もっとも適切な答えを一つマークしなさい。

A．　a第一次世界大戦の最中、欧米諸国のアジアに対する関心が低下していた間隙をぬって、［　b　］内閣は中国の北京政府に対して c二十一カ条の要求を突きつけた。さらに日本は、北京政府で実権を握った［　d　］に対して巨額の借款を無担保で与えるなどして、中国への影響力の拡大をはかったが、中国や欧米諸国は日本への不信感を高めていった。日本は、アメリカとの間でいわゆる e石井・ランシング協定を結び、また fシベリア出兵を行うなどして協調に努めた。

【設　問】

1．下線部aの説明として誤っているものを下記より選びなさい。

ア．イギリスは、三国協商を結んでいたフランス・ロシア側について参戦した。

イ．三国同盟を成立させていたドイツ・フランス・イタリアはともに戦った。

ウ．日本は日英同盟を理由に参戦した。

エ．日本軍は中国の青島、南洋諸島だけでなく地中海へも出動した。

2．空欄b・dに該当する人物の組合せとして正しいものを下記より選びなさい。

ア．b：寺内正毅・d：段祺瑞　　イ．b：寺内正毅・d：袁世凱

ウ．b：大隈重信・d：袁世凱　　エ．b：大隈重信・d：段祺瑞

3．下線部 c に関して、最終的に要求から削除された事項を下記より選びなさい。

ア．山東省のドイツ権益を日本が継承すること

イ．漢冶萍公司を日中共同で経営すること

ウ．中国政府顧問として日本人を雇用すること

エ．南満州および東部内蒙古での日本の権益の強化

4．下線部 e の説明として正しいものを下記より選びなさい。

ア．日本の外務大臣石井菊次郎とアメリカの国務長官ランシングの間で結ばれた。

イ．日本は中国の領土保全・門戸開放を認めた。

ウ．アメリカは日本の韓国への保護権を認めた。

エ．この協定は第一次世界大戦の終結後に結ばれた。

5．下線部 f に関連する説明として誤っているものを下記より選びなさい。なお、すべて正しい場合は「エ」をマークしなさい。

ア．アメリカはチェコスロバキア軍救援を名目に共同出兵を提唱した。

イ．日本は大戦終了後もシベリアに軍隊を駐屯させた。

ウ．日本では出兵を見込んで米の投機的買占めが横行したため米騒動が起こった。

B．　戦後日本と中華人民共和国との間には長らく国交が結ばれなかったが、$_{g}$<u>田中角栄内閣</u>の時に［　h　］がなされ、ようやく$_{i}$<u>日中国交正常化が実現した</u>。田中角栄は「$_{j}$<u>日本列島改造論</u>」を打ち出していたが、その主張に沿って公共投資を拡大したこともあって狂乱物価と呼ばれる激しいインフレを招いてしまった。後継の［　k　］内閣の時には$_{l}$<u>はじめて先進国首脳会議（サミット）が開催された</u>。

【設　問】

6．下線部 g の時の出来事として正しいものを下記より選びなさい。

ア．イラン革命を機に第 2 次石油危機が起こった。

イ．在任の最終年に日本経済が戦後初の実質マイナス成長となった。

ウ．アメリカが金とドルの交換停止を発表した。

エ．ロッキード事件で田中角栄が首相在任中に逮捕された。

7．空欄 h・k に該当する語句と人物の組合せとして正しいものを下記より選びなさい。

ア．h：日中平和友好条約の締結・k：三木武夫

イ．h：日中平和友好条約の締結・k：福田赳夫

ウ．h：日中共同声明の発表・k：福田赳夫

エ．h：日中共同声明の発表・k：三木武夫

8．下線部 i の説明として正しいものを下記より選びなさい。なお、すべて誤っている場合は「エ」をマークしなさい。

ア．この時に日中間で貿易の取決めが結ばれ戦後の日中貿易が再開された。

イ．これにともなって日本と台湾の国民政府との外交関係は断絶した。

ウ．この後に韓国との間でも国交正常化が実現した。

9．下線部 j の主張として誤っているものを下記より選びなさい。

ア．工業の地方分散　　イ．新幹線の整備

ウ．デフレ経済からの脱却　　エ．高速道路の整備

10．下線部 l の説明として正しいものを下記より選びなさい。

ア．開催を呼びかけたアメリカのワシントンで開催された。

イ．世界的不況、経済危機の打開のために開催された。

ウ．アメリカ・日本・西ドイツ・イギリス・フランス・イタリア・ソ連の首脳が参加した。

エ．当初は２年に一度の開催でスタートした。

世界史

(60分)

〔Ⅰ〕次の文中の［　　］に最も適当な語を語群から選び、また下線部に関する問いに答え、最も適当な記号1つをマークしなさい。

「ヘレニズム時代」とは、マケドニアの①アレクサンドロス大王の遠征からローマの［　イ　］によるエジプト併合にいたる、古代史の一時期を表すために用いられる表現である。この300年間にはアレクサンドロスによる②アケメネス朝の征服により、ギリシア人の活動が広範囲に広がったばかりではなく、伝統や知識の保存と新たな学術活動がさかんに行われた。例えばバビロニアのベロッソスはギリシア語で洪水伝説などを記した『バビロニア史』を③セレウコス朝に献上し、エジプトでも神官マネトンがギリシア語の『エジプト史』を著した。この著作に見られる古代エジプトの王朝区分は現在のエジプト学でも踏襲されている。また④ユダヤ人はプトレマイオス朝の下で旧約聖書のギリシア語訳を行い、これは今日『七十人訳聖書』と呼ばれるギリシア語訳聖書の核となった。ヘレニズム時代は最初の大図書館時代でもあり、アリストテレスらは⑤アテネで弟子たちを育成し、自らの研究を行うために蔵書を集めた。さらにプトレマイオス1世は⑥エジプトのアレクサンドリアに図書館を開設し、同館はヘレニズム時代の終わり頃には70万巻におよぶ蔵書を集めるにいたった。アレクサンドリアで活躍した学者たちの中には地球の円周を計測した［　ロ　］もいる。

[語　群]

イ　a．オクタウィアヌス　b．クラッスス　c．ポリビオス　d．レピドゥス

ロ　a．デモクリトス　b．エラトステネス　c．ヘラクレイトス
　d．エウクレイデス

[問　い]

①アレクサンドロス大王に関する記述として、誤りを含むものはどれか。

a．アリストテレスに学んだ。

b．マケドニア・ギリシアの連合軍を率いた。

c．東西世界の融合という理想を抱いた。

d．東方遠征の後、ペルセポリスで急死した。

②アケメネス朝に関する記述として、誤りを含むものはどれか。

a．新バビロニアから自立した。

b．リディア王国を征服した。

c．スサからサルデスにいたる公道が整備された。

d．サトラップが地方の徴税や治安維持を担った。

③セレウコス朝に関する記述として、誤りを含むものはどれか。

a．アレクサンドロス大王が征服したアジアの領土を受け継いだ。

b．クテシフォンに都を置いた。

c．その版図からバクトリアが自立した。

d．ポンペイウスにより、ローマの属州とされた。

④ユダヤ人とユダヤ教に関する記述として、誤りを含むものはどれか。

a．ダレイオス１世がユダヤ人を捕囚から解放した。

b．ユダヤ人はイェルサレムの神殿を中心に、神権政治的体制を築いた。

c．ユダヤ教の戒律では豚肉が不浄とされた。

d．ユダヤ教の選民思想は、後にイエスによって否定された。

⑤アテネに関する記述として、誤りを含むものはどれか。

a．ドラコンが慣習法を成文化した。

b．奴隷が総人口の３分の１にのぼった。

c．クレイステネスがサラミスの海戦を指揮した。

d．カイロネイアの戦いで敗れた。

⑥エジプトのアレクサンドリアに関する記述として、誤りを含むものはどれか。

a．ナイル河のデルタ河口に位置した。

b．王立研究所リュケイオンがつくられた。

c．シチリア島出身のアルキメデスはこの地で学んだ。

d．『天文学大全』を著したプトレマイオスはこの地で活躍した。

〔Ⅱ〕次の文中の[ ]に最も適当な語を語群から選び、また下線部に関する問いに答え、最も適当な記号1つをマークしなさい。

ドイツ貴族ナッサウ家の流れをくむウィレムは、1544年にネーデルラントの所領と南フランスのオランジュ公領を相続し、オラニエ（オランジュ）公ウィレムとなった。1556年に即位した①ハプスブルク家のフェリペ2世は、ネーデルラント諸州に重税を課しカトリック信仰を強制した。自治を脅かされたネーデルラント諸州はオラニエ公ウィレムを指導者として抵抗し、1568年にオランダ独立戦争が勃発した。諸州のうち②南部10州は中途で脱落したが、北部7州は[イ]を結成して戦い続け、1581年にオラニエ公を世襲の総督（統領）とするネーデルラント連邦共和国（オランダ）の独立を宣言した。オランダは1609年の休戦条約で事実上の独立を達成したが、この戦争が「八十年戦争」と呼ばれることからわかるように、その独立が国際的に承認されるには[ロ]条約を待たなければならなかった。

ヨーロッパ経済が「17世紀の危機」で不況に陥る中、オランダは強力な③経済力を維持した。しかし17世紀半ば以降④イギリスやフランスがオランダに挑んだ。総督ウィレム3世は1688年にプロテスタント国イギリスと同君連合を形成して⑤ルイ14世に対抗した。一方、国内では18世紀を通じてオラニエ公の統治に対する反感が募った。18世紀末に⑥フランス革命が勃発すると、フランス軍はオランダに侵入した。反オラニエ派がそれに呼応して連邦共和国は崩壊し、ウィレム5世はイギリスへの亡命を余儀なくされた。その後、オランダではフランスによる支配が続いた。しかしナポレオンが敗北すると、ウィレム5世の子が初代国王ウィレム1世として即位し、ネーデルラント王国が成立した。

[語　群]

イ　a．永久同盟　b．アラス同盟　c．ユトレヒト同盟　d．ライン同盟

ロ　a．カトー=カンブレジ　b．アーヘン　c．ピレネー　d．ウェストファリア

[問　い]

①ハプスブルク家出身の王に関する記述として、誤りを含むものはどれか。

a．マクシミリアン1世はブルゴーニュ公女と結婚してネーデルラントを手に入れた。

b．カール5世はフランソワ1世をおさえて神聖ローマ皇帝に選出された。

c．フェリペ2世はポルトガルを併合した。

d．フェリペ5世がスペイン王位を継承した。

②南部10州に関する記述として、誤りを含むものはどれか。

a．カルロヴィッツ条約により、オーストリア領とされた。

b．ウィーン会議の結果、オランダ領とされた。

c．19世紀に成立したベルギーにはその多くが含まれた。

d．カトリックの勢力が強かった。

③オランダの経済に関する記述として、誤りを含むものはどれか。

a．ブラジルでのサトウキビのプランテーション経営にも参画した。

b．世界初の株式会社とされる東インド会社が設立された。

c．ホラント州のアントウェルペンが国際金融の中心地となった。

d．フランドル地域などから商工業者が亡命してきて、毛織物業が栄えた。

④イギリスに関する記述として、誤りを含むものはどれか。

a．オランダ独立戦争では、スペインを支援した。

b．アンボイナ事件では、イギリス人らがオランダ側に殺害された。

c．オランダの中継貿易に打撃を与えるため、航海法を制定した。

d．第2次イギリス=オランダ戦争の結果、アメリカのオランダ植民地を獲得した。

⑤ルイ14世に関する記述として、誤りを含むものはどれか。

a．フロンドの乱が鎮圧された後に、親政を開始した。

b．即位当初は宰相リシュリューが政治の実権を握っていた。

c．オランダ戦争では、スペインやオーストリアと同盟を結んだオランダと戦った。

d．バロック様式の建築物として知られるヴェルサイユ宮殿の造営を命じた。

⑥フランス革命に関する記述として、誤りを含むものはどれか。

a．国王がネッケルを罷免し軍を動員すると、バスティーユ牢獄が襲撃された。

b．憲法制定国民議会では、領主地代が無償廃止された。

c．人権宣言では、国民がフランスの主権者とされた。

d．ラ=ファイエットやミラボーら自由主義貴族の主導で、教会財産が没収された。

〔Ⅲ〕 次の文中の［　　］に最も適当な語を語群から選び、また下線部に関する問いに答え、最も適当な記号1つをマークしなさい。

モンゴル高原を中心とするユーラシア大陸北東部の草原地帯では、古くから遊牧民が活動し、やがて騎馬技術を導入した彼らはその機動力によって巨大な部族連合国家を形成した。紀元前3世紀末にモンゴル高原を統一した①匈奴は、［　イ　］を駆逐して②タリム盆地周縁のオアシス諸都市を支配し、東は③朝鮮半島北部までを勢力圏にいれ、南の漢に圧力を加えた。匈奴が衰退分裂すると、その支配下から自立した鮮卑などの遊牧民がモンゴル高原東部で勢力を強め、それらの一部は南匈奴とともに長城を越えて中国北辺に移住し、中国王朝の支配を受けた。彼らは紀元後4世紀初頭には中国王朝の動乱に乗じて華北で独立政権を建て、五胡十六国と呼ばれる諸王朝が興亡を繰り返すことになる。その中から台頭した鮮卑拓跋部は北魏を建て、5世紀前半に華北を統一した。鮮卑の南下と入れ替わりにモンゴル高原では柔然が覇権を握り、北魏を脅かしたが、やがて柔然の支配下から興ったトルコ系の④突厥は柔然を滅ぼし、モンゴル高原一帯を制覇した。突厥は西ではササン朝と結んで⑤エフタルを破り、また東では北魏分裂後の中国の北朝を臣属させるなど強盛を誇ったが、隋が成立するとその離間策によって東西に分裂した。西突厥はアム川流域にまでおよぶ中央アジア西部を支配したが、8世紀にはトルコ系の別の勢力が支配権を握り、西突厥は衰退した。一方、東突厥は唐の太宗の時代には中国に服属し、7世紀末にその支配から脱して復興したが、8世紀には⑥ウイグルに滅ぼされた。ウイグルも9世紀には［　ロ　］に滅ぼされ、残存勢力が敦煌周辺および天山地方に定住して王国を築いた。この両ウイグル王国のもとで中央アジア東部の主な住民層はアーリヤ系からトルコ系へと代わり、この地は東トルキスタンと呼ばれるようになった。今日、ここは新疆ウイグル自治区として中華人民共和国の統治下にある。

[語　群]

イ　a．氐　　b．羌　　c．月氏　　d．吐谷渾

ロ　a．アヴァール　　b．キルギス　　c．ウズベク　　d．ナイマン

[問　い]

①匈奴に関する記述として、誤りを含むものはどれか。

a．烏孫を支配下に置いた。

b．10を単位とする軍事・社会組織を編制した。

c．前漢後半期に東西に分裂した。

d．南匈奴は永嘉の乱で東晋を滅ぼした。

②タリム盆地周縁のオアシス都市でないものはどれか。

a．クチャ　　b．カシュガル　　c．ブハラ　　d．ホータン

③古代の朝鮮半島に関する記述として、誤りを含むものはどれか。

a．前漢時代、衛満が現在の平壌を都として衛氏朝鮮を開いた。

b．前漢末期、公孫氏は楽浪郡の南部を分けて帯方郡を置いた。

c．楽浪郡は高句麗によって滅ぼされた。

d．半島南部の弁韓の地から、加耶諸国の連合が成立した。

④突厥に関する記述として、誤りを含むものはどれか。

a．使節を西ローマ帝国に派遣した。

b．唐の建国を支援した。

c．西突厥はブルガール人を支配下に置いた。

d．オルホン川流域に突厥文字の碑文を残した。

⑤エフタルに関する記述として、誤りを含むものはどれか。

a．その支配のもとで、ソグド人の東方移住がすすんだ。

b．インドに侵入してクシャーナ朝を衰退させた。

c．柔然とともに高車を攻撃した。

d．柔然と結び、中国の絹を西方に販売した。

⑥ウイグルに関する記述として、誤りを含むものはどれか。

a．安史の乱に乗じて長安を一時占領した。

b．唐に絹馬交易を強要した。

c．マニ教が国教化された。

d．ウイグル文字は満州文字の原型となった。

〔Ⅳ〕次の文中の［　　］に最も適当な語を語群から選び、また下線部に関する問いに答え、最も適当な記号1つをマークしなさい。

①オスマン帝国は、13世紀末から第一次世界大戦後までの6世紀以上にわたって広大な領域を支配した。しかし当初は②アナトリアに群雄割拠した侯国のひとつにすぎず、名実ともに帝国の名にふさわしい国家体制を整えたのは、15世紀以降のことである。

［　イ　］の戦いでドナウ川下流域を確保したバヤジット1世が③ティムールに敗北し、一時はスルタン不在となったが、ムラト2世の時代にかつての領土を回復した。その息子メフメト2世は1453年にビザンツ帝国を滅ぼし、その後も周辺地域への征服活動を続けた。続くバヤジット2世は戦争で疲弊した国力を回復するため大規模な遠征は控えたが、その間にイスラームの伝統にもとづく④行政や司法の制度が整えられた。しかし、イランにはシーア派の⑤サファヴィー朝が成立し、マムルーク朝もアナトリア南部への進出の機会をうかがっていた。こうした動きに対し父王を廃したセリム1世は、1514年に［　ロ　］が率いる「異端」のサファヴィー朝を打ち破り、翌年にはマムルーク朝と同盟していたドゥルカディル侯国を滅ぼしてアナトリアの統一を果たした。さらに1516年にはマムルーク朝も滅ぼし、聖地メッカとメディナの守護者としてスンナ派イスラーム世界の盟主となったのである。スルタン主導で発展を遂げたオスマン帝国は、続く⑥スレイマン1世の時代に最盛期を迎える。

[語　群]

イ　a．コソヴォ　　b．ニコポリス　　c．アンカラ　　d．モハーチ

ロ　a．アッバース1世　　b．マンスール　　c．イスマーイール　　d．バーブル

[問　い]

①初期のオスマン帝国に関する記述として、誤りを含むものはどれか。

a．アナトリアの東部でオスマン=ベイが興した。

b．その軍隊はトルコ人やキリスト教徒の騎士から組織されていた。

c．アナトリア西部のブルサを拠点に勢力を拡大した。

d．14世紀半ばにバルカン半島のアドリアノープル（エディルネ）を首都とした。

②アナトリアに関する記述として、誤りを含むものはどれか。

a．鉄製の武器を使用したヒッタイトが強大な国家を築いた。

b．セルジューク朝の西進がトルコ化のきっかけとなった。

c．ルーム=セルジューク朝はモンゴルの攻撃によって衰えた。

d．イスタンブルでトルコ大国民議会が開催された。

③ティムールに関する記述として、誤りを含むものはどれか。

a．西チャガタイ=ハン国の出身である。

b．キプチャク草原に遠征した。

c．デリー=スルタン朝下の北インドに遠征した。

d．首都イスファハーンに多くの学者や文化人を集めた。

④オスマン帝国の行政や司法に関する記述として、誤りを含むものはどれか。

a．マドラサで教育を受けたウラマーが地方の行政官として派遣された。

b．バルカン半島のキリスト教徒の子弟が徴用され、官僚や軍人として養成された。

c．支配者層には、位階に応じて給与地や保持すべき騎兵・騎馬数が定められた。

d．非ムスリム臣民にはそれぞれの慣習や自治が認められた。

⑤サファヴィー朝に関する記述として、誤りを含むものはどれか。

a．古代イラン由来のシャーの称号を用いた。

b．ホルムズ島からオランダを駆逐した。

c．初期にはトルコ系遊牧民が軍隊の主力を構成した。

d．生糸や絹織物がヨーロッパに輸出された。

⑥スレイマン１世に関する記述として、誤りを含むものはどれか。

a．第１次ウィーン包囲を行った。

b．サファヴィー朝から南イラクを奪取した。

c．建築家シナン（スィナン）に自らの名を冠した大モスクを建設させた。

d．モロッコを属領とした。

〔V〕次の文中の［　　］に最も適当な語を語群から選び、また下線部に関する問いに答え、最も適当な記号1つをマークしなさい。

中越国境から①シャム湾岸東南端にいたる南シナ海沿岸地域の支配を実現した阮朝は、ベトナム最後の王朝でもある。

②阮福暎は、近隣の諸勢力の支援に加えて、フランスの軍事援助を受けて敵対勢力を撃破し、阮朝初代の皇帝に即位した。彼はフランスとの良好な関係を保ちつつ、清朝に冊封を求め、［　イ　］国王に封じられた。しかし、次代の明命帝以降、阮朝はキリスト教を弾圧したためフランスとの関係が悪化した。フランスはベトナムの中部や南部に攻撃を行い、また2度にわたるサイゴン条約で阮朝を圧迫した。

これに対し、阮朝は［　ロ　］の率いる黒旗軍を引き入れて対抗したが、フランスの圧力に抗しきれず、保護国となって軍事や外交の権限を喪失した。その後、阮朝は③カンボジアとともにフランス領インドシナ連邦に組み入れられた。連邦にはやがて④ラオスも編入され、フランスのインドシナにおける影響力は高まった。

こうしたフランスの支配に反発する阮朝の知識人や官吏らは、独立のための運動を展開するようになった。運動の指導者の一人⑤ファン=ボイ=チャウは様々な活動に身を投じたが、目的を実現することはできなかった。ベトナムの独立は、彼と交流のあった儒学者の息子⑥ホー=チ=ミンらの活動によって達成されるのである。

［語　群］

イ　a．安南　　b．南詔　　c．大越　　d．越南

ロ　a．左宗棠　　b．劉永福　　c．阮文岳　　d．李公蘊

［問　い］

①シャム（タイ）に関する記述として、誤りを含むものはどれか。

a．イギリスとバウリング条約を結んだ。

b．ラーマ5世はチャクリ改革を推進した。

c．第二次世界大戦後の革命により、立憲君主政に移行した。

d．東南アジア条約機構の結成に参加した。

②阮福暎に関する記述として、誤りを含むものはどれか。

a．嘉隆帝と称せられる。

b．シャム（タイ）のラーマ1世の支援を受けた。

c．フランスの宣教師であるピニョーの支援を受けた。

d．広南王国の西山党の出身である。

③カンボジアに関する記述として、誤りを含むものはどれか。

a．コロンボ会議により正式な独立を達成した。

b．アメリカのニクソン政権による軍事侵攻を受けた。

c．ポル=ポト政権は都市から農村への強制移住をすすめた。

d．ヘン=サムリンはベトナムの支援を受け、カンボジア人民共和国を樹立した。

④ラオスに関する記述として、誤りを含むものはどれか。

a．ラタナコーシン朝に対する宗主権を確立した。

b．フランス連合内での独立を認められたときには主権が制限されていた。

c．ラオス愛国戦線の主導でラオス人民民主共和国が成立した。

d．20世紀末にASEANに加盟した。

⑤ファン=ボイ=チャウに関する記述として、誤りを含むものはどれか。

a．ドンズー運動を提唱した。

b．立憲君主政による独立を目指して維新会を組織した。

c．日本に亡命していた梁啓超らと交流した。

d．武力革命を目指すベトナム光復会をハノイで組織した。

⑥ホー=チ=ミンに関する記述として、誤りを含むものはどれか。

a．コミンテルンの活動家であった。

b．タキン党を母体にベトナム共産党を組織した。

c．ベトナム独立同盟会を率いてフランスと戦った。

d．ベトナム民主共和国の初代大統領となった。

地理

(60 分)

〔Ｉ〕北アメリカに関する以下の設問に答え、最も適当な記号を１つ選んでマークしなさい。

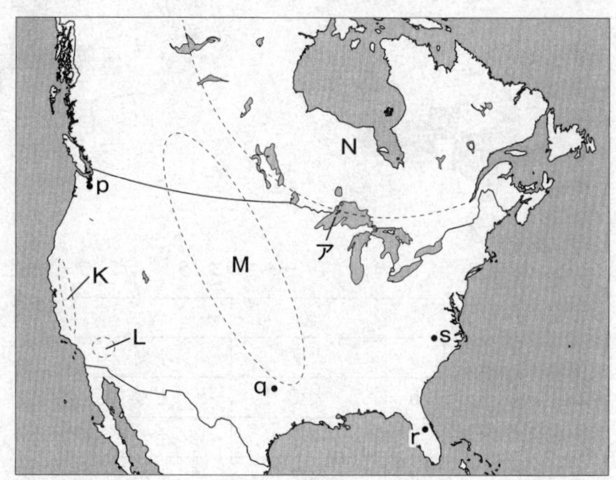

(１) 地図中のＫ～Ｎの自然環境に関する説明として誤りを含むものはどれか。

ａ．Ｋには、山脈と山脈の間に形成された地溝盆地がみられる。

ｂ．Ｌには、中緯度高圧帯付近に形成された砂漠がみられる。

ｃ．Ｍには、南北に広がる土壌のやせた平原が含まれる。

ｄ．Ｎには、世界最大の広さを持つ楯状地が含まれる。

(２) 湖アの西岸域に主要産出地がある鉱産物はどれか。

ａ．ウラン　ｂ．原油　ｃ．石炭　ｄ．鉄鉱石

(３) 地図中の都市ｐ～ｓは、それぞれアメリカ合衆国における先端産業の集積地である「エレクトロニクスベルト」「シリコンフォレスト」「シリコンプレーン」「リサーチトライアングル」の中心となる都市である。「リサーチトライアングル」の中心となる都市はどれか。

ａ．都市ｐ　ｂ．都市ｑ　ｃ．都市ｒ　ｄ．都市ｓ

(４) アメリカ合衆国の農業に関する説明として誤りを含むものはどれか。

a．カリフォルニア州では、柑橘類や野菜などの集約的な農業がみられる。

b．乾燥地帯では、センターピボット方式による灌漑農業がみられる。

c．穀物メジャーが大土地所有による農作物の生産や輸出を行っている。

d．とうもろこしなどを原料としたバイオ燃料の生産量は世界第１位である。

(5) 下の図Ｘ・Ｙは、ある農作物のアメリカ合衆国における生産量上位５州（2020年）をそれぞれ示したものである。Ｘ・Ｙと農作物の組み合わせとして正しいものはどれか。

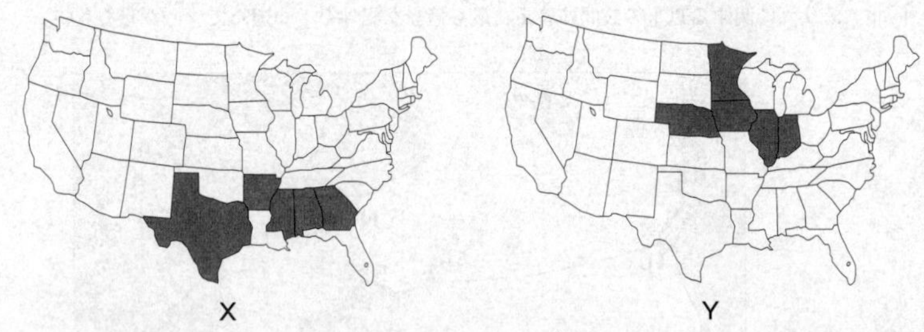

『データブック オブ・ザ・ワールド』2022年版による。

	X	Y
a	大豆	小麦
b	大豆	とうもろこし
c	綿花	小麦
d	綿花	とうもろこし

(6) アメリカ合衆国の都市に関する説明として誤りを含むものはどれか。

a．大都市ではジェントリフィケーションの進行による地価の下落がみられる。

b．モータリゼーションに伴い中心市街地の衰退が進んだ都市がある。

c．ニューヨークやロサンゼルスでは民族集団による住み分けがみられる。

d．ボストンからワシントンD.C.に至る人口集中地域をメガロポリスという。

(7) アメリカ合衆国の都市に本部を置く国際機関として正しいものはどれか。

a．国際通貨基金　　b．国連教育科学文化機関　　c．国連大学　　d．世界保健機関

(8) カナダに関する説明として誤りを含むものはどれか。

a．アメリカ合衆国との国境近くに人口と都市が集中している。

b．国土の西部ではオイルサンドの開発が進められている。

c．アメリカ合衆国への輸出額は輸出総額の半分以上を占める。

d．日本への輸出品目のうち輸出額の第１位は木材である。

〔Ⅱ〕 南アジアに関する以下の設問に答え、最も適当な記号を1つ選んでマークしなさい。

（1） 自然環境に関する説明として誤りを含むものはどれか。

a．インダス川流域にはラムサール条約登録地がみられる。

b．デカン高原は標高1500m前後の溶岩台地である。

c．ヒマラヤ山脈はプレートの狭まる境界に該当する。

d．ヒンドスタン平原はガンジス川流域に広がっている。

（2） 下の図は、4つの都市の月平均気温と月降水量を示したものである。a～dはカラチ、コロンボ、ダッカ、デリーのいずれかに対応している。デリーはどれか。

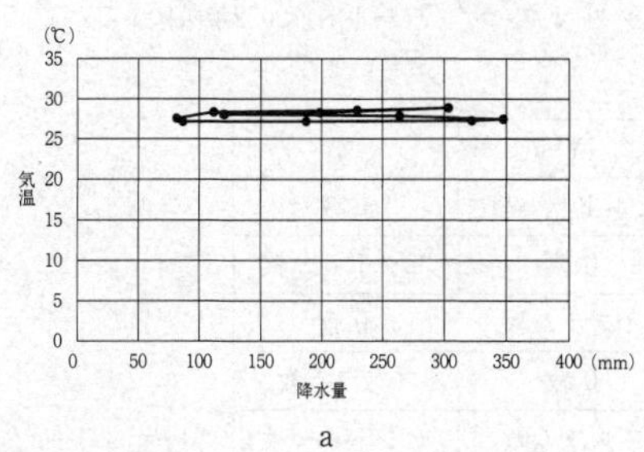

a

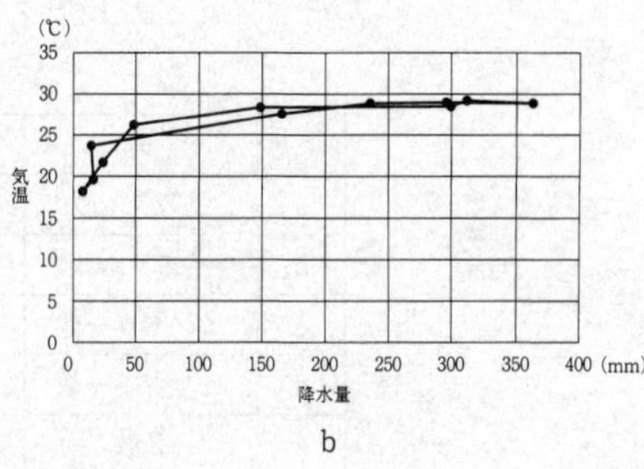

b

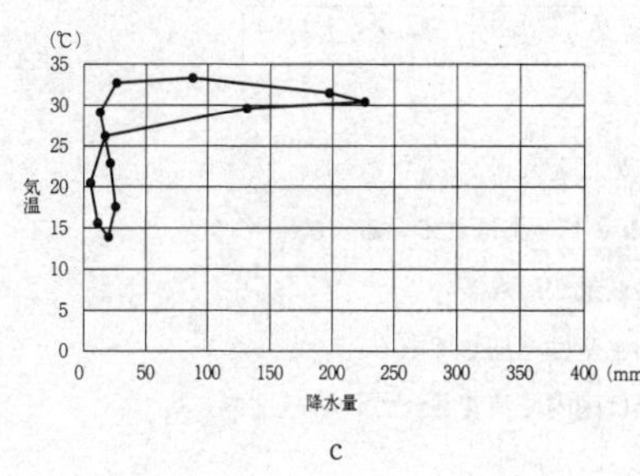

c

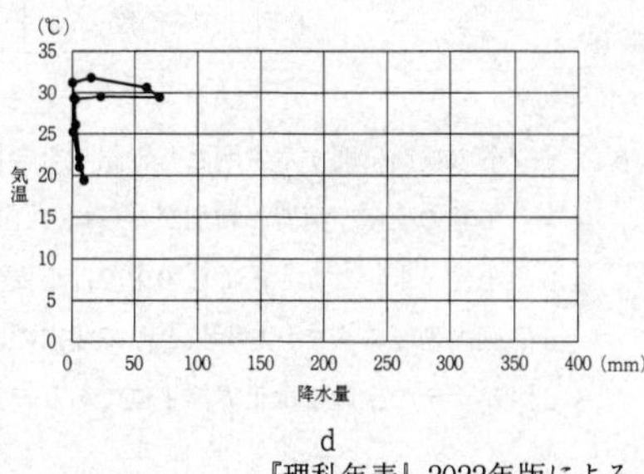

d

『理科年表』2022年版による。

（3） ネパールとブータンに関する説明として誤りを含むものはどれか。

a．両国ともインドと国境を接する。

b．両国とも政体は共和制である。

c．ネパールの人口は2千万人を超えている。

d．ブータンの人口は100万人に満たない。

（4） モルディブに関する説明として誤りを含むものはどれか。

a．インド洋上のサンゴ礁の島々からなる国である。

b．国土は南北に長く、首都は最北端の島嶼に位置する。

c．南西モンスーンの時期に降水量が多くなる。

d．海水面上昇により国土の大半が失われるおそれがある。

(5)　下の表は、4か国における主な宗教を上位2つまで示したものである。表中のX～Zは、イスラム教、ヒンドゥー教、仏教のいずれかに対応している。X～Zの組み合わせとして正しいものはどれか。

	スリランカ	ネパール	バングラデシュ	ブータン
1位	X	Y	Z	チベット仏教
2位	Y	X	Y	Y

『データブック オブ・ザ・ワールド』2022年版による。

	X	Y	Z
a	イスラム教	ヒンドゥー教	仏教
b	イスラム教	仏教	ヒンドゥー教
c	ヒンドゥー教	イスラム教	仏教
d	ヒンドゥー教	仏教	イスラム教
e	仏教	イスラム教	ヒンドゥー教
f	仏教	ヒンドゥー教	イスラム教

(6)　インドの農業に関する説明として誤りを含むものはどれか。

a．牛乳の生産・消費の増加がみられ、「白い革命」とよばれている。

b．小麦・米・とうもろこしの中では小麦の生産量が最も多い。

c．国内需要の高まりを背景として鶏肉の国内生産は増加している。

d．バナナの生産量は世界第1位であり、大半は国内で消費されている。

(7)　下の表は、4か国の国際人口移動の行き先国を上位5位まで示したものである(2020年)。表中のa～dは、アメリカ合衆国、アラブ首長国連邦、クウェート、マレーシアのいずれかに対応している。アラブ首長国連邦はどれか。

	インド	ネパール	パキスタン	バングラデシュ
1位	a	インド	サウジアラビア	インド
2位	b	c	a	サウジアラビア
3位	サウジアラビア	サウジアラビア	インド	a
4位	パキスタン	カタール	イギリス	c
5位	オマーン	b	b	d

International Migrant Stock 2020による。

（8） 日本とインドの関係に関する説明として誤りを含むものはどれか。

a．両国間の貿易関係は、日本からみて貿易黒字である。

b．日本のダイヤモンド輸入先の第1位はインドである。

c．日系企業の乗用車がインドの乗用車市場において大きなシェアを占めている。

d．RCEP（地域的な包括的経済連携）協定はインドが主導し日本も参加している。

〔Ⅲ〕以下の設問に答え、最も適当な記号を1つ選んでマークしなさい。

（1） 農業に関する説明として誤りを含むものはどれか。

a．焼畑農業では木や草を焼き払ってできた草木灰を肥料とする。

b．中世三圃式農業では、冬作物・夏作物・牧草を3年周期で耕作する。

c．高山地域の遊牧では山と谷の間の垂直移動がみられる。

d．オアシスの一部では灌漑を利用した集約的農業がみられる。

（2） 世界の農業に関する説明として誤りを含むものはどれか。

a．ウクライナからロシアにかけての黒土地帯では企業的穀物農業がみられる。

b．東南アジアでは遺伝子組み換え作物の導入によって緑の革命が進められた。

c．南半球の農業には北半球における端境期に輸出できるという利点がある。

d．高価な花がオランダやケニアのような遠隔地から日本に空輸されている。

（3） 下の表は、4か国における農作物自給率（2018年）を示したものである。表中のa～dは、オーストラリア、カナダ、ブラジル、ロシアのいずれかに対応している。ロシアはどれか。

	小麦	米	とうもろこし	いも類	大豆	肉類
a	406	0	98	154	274	136
b	240	140	101	91	54	164
c	223	88	177	88	78	96
d	43	96	128	99	248	134

単位：%。『世界国勢図会』2021/22年版による。

（4）　下の図は、４つの農作物の収穫量上位５道県（2020年）を示したものである。図のａ～ｄは、たまねぎ、トマト、ピーマン、ほうれんそうのいずれかに対応している。トマトはどれか。

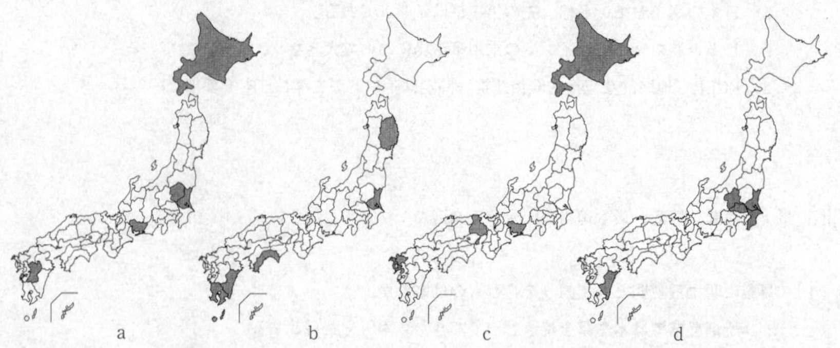

『令和２年産野菜生産出荷統計』による。

（5）　下の表は、日本における４種類の果実の輸入量と輸入額を示したものである。表中のａ～ｄは、オレンジ、キウイフルーツ、パイナップル、バナナ（生鮮）のいずれかに対応している。キウイフルーツはどれか。

	輸入量（千 t）			輸入額（百万円）
	2000年	2010年	2021年	2021年
a	1,079	1,109	1,109	107,551
b	136	110	81	13,373
c	100	143	181	16,687
d	42	63	118	50,377

『日本国勢図会』2022/23年版による。

（6）　家畜に関する説明として誤りを含むものはどれか。

ａ．ジャージー種やホルスタイン種は代表的な乳用牛である。

ｂ．豚は乾燥に強いため北アフリカや中央アジアにおいて多数飼育されている。

ｃ．羊にはメリノ種のような毛用種とコリデール種のような毛肉兼用種がある。

ｄ．南アメリカではリャマとアルパカが荷役用のほか毛用や食用で飼育される。

（7）　世界の林業に関する説明として誤りを含むものはどれか。

ａ．用材としての木材生産は、亜寒帯林を中心としつつ熱帯林でもみられる。

ｂ．亜寒帯林には針葉樹が多く、特に軟木は建築用材やパルプ用材などに使われる。

ｃ．中国は丸太、製材のいずれについても世界第１位の輸出国である。

ｄ．現在では丸太の輸出を規制し、森林資源の保全をはかる国がある。

(8) 下の表は、4か国における漁獲量および養殖業生産量、水産物輸出高を示したものである(いずれも2019年)。表中のa～dは、インド、日本、ノルウェー、ベトナムのいずれかに対応している。日本はどれか。

	漁獲量(千t)		養殖業生産量(千t)		輸出高(百万ドル)
	海面	内水面	海面	内水面	
a	3,690	1,787	903	6,897	6,857
b	3,285	144	1,472	2,984	8,695
c	3,209	22	912	32	2,294
d	2,472	0.3	1,453	0.2	12,023

『世界国勢図会』2021/22年版、『日本国勢図会』2022/23年版による。

〔Ⅳ〕以下の設問に答え、最も適当な記号を1つ選んでマークしなさい。

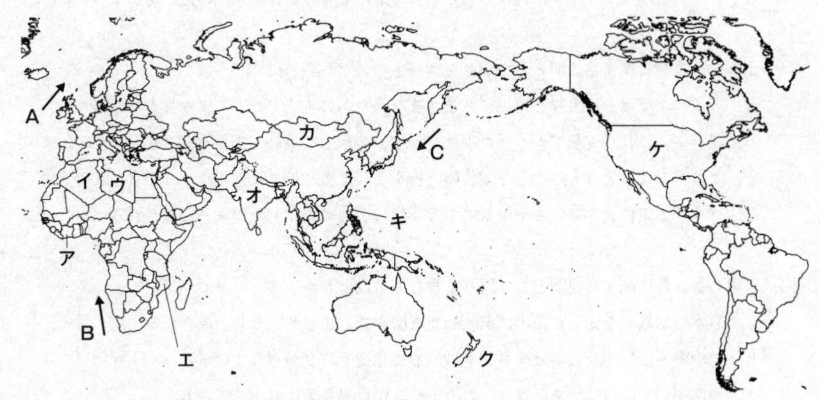

(1) 地図中の矢印A、B、Cは海流を示している。海流とその説明文X、Y、Zの組み合わせとして正しいものはどれか。

X　沿岸地域が緯度のわりに温暖である一因となっている。

Y　プランクトンを多く含み、暖流との境界は好漁場となっている。

Z　沿岸地域に砂漠が形成される一因となっている。

	海流A	海流B	海流C
a	X	Y	Z
b	X	Z	Y
c	Y	X	Z
d	Y	Z	X
e	Z	X	Y
f	Z	Y	X

(2)　世界の気候と人々の生活に関する説明として誤りを含むものはどれか。

a．サバナ気候区に含まれる地図中のオ国の高原には肥沃な土壌が広がり、商品作物の栽培がみられる。

b．ステップ気候区に含まれる地図中のカ国では、遊牧民の移動式テントをヤオトンという。

c．ヨーロッパの地中海性気候区では、冬の降水を利用した冬小麦の栽培がさかんである。

d．冬でも温暖なフロリダ半島は、同じ国内の寒冷な地域に住む人々の避寒地となっている。

(3)　世界の食文化に関する説明として誤りを含むものはどれか。

a．イタリアでは、小麦粉を用いてさまざまなかたちに加工したパスタが食される。

b．インドでは、小麦粉でつくった生地をうすくのばして焼いたチャパティが食される。

c．ケニアでは、とうもろこしなど穀物の粉をこねて蒸し焼きにしたウガリが食される。

d．ベトナムでは、タロいもやヤムいもを粉状にしてめんにしたフォーが食される。

(4)　世界の衣食住に関する説明として誤りを含むものはどれか。

a．日本では観光を楽しむために伝統的な衣服を貸し出すサービスがみられる。

b．地中海の伝統的な食事はユネスコの無形文化遺産に登録されている。

c．地図中のケ国のファストフードのチェーンが世界各地に進出している。

d．朝鮮半島の伝統的な民家ではカンとよばれる床暖房が発達している。

(5)　地図中のイ国、オ国、キ国でおもに信仰されている宗教の組み合わせとして正しいものはどれか。

	イ国	オ国	キ国
a	イスラム教	キリスト教	ヒンドゥー教
b	イスラム教	ヒンドゥー教	キリスト教
c	キリスト教	イスラム教	ヒンドゥー教
d	キリスト教	ヒンドゥー教	イスラム教
e	ヒンドゥー教	イスラム教	キリスト教
f	ヒンドゥー教	キリスト教	イスラム教

(6) 宗教と食文化に関する説明として誤りを含むものはどれか。

a. イスラム教では酒を飲むことが禁じられている。

b. キリスト教では金曜日に肉を食べない習慣があった。

c. ヒンドゥー教では豚肉を食べることが禁じられている。

d. ユダヤ教の戒律にしたがえばチーズバーガーは食べられない。

(7) 公用語に関する説明として誤りを含むものはどれか。

a. シンガポールでは、中国語を国の公用語のひとつとしている。

b. スイスでは、イタリア語を国の公用語のひとつとしている。

c. 地図中のク国では、先住民の言語を国の公用語のひとつとしている。

d. 地図中のケ国では、スペイン語を国の公用語のひとつとしている。

(8) 地図中のア国、ウ国、エ国とそれらの国をかつて植民地支配していた国の組み合わせとして正しいものはどれか。

	ア国	ウ国	エ国
a	イタリア	フランス	ポルトガル
b	イタリア	ポルトガル	フランス
c	フランス	イタリア	ポルトガル
d	フランス	ポルトガル	イタリア
e	ポルトガル	イタリア	フランス
f	ポルトガル	フランス	イタリア

〔Ⅴ〕 以下の設問に答え、最も適当な記号を１つ選んでマークしなさい。

（1） 下の図は、1950年を100とした場合の６大州の人口の推移（1950〜2020年）を示したものである。図中のａ〜ｄは、アフリカ、ヨーロッパ、北アメリカ、ラテンアメリカのいずれかに対応している。ラテンアメリカはどれか。

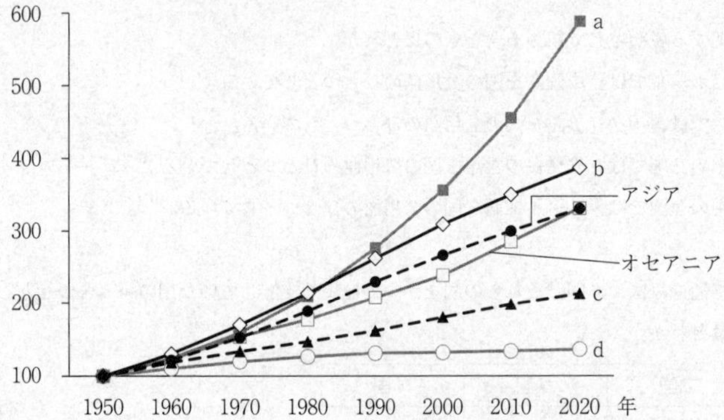

『世界国勢図会』2021/22年版による。

（2） 下の図は、４か国の人口の自然増加率の推移（1970〜2020年、人口千人あたり）を示したものである。自然増加率は出生率から死亡率を引いたものである。図中のａ〜ｄは、オーストラリア、中国、マリ、メキシコのいずれかに対応している。メキシコはどれか。

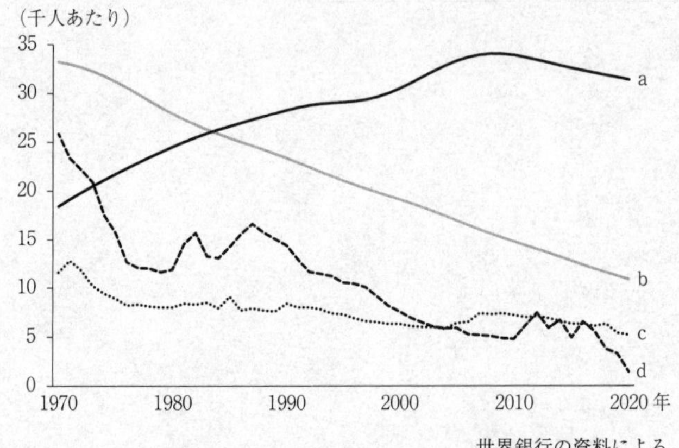

世界銀行の資料による。

（3）　下の図は、日本の出生数および合計特殊出生率の推移（1947~2020年）を示したものである。この図から読み取れる説明として正しいものはどれか。

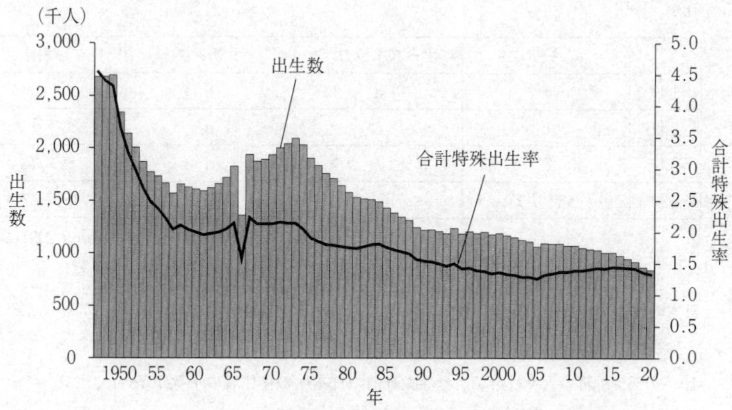

人口動態調査による。

a．1980年代まで、合計特殊出生率は人口置換水準を上回っていた。

b．1990年代以降の出生数は、一時的に出生数が減少した「丙午(ひのえうま)」の年を下回っている。

c．2000年代後半以降、合計特殊出生率は上昇に転じ、出生数も増加傾向にある。

d．2020年の出生数は第２次ベビーブーム期の３分の１以下である。

（4）　下の表は、４か国の65歳以上人口割合の推移を示したものである。表中のａ～ｄは、アメリカ合衆国、韓国、スウェーデン、ポルトガルのいずれかに対応している。スウェーデンはどれか。

	1980年	2000年	2020年
a	4.1	7.2	15.8
b	11.5	16.3	22.8
c	11.6	12.3	16.6
d	16.3	17.3	20.3

単位：%。『世界国勢図会』2021/22年版による。

（5）　下の表は、4か国における流入外国人人口の上位4か国（2019年）を示したものである。表中のa～dは、インド、中国、ポーランド、ルーマニアのいずれかに対応している。インドはどれか。

	イギリス	オーストラリア	オランダ	韓国
1位	a	a	b	c
2位	c	c	a	ベトナム
3位	d	ニュージーランド	d	タイ
4位	イタリア	イギリス	ドイツ	ウズベキスタン

International Migration Outlook 2021による。

（6）　日本の在留外国人・難民に関する説明として誤りを含むものはどれか。

ａ．在留外国人数を国籍別にみると中国籍が最も多い。

ｂ．ブラジル籍の人々は第二次世界大戦前の日本への移住者の子孫が多い。

ｃ．技能実習生として来日するベトナム人が増加している。

ｄ．難民として認められる外国人は難民申請数の10％に満たない。

（7）　下の図は、4都市の転入超過人口（転入人口から転出人口を引いたもの）の推移（1960～2020年）を示したものである。図中のa～dは、東京都特別区、横浜市、名古屋市、大阪市のいずれかに対応している。横浜市はどれか。

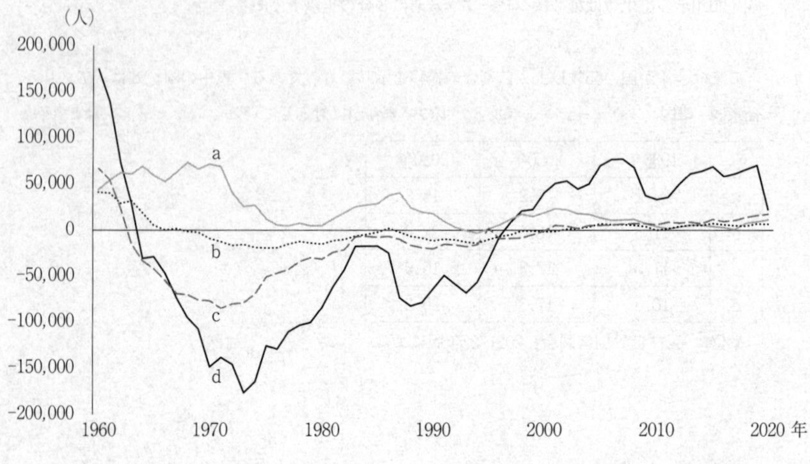

住民基本台帳人口移動報告による。

（8）　日本の都市地域における人口変動に関する文章の空欄X・Yに当てはまる語句の組み合わせとして正しいものはどれか。

郊外化が進行した時期には、[X]は業務機能が卓越する都市中心部で高く、ベッドタウン的性格の強い郊外部で低かった。その後、都市中心部では再開発が進み、高層マンションなどの建設によって住宅供給量が増加しており、人口の都心回帰がみられる。したがって、都市中心部の[X]は[Y]傾向にある。

	X	Y
a	人口増加率	上昇
b	人口増加率	低下
c	昼夜間人口比率	上昇
d	昼夜間人口比率	低下

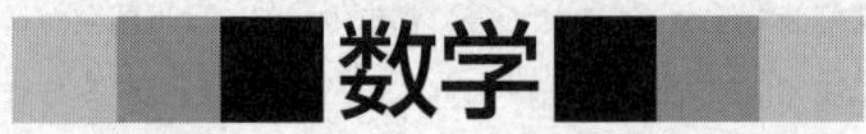

数学

(60分)

〔1〕　次の文章中の $\boxed{}$ に適する式または数値を，解答用紙の同じ記号のついた $\boxed{}$ の中に記入せよ．途中の計算を書く必要はない．

(1)　a を正の実数とし，2 次関数 $y=-x^2+6x$ の $a \leqq x \leqq 2a$ における最大値を M，最小値を m とする．

(i) $a=2$ のとき，$M-m=$ $\boxed{\text{ア}}$ である．

(ii) $M \geqq 0$ であるとき，a の取りうる値の範囲は $\boxed{\text{イ}}$ である．

(iii) $M-m=12$ のとき，$a=$ $\boxed{\text{ウ}}$ である．

(2)　n 個のさいころを同時に 1 回投げ，出た目の数の和について，その一の位の数を X，出た目の数の積について，その一の位の数を Y とする．

(i) $n=2$ とする．$Y=0$ となる確率は $\boxed{\text{エ}}$ であり，$X \leqq 7$ となる確率は $\boxed{\text{オ}}$ である．

(ii) $n=3$ とする．$X=3$ となる確率は $\boxed{\text{カ}}$ である．$X=3$ であったとき，$Y=0$ である条件付き確率は $\boxed{\text{キ}}$ である．

〔2〕 次の文章中の □ に適する式または数値を，解答用紙の同じ記号のついた □ の中に記入せよ．途中の計算を書く必要はない．

(1) a，b を正の実数とし，座標平面において $x^2+y^2+4x+ay=0$ の表す円を C，直線 $y=\frac{1}{3}x+b$ を ℓ とする．円 C の半径は $\sqrt{5}$ で，円 C が直線 ℓ から切り取る線分の長さは $\sqrt{10}$ であるとする．

(i) $a=$ [ア]，$b=$ [イ] である．

(ii) k を実数とする．直線 $y=k(x+5)$ は，連立不等式 $\begin{cases} x^2+y^2+4x+ay \leqq 0 \\ y \leqq \frac{1}{3}x+b \end{cases}$ の表す領域と共有点をもつとする．このとき，k の最大値は [ウ] である．

(2) 等差数列 $\{a_n\}$ について，その初項から第 n 項までの和を S_n とおく．数列 $\{a_n\}$ と和 S_n は，$a_1-a_{10}=-18$，$S_3=15$ を満たしているとする．

(i) 数列 $\{a_n\}$ の一般項は $a_n=$ [エ] であり，$S_n=$ [オ] である．

(ii) $\displaystyle\sum_{k=1}^{8}\frac{1}{S_k}=$ [カ] である．

(iii) 自然数 n に対して，n^2 を 3 で割った余りを b_n とするとき，$\displaystyle\sum_{k=1}^{3n}b_kS_k=$ [キ] である．

〔3〕 a, b, c を実数とし，$f(x)=x^3+ax^2+bx+c$ とする．関数 $f(x)$ は，$f(2)=10$，$f'(2)=13$，$\displaystyle\int_0^2 f(x)dx=6$ を満たしているとする．また，k を正の実数とし，2 つの曲線 $C_1: y=f(x)$ と $C_2: y=kx^2$ は異なる 3 個の共有点をもつとする．このとき，次の問いに答えよ．

(1) 関数 $f(x)$ を求めよ．

(2) k の取りうる値の範囲を求めよ．

(3)

(i) 2 つの曲線 C_1 と C_2 で囲まれた 2 つの部分の面積が等しいとき，k の値を求めよ．

(ii) (i) の条件が満たされるとき，2 つの曲線 C_1 と C_2 の 3 個の共有点の x 座標をすべて求めよ．

つ含まれるか。最も適当なものを次のイ～ホから一つ選び、その符号をマークしなさい。

イ　二つ　ロ　三つ　ハ　四つ　ニ　五つ　ホ　六つ

問十一　傍線部⑪「我が身かくて候へば」の解釈として最も適当なものを次のイ～ホから一つ選び、その符号をマークしなさい。

イ　自分がついているから安全だろう

ロ　自分は身分が卑しいので助けられない

ハ　自分が近侍できたらうれしい

ニ　自分はお礼を言えて満足だ

ホ　自分がいるとかえって危険だ

問十二　問題文の内容と合致するものを次のイ～ホから一つ選び、その符号をマークしなさい。

イ　法師は自分を罰した中将に一言文句を言いたかった。

ロ　法師は重罪に問われていたが大赦により釈放された。

ハ　法師は中将が別の男を擁護する様子を見て怒りを覚えた。

ニ　法師は山の上から鏑矢を射られたが射返さなかった。

ホ　法師は長年仕えていた四条の大納言を殺害した。

問十三　傍線部⑬「四条の大納言」は藤原公任（九六六～一〇四一）を指すと思われる。藤原公任の編纂した書物を次のイ～ホから一つ選び、その符号をマークしなさい。

イ　宇治拾遺物語　ロ　梁塵秘抄　ハ　古今著聞集

ニ　小倉百人一首　ホ　和漢朗詠集

ハ　特に動機があってのことではないのだ
ニ　これ以上犯罪が発生しないでほしい
ホ　たいした罪を犯したわけでもなかろう

問七　傍線部⑥「事よろしくは」の解釈として最も適当なものを次のイ～ホから一つ選び、その符号をマークしなさい。
イ　それほどでもない罪ならば
ロ　機嫌がよろしければ
ハ　反省が見られたならば
ニ　無実であるならば
ホ　周囲が許すならば

問八　傍線部⑦「後ろよりかきすくひて、飛ぶやうにして出でぬ」のようにして中将がさらわれた際、後に彼を助ける男は近くにいて、それに気付いた。それにもかかわらず、その場で中将を取り返そうとしなかったのはなぜか。その理由として最も適当なものを次のイ～ホから一つ選び、その符号をマークしなさい。
イ　自分の若さゆえに相手が恐ろしく思えたから
ロ　あまりの速さに追いつけないと悟ったから
ハ　中将に怪我を負わせる危険があったから
ニ　さらう行為にも一定の理があると感じたから
ホ　月に気を取られて気付くのが遅れたから

問九　二箇所の空欄Ⅱに共通して入る言葉として最も適当なものを次のイ～ホから一つ選び、その符号をマークしなさい。
イ　じ　　ロ　けり　　ハ　ぬ　　ニ　ばや　　ホ　けむ

問十　傍線部⑩「いかに恐ろしく思し召しつらん。おのれはその月のその日、からめられてまかりしを」に助動詞はいく

⑫　あからさまに　イ　露骨に　ロ　ほんのしばらく　ハ　明らかに　ニ　偶然　ホ　おもむろに

問四　波線部A・B・Cの「男」に対する説明として最も適当なものを次のイ〜ホから一つ選び、その符号をマークしなさい。

イ　すべて同一人物
ロ　AとBは同一人物で、Cは別人
ハ　AとCは同一人物で、Bは別人
ニ　BとCは同一人物で、Aは別人
ホ　すべて別人

問五　傍線部④「懲りずまに」の意味になるよう空欄甲に入れるべき漢字はどれか。次のイ〜ホから一つ選び、その符号をマークしなさい。

［甲］懲りもなく

イ　正　　ロ　少　　ハ　性　　ニ　相　　ホ　小

問六　傍線部⑤「別の事もなきものにこそ」の解釈として最も適当なものを次のイ〜ホから一つ選び、その符号をマークしなさい。

イ　余罪があるというわけでもないのに
ロ　他でも事件が起きたわけではないのだから

(注)　＊大赦…国家の慶事や凶事に際し、罪人を赦免すること。

問一　空欄Ｉには「宮中」を意味する言葉が入る。その言葉として最も適当なものを次のイ～ホから一つ選び、その符号をマークしなさい。

イ　かみ　ロ　なか　ハ　うち　ニ　くも　ホ　うへ

問二　傍線部①「ゐ」にあてる漢字として最も適当なものを次のイ～ホから一つ選び、その符号をマークしなさい。

イ　射　ロ　居　ハ　入　ニ　焦　ホ　率

問三　傍線部②「よしなき」、③「けうとく」、⑧「さかしら」、⑨「きびはなる」、⑫「あからさまに」の意味として最も適当なものを次のイ～ホからそれぞれ一つずつ選び、その符号をマークしなさい。

②　よしなき
イ　気の毒な
ロ　恐ろしい
ハ　深みのない
ニ　つまらない
ホ　不愉快な

③　けうとく
イ　つくづくと
ロ　気味悪く
ハ　即座に
ニ　興味深く
ホ　残念に

⑧　さかしら
イ　お節介
ロ　お為ごかし
ハ　お門違い
ニ　おべんちゃら
ホ　お仕着せ

⑨　きびはなる
イ　弱々しい
ロ　すばしっこい
ハ　血気盛んな
ニ　病がちな
ホ　知恵が足りない

れば、法師もゆりにけり。

さて月明かりける夜、皆人はまかで、或は寝入りなどしけるを、この中将、月に愛でてたたずみ給ひける程に、物の築地を越えておりけると見給ふ程に、⑦後ろよりかきすくひて、飛ぶやうにして出でぬ。

あきれ惑ひて、いかにも思し分かぬ程に、恐ろしげなる者来集ひて、遥かなる山の険しく恐ろしき所へゐて行きて、柴の編みたるやうなる物を高く造りたるにさし置きて、「⑧さかしらする人をば、かくぞする。やすき事はひとへに罪重くいひなして、悲しき目を見せしかば、その答にあぶり殺さんずるぞ」とて、火を山のごとく焚きければ、夢などを見る心地して、若く⑨きびはなる程にてはあり、物覚え給はず。熱さはただあつになりて、ただ片時に死ぬべく覚え給ひけるに、山の上よりゆゆしき鏑矢を射おこせければ、ある者ども、「こはいかに」と騒ぎける程に、雨の降るやうに射ければ、これらしばしこなたよりも射けれど、あなたには人の数多く、え射あふべくもなかりけるにや、火の行くへも知らず、射散らされて逃げて往にけり。

その折、C男一人出で来て、「⑩いかに恐ろしく思し召しつらん。おのれはその月のその日、からめられてまかりしを、御徳に許されて、世にうれしく、御恩報ひ参らせ［Ⅱ］と思ひ候ひつるに、法師の事は悪しく仰せられたりとて、日ごろ窺ひ参らせつるを見て候ふ程に、告げ参らせ［Ⅱ］と思ひながら、⑪我が身かくて候へばと思ひつる程に、⑫あからさまにきと立ち離れ参らせ候ひつる程に、かく候ひつれば、築地を越えて出で候ひつるにあひ参らせて候ひつれども、そこにて取り参らせ候はば、殿も御傷などもや候はんずらんと思ひて、ここにてかく射払ひて取り参らせ候ひつるなり」とて、それより馬にかき乗せ申して、たしかにもとの所へ送り申してんげり。ほのぼのと明くる程にぞ帰り給ひける。

年おとなになり給ひて、「かかる事にこそあひたりしか」と、人に語り給ひけるなり。⑬四条の大納言の事と申すはまことやらん。

（『宇治拾遺物語』より）

ロ　「国民」という名称が用いられていても、それぞれの時代によって文化的に求められる要素や姿は変化するものであり、確たるものではない。

ハ　「国民文化」、「国民作家」という名称は国民としてのアイデンティティーを確認しようとするものだが、それは流行に乗った一過性の現象に過ぎない。

ニ　夏目漱石を「国民作家」としたのは時代がそういう人物を必要としていたからで、作家の資質としては不十分である。

ホ　夏目漱石に「国民作家」という名称を冠しても実態は伴っておらず、長い間読み続けられてきた作家に過ぎない。

二

次の文章を読んで、後の問に答えなさい。

今は昔、上達部のまだ中将と申しける、［　Ｉ　］へ参り給ふ道に、法師を捕へて①ゐて行きけるを、「こは何法師ぞ」と問はせければ、「年ごろ使はれて候ふ主を殺して候ふ者なり」といひたれば、「まことに罪重きわざしたる者にこそ。心憂きわざしけるものかな」と、何となくうちいひて過ぎ給ひけるに、この法師、赤き眼（まなこ）なる目のゆゆしく悪しげなるして、にらみあげたりければ、②よしなき事をもいひてけるかなと、③けうとく思し召して過ぎ給ひけるに、またＡ男をからめて行きけるに、「こは何事したる者ぞ」と、④懲りずまに問ひければ、「人の家に追ひ入れられて候ひつる。Ｂ男は逃げてまかりぬれば、これを捕へてまかるなり」といひければ、「⑤別の事もなきものにこそ」とて、その捕へたる人を見知りたれば、乞ひ許してやり給ふ。

大方この心ざまして、人の悲しき目を見るに随ひて助け給ひける人にて、初めの法師も、⑥事よろしくは乞ひ許さんとて問ひ給ひけるに、罪の殊の外に重ければ、さのたまひけるを、法師はやすからず思ひける。さて程なく＊大赦のありけ

文学作品は受容されないから

ホ　独自の構造を持つ多様な言語や文化で組成された多文化主義に、「世界文学」という影響力のある概念を持ち込むと、それぞれの構造が変質してしまうから

問十二　傍線部G「脱構築者たち」の考え方として最も適当なものを次のイ～ホから一つ選び、その符号をマークしなさい。

イ　記号のシステムに過ぎない文化は、本質的な意味での核を持たないように見えるが、実際は形を変えて存在している。

ロ　文化はある源泉から生まれ出るのではなく、二つ以上の文化を並べて相互に照らしあうことで、はじめて本質を認識できるようになる。

ハ　源泉を持たない文化は、他の文化との間に一時的な相互関係を構築するものの、その中身はいずれ枯渇し、存在していた痕跡が残るだけになる。

ニ　それぞれの文化には核など存在せず、他者との関係性においてその時々に描き出された姿を、我々が本質的なものだと認識しているに過ぎない。

ホ　複数の異なる文化が存在することによって、人ははじめておのおのの文化の真の姿を認識できる。

問十三　傍線部H「夏目漱石」の作品を次のイ～ホから一つ選び、その符号をマークしなさい。

イ　『明暗』　ロ　『高野聖』　ハ　『舞姫』　ニ　『浮雲』　ホ　『破戒』

問十四　傍線部I「それぞれの時代の文化的要求が作りあげた言説、強いて言えば伝説にすぎない」の説明として最も適当なものを次のイ～ホから一つ選び、その符号をマークしなさい。

イ「国民」という名称が文化的に要求されたのは、戦時中のように国民の意思統一を求めた特殊な時代のみであり、恒常的な現象ではない。

ら

ハ　外国の文化や言語を比較することを通じて、自国の言語と文化がいかに優れていたかを再認識できるから

ニ　外国語と外国文化だけの世界に身を置くことで、母国の文化や言語を身につけた自分が孤立したように思えるから

ホ　二つの文化、二つの言語にはさまれた時、自国の文化と言語の方に、より明確な帰属意識を抱くはずだから

問十　傍線部E「たとえば「民主主義」の機能さえ、実際に通用しているのは学術的に定義された概念ではなく、文化的に「翻訳」され、解釈された形でしか語れなくなっている」とは具体的にどのようなことか。最も適当なものを次のイ～ホから一つ選び、その符号をマークしなさい。

イ　「民主主義」の定義が文化圏ごとに異なる意味に変換され、各々の理解に基づいて運用されていること

ロ　「民主主義」の定義は共通していても、それぞれの文化圏によって異なる名称になっていること

ハ　「民主主義」がいずれの文化圏においても、学術的定義とは異なるご都合主義的な解釈がされていること

ニ　「民主主義」の定義が誤訳され、誤解されたまま運用されている文化圏ばかりだということ

ホ　「民主主義」の学術的定義があえて無視され、各々の国家の体制に応じた意味で運用されていること

問十一　傍線部F「「世界文学」といった抽象的かつ普遍的な現象は多文化主義にとっては存在せず」とあるが、なぜ存在しないのか。最も適当なものを次のイ～ホから一つ選び、その符号をマークしなさい。

イ　それぞれの言語や文化が対立する多文化主義においては、「世界文学」という融和的な現象を生み出す素地がないから

ロ　言語や文化が併存する多文化主義では、あらゆる作品がもとより「世界文学」的な要素を内包しているから

ハ　異なる言語や文化の存在を前提とする多文化主義においては、それらが「世界文学」のような枠組みに包括されることなく、個性を備えたまま共存することが必要だから

ニ　言語や文化が各自の具体性を主張する多文化主義において、「世界文学」のような抽象的な概念のもとで書かれた

ハ　Ⅰ　同格　Ⅱ　統一
ニ　Ⅰ　同等　Ⅱ　探索
ホ　Ⅰ　反対　Ⅱ　分析

問六　傍線部C「『母国』での定義や慣習が、常時再検討を迫られている」とあるが、どのような検討を迫られるのか。適当ではないものを次のイ～ホから一つ選び、その符号をマークしなさい。

イ　「母国」での定義や慣習が、普遍的なものであるかどうかの検討
ロ　「母国」での定義や慣習が、他の国においては規範に沿わないと捉えられないかどうかの検討
ハ　「母国」での定義や慣習が、他の国でどのように歪曲され、誤解されたまま受容されているかの検討
ニ　「母国」での定義や慣習が、他の国でもそのままの形で通用するかどうかの検討
ホ　「母国」での定義や慣習を、他の国で生きるにあたり、どのように認識しなおし適応させるかの検討

問七　空欄Ⅲに入る言葉として最も適当なものを次のイ～ホから一つ選び、その符号をマークしなさい。

イ　自己同化　ロ　自己確認　ハ　自己同一　ニ　自家相同　ホ　自家認識

問八　空欄Ⅳに入る言葉として最も適当なものを次のイ～ホから一つ選び、その符号をマークしなさい。

イ　あたかも　ロ　かくして　ハ　よしんば　ニ　はたして　ホ　いとも

問九　傍線部D「何となくわかっていたはずの『日本人というアイデンティティー』は、外国語と外国文化にさらされ、少なくとも二言語、二文化間にはさまれた状況に身を置いてはじめて思い描くことができるようになる」のはなぜか。最も適当なものを次のイ～ホから一つ選び、その符号をマークしなさい。

イ　自国から離れ外国で暮らすことにより、自身のアイデンティティーのよりどころである自国の言語や文化に強い愛着を抱くようになるから
ロ　外国の文化や言語に接することで、ようやく自国の文化や言語の性質がどのようなものか認識できるようになるか

イ　二十一世紀の世界に比べると、バベルの塔の話はよりグローバルな出来事であるから
ロ　二十一世紀の世界にはバベルの塔の話が持っていたリアリティが欠如しているから
ハ　二十一世紀の人間社会の構造の方が、バベルの塔の時代よりずっと成熟しているから
ニ　二十一世紀では、バベルの塔の話とは異なり、言語のみならず、あらゆる局面で相互理解が困難になっているから
ホ　二十一世紀においては、バベルの塔の時代とは異なり、誰もが「地球運命共同体」であるという強い信念を持つようになったから

問四　傍線部B「他者に関する単なる知識のみでは、他者を理解し友好的な関係は結べない」とはどういうことか。最も適当なものを次のイ～ホから一つ選び、その符号をマークしなさい。

イ　他者に関する知識が基礎レベルにとどまると、往々にしてグローバルな視点が欠落してしまうので、国際的な友好関係につながらないということ
ロ　他者に関する知識を十分に獲得したというのは当人の思い込みに過ぎず、結果的に友好関係の構築まで至らない可能性があるということ
ハ　他者に関する既存の知識は必ずしも正確であるとは限らないため、相手に誤解を与えて友好関係を損ないかねないということ
ニ　他者に関する知識を得た上で、自他の文化を総体として捉えなければ、真の友好関係は構築できないということ
ホ　他者に関する知識が単純に過ぎると、バイカルチュラルな能力を獲得できず、一方的に相手から批判を受ける関係に陥ってしまうということ

問五　空欄Ⅰ・Ⅱに入る言葉の組み合わせとして最も適当なものを次のイ～ホから一つ選び、その符号をマークしなさい。

イ　Ⅰ　対極　　Ⅱ　咀嚼
ロ　Ⅰ　対等　　Ⅱ　尊敬

ⓒ　頻パン
イ　ハン瑣な手続き
ロ　活パン印刷
ハ　ハン用性が高い
ニ　雑草がハン茂する
ホ　血パン状に名を連ねる

ⓓ　フ請
イ　フ荷がかかる
ロ　フ養家族
ハ　薬を塗フする
ニ　競技をフ及させる
ホ　学費を納フする

問二　傍線部①〜④の漢字の読みとして正しいものを、次のイ〜ホからそれぞれ一つずつ選び、その符号をマークしなさい。

①　膨大
イ　ホウダイ
ロ　フウダイ
ハ　ボウダイ
ニ　バクダイ
ホ　ホンダイ

②　否応
イ　ヒオウ
ロ　ヒノウ
ハ　イナオウ
ニ　イナヨウ
ホ　イヤオウ

③　軋轢
イ　カツラク
ロ　アツレキ
ハ　カツレキ
ニ　ハンガク
ホ　サツラク

④　歪曲
イ　シュウキョク
ロ　セイキョク
ハ　ヒキョク
ニ　ヨウキョク
ホ　ワイキョク

問三　傍線部A「バベルの塔など児戯に思える」とあるが、なぜそう「思える」のか。最も適当なものを次のイ〜ホから一つ選び、その符号をマークしなさい。

うからである。

かつて、国民文化とか、卑近な例でいえば[H]夏目漱石は国民作家だったとか言っていた時代があったが、それはすべて、[I]それぞれの時代の文化的要求が作りあげた言説、強いて言えば伝説にすぎない。これは異文化間ではなく同文化内で行なわれた「文化の翻訳」といってよいが、近代国家形成の過程で生じてきた、伝統や日本文化の本質と呼ばれていたものをいかに解釈し、近代化に順応させていくかという要求に応える形でなされた「翻訳」だったのである。その一環として「国民的」というラベルが作られたわけで、それは文化的であると同時に、きわめて政治的な行為でもあった。

このように、純粋に言語学的なレベルでの翻訳を超えて、文化的かつ政治的な現象として翻訳をとらえること、それこそが「文化の翻訳」である。

(長島要一『森鷗外「翻訳」という生き方』より)

問一 傍線部ⓐ〜ⓓのカタカナの部分を漢字で書いたとき、傍線部に同一の漢字を使うものを次のイ〜ホからそれぞれ一つずつ選び、その符号をマークしなさい。

ⓐ ショク手
- イ 役員の委ショク状
- ロ 法例に抵ショクする
- ハ 陸地が浸ショクされる
- ニ 粉ショク決算
- ホ 株で利ショクする

ⓑ シ上
- イ 世間の混乱は必シだ
- ロ 宮廷に出シする
- ハ 権利を行シする
- ニ シ客を放つ
- ホ シ雄を決する

的に「翻訳」され、解釈された形でしか語れなくなっている。「文化の翻訳」は、民主主義にしろ何にしろ、「原作」がいかに「操作」（翻訳）されているかを明らかにする一方、複数の文化間の相互関係にも注目する。この過程はまさに複雑体そのもので、原作の純粋さを追求することに重点を置けば原理主義に落ち入り、原作の特殊性をぬぐい去って操作の仕方自体を究めていけば、逆に理論に固まった普遍主義が浮かび上がってきてしまう。それこそがポストモダニズムの状況を反映しているのであるが、文化の分野では、「多文化主義」と「脱構築」という形で語られてきた。

　多文化主義は、個別の文化それぞれの特殊性を尊重すると同時に、その文化を担う民族や言語との結びつきを強調する結果、すべての文化を相対する形で普遍主義の対極に位置する。文化活動が際限なく分類されていって、たとえば文学を例にとれば、F「世界文学」といった抽象的かつ普遍的な現象は多文化主義にとっては存在せず、言語によって英文学、さらに国に分けてアメリカ文学、人種に分けて白人文学、性別に分けて女性文学、というように細かく分類されてレッテルが貼られていく。

　脱構築は、多文化主義に潜在するこのような原理主義に挑戦するもので、何にであれアイデンティティーには核があり、そこに本質が秘められているという考えを否定する。G脱構築者たちにとって、文化とは記号のシステムであり、何ら歴史的物理的な源泉を持たないひとつの言説にすぎない。おのおのの記号はおたがいの関係のみによって存在し、源泉はなく、あるのは本質と思われていたものの軌跡だけである。したがって、文化も、自然状態ですでに存在している本質的な形態の反映として現われてくるのではなく、あらゆる可能な分類を超えて、たえず構築され続け構成し直される、いわばⓓフ請中の行動体としてとらえられている。脱構築にとってはすべてのアイデンティティーが、最初から文化的に操作され組み立てられたものである。

　以上のような確認がなぜ「文化の翻訳」にとって重要かというと、多文化主義が固定したものととらえ、そこに本質があるかのように考えていたことどもはすべて歴史的なプロセスにあって恣意的に操作され④歪曲されたものにすぎないという視点を持たずには、二十一世紀のグローバル化された世界において、「翻訳」の行為そのものが無意味になってしま現在でこそ「アイデンティティー」とカタカナで書くようになっているが、この言葉、以前は「[Ⅲ]性」という用語で表現されていた。「自分自身と同じであること」を意味するこの言葉を、たとえば「日本人というアイデンティティー」と[Ⅳ]簡単に口にする時に、それが何を指示しているのかを考えてみると、説明の段階で、まずまちがいなく日本語というナショナルな母国語が登場することになる。「日本人というアイデンティティー」は、翻訳可能なアイデンティティーであるのか。D何となくわかっていたはずの「日本人というアイデンティティー」は、外国語と外国文化にさらされ、少なくとも二言語、二文化間にはさまれた状況に身を置いてはじめて思い描くことができるようになる。母国語の通じる祖国が不明瞭にしろ想像できるようになり、説明可能になるのである。そのダイナミックな過程はまさしく「翻訳」である。その結果、翻訳可能な「自分」を発見するであろうが、それが「アイデンティティー」である。それは固定された概念ではなく、絶えず変換するプロセスでもある。文化の翻訳は必ずプロセスとして現われる。

このように、翻訳可能性とは自国語と外国語との間の言語的な差異に関連するだけのものではなく、それが実践された形の口頭による言語表現、文字による表現活動、つまり、話し言葉、書き言葉にも関わっている。さらに言えば、広義の「言語」という媒体を使った表現行為、たとえば身振り、音楽、絵画、ダンス、演劇など、あらゆる表象の分野に及んでいる。そこでは、コードが代わり、「外国語」という枠が導入されるや、表象の「意味」が多かれ少なかれ変化してしまう。

けれどもまさにその変換が可能だという事実が翻訳可能性を証明しているのであり、グローバル世界でのコミュニケーションは、誤解をも含むアバウトな理解で始まった関係を、対話、ディアローグでもって修正しながら改善していく過程でしかありえないであろう。すべてがプロセスであるがゆえに、その全行程を容認し、柔軟かつ冷静に対処する能力が要求されているのである。

さまざまな政治的現実が、その複雑さを説明する必要から、文化の舞台に引きずり出されることがⒸ頻パンに起きるようになっている。Eたとえば「民主主義」の機能さえ、実際に通用しているのは学術的に定義された概念ではなく、文化異なる背景を［Ⅱ］して理解する力を備えているべきである。そして他者の理解には、言論の自由と、差異の尊重が前提となる。「文化の翻訳」は、バイカルチュラルの人間が実践する行為であり、二十一世紀のグローバルな複雑体社会が、意識的に取り入れるべき行動規範ではあるまいか。

「文化の翻訳」とは、言い換えれば、誤解を超えて可能な範囲で相互理解を図り、翻訳可能性を追求する努力と言えるだろう。

インターネットの網の目でおおわれている二十一世紀の世界では、言語と文化の枠を超えたコミュニケーション能力が要求されている。経済活動においても、複雑な相互依存体系に必然的に組み込まれている各企業は、広義の「翻訳」の過程に絶えず影響されている。このような環境にあって、個人の外国語能力が、収益をⓑシ上命令とする企業の活動のみならず、広く諸言語異文化間の相互交流にとって欠かせない要素であることは言うまでもないことだが、それはまた、異文化同士が、部分的であれ、混合して雑種化し、新たなアイデンティティーを生み出す上でも重要な役割を果たす。その過程にあっては、「翻訳」が、国際的な交流分野での対人関係、「人間的な」コミュニケーションの舞台での必要要件として現われてくる。

文化の翻訳は、アカデミックな研究分野のひとつなだけではなく、今日のグローバル世界において、日常生活レベルでの異文化間コミュニケーションを扱う実践的な理論としても有効である。①膨大な数の移民や難民、亡命者が絶えず移動し、転勤による移住はもとより、国際結婚、混血児、帰国子女などの問題を抱える現代世界の状況を考えれば容易に理解できることであるが、当事者たちは、複数の文化の間を移動することによって、生身で「翻訳」の過程を味わっているのである。そこでは、生まれ育った「母国」の文化や言語が②否応なしに相対化され、雑種化され、程度の差こそあれ変形されている。Ｃ「母国」での定義や慣習が、常時再検討を迫られているのである。男女の行動パターンといった世俗的なことがらから、人権とか公正、正義とかいった普遍的と思われている概念まで、文化が異なれば、微妙に差異がある。だからこそ抗争、③軋轢が絶えない。

国語

(七五分)

一 次の文章を読んで、後の問に答えなさい。

二十一世紀のわれわれは、今や、地理、言語、国籍の境界など完全に取り払われた「地球運命共同体」の一員として、相互依存の関係の網に捕らえられているため、だれもそこから逃れることはできない。グローバル社会の(a)ショク手は政治、経済、環境、宗教、文化のあらゆる分野に及んでいる。その状況は、複雑体を絵に描いたようである。

A バベルの塔など児戯に思えるこの二十一世紀の複雑体の渦中にあって、かろうじて秩序を与え得る方法が、「文化の翻訳」であると思う。B 他者に関する単なる知識のみでは、他者を理解し友好的な関係は結べない。他者との関係の歴史的背景を知り、相互関係を批判的に考慮しておたがいの見解の相違を比較対照することができ、異なる言語を話す能力が要求される「文化の翻訳」が、グローバル化してしまった二十一世紀には必要とされているのではないか。

「文化の翻訳」は、文学作品の技術的翻訳でも、実利的な異文化間コミュニケーションでもない。世界を「他者」の目で見ることのできる能力、自分の文化的背景を他者のそれに照射して、自他の文化の総体を俯瞰できるバイカルチュラルの能力のことである。

バイカルチュラルの人間は積極的で批判的、思慮深く同情的で、他者と [I] の立場に立って意見を交換し、他者の

解答編

英語

◀文系 3 科目型・英語 1 科目（英・英）型共通▶

I 解答 A. (1)— d　(2)— a　(3)— d　(4)— c　(5)— c　(6)— b　(7)— d

B. (ア)— d　(イ)— b　(ウ)— c

C. (i)— b　(ii)— a

D — b・g・h（順不同）

◆全　訳◆

≪高齢者の話を聴くときに大切なこと≫

聴くことは，聞くこととは全く異なる行動である。聴くことは，実践を通じてのみ力を伸ばせる。そのことは，ソーシャルワーカーにとって特に当てはまることである。聴くためには，ソーシャルワーカーは，高齢者との出会いに大きな興味を表し，彼らの視点から世界を能動的に理解しようと努め，そして，非言語コミュニケーションの重要性に気づいていなければならない。さらなる質問をしたり，同じ内容を異なる言葉を使って表現したり，非言語コミュニケーションを使ったりするというようなコミュニケーション能力が，高齢者に対して，高齢者の話や高齢者が伝えている情報が重要なものであり，しっかりと注意を払われているということを伝達することができるのである。

積極的傾聴は，ソーシャルワーカーが，高齢者に細心の注意を払うことのみならず，また高齢者に対して彼らに耳を傾けていると伝えることも含むのである。それは，ソーシャルワーカーに，他のことを考えるのではなく聴くことに集中するのを求めるため，習得するのが難しい技術である。そのことは，多忙なソーシャルワーカーにとっては，行うのが非常に難しい可能性がある。それはまた，高齢者の話を聴きながら能動的にそして適切に情報を収集するのを促す質問を投げかけること，高齢者に耳を傾けること，彼らが気安く話ができる環境の中で情報を伝えることとの間のバランスをうまく取るのをソーシャルワーカーに求めるため，難しくもある。

非言語コミュニケーションは，言葉を用いたコミュニケーションの解説者として機能することもある。やりとりにおける非言語コミュニケーションの役割は，私たち全員にとって基本的なものであるが，非言語コミュニケーションについて考えることは，高齢者に関しては特に重要である。自分たちは十分に話を聴いてもらっていることを確認したいという高齢者の欲求を，考慮しなければならない。高齢者には，聴力や視力が大きく低下している可能性があり，そのことは，一対一や集団での言葉を用いたコミュニケーションに参加する彼らの能力に重大な影響を持ちうるのである。ソーシャルワーカーにとって，これらの問題点やそれらに対する可能な解決策を意識することは重要なのである。

その人がだいたいいつも補聴器をつけているのかどうかを確認するだけでも，もしかしたら十分かもしれない。補聴器をつけている場合，もし聞きづらそうにしているなら，補聴器について何か手助けが必要かどうか尋ねることは意味のあることである。補聴器が，正しい耳に正しく装着されているかどうか，スイッチが入っているかどうか，電池がきちんと作動しているかどうかなどを点検するのは非常に重要である。そんなことは見てすぐわかることなのかもしれないが，交換が必要な電池が入ったままの補聴器をつけていたり，間違った方法で補聴器をつけていたり，聴覚障害を認識していなかったりする高齢者がよくいるのである。ある研究者が，介護施設に入っている認知症の高齢者の中で，聴力の低下に対してきちんと検査を受け，処置をしてもらい，補聴器を使うよう指示されると障害が大きく低減した人がいることを証明した。

目を合わせることは，興味や注目，関心などを伝える力という観点から，重要な非言語行動である。他の非言語コミュニケーションと同じように，目を合わせることは，文化の影響を受けており，高齢者が何かばつが悪いと感じていることを伝えようとしている際には好まれないかもしれない。もし，話し手が自分の話相手の反応を見たいと望んでいない場合は，目を合わせるのを避けられる可能性がある。これらの点は，一対一で話すときや，特に高齢者が不安に感じたり気に病んだりしている話題について話す際に，心にとどめておく必要がある。

また別の形の非言語コミュニケーションには，人との距離，つまりお互いがどのくらい近くに座るかということがある。例えば，もしあまりにも遠く離れて立てば，文字通り，遠く離れているという印象を感じると言われている。目を合わせることと同様に，人との身体的距離も，文化や状況に影響を受ける。しかし，これもまた，高齢者の個々の状況は，距離に関する一般的なルールは当てはまらないということを意味している。ベッドに寝ている高齢者は，よく聞き取れて会話によりいっそう参加できるようにするために，一般的と考えられる以上に近づいて座ることを望むかもしれない。認知症の高齢者は，話がよく聞き取れてよりよく反応できるように，彼らのパーソナルスペースの中に私たちが入っていっそう近づくことを好むかもしれない。これらの調整は，慎重に行われなければならない。例えば，認知症の高齢者は，たいていは近しい関係の人のために取ってあるパーソナルスペースの中に，誰かが座るのを心地よいと必ず感じていると，思い込むのは間違っているのである。

◀解　説▶

A．(1)　当該箇所を含む文は，聴くためにソーシャルワーカーがしなければならないことが列挙されているところで，「高齢者との出会いに大きな興味を表し，彼らの視点から世界を（　　）理解しようと努め，非言語コミュニケーションの重要性に気づいていなければならない」という意味である。文脈からは，ソーシャルワーカーは前向きに高齢者と関わると読み取れるため，空所には肯定的な意味を示す語が入ると考えられる。a の merely は「ただ～だけ」，b の hardly は「ほとんど～ない」，c の separately は「別々に」，d の actively は「能動的に，積極的に」の意味で，肯定的な意味として文脈がつながるのは，d の actively である。

(2)　当該部分の直前には「それは習得するのが難しい技術である」とあり，また直後には「それは，ソーシャルワーカーに，他のことを考えるのではなく聴くことに集中するのを求めることになる」とあり，なぜ習得するのが難しいのかを説明しているため，空所には理由を示す接続詞が入るものと考えられる。a は「～なので，～のように」，b は「～している間，～する一方で」，c は「～だけれども」，d は「しかし」の意。理由を表すのは，aのasである。

⑶ 当該箇所の少し前にあるwhichの先行詞は，前文の内容「高齢者には，聴力や視力の大きな低下がある可能性がある」であり，当該箇所を含む文の内容は，「高齢者の聴力・視力の低下が，言葉を用いたコミュニケーションに参加する能力に重要な（　　）を持つ可能性がある」ということになる。aのcase「事例」，bのresolution「解決，解答」，cのdiversity「多様性」では文脈に合わず，正解はdのimpact「影響」となる。have an impact on ～で「～に影響を与える」の意味となり，空所直後のonも正解を導くカギとなる。

⑷ 当該部分の少し前にあるThisは，その直前文中にある，「補聴器が正しく装着されているか，スイッチが入っているか，電池が作動しているか」を表す。空所直前のThis may seem …の箇所は「そんなことは見てすぐわかることかもしれない」という意味である。空所を含む節「交換が必要な電池が入った補聴器をつけていたり，間違った方法で補聴器をつけていたり，聴覚障害を認識していなかったりする高齢者を見つけるのは（　　）である」はbutで接続されているので，「見てすぐにわかるような問題（目につきやすいので容易に正せそうな問題）なのに，実際のところは正されていないままだ」という文旨を作れるものを補えば文脈に適う。空所には「まれではない」といった類の語が入ると推測できる。aのready「準備のできた」，bのunique「特有の」，dのsuspicious「怪しい」では文脈に合わず，cのcommon「ありふれた」が正解となる。

⑸ 当該箇所を含む文は，「目を合わせることは文化の影響を受けていて，高齢者が何かばつが悪いと感じていることを伝えようとしている際には（　　）ないかもしれない」という意味である。may not beの主語はEye contact「目を合わせること」で，空所の直前にbe動詞があり，受け身の意味になることにも注目する必要がある。bのexcited「興奮させられた」とdのsurprised「驚かされた」については，当該文が，She is excitedやShe is surprisedなど〈人〉を主語とする文ではないため，不適である。また，aのsucceeded「後に引き継がれた」では意味が不明となる。正解はcのpreferred「好まれた」。

⑹ 高齢者に関しては，人との距離に関する一般的なルールが当てはまらないことについての例を述べている箇所で，当該部分は「ベッドの高齢者

であれば，もっとよく話を聞き取れ，(　　　)にいっそう参加できるように，通常よりも近づくことを望む」という内容である。a の personal space は「パーソナルスペース」，b の conversation は「会話」，c の individual environment は「それぞれの環境」，d の context は「事柄の背景」の意味。ベッドに寝ている高齢者が何に参加するのかを考えると，正解は b の conversation となる。a，c，d では，参加したり，ベッドに寝ている高齢者が中に入り込んだりすることはできず，不適である。

(7)　当該部分は「認知症の高齢者は，パーソナルスペースの中に，誰かが座るのを心地よいと必ず感じていると，思い込むのは間違っている」という内容であり，前の文「人との距離の調整は慎重に行われなければならない」の例を挙げているものと考えられる。a の but は「しかし」，b の as expected は「予測通り」，c の not necessarily は「必ずしもそうとは限らない」，d の for example は「例えば」の意味である。正解は，d の for example となる。a の but や c の not necessarily は，文中に挿入されて使われないため，不適である。また，b の as expected は，当該文の内容は予測されたことではないため，文脈に合わず不適である。

B．(ア)　fundamental「基本的な」

a．「進歩的な」，b．「環境上の」，c．「模範的な」，d．「基礎の」で，d の basic が最も近い意味を持つ。

(イ)　it makes sense「そのことには意味・意義がある」

a．「それは快適だ」，b．「それは道理にかなっている」，c．「それは避けられない」，d．「それは貴重である」で，b の it is reasonable が一番近い意味となる。

(ウ)　come across as「～であると思われる」

a．「私たちが～であると説明する」，b．「～の身振りをする」，c．「～である印象を与える」，d．「私たちが～であるかどうか推測する」で，c の give an impression of being が一番近い意味である。

C．(i)　this can be very hard to do「このことは，行うのが非常に難しい可能性がある」

a．「能動的に聴くことは，会話中に高齢者の気持ちがあれこれさまようの防ぐ」 wander「歩き回る，さまよう」

b．「ソーシャルワーカーは，高齢者に話しかけている間，心をさまよわせないように取り組む必要がある」 work at ～「～に取り組む」

c.「情報収集の技術を習得することは，快適な環境にいる高齢者にとって非常に難しい」 acquire「～を手に入れる」

d.「ソーシャルワーカーは，面談の間，高齢者に集中するよう要求しなければならない」 require「～を要求する」 concentrate「集中する」

(i)の this は，前文に書かれている「他のことを考えず，聴くことに集中すること」を表していて，前後の文脈は，「ソーシャルワーカーは忙しく難しいかもしれないが，他のことを考えず気持ちを集中して高齢者の話に耳を傾けることが必要だ」ということで，ソーシャルワーカーがすべきことについて述べている。a は，高齢者が他のことを考えないようにということであるので，文脈に合わない。c は，情報収集の技術を高齢者が習得することであるので，これも文脈に合わない。また，d は，高齢者がいろいろなことを考えないようにソーシャルワーカーが要求するということであるので，これも不適である。正解は b。

(ii) the usual rules of distance do not apply「距離に関する一般的なルールは当てはまらない」 distance「距離」 apply「当てはまる」

a.「ソーシャルワーカーは，円滑にコミュニケーションをとれるようにするため，時々，高齢者のパーソナルスペースに入ることがある」

b.「高齢者は，コミュニケーションをとるためにソーシャルワーカーに近づいて座ることはしない」

c.「ソーシャルワーカーは，文化のことを考慮せずに高齢者のパーソナルスペースに入ることは避けている」 avoid「～を避ける」

d.「高齢者は，近しいと感じているソーシャルワーカーに近づいて座ることはしない」

当該部分の文脈としては，人との距離については，高齢者の場合，文化などを含めた距離に関する一般的なルールが当てはまらず，個々の状況によって異なるということである。b と d は，その内容が本文に書かれておらず，不適である。また，c については，文化は一般的なルールの範疇であり，二重下線部前後で述べられているのは，一般的なルールを当てはめず個々のケースで対応することであるため，正解ではない。正解は，場合によって対応が異なることに触れている a である。

D. a.「聴くことと同様，聞くことも実践を通じて力を伸ばせる」

develop「力などを開発する」 practice「実践，練習」

b.「ソーシャルワーカーが必要とするコミュニケーション技術の一つは，積極的傾聴である」

c.「ソーシャルワーカーが高齢者と面談する際には，完全にそのことだけに従事してはいけない」 fully「完全に，十分に」 engaged「従事して」

d.「もし，高齢者が補聴器をつけているなら，その高齢者は医者の指示に従っているのだから，補聴器について質問をするのは意味がない」 hearing aid「補聴器」 order「指示，命令」

e.「介護施設で暮らしている人たちは，自分たちの力で聴力が著しく改善した」 care home「介護施設」 significantly「著しく」 improve「改良する」 hearing ability「聴力」

f.「目を合わせることは重要な非言語行動であるので，あまり心地よくない事柄について高齢者に話す際には有効である」 behavior「行動，態度」 issue「課題，問題」

g.「人と人の距離は文化や状況に影響を受けるため，ソーシャルワーカーは高齢者と話す際に距離を慎重に用いている」 physical distance「人と人の距離」 influence「影響を与える」

h.「認知症の人は，いつもソーシャルワーカーが自分たちに近いところに座るのを好むとは限らない」 not always「いつも～とは限らない」 prefer *A* to *do*「*A* が～する方を好む」

まず，b は，第2段第1文（Active listening involves …）に述べられている，active listening としてソーシャルワーカーに必要なことと一致している。また，g は，最終段第3文（Like eye contact, …）に，人との距離も文化や状況の影響を受けていることが述べられ，さらに同段最終文の前半（These adjustments have …）に，文化だけでなく個々のケースに応じて慎重に調整する必要があることが述べられていることから，本文に一致している。さらに，h は，最終段最終文の後半（it would be wrong …）に，認知症の高齢者がパーソナルスペースに誰かが入るのを必ず心地よいと感じると思い込むのは間違いであることが書かれており，本文の内容に一致している。正解は b，g，h である。

a は第1段第1・2文（Listening is quite …）に，聴くことは聞くこ

ととは全く異なり，実践によってのみ力が伸びる，と書かれており，不一致である。c は第2段第2文の後半（it requires social …）に，ソーシャルワーカーは聴くことに集中することが必要であると書かれており，不一致である。なお，同じ fully engaged の表現が使われている第3段第3文（One must consider …）には，高齢者が自分の話をしっかりと集中して聴いてもらっていることを確認する欲求を持っていることを考慮すべきと書かれており，ここからも不一致であることがわかる。d は第4段第2文（If they do, …）以降に，補聴器をつけていても適切に装着できていないことがよくあるので，何か手助けが必要か尋ねるのは意味のあることだと書かれているため，不一致である。e は第4段最終文（A researcher has …）に，介護施設できちんとケアをしてもらった人の中に障害が著しく低減した人がいることが報告されているとあり，自分たちだけの力ではないので，不一致である。f は第5段第1文（Eye contact is …）に，目を合わせることは重要な非言語行動だと書かれているが，第2文の後半（and may not …）に，何かばつが悪いことを伝えようとしている際には好まれないかもしれないと書かれており，不一致である。

II 解答

A．(ア)—b (イ)—b (ウ)—d (エ)—d (オ)—b (カ)—a
B．(1)—a (2)—b (3)—c
C．(i)—d (ii)—a

◆全 訳◆

≪ヒトラーに敬意を払わなかった唯一の男≫

いわゆる第三帝国時代，つまりアドルフ=ヒトラー支配下のドイツの有名な1枚の白黒写真がある。それは，1936年にドイツのハンブルクで撮られたものである。その写真は，造船工場の労働者たちの写真で，100人ないしそれを超える人たちが，太陽の光の中で同じ方向を向いている。彼らは，全く同じ方法で腕を伸ばし，熱心に彼らの政治的リーダーであるヒトラーに敬礼をしている。よく見てみると，写真右上部に，他の労働者たちとは異なる一人の男の姿が確認できる。彼の顔は穏やかではあるが決然としている。彼は，ナチス党の誤った教えに影響を受けている仲間の市民たちに周りを囲まれている。彼は，腕を胸のところで組んでいるが，他の者たちは腕を伸ばしている。彼だけが，国家のリーダーへ敬意を示すことを拒んでいるのである。

私たちのものの見方から振り返ってみると，彼は，その全景において，唯一，歴史の正しい側にいる人物なのである。彼の周りにいるすべての人は悲しいことに，完全に間違っている。その瞬間には，彼だけにそれが見えていたのである。彼の名前は，長らく，アウグスト=ランドメッサーだと信じられている。当時，彼の周りの人たちの熱狂が導くことになる暴力の総量を彼は知っていたはずがなかった。しかし彼は，拒むに十分なだけのものをすでに見てきたのであった。

ランドメッサーは，その何年も前に自らナチス党に加わっていた。しかし，写真を撮ったころには，彼はナチス党がユダヤ人に関する嘘をドイツ人に言っていたことや，党が支配の初期のころにすでに恐怖や苦痛や分断を引き起こしていたことをはっきりと認識していたのであった。彼は，ユダヤ人は決して「人間より劣るもの」ではないことを知っていた。彼は，ユダヤ人が同じ市民であり，他の人たちと同じ人間であることを知っていた。実のところ，彼はユダヤ人女性と愛し合っていたのである。しかし，彼らの関係を違法とする法律がそのころに導入された。彼らは結婚することも家庭を作ることも禁止され，そのどちらも，ナチス党が「民族的犯罪」とみなすものへとつながったのであった。

彼の個人的な経験とユダヤ人との親しい関係のおかげで，彼は，大多数の人たちによって受け入れられている嘘を越えた先を容易に見ることができた。彼には，彼の仲間の市民たちが見ないよう選択したものを見ることができたのだ。ヒトラー支配の時代に，決然として世の流れに抗う態度をとることは，勇気が必要な行動であった。私たちはみんな，自分が彼のようでありたかったと強く願いたいことであろう。どんな時代であっても，彼のようになるにはどのようなことが必要なのだろうか？　今の時代に彼のようになるには，どんなことが必要なのだろうか？

◀解　説▶

A. ㈠　facing「～に顔を向けて」

a.「～から顔をそむけて」，b.「～の方を見て」，c.「～に向かって進む」，d.「～の辺りを歩く」の意味で，bのlooking inが一番近い。look in the same directionで「同じ方向を見る」の意味となる。また，cのheading forでは，どこかに向かって動く必要があるため，不適となる。

(イ)　in a uniform way「おそろいのやり方で」

a.「ユニフォームを着て」，b.「同じ方法で」，c.「さまざまな方法で」，d.「道路の真ん中で」で，最も近いのは，bのin the same way。

(ウ)　refusing「拒否している」

a.「減らしている」，b.「言及している」，c.「気づいている，述べている」，d.「拒絶している」で，dのrejectingが正解。

(エ)　scene「場面，情景」

a.「時間」，b.「ハンブルクの町」，c.「ナチスの政党」，d.「状況」で，dのsituationが一番近い。

(オ)　but「～を除いて」 anything butで「決して～でない」の意。

a.「～と同種の」，b.「～を除いて」，c.「～に似て」，d.「～のうち」で，bのexceptが正解。

(カ)　embraced「信奉されている，受け入れられている」

a.「信じられている」，b.「作られた」，c.「繰り返された」，d.「見かけられた」で，aのbelievedが最も近い意味である。

B.(1)　false teachings「偽りの教義」

a.「正しくない信念」，b.「最新のニュース」，c.「正しい言い方」，d.「効果的な教科書」で，正解はaのincorrect beliefs。

(2)　enough「十分なもの，こと」

a.「ナチス党の党員たち」

b.「ナチスの嘘によって引き起こされた暴力」

c.「彼の同僚である工場の労働者たち」 fellow「仲間，同僚」

d.「ナチス党によって撮られた写真」

第2段第5文（At the time,…）には，「その後に起こる暴力の総量を彼は知っていたはずがなかった」と書かれていて，それが第6文（But he had …）は，Butでつながれ，すでに「それを」十分に見ていた，という展開になっている。彼がすでに十分に見ていたものは，文脈から「暴力」だと考えられ，正解は，bのviolence caused by Nazi lies。

(3)　stand firm against the tide「決然として世の流れに反対の態度をとる」 stand against～「～に反対の態度をとる」 firm「決然として，確固たる」 tide「潮の流れ，風潮」

a.「ユダヤ人たちと一緒に海の中を泳ぐ」

b.「結婚に関する法律に従う」 follow「～に従う」

c.「ナチス党の教義に抵抗する」 resist「～に抵抗する」 teachings「教義，教え」

d.「ナチス党と近しいつながりを持つ」

文脈的に，the tide はナチスの教えを信じて行動することを表していると考えられ，最も近いのは c。

C.(i)「次のうち，その写真に関して正しくないものはどれか」 the following「下記のもの，次に述べること」

a.「その写真は有名である」

b.「写真の中の工場労働者の大部分はナチス党を支持していたと思われる」 in favor of ～「～に賛成して，～を支持して」

c.「それは，造船工場の労働者たちの集団写真である」

d.「その写真は，アウグスト=ランドメッサーがナチス党に加入するずっと前に撮られた」

正しくないものを選ぶ問題なので，要注意。まず，a については，第1段第1文（There is a famous …）に，有名な白黒写真と述べられており，写真の説明と一致している。また，b については，第1段第4文（They are stretching …）に，熱心にヒトラーに敬礼していると書かれており，これも写真の説明に一致している。c は，第1段第3文（The picture is …）に，造船工場の労働者たちの写真であると述べられており，一致している。しかし，d については，第3段第1文（Landmesser had joined …）に，彼がナチス党に加入したのは，写真が撮られた何年も前であると書かれており，写真が撮られたのはナチス加入の前ではないため，一致しない。よって，正解は d。

(ii)「次のうち，アウグスト=ランドメッサーに関して正しいものはどれか」

a.「彼はヒトラーへの支持を示すのを拒んでいた」 approval「支持，承認」

b.「彼は写真に入るのを拒んでいた」

c.「彼は写真の中で微笑んでいた」

d.「彼は造船工場の労働者たちの写真を撮っていた」

まず，a については，第1段最終文（He alone is …）に，彼がヒトラーへの敬意を示すことを拒んでいたことが書かれており，彼に関する説明と一致している。正解は，aである。bについては，第1段第5文（If you look …）には，彼がちゃんと写真に写っていることが書かれており，不一致であることがわかる。また，cについては，第1段第6文（His face is …）に，顔が穏やかではあることに言及はあるが，笑っているとは書かれていないため，一致していない。さらに，dについては，第1段第5文（If you look …）から，彼が写真の中に写っていることがわかり，彼が撮っているのではないため，不一致である。

III　解答　A．(1)—d　(2)—b　(3)—a　(4)—a　(5)—d　(6)—d　(7)—d　(8)—a

B．b・e（順不同）

◆全　訳◆

≪気候変動と食糧生産の相互の影響≫

昔，地球の気候において，人間の活動によってではなく，太陽の周りをまわる地球の軌道の変動のような自然の現象によって引き起こされた大きな変化がたびたび見られた。しかし，ここ最近の1万年は，安定した気候であったため，未来に気候変動が起これば農業に重大な影響を及ぼす可能性がある。食糧生産の将来に対して気候変動が与える影響には，2つの局面がある。それは，食糧生産が地球温暖化の原因となる温室効果ガスを生み出すということと，気候変動そのものが世界のいくつかの地域で農業の生産性を低下させるということである。

21世紀の始まりの時点において，農業と土地利用の変化は，地球規模の温室効果ガスの排出のうちの約25パーセントを占めていたが，もし農業からの影響を減らすために何も行われないなら，2050年には，75パーセント以上に達する可能性がある。土地利用の変化，特に作物に場所を提供するための森林伐採は，農業からの温室効果ガス排出の重要な一因で，木々や土壌に蓄積されていた大量の炭素を大気に放出することになるのである。手短に言えば，もし気候変動を防ぎたいと思うのなら，食糧生産を増やすために使われるどんな方法も温室効果ガスを減らすことが必要になってくるであろう。

気候変動の2つ目の影響は，農業生産そのものが気候変動に影響を受けることである。勝者と敗者に分かれる可能性がある。比較的高温の夏と比較的高レベルの二酸化炭素は，カナダや北ヨーロッパのような地域における生産性が高くなるかもしれないことを意味する。その一方で，南ヨーロッパの国々のような，現在農業に適している地域では，食物を育てるのには気温が高すぎて乾燥しすぎることになる恐れがある。アフリカでは，人口が増えつつあり，かつ農業生産性が比較的低いため，多くの地域でいっそう不安定な降雨やさらに長びく乾季に苦しむことが予測される。それゆえに，農業生産性は，作物や場所にはよるが，21世紀の後半までに5パーセントから25パーセント分，低下することになるだろう。

◀解　説▶

A．⑴　a．「生き物」　b．「排出物」　c．「物質」　d．「現象」

空所の直後のsuch asに注目。以下に例示が続くとわかる。例として挙がっているのは「太陽の周りをまわる地球の軌道の変動」であることから，a，b，cでは，文脈に合わない。正解は，dのphenomena「現象」。

⑵　a．「～を減らす」　b．「～を生み出す，発生させる」　c．「～を禁止する」　d．「～を取り除く」

当該部分は，食糧生産の将来に対し気候変動が与える影響の2つの側面のうち1つ目を説明している箇所で，「食糧生産が，地球温暖化の原因となる温室効果ガスを（　　　）する」という内容である。第2段第1文（At the start …）から，何も対策が講じられなければ，農業が占める温室効果ガス排出の割合が大きく増えることがわかるので，空所には，増やすという意味の語が入ると文脈に適う。a，c，dは「増やす」という意味にはならず，不適。正解は，bのgenerates。

⑶　a．「～を占める」　b．「～に同意する」　c．「～へと分ける」　d．「～を乗り越える，克服する」

当該部分を含む文は，「農業と土地利用の変化が地球規模の温室効果ガスの排出のうちの約25パーセント（　　　）した」という内容である。その後，「何もしなければ，2050年には75パーセント以上に達するだろう」と続くことを考えるとb，c，dでは内容がつながらず，不適。正解は，aのaccounted for。温室効果ガスの排出割合についての話題となり，文脈に適う。

⑷　a．「量」　b．「平均値」　c．「負荷」　d．「波」

当該部分は，少し前のreleases「～を放出する」の目的語に当たる箇所である。「大きな（　　）の炭素を放出する」という意味であるが，b，c，dでは意味が通じず，不適である。正解は，aのamounts。large amounts of〜「大量の〜」という熟語の理解もポイント。

⑸　a．「〜を予測する」　b．「〜の方を好む」　c．「〜を保存する」　d．「〜を防ぐ」

第2段は，第1段の最後に書かれている，食糧生産の将来に対する気候変動の影響の2つの局面のうちの1つ目について詳述するもの。何も手を打たなければ，農業と土地利用の変化によって排出される温室効果ガスが大幅に増加することが提示されている。当該箇所を含む文は，In shortで導かれ，第2段のまとめとなる文である。dのpreventを選び，当該箇所を含む一文を「気候変動を防ぐには，食糧生産を増やす手段は温室効果ガスの排出を減らす必要がある」という主旨にすれば，文脈に適う。a，b，cは，文脈に合わず，不適である。なお，当該箇所の直前にあるif we are toのbe to *do*は，「〜するつもり」（意図）の意味。

⑹　a．「構成する」　b．「落ちる」　c．「携わる」　d．「増える」

当該箇所を含む文の直前文に，「勝者と敗者に分かれる可能性がある」と書かれており，また，当該箇所の直後にはOn the other handで文がつながれていることから，On the other handの前後で，勝者と敗者の具体例が述べられているものと考えられる。On the other handの後ろには，気候変動によって，食糧生産が難しくなりそうな地域のことが書かれているため，前には，食糧生産がうまくいく地域のことが書かれていると推測できる。空所に，生産性が上がるという意味の語が入れば文脈が整う。正解は，dのincrease。a，b，cでは，文脈に合わない。

⑺　a．「探検する」　b．「調査する」　c．「頼る」　d．「苦しむ」

当該箇所の少し前にあるisの主語はAfricaであり，アフリカがどんなことをすると予測されるのかを考える。注目したいのは，当該箇所の少し後ろにあるfromである。in many partsが間にあるためわかりにくいが，from more uncertain rainfall and a longer dry season「いっそう不安定な降雨やさらに長びく乾季から」に内容的につながる動詞を考えることになる。a，b，cでは，意味がつながらず，不適。正解は，dのsufferである。suffer from〜で「〜に苦しむ」の意。

⑻　a．「下向く」　b．「要求する」　c．「描写する」　d．「破壊する」

本問も，(5)と同じく，段落のまとめとなる文を扱っている。文脈から考えると，On the other hand のあと，農業の生産高が減る敗者の例が並び，そのあと therefore「それゆえに」と続くため，当該箇所も，気候変動によって農業生産高に対して生じる負の内容が書かれているものと推測できる。b や c では，負の内容にはならず，不適である。また，d は「滅ぼす」とか「無効になる」という意味を表すが，後ろに5パーセントから25パーセントの間と書かれていて，全くなくなってしまうわけではないため，不適である。正解は，a の decline。

B．a．「昔，人間の活動と自然災害の両方が地球の気候に重大な変動を引き起こした」 behavior「行動，活動」 disaster「災害」 significant「重要な，重大な」

b．「私たちの現在の食糧生産方法は，気候の安定性に頼っている」 current「現在の」 stability「安定性」

c．「農業と土地利用の変化は，将来において，いかなる温室効果ガスの排出の原因にもならないだろう」 discharge「排出」

d．「食糧生産の増加は，結局は温室効果ガスの減少に貢献するだろう」 eventually「結局」 contribute to ～「～に貢献する」

e．「気候変動は，世界のある特定の地域においては，食糧生産を増加させるだろう」 certain「特定の，ある種の」

f．「全体的に見て，農業生産性は，21世紀後半においても世紀の始まりとほぼ同じぐらいであろう」 the latter part of ～「～の後半」

まず，b については，第1段第2文（The last 10,000 …）に，この1万年は気候が安定してきたので，この先，気候変動が起これば，農業に重大な影響が出ると書かれており，農業が安定した気候に頼ってきたことがわかり，本文の内容に一致している。また，e については，最終段第3文（Warmer summers and …）に，夏がより暑くなり，二酸化炭素がより高レベルになれば，現在は涼しい気候であるカナダや北ヨーロッパで生産性が高くなる可能性があると書かれており，本文の内容に一致している。正解は，b と e である。a は，第1段第1文（There have been …）に，昔，人間の活動ではなく，自然現象によって大きな気候変動が引き起こされたことが書かれており，本文に一致していない。また，c は，第2段第1文（At the start …）に，21世紀の始まりには，温室効果ガス排出の約25パーセントを占めていた農業と土地利用の変化が，2050年には75パーセント以上になるだろうと書かれており，本文に一致しない。さらに，dは，第2段全体，特に第2段第2文（Changes in land …）において，農業生産を向上させるための土地利用の変化が，温室効果ガス排出の重要な一因であることが述べられており，どこにも温室効果ガスを減少させると書かれていないため，一致していない。また，fについては，最終段最終文（Agricultural productivity may,…）に，農業生産性は，21世紀の後半までに5パーセントから25パーセント分，低下するだろうと書かれており，本文の内容に一致していない。

Ⅳ 解答

(1)— d　(2)— b　(3)— a　(4)— b　(5)— b　(6)— d
(7)— c　(8)— d　(9)— a　(10)— b

◀解　説▶

(1)「嵐が来そうだから，今日はキャンプをするのをあきらめた方がよいよ」 might〔may〕as well *do* で「～する方がよい，～して差し支えない」の意味。よく似た表現に，might〔may〕as well ～ as …「…するくらいなら～する方がましだ」があり，この場合は，～と…の2つの動作の比較となる。問題文にも，後ろに as があり，a storm is coming と続いているが，give up camping と a storm is coming が比べられているわけではないので，might as well ～ as … の意味ではない。正解は，d の well。

(2)「私たちは魚釣りに行ったが，結局，海への主要道路は落石のため閉鎖されていた」 major「主要な」 …, only to *do* で「…したが（その結果）～するだけだった」という不本意な結果を表す不定詞がポイント。前の文とはいったん意味が切れるので，前にコンマが置かれることが多い。a の where や c の which では，where to *do*「どこへ（で）～すればよいのか」，which to *do*「どちらを～すればよいのか」の形の名詞句をなすが，主語にも目的語にも補語にもならないため，英文として成立しない。また，never to *do*「(その結果) 二度と～しなかった」は使われるが，d の ever を入れた ever to *do* は使われない。正解は，b の only。

(3)「このボタンを押しなさい，そうすればドアが閉まるでしょう」 命令文 ～, and …「～しなさい，そうすれば…」の意味。命令文であるので，動詞の原形が使われる。正解は，a の Press。

(4)「モニカは，その美術コンテストの全ての出品作の中で自分の作品が最も心をときめかせるものだと思っている」 ポイントは2つ。1つ目は，動詞 consider の後の her artwork と（　　）の関係を考えること。2つ目は，exciting になるのか，excited になるかということである。まず1つ目のポイントとして，consider は consider (that)＋節「～であると考える」や consider O C「OがCであると考える」などの形をとることができる。c の it was exciting は完全文であり her artwork の直後に続けて置くことが文法的にできないので不適である。また，d の an exciting は，exciting は形容詞であるが，名詞に付くはずの冠詞 an があり，品詞として不適切であるため consider とはつながらず不適である。また，a の was excited は，consider (that) her artwork was excited … と her artwork が that 節の主語で was excited が動詞と，文としてはつながる。しかし，2つ目のポイントを考えると，was excited は〈人〉を主語として「人が興奮して」という意味を持つものであるため，物である her artwork が主語になっても「作品が興奮して」となり，意味不明の文となる。正解は，b の the most exciting。considers her artwork the most exciting … で，consider O C の形になっている。また exciting は「人をワクワクさせるような」という意味。

(5)「あなたの左側に，鳥の巣のような頭を持つ像が見えますね」 statue「像」 nest「巣」 選択肢はどれも関係代名詞と考えられるが，ここでのポイントは，空所の前にコンマがなく（関係代名詞の継続用法ではないということ），直後に無冠詞の名詞 head があることである。まず，a の that は前の a statue を先行詞とする関係代名詞となるが，後ろに無冠詞の名詞 head がくることはなく，不適。また，c の what は先行詞を含む関係代名詞であり，前に先行詞と考えられる a statue があるため，不適。さらに，d の which は，継続用法の関係代名詞であれば後ろに名詞がくる用法もあるが，問題文にはコンマがなく，あったとしても前に head に関わる記述がないため意味が通じず，不適である。正解は，b の whose となる。

(6)「もし彼が携帯電話を持っていなかったとしたら，どんなことが起こっていただろう」 始まりのところの would have happened の形とその後の if で，仮定法過去完了だとわかれば，解答するのはさほど難しくはないだろう。仮定法過去完了は，If S *done* (had *done*), S' would〔could / might〕have *done*…「もし（あのとき）〜していたら，…しただろうに〔できただろうに，したかもしれないのに〕」の形が公式と考えるとよい。正解は，d の had not had。

(7)「私は，大学を卒業する直前に運転免許証を取得した」 obtain「手に入れる」 before graduating from university という副詞句を修飾できる語を探すのがこの問題のポイント。副詞・副詞句・副詞節を修飾できるのは副詞（およびその役割をするもの）である。a の exact と b の immediate はどちらも形容詞なので，不適である。d の quite は「かなり」などの程度を表す副詞ではあるが，大学を卒業したという時点が相当に前のことであることを表す表現として before で始まる節と使う際には，quite a long time before 〜 などの形をとるので不適。正解は，c の right。この right は副詞で，時を示す語・句・節の前に使われると「直ちに，すぐに」の意味を示す。

(8)「彼らの問題解決方法がまったく丁寧ではなかったのが残念だった」 比較級を中心とした適切な表現を見抜くのがこの問題のポイント。まず，a の many more polite と b の many less politer については，much more polite や much less polite の表現はあるが，many は使わず，さらに b については比較級 less の後ろにさらに politer という比較級が付くこともなく，どちらも不適である。c の as much polite については，much は比較級や最上級を強めるために使うが，原級 polite には使えず，不適である。正解は，d の less than polite。less than は形容詞を修飾して「少しも〜ではない」の意味を表す。

(9)「彼女がその会社の社長になった理由は，彼女の業績と評判が飛び抜けていたからだった」 achievement「業績」 reputation「評判」 outstanding「顕著な」 問題文は，その構造が The reason was (　　) her achievements and reputation were outstanding. SVC の文型であることを見抜くことがポイント。この文型では S=C であるから，the reason と＝関係になる節を作ることになる。正解は，a の that で，C の部分は「彼女の業績と評判が顕著だったこと」という名詞節である。reason とくれば why だと思いがちかもしれないが要注意である。

(10)「私のトレーニングシューズは洗う必要がある」 トレーニングシュー

ズが洗うのか，洗われるのかがポイント。need to *do*「〜する必要がある」は，その動作は文の主語が行う（例：He needs to go.「彼は行く必要がある（go も彼の動作)」)。ところが，need *doing* となると，主語が「〜される必要がある」という受け身の意味になる。つまり need *doing* = need to be *done* と考えられ，*doing* は受け身の形にする必要はない。トレーニングシューズは「洗われる」のであるから，a の to wash でもなく，また受け身の形にする必要がないため，d の being washed でもない。c の having washed については，これから洗うのであるから完了の形にする必要がなく不適である。正解は，b の washing。

V 解答

（２番目・７番目の順に）(1)―e・d　(2)―c・f　(3)―h・a　(4)―c・d　(5)―e・g

◀解　説▶

(1)　A sudden drop in sales forced considerable cuts (in production.)
ポイントは，何を主語と動詞に設定するかである。主語は drop「減少」，動詞は forced「強いた」を軸に，「急激な売り上げの減少」→「売り上げにおける急な減少」，「かなりの生産削減」→「生産におけるかなりの削減」と日本語を組み替えていけば正解にたどり着けるだろう。drop と cuts のどちらをどこに使うか迷ったかもしれないが，drop は「落ちること」=「減少」，cut は「切ること」=「削減」である。また，drop は単数形なので不定冠詞をつけるのを忘れないように。

(2)　(The father had to stay home) until the problem had been taken care of(.)　ポイントは２つ。１つは，受け身の文の中のイディオムの扱い方，もう１つは，until の後の節の中の時制。「処理する」は選択肢の中から take care of を使えそうだが，誰が処理するのかの主語に当たるものは選択肢の中に見当たらない。ということは，日本文のとおり「問題が処理される」という受け身になると考えられる。その場合，イディオム take care of の３語は１つの動詞のように離さないことが重要。特に，最後の of を忘れないように。次に時制については，過去の文だと思われるので，受け身にするための was を探しても見当たらず，選択肢に been や had があることから，過去完了の had been にすることがわかるだろう。この過去完了は，「処理されてしまう」という完了・結果の意味で使われている。

(3)　(The new computer) can <u>process</u> information at twice the <u>speed</u> of (the previous one.)　ポイントは2つ。1つは，動詞を何にするか，もう1つは「2倍の速度で」をどう表現するかである。動詞は，process を使う。process は，名詞「過程，工程」の方がよく使われるので，何を動詞に置いたらいいのか迷ったかもしれないが，動詞「処理する，加工する」としても使える。「2倍の速度で」は，twice の位置が重要となる。the twice speed か twice the speed かであるが，twice は double や half と同様，冠詞の前にくるので，twice the speed となる。

(4)　(Ms. Cole did not give her mother) a <u>call</u> nor did she send <u>her</u> flowers(.)　ポイントは，否定語 nor の扱い方である。nor は，neither *A* nor *B*「*A* も *B* も～ない」でよく使われるが，no や not などの後に「もまた～ない」という意味で使われることもよくある。例えば，I have no sister nor brother.「私には姉妹も兄弟もいない」といった文で使われる。nor は否定語であるので，nor が節と節をつなぐ役割をし，後ろに節がくる場合は，その節は倒置になって，否定文と同じ語順にする必要がある。例えば，次のような文である。I don't know about the problem, nor <u>do</u> <u>I</u> want to.「その問題については知らないし，知りたくもない」　問題の英文は nor の後，did she send という語順にする必要がある。

(5)　(The ladder was) set <u>against</u> the wall so that <u>workers</u> could (clean the window of the second floor.)　ポイントは2つ。1つは，1つしかない the を何に付けるかということ，もう1つは，「拭けるように」をどう表現するかということである。the は，the wall にするのか，the workers にするのか迷ったかもしれない。wall も worker も数えられる名詞であるが，数えられる名詞が使われるのは，① a が付く，② the が付く，③複数形にする（the はある場合もない場合もある）の3つの場合に限られる。そうなると，workers は the が付いていなくても大丈夫だが，wall は a wall か the wall になる必要がある。ということは，the は wall に付けることになる。また，「拭けるように」は，選択肢に that も so も含まれているので，so that S can〔may / will〕「S が～できるように」を使うことになる。問題文は過去の文なので could を使う。前置詞 against には「～に反対して」という意味以外に，「～によりかかって，～に立てかけて」という意味もある。

Ⅵ 解答

(1)—d　(2)—d　(3)—c　(4)—b　(5)—c　(6)—a
(7)—b　(8)—b　(9)—b　(10)—c

◆全　訳◆

≪日本でのおみやげ選びのお店にて≫

日本のある店で一人の店員がサラに話しかけている。

店員：いらっしゃいませ，何かお探しですか？

サラ：ありがとう。ちょっと見ているだけです。

店員：どうぞごゆっくり。

しばらくして，サラがその店員と再び話をする。

サラ：すみません。このドレスは違う色のものはありますか…黒はありますか？

店員：かしこまりました。どのサイズがよろしいですか？　ＳサイズとＭサイズが在庫にあります。

サラ：よくわからないわ。どちらの方がピッタリしているか見るために試着してもいいですか？　どちらのサイズもいろんな色で試してみたいです。

店員：もちろんです。一度に５枚までお試しできますよ。

サラ：すばらしいわ！　アメリカの家族のために何枚かＴシャツも探しているの。和柄が描いてあるシンプルなものはありますか？

店員：予算はおいくらぐらいかお尋ねしてもよろしいですか？

サラ：たぶん3,000円と5,000円の間ぐらいです。その価格帯で何かありますか？

店員：もちろんです。では，このＴシャツはいかがでしょう？　これは，特に観光客の皆さんに人気があります。実のところ，私たちの店で作っていますので，たいへんお得なお値段です。

サラ：素敵だわ。それのＬサイズはありますか？

店員：はい。何枚ご入用ですか？　３枚以上お買い上げの場合は，お値引きさせていただきます。

サラ：Ｌサイズを４枚，そしてできればＭサイズを１枚。

店員：わかりました，確認します…。すべてございます。包装は必要ですか？　ギフト用のラッピングは有料になりますけれども。

サラ：結構です。家族用ですし。それに，自分でショッピングバッグを持ってきていますし。

店員：それはよかったです。他にご入用のものはありますか？

サラ：実は，あるんですよ。さて，どのドレスを自分用に買おうか見たいわ。

店員：そうでしたね！　もちろん。では，試着室にお連れします。

◀解　説▶

⑴　a．「あなたの衣服を見てください」 b．「ご自分でどうぞ」 c．「いい一日をお過ごしください」 d．「ごゆっくりしてください」

お店に入ってきた客が「ちょっと見ているだけです」と言った際に返す言葉として，a や b は内容的に適切ではなく，また，c は別れ際に言う言葉であるので，不適。正解は，d の take your time。

⑵　a．「どのくらいの時間がかかりますか？」 b．「いくら必要ですか？」 c．「おすすめは何ですか？」 d．「どのサイズがよろしいですか？」

店員の言葉である。空所直後で，S サイズと M サイズがあると言っているので，話題はサイズについてであることがわかる。正解は，d の What size would you like? である。その他のものでは，文脈に合わない。

⑶　a．「それがどのように聞こえるか」 b．「何があなたにうまく働くか」 c．「どちらがよりピッタリしているか」 d．「私が好きなのはどちらでも」

S サイズと M サイズがあって，どちらがよいのかよくわからないので試着したいと，サラが申し出ている場面である。正解は，c の which fits better。a の what it sounds like では，音としてどのように聞こえるかであるため，文脈に合わない。b の what works for you では，自分のための試着であるのに for you となっていて，これも文脈に合わない。また，どちらのサイズがよいか決めたいという文脈なので，d の whichever I like も合わない。

⑷　a．「～を扱っていて」 b．「～を探していて」 c．「～を着用していて」 d．「～をひっくり返していて」

空所を含む文と次の文から，家族への日本みやげを探しているところだと推測できる。正解は，bのlooking for。その他のものでは，意味が通じない。

(5) a.「私がお伝えしましょうか」 b.「私にお知らせください」 c.「お尋ねしてもいいですか」 d.「気になさいますか」

「あなたがいくら使うつもりなのか（　　　）？」という内容であることを考えると，aのCan I tell youとdのWould you mindでは，意味がつながらない。残りのbのPlease inform meとcのMay I askで迷ったかもしれないが，空所を含む文の最後に「？」があり，疑問文であることがわかる。よって，正解はc。

(6) a.「〜なので」 b.「〜の前に」 c.「もし〜なら」 d.「まるで〜のように」

空所直後のthey are made in our storeとthey are quite reasonableはどちらも節であり，空所にはその2つの節をつなぐ接続詞が入ることがわかる。「それらは私たちの店で作られている」と「それらはとてもお買い得だ」をつなぐのに適切なのは，理由を示すaのas。店で直接製造しているため，コストが抑えられてお買い得になっている，という主旨になる。その他の選択肢では，文脈に合わないし，意味も通じない。

(7) a.「どうぞ先に進んでください」 b.「素敵だわ〔素敵に見えるわ〕」 c.「あまりそうでもない」 d.「何のために？」

前文で，店員がこのTシャツは自分たちで作っているから価格が安いと伝えたことへのサラの反応である。空所の直後で，Lサイズはあるかと尋ねているので，気に入っているものと推測できる。正解は，bのLooks great.である。Looksを使っているのは，商品を見て言っているからである。a，c，dでは，話の流れに合わない。

(8) a.「それらはすでに包装されている」 b.「いいえ，結構です」 c.「いいわね〔いいように聞こえるわ〕」 d.「なぜしないの？」

おみやげのTシャツを包装するかどうかについて話している場面である。空所の前で，店員が包装が必要かどうかを尋ねており，空所はそれに対してのサラの反応だが，直後で，家族用だし，自分でショッピングバッグも持ってきているし，と言っているので，包装を断っていると推測できる。正解は，bのNo, thank you.である。

(9) a.「何かほしいとは思っていない」 b.「はい，実のところ」 c.

「ここも同じ」 d.「はい，あなたのために絶対に」

前文の最後で，店員が「他にご入用のものはありますか？」と尋ねていることに対しての反応だと考えられる。空所の後の文からは，最初に試着しようと思っていたドレスに話題を戻していることがわかり，空所には肯定的な内容が入るものと推測できる。a の I wouldn't like something. では内容がつながらず，また c の Same here. では意味が通じない。さらに，d の Yes, absolutely for you. では，肯定的な返事であるが，文脈に合わない。正解は，b の Yes, actually. である。

⑽ a.「レジ」 b.「お勘定口」 c.「試着室」 d.「駐車場」

最初，サラが自分用のドレスを探していて，試着をしようとする際に，話題がおみやげのTシャツに移ってしまったのだが，ここでやっと先ほどのドレスのことに戻っている。ドレスの話は試着しようとしているところで止まってしまっているため，これから試着をしに行くと考えられる。正解は，c の fitting room。

❖講 評

例年通り，全問マーク式で，試験時間90分である。問題の構成も，読解問題3題，文法・語彙問題2題，会話文問題1題の計6題で，2022年度までと変わらない。

読解問題については，Ⅰは，約700語の長い英文である。介護現場における「聴くということ」が話題に取り上げられている。英文としてはあまり難しくはない。内容的にも例年に比べれば複雑なものではなく，active listening から non-verbal communication, eye contact, physical distance へと，具体的に映像を思い浮かべられるシーンが多いため，理解がしやすいものである。設問数は，全体数も各大問の小問数も2022年度と変わらず，依然として多めである。本文の内容に近いものを選ぶ問題は，読み取ることを要求される内容が2022年度までとは少し異なっているが，難問はほとんどない。使用されている語彙もあまり難しいものではないため，話の筋をパラグラフごとにしっかりととらえ，流れを正しく追えているかどうかが読解のカギとなる。Ⅱは，ナチス統治時代にヒトラーに敬意を払わなかった男性を話題にした文章である。例年より少し短く，パラグラフが4つしかないため，パラグラフごとの内容を歴史の流れの中で映像を思い浮かべながら順を追って読んでいけば，内容は把握しやすいであろう。使用語彙は比較的易しく，設問も難問はないため，選択肢からさほど迷わずに解答できそうなものがほとんどであろう。Ⅲは，気候変動と食糧生産の相互の影響を題材にした論説文である。これも例年より短く，3つしかパラグラフがないが，構成としては論説文の基本的な構成で書かれたもので，第1パラグラフがintroductionとしてこれから述べる2点を簡単に述べ，第2，第3の各パラグラフで，それらを詳しく説明している。難解な英文はなく，パラグラフごとに内容を把握していけば，読み進めやすい内容である。ここにも難問はほとんどなく，基本的な語彙や知識を駆使し，内容を正確に把握して判断することが必要である。

文法・語彙問題は，Ⅳは空所補充で，学校での授業をよく理解していれば十分に解答できる標準的なものがほとんどである。また，Ⅴは語句整序で，複雑な問題もなく，英語でよく使われる表現を日々学習しておけばほとんど答えられる，標準レベルの問題である。

Ⅵの会話文問題は，空所補充である。内容把握の力が要求されるものがほとんどであるが，標準的なレベルの問題である。

全体としては，90分の試験時間の割には，依然として分量が多めである。解答するには，基本的な語彙・文法・語法などの知識をしっかりと身につけるとともに，英文を素早くしかも正確に読み進める力が必要となる。

◀英語1科目(英・英)型▶

I **解答** A．全訳下線部(a)参照。

B．予測では，危険な気候変動を起こすような速いスピードで二酸化炭素の排出量を増やしているのは，中国，インドや他の新興経済国であると示され，すでに中国はアメリカよりも，インドはドイツよりも二酸化炭素排出量が多いということ。(70字以上110字以内)

C．国によって人口が大きく異なるため，人口の少ない国には有利に働き多い国には不利に働くような国ごとの二酸化炭素総排出量の議論は無意味であって，国ごとの二酸化炭素総排出量に基づいて人口が多い中国やインドを非難することは不適切だと筆者は考えており，一国当たりよりも一人当たりの割合で排出量を比較する方がずっと意味があるという点でインド代表の言葉に賛成するから。(140字以上180字以内)

◆全　訳◆

≪割合で比較する意味≫

しばしば大きな数をいっそう意義あるものにするために私たちにできる最良のことは，それを全体数で割ることである。全体数とは，例えば，総人口などである。ある数量（例えば，香港の子どもの数）を別の数量（例えば，香港の学校数）で割れば，割合（香港の一校当たりの子どもの数）が出る。(a)数量の方が導き出しやすいので見かけやすい。誰かが何かを数えるだけでよいのだ。しかし，割合の方がもっと有意義であることがよくある。

「予測では，危険な気候変動を引き起こすであろうスピードで二酸化炭素の排出量を増やしているのは，中国，インド，そして他の新興経済国であることが示されている。実際のところ，中国はすでにアメリカ合衆国よりも多量の二酸化炭素を排出し，インドはすでにドイツよりも多く排出している」

この歯に衣を着せぬ発言は，2007年1月にダボスで開かれた世界経済フォーラムの気候変動に関するパネルディスカッションのメンバーである，欧州連合のある国の環境大臣から出たものである。彼は，この批判を含んだ発言を，まるで自明の事実を語っているかのように，中立的な声のトーンで話したのであった。もし彼が，中国やインドのパネルディスカッションのメンバーたちの顔を見ていたとしたら，彼は彼の意見は全く自明のことではないとわかったであろうに。その中国の専門家は怒った顔をしていたがまっすぐ前を見続けていた。対照的に，インドの専門家はじっと座ってはいられなかった。腕を振り，司会者の発言許可の合図をかろうじて待てたぐらいであった。

彼は立ち上がった。短い沈黙の時間があり，彼はパネルディスカッションのメンバー一人ひとりの顔をのぞき込むように見ていた。彼の上品な濃紺の頭のスカーフや高価そうな濃い灰色のスーツ，激怒の瞬間の彼のふるまいが，世界銀行や国際通貨基金での第一人者として長年の経験を積んだインドの最高ランクの高官の一人としての彼の地位を明らかに示していた。彼は，裕福な国々のパネルディスカッションのメンバーたちに対してサッと手で払うような動作をして，そして，大きな声で非難するように次のように言った，「私たち全員をこの微妙な状況に追い込んだのは，あなた方裕福な国々だったのです。あなた方は，一世紀以上にわたってますます多くの量の石炭や石油を燃やしてきたのです。あなた方が，あなた方こそが，気候変動の危険へと私たちを追いやったのです」。そして彼は突然姿勢を変え，インド式のあいさつのように手を合わせ，お辞儀をして，非常に優しい声で次のように言った，「しかし，私たちはあなた方を許します。なぜなら，あなた方は自分たちがしていることがわからなかったのですから。私たちは決して，気づいていなかった危害を示す事実が出てきた後にその人のことを責めてはいけないのです」。それから彼は，背筋を伸ばし，伸ばした人差し指をゆっくり動かして一言一言強調しながら，評決を述べる裁判官として次のように最後の発言をした，「だが，今後私たちは，一人当たりの二酸化炭素排出量を計算することにしましょう」。

私は，これ以上同意できないというぐらいに賛成であった。私は，国ごとの総排出量に基づいて気候変動に関して中国とインドを意図的に非難することに，かねてより驚いていた。それは，中国全人口の体重の合計がアメリカ全人口の体重の合計より重いから，中国の方がアメリカより肥満がひどいと主張しているようなものであった。国ごとの排出量を議論するのは，人口のサイズにかなり大きな差がある際には無意味なのである。この論でいけば，500 万の人口のノルウェーは，一人当たりほとんどどんな量の二酸化炭素でも排出していてもよいことになる。

この場合，国ごとの総排出量のような大きな数を各国の人口で割って，有意義で比較可能な物差しを出さなければならなかったのだ。GDPを測るにしても，携帯電話の販売台数や，インターネットの使用者数や，二酸化炭素の排出量を測るにしても，一人当たりの測定，つまり一人当たりの割合の方がほとんど常により有意義であろう。

◀解　説▶

A．設問の下線部(a)は，3つの文から成り立っているが，どれも難しい英文ではない。ただ，1つ目の文にも3つ目の文にも比較級が使われていて，何との比較かを念頭において訳すことがポイントとなる。1つ目の文は，amounts「数量」の方がrates「割合」よりも，また，3つ目の文では，ratesの方がamountsよりも，という文脈の中で比較されていることをつかむことが重要。2文目のjustは，「ただ～するだけ」という意味を加える副詞である。

B．下線部(b)のhis statement of blameは「彼の非難の発言」という意味。2007年1月の世界経済フォーラムにおける気候変動に関するパネルディスカッションでEUのある国の環境大臣から出た発言のことだとわかれば，あとは，第2段全体を，字数に合わせて日本語で説明していくとよいだろう。70字以上110字以内と結構短いので，第2段にある2つの文のポイントのどちらも外すことなく，うまくまとめることが必要である。
forecast「予測，予報」 emerging「新興の」

C．下線部(c)のI couldn't have agreed more.は「これ以上できないというほど同意しただろうに」という意味。同意をした対象は，第3段最後から2文目（The Indian expert,…）から第4段全体にかけて描写しているインドの代表者の言葉である。筆者が下線部(c)のように思った理由については，下線部(c)より後ろの第5段および第6段に書かれている。第5段には，人口に差があるのに国ごとの総排出量を比較しても意味がないこと，第6段では全体数よりもそれを人口で割った割合の方が意味があるということが書かれている。インド代表は，発言の最後で今後は一人当たりの排出量を計算することを提案しているため，第6段の内容も理由に加えるのがよいだろう。pointless「無意味な」 enormous「非常に大きな」 variation「差異」 comparable「比較できる」 per capita「一人当たりの」

II 解答

A．全訳下線部(a)参照。

B．最初の冷戦時代のように，二極化した世界の中心である２つの超大国の間の合意が全世界の合意の基礎として働き，さまざまな国や組織が異議を唱えることがなかったような，多国間の意思決定や合意形成に関してより単純であった時代のこと。（80 字以上 120 字以内）

C．〈解答１〉国際的な体制が多極化し，権力範囲の多数存在や，権力関係の不明瞭さのために予測が不可能になったり，分断，単独主義，地域的な軍備競争が起こったりするとともに，民間セクターなどの非国家主体も力を拡大して，多国間の意思決定や合意形成が難しくなっていることや，さらに，国際的な規範への敬意が薄れているため，国際的な組織が弱体化し，軍縮条約が破棄されたりなど，これまで人類を守るために進展させてきた基本的原理の多くが今や緊張下にあるようなこと。（180 字以上 220 字以内）

〈解答２〉国際的なシステムの多極化を受けて，多国間の意思決定や合意形成が複雑かつ難しくなっているが，軍縮および国際安全保障の組織はその新しい変化に対応できておらず，さらに，国際的規範への敬意が薄れてきているために国際的な政治・安全保障・経済の組織が弱体化し，平和維持と人間保護の基本的原理が脅かされ，非人道的な武器使用の阻止や軍縮合意の推進が失敗し，一部の国が一方的に軍事力を行使する事態になっていること。（180 字以上 220 字以内）

◆全　訳◆

≪新しい冷戦の危険性≫

私たちは，新しい冷戦の瀬戸際にいる。(a)壊滅的な世界紛争で疲弊した世の中から起こった最初の冷戦とは異なり，２番目の冷戦は，全世界的な課題が集中し，国際的な体制がいっそう複雑になり，国際的な規範や制度への敬意が薄れてきた時代に現れたのだ。現時点において，全世界の軍事費や軍事力は，1989 年のベルリンの壁の崩壊以来のどの時点でも見られたものを上回っている。

最初の冷戦の間，超大国を直接巻き込んだ主要な危機は，諜報活動や戦略的兵器の威嚇的な配置，変化する勢力範囲が中心だった。それは，多くの恐ろしい瞬間や，超大国の影響の下にある小国の間の悲惨な戦争が存在した，私たちの歴史の中で非常に困難な時代だった。しかし，異常接近や不測の出来事，急拡大する軍備競争に反応して，超大国は，衝突を回避し，安定を維持し，一般大衆への軍事負担を軽減するための手段を積極的に探した。組織が設立され，うまく機能した。たとえ進展がしばしば遅すぎたり，結果が控えめすぎたりはしていても，交渉や意思伝達網が盛んになったのだった。

新しい冷戦は，際限のない軍備競争や，国内政治過程への秘密干渉，武力使用への従来の限界ぎりぎりである敵性行為の遂行増加などにより，ますます特徴付けられるようになってきている。多国間軍縮交渉は20年以上うまく進んでおらず，個々の国の間のチャンネルも機能不全になったままである。主要な通常戦力の制限もずっと無視されている。サイバースペースや宇宙空間を含めた新しい領域での戦略的脅威の結果生まれた急激な拡大を防ぐための手段は何も機能してないのである。

国際的な体制の中での影響や軍縮に力を尽くしている組織は，何年もの間，二極化した世界秩序に支配されていた。このことは，最初の冷戦の終結以来，変わってしまった。新しい冷戦は，二国間の関係の問題や相矛盾する政治的思想の間の争いであるだけではない。

国際的な体制は多極化している。このことは，多数の権力範囲や勢力範囲，利害関係の多様化，衝突，不均衡を伴う。その結果として生じた権力関係の不明瞭さが，より大きな予測不能性や，分断，時には単独主義へとますますつながっていった。権力の拡散は，結果として地域的な軍備競争の多様性を生む。これに加え，民間セクターから財団まで，力を持つ非国家主体の力の及ぶ領域が大きくなり，意思決定の過程にますます大きな影響を及ぼしている。

この新しい現実が，多国間の意思決定や合意形成に異議を唱えるのである。かつては，2つの超大国の間の合意が，全世界の合意の基礎として働く可能性があった。今日では，国際的な統治や意思決定は，他の列強の相対的な影響が大きくなったために，さらに複雑になっている。その結果，合意はいっそう曖昧なものになり，終わりのない議論を克服するために，多数決がますます増えることになる。私たちの軍縮組織や国際安全保障組織はこの変化についていけず，もっと単純だった時代のために設計された古い規則や習慣に依然として規制されたままなのである。

国際的な規範への敬意が薄れているということは，国際的な政治，安全保障，そして経済に関する組織を弱体化させることになる。平和を維持し，人類を守るために前世紀にわたって進展させてきた基本的原理の多くが，今や緊張下にあるのである。道義的に受け入れることのできない兵器が，戦場や民間人に対して繰り返し使われてきている。民間人や，彼らの頼る学校や病院などを含むインフラ施設が，攻撃の標的になってきている。軍縮協定は，破棄されたり，中断されたりしている。いよいよさらに，私たちの多国間組織は，脅威にさらされている。中には，国益にかなう際にも，私たちの国際組織が責任に見合った行動をとれなかった際にも，一方的に武力に訴える手段をとった国もある。

これらの段落で述べた，これらの事態の進展の一つひとつが，国連の原理や目的に対する挑戦なのである。しかしこれらの挑戦は，私たちがどこで集団的規範の実行強化の努力を倍加すればよいのかをはっきりと示してもいる。

軍縮における進展は，数字を扱う抽象ゲームではない。本質的に危険な兵器を削減することが，常に重要で歓迎される。しかし，軍縮の行動は，今日の暴力の根源や安全保障の不足に取り組むための中心的な手段だとして理解されなければならない。軍縮に向けた動きが引き続き崩壊することは，国と国の間の状況をさらに危険にするだけであろう。

◀解　説▶

A．語彙が難しく，単語の意味を知っていても世界情勢の知識がなければ，文脈に適切な日本語訳を探せず，ずいぶん苦労した受験生も多いのではないだろうか。文構造は，Unlike から conflict までが修飾語で，主語はその後の the second。主節としては，the second has come「2つ目が現れた」だけである。the first とは the first cold war，そして the second は the second cold war のこと。during an era of「～の時代の最中に」のあと，① converging global challenges，② a more complex international system，③ diminishing respect for international norms and institutions の3つが並列して続いている。それがわかれば，世界の状況について知っている情報を駆使して，語句の適訳をつないでいけばよいだろう。unlike「～とは異なって」 emerge「姿を現す」 weary「疲れさせる」 devastating「破壊的な」 conflict「衝突，戦争」 converge「集中する，収束する」 complex「複雑な」 diminish「減少する」 norm「規範」 institution「組織，制度」

B．下線部(b)の a simpler time は「もっと単純な時代」という意味であり，最初の冷戦期のことを指している。下線部(b)を含むパラグラフの内容は，「新しい現実が多国間の意思決定や合意形成に異議を唱える」→「かつては…」→「今日では…」→「軍縮組織や国際安全保障組織はもっと単純だった時代に作られた規則などに縛られて，新しい変化についていけていない」という展開になっている。そう考えると，「かつては…」の部分を日本語にまとめればよいだけだと思うかもしれないが，それだけでは字数が足りない。このパラグラフでは，全体として多国間の意思決定や合意形成が今日の新しい現実では難しいことを伝えているため，その内容も含め，直前に書かれている新しい現実もふまえてまとめると求められている字数になる。〔解答〕はこの方針で作成したものだが，最初の冷戦期について書かれている第2パラグラフの内容をまとめてもよいだろう。

C．なかなか難しい問題である。下線部(c)の these developments「これらの事態の進展」がどの範囲までのことを指すと考えればよいのか，困ったかもしれない。この文章全体の構成を考えると，下線部(c)のある第8段からは，全体のまとめに入っていることがわかり，そうすると，導入部の第1段を除いた第2段から第7段の中で書かれている「事態の進展」について解答を作成していけばよいことになる。しかし，あまりにも範囲が広すぎて，どこをどうまとめればよいのか，また困ってしまうかもしれないが，ここで有効なのが，第1段の下線部(a)のところに書かれている，2度目の冷戦の起こっている時代である。本文の第5段以降は，それらをもとに書かれていて，第5段と第6段は世界が多極化することに伴って国際的な体制が複雑になっていることについて，第7段は国際的な規範への敬意が薄れていることについて，それぞれ述べている。その2つのポイントに絞って，それぞれに書かれている具体的な事象を含め，求められている字数でまとめていけばよいだろう。sphere「(力などの及ぶ) 範囲」 asymmetry「不均衡」 clarity「明瞭さ」 unpredictability「予測不可能性」 non-State actors「非国家主体」 resort to ～「～の手段に訴える」 live up to ～「～に恥じない行動をする」

❖講　評

例年通り，全問記述式で，試験時間75分である。問題の構成も，読解問題2題のみで，2022年度と基本的には変わらない。

Ⅰは，総数で比べるより割合で比べることに意味がある場合を題材にした文章で，2022年度とほぼ同じ600語を超える長文である。導入部の第1段のあと，ある国際フォーラムでの出来事が書かれ，後半に筆者の意見が述べられている。設問も，その流れに従って，導入部の内容理解のために重要な部分，フォーラムで述べられた内容，筆者の意見をそれぞれ訳したりまとめたりするものである。使われている語彙もさほど難しいものはなく，具体的な内容が多いため，場面をしっかりと捉えられれば，比較的容易に読み進められ，解答できる問題であろう。

Ⅱは，第二次冷戦ともいえる世界の状況を題材にした国連による文章である。2022年度とほぼ同じ長さの700語を超える長文である。使用されている語彙が難しく，しかも，世界情勢についての知識がなければ，よく理解できないような高度な内容のものもあり，読むのに苦労した受験生も多いと思われる。設問も，日本語にまとめるのに相当な時間がかかりそうだが，最適な日本語が見つからなくても，パラグラフごとの話の流れをつかむことができれば，ある程度の解答にはたどり着くことはできると思われる。

全体としては，75分の試験時間の割には，読む英文が長く，語彙レベルも高い。英語の力に加え，時事問題に関する知識が必要なものもあり，論述であることを考えれば，ハードルは決して低いとはいえないが，入学後に要求される力や知識を鑑みると，適切な話題と設問であると思われる。

日本史

I 解答

1―ア　2―イ　3―イ　4―エ　5―ア　6―ウ
7―ウ　8―エ　9―ア　10―イ

◀解　説▶

≪古代～現代の総合問題≫

1．a．正文。横穴式石室は竪穴式石室とは異なり，追葬が可能であった。
b．正文。

2．a．正文。b．誤文。朝廷の機構整備を実施し，斎蔵・内蔵・大蔵の管理を通じて，朝廷の財政を掌握したのは「物部氏」ではなく，蘇我氏である。

3．a．正文。b．誤文。房総半島で反乱を起こした平忠常を打ち破ったのは「清和源氏の源義家」ではなく，河内源氏の源頼信である。

4．a．誤文。鎌倉時代には，神仏習合の考えが「勢いを失っていった」のではなく，広まっていった。
b．誤文。『愚管抄』は「円仁」ではなく，慈円によって承久の乱の直前に執筆された。その執筆は後鳥羽上皇の討幕計画をいさめるねらいもあったと考えられる。

5．a．正文。足利義教が鎌倉公方の足利持氏を討伐した事件を永享の乱，足利義教が赤松満祐によって殺された事件を嘉吉の変という。
b．正文。1428年に起こった正長の徳政一揆は，日本ではじめて農民（土民）が起こした一揆であるとされる。

6．やや難。a．誤文。「オランダ商人が出島の外に出ることはなかった」が誤り。オランダ商館長は定期的に江戸参府を行い，将軍に謁見して貿易の礼を述べた。b．正文。

7．a．誤文。「困窮した百姓の出稼ぎを奨励し」が誤り。松平定信は，農村を復興させるために他国への出稼ぎを制限し，困窮した百姓に農村へ帰ることを奨励した（旧里帰農令）。b．正文。

8．a．誤文。国立銀行条例は，銀行に「銀」ではなく，金と交換できる兌換紙幣を発行させることがねらいだった。

b．誤文。佐渡金山は 19 世紀末に「古河」ではなく，三菱に払い下げられた。

9．a．正文。b．正文。1890 年に綿糸の国内生産高が輸入高を上回り，1897 年に輸出高が輸入高を上回った。

10．a．正文。b．誤文。「為替相場が 1 ドル＝360 円という円安水準に固定されていた」が誤り。1973 年に日本も変動為替相場制に移行している。

II 解答

1―エ　2―エ　3―ウ　4―エ　5―ア　6―エ
7―イ　8―ウ　9―ウ　10―イ

◀解　説▶

≪古代～近世の法体系≫

1．エ．誤文。養老律令は 718 年，元正天皇の時に完成したが，施行されたのは 757 年，孝謙天皇の時である。

4．やや難。ア～ウ．誤文。養老律令の廃止法令は奈良時代から江戸時代を通して出されておらず，養老律令は，明治維新まで形式ではあるが存続した。

5．空欄 e には北条泰時が入る。ア．誤り。源実朝が暗殺されたのは，北条義時が執権の時である。

6．エ．誤文。「日本国中がこれによって規制されることとなった」が誤り。御成敗式目は幕府の勢力範囲を対象とする武家法であり，朝廷の勢力下では公家法が，荘園領主のもとでは本所法がそれぞれ効力をもっていた。

8．ウ．誤り。史料は『信長公記』の一部分で，織田信長による関所撤廃について書かれている。

9．ウ．誤文。武家諸法度は「徳川家康」ではなく，徳川秀忠の名義で発布された。

10．α は徳川秀忠の時に発布された元和令（1615 年），γ は徳川家光の時に発布された寛永令（1635 年），β は徳川綱吉の時に発布された天和令（1683 年）。よって，正解はイ。

III　解答　A．1ーイ　2ーウ　3ーア　4ーウ　5ーア
B．6ーイ　7ーウ　8ーア　9ーウ　10ーエ

◀解　説▶

≪江戸時代の経済・社会，日中戦争≫

A．1．史料Aは相対済し令である。この史料は，今後金銀の貸借などに関する訴訟を取り上げないという内容であり，金銭に関わる訴訟の激増による裁判機能の回復を目指したものであったと考えられる。よって，正解はイ。

2．やや難。「寄合」「評定の本旨を失ひ候」をヒントに，空欄ｂには「評定所」を導く。評定所とは老中・三奉行・大目付らで構成された幕府の最高司法機関である。評定所の選択肢は１つしかないので，空欄ｄには「三奉行所」が入る。よって，正解はウ。

3．史料中の「相対の上の事」とは「当事者同士の合意の上でのことである」という意味である。「済口の取扱い致す間敷候」とは，「決済の取り扱いをしない」という意味である。このことから，イ～エは誤文と判断できる。

4．やや難。史料中の「日切ニ申し付け」とは，日限を切って賃貸決済をすることを命じているものであり，債務を分割して徐々に弁済させるという意味である。よって，正解はウ。

5．イ．誤文。「その後発せられることはなかった」が誤り。相対済し令は，享保の改革の一環として 1719 年に出されたものが有名であるが，この前後にも数回にわたって出されている。

ウ．誤文。最初に相対済し令を発した時の将軍は徳川家綱であり，関東取締出役を設けた時の将軍は，徳川家斉である。

B．6．「支那現中央政府」とは蔣介石が率いる国民政府のことである。ちなみに，史料中の「新興支那政権」とは，汪兆銘が率いる新国民政府を指す。よって，正解はイ。

7．空欄ｇには，３つめの空欄ｇの前後にある「日」「支」「三国ノ共存共栄」をヒントに満州国を導き出す。戦争の目的が，日満華の３国連帯による東亜新秩序建設にあることを声明した近衛文麿による東亜新秩序声明を想起しよう。

8．「日支講和交渉条件」から日本と中国の和平交渉に関する項目だとわ

かる。空欄gが「満州国」と判断できていれば，日本は中国に対して満州国を正式承認することを条件に交渉していることがわかる。一方，「容共」とは共産主義に協力する意味なので，空欄iには「防共」が導ける。よって，正解はア。

9．ウ．誤文。史料Bは，「柳条湖事件」ではなく，盧溝橋事件に端を発した日中戦争に際して，日本政府の方針を決定したものである。

10．史料Bの時に首相を務めていた人物の内閣とは，近衛文麿内閣である。

エ．誤り。広田弘毅内閣の時に締結された日独防共協定の一節である。

Ⅳ 解答

A．1―イ　2―エ　3―ウ　4―イ　5―エ

B．6―イ　7―エ　8―イ　9―ウ　10―イ

◀解　説▶

≪第一次世界大戦期の外交，戦後の日中外交≫

A．1．イ．誤文。三国同盟を成立させていたのは，「ドイツ・フランス・イタリア」ではなく，ドイツ・オーストリア・イタリアである。ただし，イタリアは連合国側として参戦している。

2．「中国の北京政府に対して二十一カ条の要求を突きつけた」から空欄dには「大隈重信」を導く。「巨額の借款」とはいわゆる西原借款であり，寺内正毅内閣が北方の軍閥段祺瑞政権と契約した一連の借款である。よって，正解はエ。

3．ウ．正しい。中国政府顧問として日本人を雇用する内容は第5号に掲げられている。第5号を除いて袁世凱政府に要求の大部分を受諾させた。中国国民は，受諾した5月9日を「国恥記念日」として排日運動を激化させた。

4．ア．誤文。石井菊次郎は「外務大臣」ではなく，臨時の重要な任務を果たすために，一時的に外国へ派遣された特派大使である。

ウ．誤文。石井・ランシング協定は，日本とアメリカとの間で結ばれた中国に関する協定であり，アメリカが日本の韓国への保護権を認めたものではない。

エ．誤文。石井・ランシング協定は1917年に結ばれたものであり，「第一次世界大戦の終結後」ではない。

B．6．ア．誤文。田中角栄内閣の時，「イラン革命を機に第2次石油危

機」ではなく，第 4 次中東戦争を機に第 1 次石油危機が起こった。
ウ．誤文。「アメリカが金とドルの交換停止を発表した」，いわゆるニクソン=ショックは，佐藤栄作内閣の時である。
エ．誤文。ロッキード事件で田中角栄は「首相在任中」ではなく，総辞職後，後継の三木武夫首相が在任中の 1976 年に逮捕された。
8．ア．誤文。戦後の日中貿易が再開されたのは 1962 年で，池田勇人内閣の時に準政府間貿易（LT 貿易）の取り決めが結ばれた。
ウ．誤文。1965 年，日韓基本条約によって，韓国との間で国交正常化が実現したが，これは 1972 年に結ばれた日中共同声明の発表より前のことである。
9．ウ．誤り。これより以前の 1960 年代は高度経済成長期であり，デフレ経済ではない。「日本列島改造論」は，ア．工業の地方分散，イ．新幹線の整備，エ．高速道路の整備などを行い，公共投資を拡大させることを主張した。この結果，第 1 次石油危機による原油価格の高騰が重なり狂乱物価とよばれた激しいインフレが発生した。
10．やや難。ア．誤文。初めて先進国首脳会議（サミット）が開催されたのは「アメリカのワシントン」ではなく，フランスのランブイエである。
ウ．誤文。「ソ連」の首脳は参加していない。
エ．誤文。当初は「2 年に一度」ではなく，毎年の開催でスタートした。

❖講　評

幅広い時代・分野からバランスよく出題されているが，近世以降の出題率が高い。2022 年度と同様に原始からの出題は見られなかった。例年並みの難易度である。

Ⅰ　例年出題されている 2 文の正誤判定問題である。教科書の内容に沿った標準的な問題で，幅広い時代・分野からバランスよく出題されている。しかし設問の中には，やや詳細な内容を問うものもある。特に，1 の a や 4 の a，8 の a・b は教科書をしっかり熟読できていなければ，正答が導けないかもしれない。また，6 の a のような文章はやや詳細な内容が含まれているため，歴史的な背景の知識も必要とされた。

Ⅱ　古代～近世における法体系をテーマに，通史的な問題が出題されている。4 の養老律令に関する文章選択問題は，その内容に関する記述が教科書にはなく，解答に迷いやすい。年代配列問題は 3 と 10 で出題されたが，落ち着いて考えれば正答は導き出せる。標準的な問題がほとんどなので，ケアレスミスをなくし，高得点を目指してほしい。

Ⅲ　例年出題されている史料問題である。史料Aは書かれているキーワードから「相対済し令」だと気付くことは容易であろう。しかし，普段から史料集などでその内容を読み込んでいないと，2 の空所補充問題，4 の正文選択問題はやや難しい。史料Bは日中戦争（支那事変）の和平工作に関する史料であるが，特に史料を用いた選択問題である 10 は，しっかりと内容を理解していないと解答に迷ったかもしれない。

Ⅳ　第一次世界大戦期の外交と戦後の日中外交を中心に出題されている。特に戦後の分野からの出題は苦手としている受験生も多く，その対策ができている受験生とそうでない受験生では大きく得点差がついたのではないだろうか。特に，10 はやや詳細な内容も含まれていたため，解答に迷ったかもしれない。

世界史

I 解答

イ－a　ロ－b
①－d　②－a　③－b　④－a　⑤－c　⑥－b

◀解　説▶

≪ヘレニズム時代≫

①d．誤文。アレクサンドロス大王が急死した場所はバビロン。

②a．誤文。アケメネス朝（前550～前330年）はキュロス2世がメディアを滅ぼして自立した。

③b．誤文。セレウコス朝（前312～前64年）は，はじめティグリス河畔のセレウキアを都とし，のちアンティオキアに遷都した。クテシフォンはパルティア（前248年頃～224年）のミトラダテス1世が建設し，パルティア・ササン朝（224～651年）の都となった都市。

④a．誤文。ユダヤ人を捕囚（バビロン捕囚：前586～前538年）から解放したのはキュロス2世。

⑤c．誤文。サラミスの海戦（前480年）を指揮したのはテミストクレス。クレイステネスはデーモス（区）の制定や陶片追放（オストラキスモス，オストラシズム）を創始した政治家である。

⑥b．誤文。アレクサンドリアにつくられた王立研究所はムセイオン。リュケイオンはアリストテレスがアテネに開いた学園である。

II 解答

イ－c　ロ－d
①－d　②－a　③－c　④－a　⑤－b　⑥－b

◀解　説▶

≪近世のオランダ≫

①d．誤文。フェリペ5世はルイ14世の孫でブルボン家出身。彼のスペイン王位継承をめぐって勃発したのがスペイン継承戦争（1701～13〈14〉年）である。

②a．誤文。南部10州はスペイン領にとどまったのち，スペイン継承戦争を終結させたラシュタット条約（1714年）でオーストリア領となった。

③c．誤文。国際金融の中心地となったのはホラント州のアムステルダムである。アントウェルペンは南部10州（現ベルギー）の都市。

④a．誤文。イギリスはオランダ独立戦争で独立側（北部7州）を支援した。

⑤b．誤文。ルイ14世（位1643～1715年）即位当初の宰相はマザラン。リシュリューはルイ13世時代の宰相である。

⑥b．誤文。領主地代が無償廃止されたのは国民公会（ジャコバン派の独裁）時代の1793年。憲法制定国民議会時代の1789年8月に封建的特権の廃止が宣言されたが，領主地代の廃止は有償であった。

Ⅲ　解答

イ－c　ロ－b

①－d　②－c　③－b　④－a　⑤－b　⑥－a

◀解　説▶

≪匈奴からウイグルまでの騎馬遊牧民≫

①d．誤文。永嘉の乱（311～316年）は南匈奴が西晋（265～316年）を滅ぼした兵乱。

②c．誤り。ブハラはソグディアナ（アム川とシル川に挟まれた地域）のオアシス都市である。

③やや難。b．誤文。公孫氏が帯方郡を置いたのは後漢末期の3世紀初頭。

④難問。a．誤文。突厥（522年建国，583年に東西分裂，8世紀に滅亡）が使節を派遣したのは東ローマ（ビザンツ）帝国。西ローマ帝国はすでに滅亡（476年）している。

⑤b．誤文。エフタル（5～6世紀）のインド侵入で衰退したのはグプタ朝（320年頃～550年頃）である。

⑥a．誤文。安史の乱（755～763年）に乗じて長安を一時占領したのは吐蕃。

Ⅳ　解答

イ－b　ロ－c

①－a　②－d　③－d　④－c　⑤－b　⑥－d

◀解　説▶

≪オスマン帝国の成立と発展≫

①a．誤文。オスマン帝国（1299～1922年）はアナトリア西北部に興っ

た。

②d．誤文。トルコ大国民議会はアンカラで開催された（1920 年）。

③d．誤文。ティムールはサマルカンドを首都とした。イスファハーンはサファヴィー朝（1501～1736 年）の首都として栄えた都市。

④c．誤文。位階に応じて給与地や保持すべき騎兵・騎馬数が定められたのはマンサブダール制で，ムガル帝国（1526～1858 年）のアクバルが定めた制度。

⑤b．誤文。サファヴィー朝がホルムズ島から駆逐したのはポルトガルで，アッバース１世時代のこと（1622 年）。

⑥d．誤文。スレイマン１世時代（位 1520～66 年）のアフリカ方面の領域はアルジェリアまで。モロッコには至っていない。

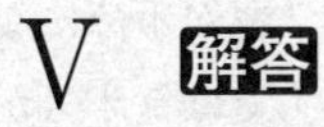

イ－d　ロ－b

①－c　②－d　③－a　④－a　⑤－d　⑥－b

◀解　説▶

≪阮朝の歴史≫

①c．誤文。タイが立憲君主政に移行した革命（タイ立憲革命）は第二次世界大戦前の 1932 年におこった。

②d．誤文。阮福暎は西山党に滅ぼされた広南王国阮氏の出身。

③a．誤文。カンボジアは 1953 年に独立を宣言，翌 1954 年のジュネーヴ休戦協定で国際的に独立を承認された。コロンボ会議は 1954 年に開かれたビルマ・インド・パキスタン・インドネシア・セイロン（現スリランカ）の５カ国首脳会議で，アジア=アフリカ（バンドン）会議の開催が決定された。

④難問。a．誤文。ラタナコーシン朝（1782 年～）がラオスに対する宗主権を確立した。

⑤やや難。d．誤文。ベトナム光復会は広東で組織された（1912 年）。

⑥b．誤文。ホー=チ=ミンはベトナム青年革命同志会（1925 年に広州で創設）を母体にベトナム共産党を組織した（1930 年成立。同年インドシナ共産党に改称)。タキン党は「われらビルマ人協会」の別称で，ビルマ独立運動の中核となった組織。

❖講　評

Ⅰ　ヘレニズム時代に関する大問。空所補充・下線部に関する誤文選択問題とも，おおむね標準レベルの内容で対応しやすい。

Ⅱ　オラニエ家を中心に，オランダの独立から立憲王国成立までを問う近世中心の大問。関連してイギリス・フランスに関する事項も出題されているが，全体的に標準的な内容である。

Ⅲ　匈奴からウイグルまでの騎馬遊牧民に関する大問。③の正解はやや専門的だが消去法で対応したい。また④の選択肢には一部の教科書にしか記載されていない内容が複数含まれており難問といえるが，突厥の活動期間を把握していれば解答できる。

Ⅳ　オスマン帝国の成立から最盛期に至るまでを問う大問。①・⑥は地理的な観点が必要とされており得点差が出やすい。

Ⅴ　阮朝を中心に東南アジア地域について問う大問。学習が手薄になりがちな地域からの大問なので，得点差が生じやすい。④ではラオスが問われたが，学習が及びにくい地域でもあり，難問といえる。

すべての大問が空所補充2問，下線部に関する設問6問で構成されている。空所補充は基本事項が中心で，下線部に関する設問はⅢで語句（誤りの事項）選択が1問出題されている他はすべて誤文選択になっている。選択肢の中に用語集の説明文レベルの詳細な内容のものが含まれる難問もあるが，全体的には標準レベルの出題といえる。

地理

I 解答

(1)― c　(2)― d　(3)― d　(4)― c　(5)― d　(6)― a
(7)― a　(8)― d

◀解　説▶

≪北アメリカの地誌≫

(1) c．誤文。Mはプレーリーからグレートプレーンズにかけての地域で，肥沃な黒色土が分布する。

(2)アはスペリオル湖で，西岸にはメサビ鉄山がある。

(3)リサーチ・トライアングルはノースカロライナ州の州都ローリーとダラム，チャペルヒルを結ぶ先端産業地域。

(4) c．誤文。アメリカ合衆国の農民は自作農が基本であり，穀物メジャーは農作物の生産そのものには直接関わらないことが多い。

(5)Xは南部の州が上位なので綿花，Yはプレーリーに位置する州が上位なのでとうもろこしである。小麦はこれよりも西の西経 100 度付近に位置するカンザス，ノースダコタなどの州が上位となる。

(6) a．誤文。ジェントリフィケーションは再開発によって地域を高級化することであり，これにより地価が上昇する。

(7) a．国際通貨基金はワシントン D.C. に本部がある。

(8) d．誤文。カナダから日本への輸出品目のうち輸出額第 1 位は肉類である（2020 年）。

II 解答

(1)― b　(2)― c　(3)― b　(4)― b　(5)― f　(6)― b
(7)― a　(8)― d

◀解　説▶

≪南アジアの地誌≫

(1) b．誤文。デカン高原は大部分が標高 1000 m 以下である。

(2)インド北部に位置するデリーは，冬季の気温がやや低く，年降水量もやや少ないステップ気候（BS）である。a はコロンボ，b はダッカ，d はカラチである。

(3)b．誤文。ネパールは共和制であるが，ブータンは王国（立憲君主制）である。

(4)b．誤文。首都のマレは群島の中部にある。

(5)スリランカは仏教，ネパールはヒンドゥー教，バングラデシュはイスラム教が最大の宗教である。

(6)b．誤文。穀物では米の生産量が最も多い（2019 年）。

(7)インド，パキスタン，バングラデシュからはサウジアラビアやアラブ首長国連邦への出稼ぎ労働者が多い。インドで1位，パキスタンで2位，バングラデシュで3位のaがアラブ首長国連邦である。bはアメリカ合衆国，cはマレーシア，dはクウェートである。

(8)d．誤文。RCEP（地域的な包括的経済連携）協定にはインドは参加していない。

III 解答

(1)―b　(2)―b　(3)―c　(4)―a　(5)―d　(6)―b
(7)―c　(8)―c

◀解　説▶

≪農林水産業≫

(1)b．誤文。三圃式農業では冬作物・夏作物・休閑を3年周期で輪作した。

(2)b．誤文。緑の革命では高収量品種を導入したが，遺伝子組み換え作物は導入されていない。

(3)「小麦」の自給率が低いdはブラジル，「米」の自給率が0のaはカナダである。ロシアでは黒海沿岸などで米が作られている。オーストラリアは米の輸出国なので自給率は 100 以上となる。したがって，bがオーストラリア，cがロシアである。

(4)トマトの収穫量は，熊本が1位で北海道，愛知が上位となるのでaである。bはピーマン，cはたまねぎ，dはほうれんそうである。

(5)キウイフルーツは近年輸入量が増え，金額も高いのでdである。aはバナナ，bはオレンジ，cはパイナップルである。

(6)b．誤文。豚は乾燥地域ではあまり飼育されていない。特にイスラーム圏である北アフリカや中央アジアでは少ない。

(7)c．誤文。中国は丸太，製材とも世界第1位の輸入国である（2019 年）。

(8)日本は養殖業生産量よりも漁獲量が多く，水産物輸出高は少ないのでc

である。aはインド，bはベトナム，dはノルウェーである。

Ⅳ 解答

(1)―b　(2)―b　(3)―d　(4)―d　(5)―b　(6)―c
(7)―d　(8)―c

◀解　説▶

≪生活文化と言語・宗教≫

(1)XはAの北大西洋海流，YはCの親潮（千島海流），ZはBのベンゲラ海流について述べた文である。

(2)b．誤文。カのモンゴルの移動式テントの名称はゲルである。ヤオトンは黄土高原などに見られる住居である。

(3)d．誤文。フォーの原料は米粉である。

(4)d．誤文。朝鮮半島の床暖房設備はオンドルという。

(5)イのアルジェリアはイスラム教，オのインドはヒンドゥー教，キのフィリピンはキリスト教が主な宗教である。

(6)c．誤文。ヒンドゥー教では牛肉を食べることが禁じられている。

(7)d．誤文。ケのアメリカ合衆国では国単位の公用語は定めていない。

(8)アのコートジボワールはフランス，ウのリビアはイタリア，エのモザンビークはポルトガルの植民地であった。

Ⅴ 解答

(1)―b　(2)―b　(3)―b　(4)―d　(5)―a　(6)―b
(7)―a　(8)―d

◀解　説▶

≪人　口≫

(1)発展途上地域では人口増加率が高いため指数の伸びが大きい。最も大きいaはアフリカで，次いで大きいbがラテンアメリカである。cは北アメリカ，dはヨーロッパである。

(2)2010年頃まで自然増加率が上昇していたaはマリ，1970年では高かったが，その後大きく低下したbはメキシコである。cはオーストラリア，dは中国である。

(3)a．誤文。人口置換水準は，人口が増加も減少もしない均衡した状態となる合計特殊出生率のことであり，一般に2.1前後とされる。日本では1960年代前半など，1980年代以前にこの値を下回っている。d．誤文。

第 2 次ベビーブーム期は 1971～74 年である。2020 年の出生数は 100 万人を下回り，第 2 次ベビーブーム期の約 2 分の 1 となった。

(4)早くから老年人口割合が高い d がスウェーデンである。a は韓国，b はポルトガル，c はアメリカ合衆国である。

(5)インドは，歴史的に結びつきの強いイギリス，オーストラリアへの流入人口が多い。韓国で 1 位の c は近距離に位置する中国であることから，a がインドである。b はポーランド，d はルーマニアである。

(6) b．誤文。ブラジル籍の人々はほとんどが 1990 年頃以降の移住者である。

(7)東京の郊外に位置する横浜市は 1970 年代でも人口が転入超過であった a である。b は名古屋市，c は大阪市，d は東京都特別区である。

(8)X．郊外化の時期には人口増加率は郊外で高くなるから，都市中心部で高く郊外で低いのは昼夜間人口比率である。Y．人口の都心回帰により都市中心部の人口が増加したため，夜間人口が増え，昼夜間人口比率は低下した。

❖講　評

Ⅰ　北アメリカの地誌問題で，自然，産業，都市など総合的に問われている。(7)がやや難しいが，それ以外は答えやすい。

Ⅱ　南アジアの地誌問題で，ネパール，ブータン，モルディブなども問われており，やや難しい。(1)，(3)，(4)，(8)などは細かい知識問題で，(7)も間違えやすい。

Ⅲ　農林水産業に関する問題で，世界の農業や各国の農産物自給率，日本の農作物の産地，果実の輸入などが問われた。(4)，(5)は細かい統計問題で難しい。

Ⅳ　生活文化と言語・宗教についての問題で，全体的に平易である。

Ⅴ　世界と日本の人口と人口移動についての問題で，グラフや統計が多用されている。特に難しい問題はない。

数学

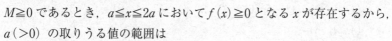

1

解答　(1)ア．1　イ．$0<a\leqq 6$　ウ．$1+\sqrt{5}$

(2)エ．$\dfrac{1}{6}$　オ．$\dfrac{3}{4}$　カ．$\dfrac{11}{108}$　キ．$\dfrac{9}{22}$

◀解　説▶

≪2次関数の区間における最大値・最小値，さいころと条件付き確率≫

(1)　$f(x)=-x^2+6x$ とおく。

(i)　$f(x)=-(x-3)^2+9$ より

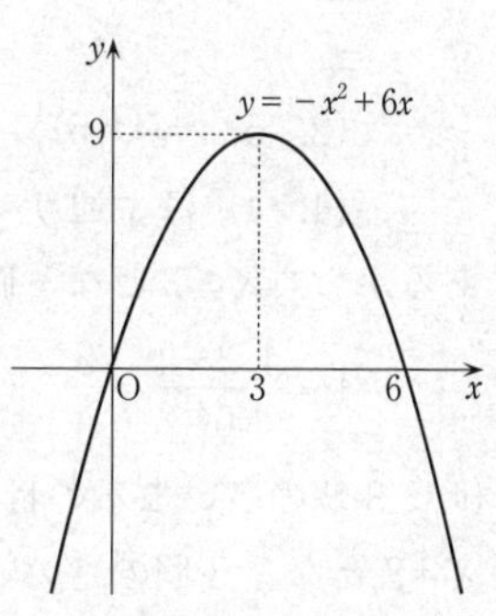

$a=2$ のとき，$2\leqq x\leqq 4$ において

$$M=f(3)=9$$

$$m=f(2)=f(4)=8$$

であるから

$$M-m=9-8=1 \quad (\to ア)$$

(ii)　$f(x)=-x(x-6)$ より

$f(x)\geqq 0$ となるのは $0\leqq x\leqq 6$ のときである。

$M\geqq 0$ であるとき，$a\leqq x\leqq 2a$ において $f(x)\geqq 0$ となる x が存在するから，$a\,(>0)$ の取りうる値の範囲は

$$0<a\leqq 6 \quad (\to イ)$$

(iii)　［1］　$0<a\leqq 3$ のとき

$0<a\leqq x\leqq 2a\leqq 6$ であるから　　$M\leqq 9,\ m\geqq 0$

よって，$M-m\leqq 9-0=9$ であるから，$M-m=12$ になることはない。

［2］　$3<a$ のとき

$3<a\leqq x\leqq 2a$ であるから

$$\begin{aligned} M-m &= f(a)-f(2a) \\ &= (-a^2+6a)-\{-(2a)^2+6\cdot 2a\} \\ &= 3a^2-6a \end{aligned}$$

$M-m=12$ のとき

$$3a^2-6a=12 \quad より \quad a^2-2a-4=0$$

$a>3$ であるから　　$a=1+\sqrt{5}$

［1］，［2］より　　$a=1+\sqrt{5}$　(→ウ)

(2)(i)　2個のさいころの目の出方の総数は 6^2 通り。

$Y=0$ となる2個のさいころの目の組合せは

　　(2, 5), (4, 5), (6, 5)

であるから，$Y=0$ となる確率は

$$\frac{3\cdot 2}{6^2}=\frac{1}{6}\quad (\to エ)$$

$X\leqq 7$ となる事象の余事象は，$X=8,\ 9$ となることである。

$X=8,\ 9$ となる2個のさいころの目の組合せは

　　(2, 6), (3, 5), (4, 4), (3, 6), (4, 5)

で

　　(2, 6), (3, 5), (3, 6), (4, 5) はそれぞれ2通り

　　(4, 4) は1通り

あるから，$X\leqq 7$ となる確率は

$$1-\frac{4\cdot 2+1}{6^2}=\frac{3}{4}\quad (\to オ)$$

(ii)　3個のさいころの目の出方の総数は 6^3 通り。

$X=3$ となる3個のさいころの目の組合せは

　　(1, 1, 1), (1, 6, 6), (2, 5, 6), (3, 4, 6), (3, 5, 5),

　　(4, 4, 5)

で

　　(2, 5, 6), (3, 4, 6) はそれぞれ　　$3!=6$ 通り

　　(1, 6, 6), (3, 5, 5), (4, 4, 5) はそれぞれ　　${}_3\mathrm{C}_1=3$ 通り

　　(1, 1, 1) は1通り

あるから，$X=3$ となる確率は

$$\frac{2\cdot 6+3\cdot 3+1}{6^3}=\frac{11}{108}\quad (\to カ)$$

$X=3$ かつ $Y=0$ となる3個のさいころの目の組合せは

　　(2, 5, 6), (4, 4, 5)

であるから，$X=3$ かつ $Y=0$ となる確率は

$$\frac{6+3}{6^3}=\frac{9}{216}$$

よって，$X=3$ であったとき，$Y=0$ である条件付き確率は

$$\frac{\frac{9}{216}}{\frac{11}{108}}=\frac{9}{22}\quad (\to キ)$$

2 解答

(1)ア．2　イ．$\frac{4}{3}$　ウ．$\frac{1}{4}$

(2)エ．$2n+1$　オ．$n(n+2)$　カ．$\frac{29}{45}$　キ．$n(6n^2+6n-1)$

◀解　説▶

≪領域における最大，等差数列といろいろな数列の和≫

(1)(i)　$C:x^2+y^2+4x+ay=0$ より

$$(x+2)^2+\left(y+\frac{a}{2}\right)^2=\frac{a^2}{4}+4$$

C の半径が $\sqrt{5}$ であるから

$$\frac{a^2}{4}+4=(\sqrt{5})^2\quad より\quad a^2=4$$

$a>0$ であるから　　$a=2$　$(\to ア)$

このとき　　$C:(x+2)^2+(y+1)^2=5$

C の中心 $(-2,\ -1)$ と直線 $l:x-3y+3b=0$ の距離を d とすると

$$d=\frac{|-2-3\cdot(-1)+3b|}{\sqrt{1^2+(-3)^2}}=\frac{3b+1}{\sqrt{10}}\quad (\because\quad b>0 より 3b+1>0)$$

C が l から切り取る線分の長さが $\sqrt{10}$ で，C の半径が $\sqrt{5}$ であるから

$$d^2=(\sqrt{5})^2-\left(\frac{\sqrt{10}}{2}\right)^2=\frac{5}{2}$$

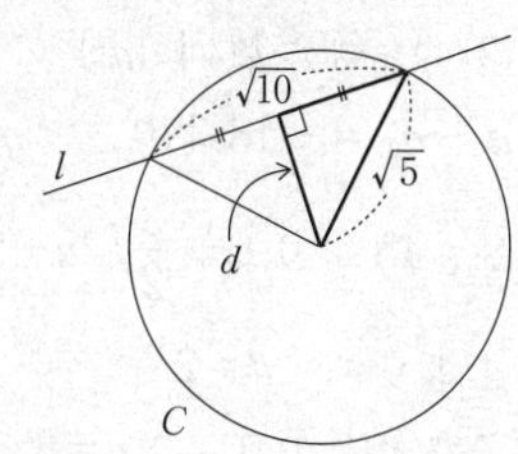

$d\geqq 0$ より　　$d=\frac{\sqrt{10}}{2}$

よって，$\frac{3b+1}{\sqrt{10}}=\frac{\sqrt{10}}{2}$ より

$$b=\frac{4}{3}\quad (\to イ)$$

(ii)　(i)より

$$C:(x+2)^2+(y+1)^2=5 \quad \cdots\cdots①$$

$$l:y=\frac{1}{3}x+\frac{4}{3} \quad \cdots\cdots②$$

C と l の共有点の座標を求める。

②より　　$x=3y-4$　……②′

これを①に代入して

$$(3y-2)^2+(y+1)^2=5$$

$$10y^2-10y=0 \qquad y(y-1)=0$$

$$y=0,\ 1$$

これと②′より，C と l の共有点の座標は　　$(-4,\ 0)$，$(-1,\ 1)$

連立不等式は

$$\begin{cases}(x+2)^2+(y+1)^2\leqq 5\\ y\leqq\dfrac{1}{3}x+\dfrac{4}{3}\end{cases}$$

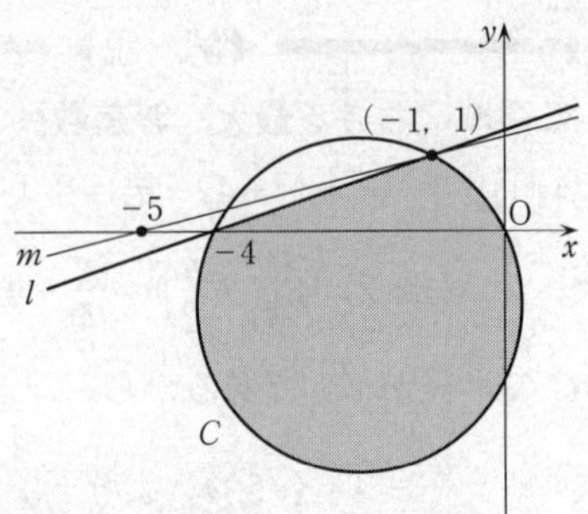

で，この連立不等式の表す領域を D とすると D は右図の網かけ部分で，境界を含む。

直線 $y=k(x+5)$ を m とすると，m は点 $(-5,\ 0)$ を通る傾き k の直線を表すから，m が D と共有点をもつとき，k が最大になるのは，m が点 $(-1,\ 1)$ を通るときである。

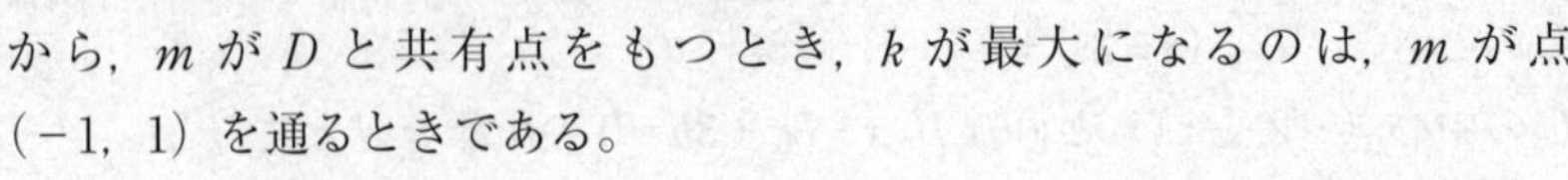

よって，k の最大値は

$$1=k(-1+5) \quad より \quad k=\frac{1}{4} \quad (\to ウ)$$

(2)(i)　等差数列 $\{a_n\}$ の初項を a，公差を d とおく。

$a_1-a_{10}=-18$ より　　$a-(a+9d)=-18$　……①

$S_3=15$ より　　$\dfrac{3}{2}(2a+2d)=15$　……②

①より　　$d=2$

これと②より　　$a=3$

よって

$$a_n=3+(n-1)\cdot 2=2n+1 \quad (\to エ)$$

$$S_n=\frac{n}{2}\{2\cdot 3+(n-1)\cdot 2\}=n(n+2) \quad (\to オ)$$

(ii)

$$\sum_{k=1}^{8}\frac{1}{S_k}=\sum_{k=1}^{n}\frac{1}{k(k+2)}$$

$$=\sum_{k=1}^{8}\frac{1}{2}\left(\frac{1}{k}-\frac{1}{k+2}\right)$$

$$=\frac{1}{2}\left\{\left(\frac{1}{1}-\frac{1}{3}\right)+\left(\frac{1}{2}-\frac{1}{4}\right)+\left(\frac{1}{3}-\frac{1}{5}\right)+\cdots+\left(\frac{1}{7}-\frac{1}{9}\right)+\left(\frac{1}{8}-\frac{1}{10}\right)\right\}$$

$$=\frac{1}{2}\left(1+\frac{1}{2}-\frac{1}{9}-\frac{1}{10}\right)$$

$$=\frac{29}{45} \quad (\to カ)$$

(iii)　自然数 k は，$3m-2$，$3m-1$，$3m$（m は自然数）のいずれかの形で表される。

$k=3m-2$ のとき　　$k^2=(3m-2)^2=3(3m^2-4m+1)+1$

$k=3m-1$ のとき　　$k^2=(3m-1)^2=3(3m^2-2m)+1$

$k=3m$ のとき　　$k^2=(3m)^2=3(3m^2)$

$3m^2-4m+1$，$3m^2-2m$，$3m^2$ は整数であるから

$$b_{3m-2}=b_{3m-1}=1,\quad b_{3m}=0$$

よって

$$\sum_{k=1}^{3n}b_kS_k=\sum_{m=1}^{n}(b_{3m-2}S_{3m-2}+b_{3m-1}S_{3m-1}+b_{3m}S_{3m})$$

$$=\sum_{m=1}^{n}\{(3m-2)\cdot 3m+(3m-1)(3m+1)\}$$

$$=\sum_{m=1}^{n}(18m^2-6m-1)$$

$$=18\cdot\frac{1}{6}n(n+1)(2n+1)-6\cdot\frac{1}{2}n(n+1)-n$$

$$=n\{3(n+1)(2n+1)-3(n+1)-1\}$$

$$=n(6n^2+6n-1) \quad (\to キ)$$

3 **解答** (1)　$f(x)=x^3+ax^2+bx+c$ より

$$f'(x)=3x^2+2ax+b$$

$$\int_0^2 f(x)\,dx=\left[\frac{x^4}{4}+\frac{a}{3}x^3+\frac{b}{2}x^2+cx\right]_0^2=4+\frac{8}{3}a+2b+2c$$

であるから，$f(2)=10$，$f'(2)=13$，$\int_0^2 f(x)\,dx=6$ より

$$\begin{cases}8+4a+2b+c=10\\12+4a+b=13\\4+\dfrac{8}{3}a+2b+2c=6\end{cases}$$

すなわち　$\begin{cases}4a+2b+c=2 & \cdots\cdots ①\\4a+b=1 & \cdots\cdots ②\\4a+3b+3c=3 & \cdots\cdots ③\end{cases}$

①×3−③ より　　$8a+3b=3$　……④

②，④より　　$a=0$，$b=1$

これと①より　　$c=0$

よって　　$f(x)=x^3+x$　……(答)

(2)　$x^3+x=kx^2$　……⑤ とすると

$$x(x^2-kx+1)=0$$

よって　　$x=0$，$x^2-kx+1=0$

「C_1 と C_2 が異なる3個の共有点をもつ」ための条件は

「x の方程式⑤が異なる3個の実数解をもつ」　……⑥

ことである。

$x=0$ は $x^2-kx+1=0$　……⑦ の解ではないから，⑥が成り立つための条件は「⑦が異なる2個の実数解をもつ」ことである。

よって，⑦の判別式を D とすると，$D>0$ である。

したがって

$$D=k^2-4=(k+2)(k-2)>0$$

$k>0$ であるから　　$k>2$　……(答)

(3)(i)　2曲線

$C_1：y=x^3+x$

$C_2：y=kx^2$　$(k>0)$

は右図のようになり，C_1 と C_2 の交点の x 座標を 0，α，β $(0<\alpha<\beta)$ とする。

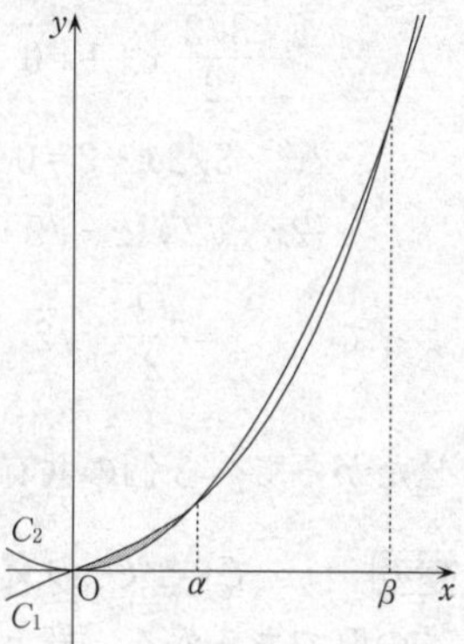

このとき，β は⑦の解であるから

$$\beta^2-k\beta+1=0$$

より　$k\beta=\beta^2+1$　……⑧

C_1 と C_2 で囲まれた 2 つの部分の面積が等しいとき

$$\int_0^\alpha \{f(x)-kx^2\}\,dx=\int_\alpha^\beta \{kx^2-f(x)\}\,dx$$

これより

$$\int_0^\alpha \{f(x)-kx^2\}\,dx-\left\{-\int_\alpha^\beta \{f(x)-kx^2\}\,dx\right\}=0$$

よって

$$\int_0^\beta \{f(x)-kx^2\}\,dx=0 \quad \cdots\cdots⑨$$

ここで

$$\begin{aligned}\int_0^\beta \{f(x)-kx^2\}\,dx&=\int_0^\beta (x^3-kx^2+x)\,dx\\&=\left[\frac{x^4}{4}-\frac{k}{3}x^3+\frac{x^2}{2}\right]_0^\beta\\&=\frac{\beta^4}{4}-\frac{k}{3}\beta^3+\frac{\beta^2}{2}\\&=\frac{\beta^2}{12}(3\beta^2-4k\beta+6)\end{aligned}$$

これと，⑨および $\beta\neq0$ より

$$3\beta^2-4k\beta+6=0$$

⑧を代入して

$$3\beta^2-4(\beta^2+1)+6=0 \quad \text{すなわち} \quad \beta^2=2$$

$\beta>0$ より　$\beta=\sqrt{2}$

これを⑧に代入して　$\sqrt{2}k=(\sqrt{2})^2+1$

よって　$k=\dfrac{3\sqrt{2}}{2}$　($k>2$ を満たす)　……(答)

(ii)　$k=\dfrac{3\sqrt{2}}{2}$ を⑦に代入して

$$x^2-\frac{3\sqrt{2}}{2}x+1=0$$

$$2x^2-3\sqrt{2}x+2=0$$

$$(2x-\sqrt{2})(x-\sqrt{2})=0$$

よって　$x=\frac{\sqrt{2}}{2},\ \sqrt{2}$

したがって，3個の共有点の x 座標は　$0,\ \frac{\sqrt{2}}{2},\ \sqrt{2}$　……(答)

参考　(i)　C_1 と C_2 の交点の x 座標を $0,\ \alpha,\ \beta\ (\alpha<\beta)$ とすると，$\alpha,\ \beta$ は⑦の解であるから，解と係数の関係より

$$\alpha+\beta=k\ (>0)\quad\cdots\cdots(\mathrm{A})$$

$$\alpha\beta=1\quad\cdots\cdots(\mathrm{B})$$

ここで，$\alpha+\beta>0,\ \alpha\beta>0$ であるから，$0<\alpha<\beta$ である。

(以下，$3\beta^2-4k\beta+6=0$ までは〔解答〕と同じ)

(A)を $3\beta^2-4k\beta+6=0$ に代入して

$$3\beta^2-4(\alpha+\beta)\beta+6=0$$

$$\beta^2=6-4\alpha\beta=2\quad(\because\ (\mathrm{B}))$$

$\beta>0$ より　$\beta=\sqrt{2}$

これと(A)，(B)より

$$\alpha+\sqrt{2}=k,\ \sqrt{2}\alpha=1$$

したがって　$\alpha=\frac{\sqrt{2}}{2},\ k=\frac{3\sqrt{2}}{2}\ (>2)$

(ii)　(i)より，3個の共有点の x 座標は　$0,\ \frac{\sqrt{2}}{2},\ \sqrt{2}$

◀解　説▶

≪3次関数と2次関数のグラフで囲まれた部分の面積≫

3次関数を決定し，3次関数と2次関数のグラフで囲まれた2つの部分の面積が等しいときを考える問題である。

(1)　3条件 $f(2)=10,\ f'(2)=13,\ \int_0^2 f(x)\,dx=6$ から $a,\ b,\ c$ の連立3元1次方程式をつくって解く。

(2)　$x^3+x=kx^2$ が異なる3個の実数解をもつ条件を考える。$x=0$ を $x^2-kx+1=0$ に代入すると成り立たないから，$x=0$ は $x^2-kx+1=0$ の解

ではない。

(3)　C_1 と C_2 で囲まれた2つの部分の面積を別々に計算するのではなく，立式を変形し⑨の形にして計算する。⑦の解は $x=\dfrac{k\pm\sqrt{k^2-4}}{2}$ であるが，これを用いるのではなく，$\beta^2-k\beta+1=0$ と $3\beta^2-4k\beta+6=0$ を連立させて解く。$k\beta$ を消去すると計算しやすい。〔参考〕のように，解と係数の関係を用いて，k, α, β をまとめて求めてもよい。

❖講　評

1・**2** はともに空所補充形式で，**1** は「数学Ⅰ・A」から1問ずつ計2問，**2** は「数学Ⅱ・B」から1問ずつ計2問，**3** は記述式で微・積分法に関するもので，例年通りの内容である。

1　(1)は2次関数の頻出問題。グラフを描いて考えるとよい。(iii)は区間を移動させて考えられるかがポイントとなる。(2)はさいころを題材にした余事象の確率，条件付き確率の基本問題。条件を満たす場合をもれなく考えることが重要である。

2　(1)は円と直線，領域に関する問題。(i)は円と直線の決定に関する基本問題，(ii)の領域における最大値問題も図を描けば容易にわかるもので計算量も少ない。(2)(i)は等差数列の一般項と和，(ii)は部分分数分解を用いた和の計算問題で，ともに基本的な典型問題。(iii)は n を場合分けして考える少し思考力の必要なものである。

3　微・積分法の問題。(1)は関数の決定問題で，連立3元1次方程式を解くもの，(2)は3次方程式の実数解に関するもので，計算量は少なく解きやすい。(3)は面積に関する問題で，少し手間がかかる。うまく計算できるかがポイントとなる。

2023年度も基本～標準レベルの問題が並んだ。**2**(2)(iii)と **3**(3)(ii)で差がつくであろう。図やグラフを描いて考える力，場合分けをして考える力，それと計算力が問われている。これらのことを念頭において，幅広く頻出・典型問題を演習しておこう。

❖講　評

例年通り、現代文一題・古文一題の大問二題の構成で、試験時間は七五分。全問マーク式である。二〇二二年度と比べて設問数や文章量に大きな変化はなく、文章の難易度に関してもほぼ変わらない。

一の現代文は、選択肢を本文と照らし合わせてきちんと検討していけば解けるものが大半である。問三は「バベルの塔」に注記がなく、知らない受験生にとっては不利ではあるが、この程度の知識は常識として知っておいてほしいという出題者の要望が感じられる。問七も「アイデンティティー」という語を知っているかどうかという問題であり、問十三の文学史問題なども含め、知識や語彙力を問う問題が増えている。問五の空所補充はかなり難しい。

二の古文は、出典は『宇治拾遺物語』で本文は理解しやすいものであった。設問は例年通り基本的な語彙力・文法を問うものがほとんどだった。そうした中で問三⑨の「きびはなる」は入試問題ではあまり見られない単語だが、文脈から正解を選べるものであった。問五の空所補充問題は現代語の慣用句を問う問題だが、過去にも「取りつく島もない」などの出題があった。

味となる。直訳すると「お怪我などもありましょうかと思って」となる。

問九 「参らせ」はサ行下二段活用の謙譲の補助動詞。未然形とも連用形ともとれるので接続では選択肢のいずれも可。「御恩報ひ」「告げ」はその時点で実現されていないことで、かつ文脈から男がそうしたいと思うのが自然な行為。そこで未然形接続の願望の終助詞「ばや」を選ぶ。

問十 助動詞を含む部分を品詞分解すると「思し召し・つ・らん」「からめ・られ・て」「まかり・し・を」となる。「つ」が完了の助動詞「つ」の終止形。「らん」が現在推量の助動詞「らむ」で、疑問語「いかに」を受けて連体形になる。「られ」が受身の助動詞「らる」の連用形。「て」は助動詞ではなく、接続助詞である。「し」が過去の助動詞「き」の連体形。「を」は接続助詞である。

問十一 まず傍線部自体から検討する。「候へば」の「候へ」は已然形なので順接確定。ハの「できたら」、ホの「自分がいるとかえって」は仮定の意味になっているので誤り。また、訳としてニの「お礼を言えて」にはならない。順接確定の訳になっているのはイとロだが、ロの「助けられない」は、実際に助けた後の発言であることと矛盾する。法師の不審な挙動を男が中将に告げたいと思いながら告げなくてよい理由となるのはイだけである。

問十二 「大赦のありければ、法師もゆりにけり」とあるのでロが正解。イは「一言文句」どころではなく「あぶり殺さんずるぞ」と言っているので不適。ハは「別の男を擁護する様子」を法師は見ていないので不適。ニは「射返さなかった」が「こなたよりも射けれど」と矛盾。ホは「殺害した」が誤り。

問十三 イは本文の出典である。編者不詳。本文の内容から、明らかに藤原公任より後の時代の文章だとわかる。ロは後白河院の編纂。ハは橘成季の編纂。ニは藤原定家選と言われている。また、イ～ニは、いずれも平安末以降の成立である。

③原義は「疎し」から〝疎遠だ、なじめない〟といった意味。法師のにらみ上げた目つきに対する中将の心情である。後の報復の伏線となっている。

⑧「さかしら」は〝小ざかしい振る舞い、でしゃばり〟の意。言わなくてもよいのに中将の口にした法師の罪に対する厳しい感想を、法師は差し出口と感じて逆恨みした言葉。

⑨「若く」とつながりがあって、「物覚え給はず」に続く意味を選ぶ。「物覚ゆ」に打消しの語がついて、慣用的に〝意識がはっきりしない〟の意を表す。窮地に茫然として立ち向かう気持ちもない状態をいう。

⑫形容動詞「あからさまなり」の連用形で、〝ちょっと、かりそめに〟の意を表す重要語。現代語の「あからさま」は近世以後の用法。

問四　Aの逮捕された男は、「男(B)は逃げてまかりぬれば、これを捕へて」の「これ」に当たる人物で、逃げた「男(B)」とは別人。後に「からめられて」と告白することから、AとCとは同一人物と判断する。

問五　現代語の書き取り問題。読みは、選択肢から慣用句「しょうこりもなく」だとわかる。「こは何法師ぞ」と尋ねた結果、法師ににらまれたのに、また次に通りかかった罪人について「こは何事したる者ぞ」と尋ねたことを「懲りずまに」(＝懲りもせず、性懲りもなく)と形容している。

問六　形容動詞「別なり」の語幹の用法。〝特別だ、格別だ〟の意。他の男に追い込まれて他人の家に入っていたところを捕らえられたと聞いての中将の判断。

問七　二人目の罪人の男を「別の事もなきもの」と思って「乞ひ許し」たことと対応している。「よろし」は重要語で〝悪くない〟の意。形容詞の連用形に係助詞「は」が付く仮定の用法である。事実は「罪の殊の外に重ければ」、つまり、法師の犯した罪が重いものだったので、許してやることができなかったのである。

問八　後の男の告白に「御傷などもや候はんずらんと思ひて」とある。「や」は疑問の係助詞。「候はんずらん」は「あり」の丁寧語「候ふ」に助動詞「むず」「らむ」が接続している。「むずらむ」は慣用で二つまとめて「む」と同じ意そうだと思いなさっていたところ、山の上からすさまじい鏑矢を射てよこしたので、そこにいる者たちは、「これはどうしたことか」と騒ぐうちに、雨が降るように（たくさん）射てきたので、この者たちもしばらくはこちらから射たけれども、あちらには人の数が多く、射て対抗することができそうもなかったのであろうか、火がどうなるかもかまわず、射散らされて逃げ去ってしまった。

そのとき、男が一人出て来て、「どんなに恐ろしくお思いになっただろう。私はこれこれの月のこれこれの日に、捕らえられて参ったのを、おかげさまで許されて、まことにうれしく、ご恩に報い申し上げたいと思っておりましたが、法師のことはよからずおっしゃったということで、（法師が）日ごろ（中将に危害を加える機会を）うかがい申し上げていたのを見ておりましたので、お知らせ申し上げたいと思いながらも、（自分が）こうしておつきしているから（安全だろう）と思っておりますうちに、ほんのしばらくふと離れ申し上げましたときに、こんなことになりましたので、築地を越えて出ましたところに行き合い申し上げましたが、そこで（中将を）取り返し申し上げましたら、あなた様もお怪我などなさいましょうと思って、ここでこうして射て追い払って取り返し申し上げたのです」と言って、そこから馬にお乗せ申し上げて、しっかりともとの所へお送り申し上げたのだ。（中将は）ほのぼのと夜が明けるころにお帰りになった。（この中将は後の）（中将は）年をおとりになって（から）、「こんなことに遭遇した」と、人に語りなさったのである。（この中将は後の）四条大納言のことだと申し上げるのはほんとうであろうか。

◀解　説▶

問一　宮中のことを「内裏（うち）」という。他に「九重（ここのえ）」「雲居（くもい）」「雲の上（雲上）」などということもある。また「内裏」は「天皇」を指すこともある。

問二　「ゐる」はワ行上一段動詞で、〝座る、いる〟の意の「居る」と〝連れる〟の意の「率る」がある。ここは「ゐて行き」だから「率る」である。「射」はヤ行上一段動詞。

問三　②「よしなし」は〝つまらない〟の意。「よしなし」は「由なし」で、〝理由がない、関係がない〟というのが原義。

◆全　訳◆

今となっては昔のこと、上達部で（その当時は若くて）まだ中将と申し上げた人が、宮中へ参上なさる途中で、（役人が）法師を捕らえて連れて行ったのを、「これは何をした法師か」と（お供に）問わせたところ、「長年使われておりました主人を殺した者です」と言ったので、「ほんとうに罪の重いことをした者であるなあ。ひどいことをしたものだなあ」と、何となく口にして通り過ぎなさったところ、この法師は、血走っていてたいそう目つきの悪い目で、（中将を）にらみ上げたので、つまらないことを言ってしまったなあと、気味悪くお思いになって通り過ぎなさったが、また（役人が）男を縛って行ったので、「これは何をした者か」と、性懲りもなく問うたところ、「人の家に追い込まれておりました。（追い込んだ）男は逃げて行きましたので、こいつを捕まえて参るのです」と言ったので、「たいした罪を犯したわけでもなかろう」と言って、その捕まえた役人を見知っていたので、頼んで許しておやりになる。

（中将は）たいていこんな気立てで、人がつらい目を見るのに応じて助けなさった人で、初めの法師も、それほどでもない罪ならば頼んで許そうと思って問いなさったが、罪が格別に重いので、あのようにおっしゃったのを、法師は心穏やかでなく思った。ところがまもなく大赦があったので、法師も許されてしまった。

そうして月が明るかった夜、みんな（宮中を）退出し、または寝入りなどしていたが、この中将は、月に心ひかれて（外に）たたずんでいらっしゃったときに、何かが築地を越えて下りたとご覧になるうちに、（何かが中将を）後ろからすくい上げるようにさらって、飛ぶようにして（その場から）去った。

ひどくあっけにとられて、（状況が）まったくおわかりにならないうちに、恐ろしそうな者たちが集まってきて、遥か遠くの山の険しく恐ろしい所へ連れて行って、柴を編んだような物を高く積み上げてある所に（中将を）置いて、「お節介をする人を、こうするのだ。何でもないことをひたすら罪が重いように言って、（私に）つらい目を見せたので、そのお返しにあぶり殺そうとするのだ」と言って、火を山のように燃やしたので、（中将は）夢か何かを見る心地がして、若く弱々しい年齢ではあり、意識もはっきりなさらない。熱さはただもう熱くなって、ほんのわずかな時間で死んでしまい近代以外の時代なら、近代とは異なるその時代の「文化的要求」があるのだから、正解はロ。イは「国民」という名称が使われたのが「戦時中」に限定してしまっているところが合わない。ハは「一過性」としているところが不適。ニは「作家の資質……」が、ホは「実態は……」が、本文の内容とは無関係。

二

出典　『宇治拾遺物語』〈巻十二ノ二十一　ある上達部中将の時召人にあふ事〉

解答

問一　ハ
問二　ホ
問三　②―ニ　③―ロ　⑧―イ　⑨―イ　⑫―ロ
問四　ハ
問五　ハ
問六　ホ
問七　イ
問八　ハ
問九　ニ
問十　ハ
問十一　イ
問十二　ロ
問十三　ホ

で、「日本人というアイデンティティー」=「自国の文化や言語」について「認識できる」=「思い描くことができる」ようになるからという、ほぼ同語反復でしかない。他の選択肢は、イ「強い愛着」、ハ「優れていたか」、ニ「孤立」、ホ「帰属意識」といった、余分な要素が組み入れられている。

問十　消去法で正解を出す。「概念」が「翻訳」されるのであって、「名称」が変えられるわけではないので、ロは不適。ハは「ご都合主義的な解釈」が不適。「解釈」はその「文化」に従ってなされるのであり、「ご都合主義的」になされるわけではない。ニは「誤訳」が不適。「誤訳」ではなく「文化的」な「翻訳」。また、「誤解されたまま……」以下も合わない。ホは「あえて無視」と「各々の国家の体制に応じた」が不適。「文化的」に「翻訳」された結果であり、「あえて」したわけでもなく「国家の体制に応じた」わけでもない。

問十一　直前の文を受けての具体例が傍線部なので、直前の文の「すべての文化を相対する形で普遍主義の対極に位置する」に着目する。その内容を書いているのはハ。イは「対立」が不適。ロだと「世界文学」が「内包」されているので、「存在」することになる。ニは、「世界文学」という概念は「受容されない」のではなく、「存在」しないため不適。ホは、「世界文学」が影響力を持つかどうかは明らかでなく、またそれを「持ち込む」とすると、その概念が存在することになるためよくない。

問十二　正解のニの最初のフレーズは、傍線部の直前の文「何にであれ……否定する」に合致。「他者との……」は次文の内容に合致。イは「核」の「存在」を否定していない。ロは「本質」の存在を認めているところが、次文の「あるのは本質と思われていたものの軌跡だけである」に反する。ハは「枯渇し」が不適。「枯渇」してしまえば「たえず構築され続け」(傍線部の次々文)ることができなくなる。ホは「複数の異なる文化が存在する」ことだけしか述べておらず、文化の「関係」について述べられていない。

問十四　次文に述べられている「同文化内で行なわれた『文化の翻訳』」について問う設問である。それは「それぞれの時代の文化的要求」、近代でいえば「近代化に順応させていくかという要求」に応じて作りあげられるものである。

◆要　旨◆

二十一世紀のわれわれは、グローバルな複雑体社会にいる。この渦中にあって、必要とされているのが「文化の翻訳」である。「文化の翻訳」は、世界を「他者」の目で見ることのできる能力のことで、それは必ずプロセスとして現れる。「脱構築」の立場では、文化を固定されたもの、そこに本質があるものとしてとらえるのではなく、たえず構築され続け構成し直されるものと考える。このような認識のもと、純粋に言語学的なレベルでの翻訳を超えて、文化的かつ政治的な現象として翻訳をとらえることが、「文化の翻訳」である。

▲解　説▼

問三　傍線部にある「バベルの塔」は人々の傲慢（ごうまん）さに怒った神が言語と民族をばらばらにしたという神話。それが「児戯（＝子どもの遊び）」にも思えるほど、「二十一世紀の複雑体」は言語も民族も分断されているというのである。そのため、どのような状況になっているのかと考える。

問四　他者を理解し友好的な関係を結ぶには、「知識」だけでなく、何が必要なのか。それは、傍線部の直前・直後に書かれている「文化の翻訳」である。次文にある「文化の翻訳」の内容を踏まえると、ニが正答である。

問五　次文の「差異の尊重」と「他者の異なる背景を［Ⅱ］」の対応をおさえる。

問六　「適当ではないもの」を選ぶ。直前の文が同一内容である。ハは、直前の文にある「雑種化」と紛らわしいが、「雑種化」とは、種の異なるものが交わることを指し、「歪曲」「誤解」という意味は持たない。

問七　次文の「自分自身と同じであること」から考える。

問八　イ・ハは呼応の副詞であるが、続く部分に呼応する語がないため、不適。ロは〝このように〟、ニは〝思った通り〟をそれぞれ意味する。ここでは、直後の「簡単に」に続くことから、〝きわめて、大層〟を意味するホが正答である。

問九　設問は、なぜ「外国語と外国文化にさらされ」てはじめて、「日本人というアイデンティティー」が「思い描くことができる」ようになるのか、というものである。正解はロなのだが、ロは「外国語と外国文化にさらされ」ること

国語

一

出典 長島要一『森鷗外「翻訳」という生き方』〈第三部 Ⅶ「文化の翻訳」の諸相とバイカルチュラルの翻訳者・森鷗外〉（新曜社）

問一 ⓐ―ロ ⓑ―イ ⓒ―ニ ⓓ―ニ

問二 ①―ハ ②―ホ ③―ロ ④―ホ

問三 ニ

問四 ニ

問五 ロ

問六 ハ

問七 ハ

問八 ホ

問九 ロ

問十 イ

問十一 ハ

問十二 ニ

問十三 イ

問十四 ロ

2022年度

問題と解答

■全学部日程２月１日実施分

文系３科目型，英語１科目(英・英)型

問題編

▶試験科目・配点

	教　科	科　目	配　点
文系3科目型	外国語	コミュニケーション英語Ⅰ・Ⅱ・Ⅲ，英語表現Ⅰ・Ⅱ	200点
	選　択	日本史Ｂ，世界史Ｂ，地理Ｂ，「数学Ⅰ・Ⅱ・Ａ・Ｂ」のうちいずれか１科目選択	150点
	国　語	国語総合，現代文Ｂ，古典Ｂ（いずれも漢文を除く）	200点
英語1科目型	外国語	コミュニケーション英語Ⅰ・Ⅱ・Ⅲ，英語表現Ⅰ・Ⅱ Ⅰ限目（90分）は文系３科目型と共通。	200点
	外国語	Ⅱ限目（75分）の英語は英語題材日本語論述とし，英語長文を題材に日本語訳，日本語要約などを問う。	200点

▶備　考

文系３科目型：神・文・社会・法・経済・商・人間福祉・国際・教育・総合政策学部

英語１科目（英・英）型：国際学部

- 「数学Ｂ」は「数列，ベクトル」から出題する。

英語

◀文系3科目型・英語1科目(英・英)型共通▶

(90分)

〔Ⅰ〕次の英文を読み、下記の設問（A～D）に答えなさい。

A common way in which observation is understood by a range of philosophers is to see it as a passive, private affair. It is passive in that it is presumed that when seeing, for example, we simply open and direct our eyes, let the information flow in, and record what is there to be seen. It is the perception itself in the mind or brain of the observer that is taken to directly confirm the fact, which may be "there is a red tomato in front of me," for example. If it is understood in this way, then the establishment of observable facts is a very private affair. It is accomplished by the individual (ア)closely attending to what is presented to him or her in the act of perception. Since two observers do not have (1) to each other's perceptions, there is no way they can enter into a dialogue about the validity* of the facts they are supposed to establish.

This view of perception or observation, as passive and private, is not adequate, and does not give an accurate account of perception in everyday life, (イ)let alone science. Everyday observation is (2) passive. There is a range of things that are *done*, many of them automatically and perhaps unconsciously, to establish the validity of a perception. In the act of seeing, we scan objects, move our heads to test for expected changes in the observed scene, and so on. If we are not sure whether a scene viewed through a window is something outside the window or a reflection in the window, we can move our heads to check for the (3) this has on the view. It is a general point that if for any reason we doubt the validity of what seems to be true on the basis of our perceptions, (i)there are various actions we can take to remove the problem. If, in the tomato example above, we have reason to suspect that the tomato is some cleverly constructed image rather than a real tomato, we can touch it as well as look at it, and, if necessary, we can taste it.

With these few, somewhat elementary, observations I have only touched the surface of the detailed process psychologists can explain about the range of things that are done by individuals in the act of perception. More important for our task is to consider the significance and role of observation in science. An example that illustrates my point well is (4) from early uses of the microscope** in science. When scientists such as Robert Hooke and Henry Power used the microscope to look at small insects such as flies and ants, they often disagreed about the observable facts, at least (ウ)initially. Hooke traced the cause of some of the disagreements to different kinds of light. He pointed out that the eye of a fly appears like a surface covered with holes in one kind of light (which seems to have led Power to believe that (ii)this was indeed the case), like a surface covered with cones in another, and in yet another light, like a surface covered with pyramids. Hooke proceeded to clear up the problem. He endeavoured to (5) false information arising from complicated reflections by illuminating samples uniformly. He did this by using the light of a candle diffused*** through salt water. He also illuminated his samples from various directions to determine which features remained (6) under such changes.

Hooke's book, *Micrographia* (1665), contains many detailed descriptions and drawings that resulted from his actions and observations. These productions were, and are, public, not private. They can be checked, criticised, and added to by others. If a fly's eye, in some kinds of light, appears to be covered with holes, then that state of affairs cannot be usefully evaluated by the observer closely attending to his or her perceptions. Hooke showed what could be done to check the accuracy of the appearances in such cases, and the measures he recommended could be (7) by anyone with the required skill.

*validity：妥当性、正当性

**microscope：顕微鏡

***diffuse：放散する、発散する

設 問

A. 本文中の下線部（ア～ウ）の文中での意味に最も近いものを、それぞれ下記（a～d）の中から1つ選び、その記号をマークしなさい。

（ア） closely

a. officially　　b. carefully　　c. similarly　　d. evenly

（イ） let alone

出典追記：What is This Thing Called Science? by Alan Chalmers, Open International Publishing Limited

a. much less b. no longer than
c. on account of d. speaking of

(ウ) <u>initially</u>
a. in formal terms b. at the beginning
c. in character d. with due respect

B. 本文中の空所（1～7）に入れるのに最も適当なものを、それぞれ下記（a～d）の中から1つ選び、その記号をマークしなさい。

(1) a. threat b. contract c. debt d. access
(2) a. far from b. nothing but c. at best d. by all means
(3) a. disaster b. infection c. concept d. effect
(4) a. drawn b. hidden c. worn d. broken
(5) a. spread b. celebrate c. eliminate d. compose
(6) a. conventional b. consistent c. contemporary d. constitutional
(7) a. emptied out b. carried out c. locked out d. left out

C. 本文中の二重下線部（i、ii）が文中で表している内容に最も近いものを、それぞれ下記（a～d）の中から1つ選び、その記号をマークしなさい。

(i) <u>there are various actions we can take to remove the problem</u>
a. we are allowed to use different tools to move the window again
b. we have many options to solve the issue
c. there are several methods to get rid of the real tomato
d. few things are available to answer the question

(ii) <u>this was indeed the case</u>
a. the fly was certainly put in a case covered with holes
b. the holes actually served as a container for the fly
c. the eye of a fly was really covered with holes
d. cones and pyramids played an essential role when Power used a microscope

D. 次の英文（a～h）の中から本文の内容と一致するものを3つ選び、その記号を各段に1つずつマークしなさい。ただし、その順序は問いません。

a. We can conduct an active observation by simply opening and directing our eyes.

b. When people perceive individually that there is a red tomato in front of them, they are making a public observation.

c. In our everyday act of seeing, we do not merely record what is present before us; we do a lot of things to ensure that our perception is correct.

d. When seeing objects, we tend to move our heads uselessly to make certain that expected changes take place in the observed scene.

e. It is reasonable to suspect that an image of a tomato tastes better than a real tomato.

f. Hooke claimed that what scientists saw through the microscope varied according to the kinds of light they used.

g. Hooke's use of a candle light diffused through salt water turned out to be the cause of a controversy.

h. We are able to examine whether or not Hooke's descriptions and drawings in his book are reliable.

〔II〕次の英文を読み、下記の設問（A～C）に答えなさい。

When I was about fourteen years old, I (ア)signed up for something called Junior Achievement. It was a nonprofit group that promoted business skills in children. Or basically, it was a bunch of kids in a room every Thursday night acting like managers with adult supervision.

My group (イ)came up with a business called Roc Creations. This was a clever play on our core product: cheap, homemade rock necklaces. We thought it was a brilliant plan. After all, who likes necklaces? Everybody, of course. And how cheap are rocks? Pretty cheap. We spent one Thursday at the beach collecting rocks, (1)the next one painting, and a final Thursday drilling holes and tying string through them. We figured it was a (ウ)solid, well-executed plan.

Sadly, after a few weeks we realized we'd made a huge mistake. The necklaces failed to generate enough excitement at the flea markets*, despite our shouting about our product at surprised housewives, and we quickly (2)fell into the red with piles of dead stock exposing our poor judgment.

But then, like any good business, we (エ)evolved. We quickly changed our name to Roc-Cal Creations and produced cheap, plastic calendars. We tied on a marker, attached some magnets on the back, and went door-to-door, neighbor-to-neighbor, selling them to be put on refrigerators for four dollars each.

Well, we managed to sell enough to (オ)get back our loss. We started to make money and established a strong partnership with the lady working at a stationery** store. Yes, it all ended well, but not without some late nights under a lamp with a calculator, a stack of paper, and a pile of pencil crayons, trying desperately to finish the numbers for our annual report.

It was a great experience for me. That's why I think it's always fun when you see children running some sort of strange, funny, or terrible business. Because really, you're just watching them learn things they don't learn in the classroom, while they have fun doing it. They're learning how to sell, (カ)picking up social skills, and jumping right into the marketplace. And honestly, they're doing all this by just getting out there and giving it a try.

How cute are the twins selling lemonade on the street corner? The soccer team running the barbecue outside the mall? Or the kid who takes your shopping cart back if he gets to keep the twenty-five-cent deposit?

Those kids are all playing the game. So we say: Go on, kids. Do it well. Next time you're selling some rock-hard cookies at a bake sale, let us know. Because we're not just buying some mild indigestion***, are we? No, we're (3)investing in the future.

*flea market：のみの市、フリーマーケット
**stationery：文房具
***indigestion：消化不良

設　問

A．本文中の二重下線部（1～3）が文中で表している内容に最も近いものを、それぞれ下記（a～d）の中から1つ選び、その記号をマークしなさい。

（1） the next one painting

a．the next day of the same week was spent painting the rocks
b．the next Thursday was devoted to coloring one stone
c．the next member of the group was responsible for painting the necklaces
d．the same day of the following week was used to color the stones

（2） fell into the red

a．earned enough money

出典追記：The Book of Awesome by Neil Pasricha, G. P. Putnam's Sons

b. fell short of the products

c. experienced a deficit

d. turned red with shame

(3) <u>investing in the future</u>

a. expecting a new cookie shop to open

b. providing children with the opportunities to use their money carefully

c. saving money for our own business in the future

d. spending our money so that children can learn how to run a business

B. 本文中の下線部(ア～カ)の文中での意味に最も近いものを、それぞれ下記(a～d)の中から1つ選び、その記号をマークしなさい。

(ア) <u>signed up for</u>

a. joined　b. found an advertisement for

c. became interested in　d. searched for

(イ) <u>came up with</u>

a. rejected　b. gave up

c. participated in　d. thought of

(ウ) <u>solid</u>

a. hard　b. satisfactory　c. difficult　d. financial

(エ) <u>evolved</u>

a. improved　b. started　c. united　d. worked

(オ) <u>get back</u>

a. run up against　b. make up for

c. finish up with　d. look down on

(カ) <u>picking up</u>

a. losing　b. gaining　c. lifting　d. stealing

C. 次の問い(i、ii)の答えとして最も適当なものを、それぞれ下記(a～d)の中から1つ選び、その記号をマークしなさい。

(i) Which of the following is true about the first business: Roc Creations?

a. Its members were not confident enough to be successful at selling their merchandise.

b. Its members spent around three days to create their merchandise.

c. Its products did not sell well partly because the members did not advertise them at the flea markets.

d. Its core products included homemade rock necklaces and rock-hard cookies.

(ii) Which of the following is NOT true about the second business: Roc-Cal Creations?

a. Its members had a hard time before succeeding in their business.

b. Its members visited many houses in order to sell their merchandise.

c. Its members built a good relationship with a clerk at a stationery store.

d. Its core product was a plastic calendar in the shape of a refrigerator.

〔Ⅲ〕次の英文を読み、下記の設問(A、B)に答えなさい。

The Industrial Revolution (1) off between the end of the 1700s and the mid-nineteenth century. Starting in northern England and Scotland, then spreading to parts of Europe and North America, urban areas transitioned to factory production. Factory work demanded alert minds and quick-moving hands to operate machinery, and the traditional beverages of choice throughout Europe—beer and wine—did not fit these new contexts well.

Previously, beer and wine had been safer to drink than most water. Hot drinks were basically unknown. The average adult in England consumed weak beer throughout the day, starting with beer soup (prepared with eggs and poured over bread) for breakfast. Beer provided an important source of nutrition, and most households produced their own beer to (2) family needs. A typical English family consumed about three liters of beer per day per person, including children. Depending on the strength of the home production, an average person might pass the day in a half-drunk state. Coffee provided a novel (3): instead of quieting the mind and slowing the body, it woke them up.

Important technological innovations promoted the growth of the coffee industry and trade, especially the steam engine. The steam engine, which was adapted to sailing vessels around 1840, (4) revolutionary for sea as well as land transportation. Sailing ships had been (5) to trade easily with Central America because seasonal winds could keep the ships trapped in harbors for months. By contrast, the outer Caribbean islands benefited from favorable winds and could be visited all year round.

Coffee became a profitable export for Central America and southern Mexico when steam-driven ships appeared, because they could enter and leave ports (　6　) of wind direction. Central American coffee production soared hand in hand with industrial expansion in Europe. Prices for coffee, tea, and sugar declined as monopolies ended, and supplies expanded along with increasing demand.

Coffee and tea, drunk with sugar, became a part of daily diets across Europe's social classes. The sweet drinks offered minimal nutrition, but (　7　) calories and an energy boost. In France, coffee consumption climbed from 50 million pounds in 1853 to 250 million pounds by 1900, a fivefold increase. In Germany, the 100 million pounds consumed in 1853 increased to 400 million pounds by 1900. Consumption also (　8　) among the Dutch, Italians, and Scandinavians.

設　問

A. 本文中の空所（１～８）に入れるのに最も適当なものを、それぞれ下記（ａ～ｄ）の中から１つ選び、その記号をマークしなさい。

(1)	a. left	b. took	c. put	d. turned
(2)	a. meet	b. argue	c. confuse	d. regret
(3)	a. native	b. attractive	c. alternative	d. expensive
(4)	a. proved	b. excluded	c. wasted	d. quoted
(5)	a. glad	b. willing	c. likely	d. unable
(6)	a. instead	b. regardless	c. scared	d. guilty
(7)	a. offended	b. defeated	c. provided	d. decreased
(8)	a. burned	b. damaged	c. reduced	d. exploded

B. 次の英文（ａ～ｆ）の中から本文の内容と一致するものを２つ選び、その記号を各段に１つずつマークしなさい。ただし、その順序は問いません。

a. Beer and wine were not suitable for factory work that required attention to detail.
b. The average adult in England did not consume weak beer except during breakfast.
c. Alcohol was strictly forbidden to children in a typical English family.
d. Sailing ships were capable of visiting the outer Caribbean islands throughout the year.
e. Only wealthy people could afford to consume coffee and tea with sugar.

出典追記：Coffee Culture: Local Experiences, Global Connections by Catherine M. Tucker, Routledge

f. Coffee consumption in France nearly doubled during the latter half of the nineteenth century.

〔Ⅳ〕次の英文（1～10）の空所に入れるのに最も適当なものを、それぞれ下記（a～d）の中から1つ選び、その記号をマークしなさい。

(1) Dan stayed up all night to get his work done. So (　　　) I.

a. were　b. was　c. had　d. did

(2) He told me that I should complete the application form a week in (　　　) of the due date.

a. early　b. advance　c. front　d. before

(3) (　　　) he acted more sincerely, she might not have gotten upset.

a. Having had　b. Were　c. Had　d. Had been

(4) We'd better (　　　) over these documents to check that there are no mistakes.

a. gone　b. go　c. going　d. to go

(5) (　　　) for the scholarship, I wouldn't be here at Cambridge to study English.

a. But　b. Within　c. Unless　d. Without

(6) Most of the items on this shelf are items (　　　) I cannot do without.

a. how　b. what　c. that　d. those

(7) I wish I had written to her. (　　　) it is, I will have to apologize for my long silence.

a. For　b. Since　c. About　d. As

(8) He tried to (　　　) me that staying home was the only way to keep out of trouble.

a. convince　b. explain　c. propose　d. say

(9) We will serve a variety of local dishes. Please come to the table and (　　　) yourselves.

a. help　b. give　c. hand　d. keep

(10) He is very positive in the way that he makes the (　　) of his failures.

a. biggest　　b. most　　c. highest　　d. largest

〔V〕次の日本文（1～5）に相当する意味になるように、それぞれ下記（a～h）の語句を並べ替えて正しい英文を完成させたとき、並べ替えた語句の最初から2番目と7番目に来るものの記号をマークしなさい。

(1) これは多くの有名な数学者が答えを見つけようと試みてきた問題である。

This is a problem (　　　　　　　　).

a. famous　　b. have　　c. many　　d. mathematicians

e. the answer　　f. to　　g. to find　　h. tried

(2) その著者は2冊目の本ではじめて世界中の人々から注目を集めた。

It was (　　　　　　　　) from people around the world.

a. attention　　b. attracted　　c. his　　d. not

e. second book　　f. that　　g. the author　　h. until

(3) 昨晩、地下鉄から降りるときに財布を盗まれてしまった。

I (　　　　　　　　) last night.

a. getting　　b. had　　c. my　　d. off

e. stolen　　f. the subway　　g. wallet　　h. when

(4) その記事を翻訳するのは我々が予想していたよりも労力がいらなかった。

It (　　　　　　　　) expected.

a. had　　b. less effort　　c. than　　d. the article

e. translate　　f. took　　g. to　　h. we

(5) ネット配信のおかげでだれでもニュースキャスターになることが可能であると考える人もいる。

Some people think that online streaming (　　　　　　　　) broadcaster.

a. a　　b. be　　c. everyone　　d. for

e. it　　f. makes　　g. possible　　h. to

〔Ⅵ〕次の会話文を読み、空所（1～10）に入れるのに最も適当なものを、それぞれ下記（a～d）の中から1つ選び、その記号をマークしなさい。

James is speaking to Rick at the university cafeteria.

James : Rick, I finally found you! I've been trying to get in (1) with you for the past few days. I wanted to ask you (2) about the upcoming French exam. Did you get my messages?

Rick : Sorry, James. My cell phone broke last Monday.

James : Really? How?

Rick : I dropped it while I was in the bath. I was playing a game on my phone, (3) it slipped out of my hands.

James : You use your cell phone in the bath? Without putting it in a water-proof case or anything?

Rick : I know. I had it coming, (4). But the thing is, I'm actually rather glad I broke it.

James : How so?

Rick : I realized how much I'd become addicted to that tiny (5). Quite literally, I used to live with my phone, whether in the bath or in bed. It was really hard to live without a phone at first, but after a few days, the strangest thing happened.

James : What was that?

Rick : All of a sudden, I found myself in control of my life again. I was suddenly in (6) of all this time that was only mine. If I hadn't dropped my phone, I (7) would have realized how it had taken over my life. Living without a phone for the past week has been such an eye-opening experience.

James : You mean, you've decided not to buy a new one? How am I going to (8) you then?

Rick : You could write me a letter.

James : A letter? How am I going to do that?

Rick : (9) I've ordered a new one. It's coming tomorrow. I'll (10) my phone-free days!

(1) a. place b. touch c. space d. time

(2) a. anything b. what c. something d. that

(3)　a. because　b. when　c. after　d. while

(4)　a. sooner or later　b. inside out
c. on and off　d. more often than not

(5)　a. water　b. bath　c. bed　d. device

(6)　a. defect　b. possession　c. danger　d. case

(7)　a. exactly　b. incorrectly　c. never　d. ever

(8)　a. assume　b. reach　c. hand　d. let

(9)　a. Work too hard!　b. What a treat!
c. Thanks a lot!　d. I'm joking!

(10)　a. miss　b. live　c. adopt　d. focus

◀英語 1 科目(英・英)型▶

(75 分)

〔 I 〕 次の英文を読み、下記の設問（A～C）に答えなさい。

An important area where we have seen a rapid acceleration in digital improvement is robotics—building machines that can navigate through and interact with the physical world of factories, warehouses, battlefields, and offices. Here, we have seen progress that was very gradual, then sudden.

The word *robot* entered the English language via the 1921 Czech play, *Rossum's Universal Robots* by Karel Capek, and robots have been an object of human fascination ever since. In the 1930s, magazine and newspaper stories speculated that robots would wage war, commit crimes, displace workers, and even beat professional boxers. An American writer, Isaac Asimov, coined the term *robotics* in 1941 and provided basic rules for it the following year with his famous Three Laws of Robotics*:

1. A robot may neither injure a human being nor, by not acting, allow a human being to get hurt.
2. A robot must obey the orders given to it by human beings, except where such orders would conflict with the First Law.
3. A robot must protect its own existence as long as such protection does not conflict with the First or Second Laws.

Asimov's enormous influence on both science fiction and real-world robot-making has persisted for eighty years. But one of those two communities has raced far ahead of the other. Science fiction has given us friendly and loyal characters, terrible killer robots, and endless varieties of androids, cyborgs, and replicants. Decades of robotics research, in contrast, gave us a Japanese humanoid robot best known for a spectacularly failed demonstration that showcased (a)<u>its inability to follow Asimov's Third Law</u>. At a 2006 presentation to a live audience in Tokyo, the two-legged robot attempted to walk up a shallow flight of stairs that had been placed on the stage. On the third step, the robot's knees did not work properly and it fell over, smashing its face on the floor.

The two-legged robot has since recovered and demonstrated skills like walking up and down stairs, kicking a soccer ball, and dancing, but its faults highlight a broad truth: a lot of the things humans find easy and natural in the physical world have been remarkably difficult for robots to master. As the roboticist Hans Moravec has observed, "(b)It is comparatively easy to make computers exhibit adult-level performance on intelligence tests or when playing chess, but difficult or impossible to give them the skills of a one-year-old when it comes to perception and mobility."

This situation has come to be known as Moravec's paradox, and his insight is broadly accurate. As the scientist Steven Pinker puts it, "The main lesson of thirty-five years of AI research is that the hard problems are easy and (c)the easy problems are hard."

Pinker's point is that robotics experts have found it very difficult to build machines that match the skills of even the least-trained manual worker. A robotic vacuum cleaner, for example, can't do everything a maid does; it just vacuums the floor. More than ten million robotic vacuum cleaners have been sold, but none of them is going to straighten the magazines on a coffee table.

Rodney Brooks, one of the founders of a robot manufacturing company, noticed something else about modern, highly automated factory floors: people are scarce, but they're not absent. And a lot of the work they do can be done without thinking and is repeated. On a line that fills jelly jars**, for example, machines inject a precise amount of jelly into each jar, screw on the top, and stick on the label, but a person places the empty jars on the conveyor belt to start the process. Why hasn't this step been automated? Because in this case, the jars are delivered to the line twelve at a time in cardboard boxes that don't hold them firmly in place. This irregularity presents no problem to a person (who simply sees the jars in the box, grabs them, and puts them on the conveyor belt), but traditional industrial automation has great difficulty with jelly jars that don't show up in exactly the same place every time.

*Three Laws of Robotics：ロボット工学３原則（SF作家アイザック・アシモフの小説において示されたロボットが従うべき３つのルール）

**jelly jars：ゼリーの瓶（ビン）

設　問

A．本文中の下線部(a)its inability to follow Asimov's Third Law の具体的内容について、日本語（140字以上180字以内で、句読点を含む。記号や数字を含む場合は１文字を１マスに記入すること）で説明しなさい。答えは記述式解答用紙の所定欄に記入しなさい。

B．本文中の下線部(b)It is comparatively easy to make computers exhibit adult-level

出典追記：The Second Machine Age by Erik Brynjolfsson and Andrew McAfee, W. W. Norton & Company Inc.

performance on intelligence tests or when playing chess, but difficult or impossible to give them the skills of a one-year-old when it comes to perception and mobility. を日本語に訳しなさい。答えは記述式解答用紙の所定欄に記入しなさい。

C. 本文中の下線部(c) the easy problems are hard の具体例を、**下線部より後の2つの段落の**内容をもとに日本語（110字以上150字以内で、句読点を含む。記号や数字を含む場合は1文字を1マスに記入すること）で説明しなさい。答えは記述式解答用紙の所定欄に記入しなさい。

［Ⅱ］「大河ドラマ」に関する次の英文を読み、下記の設問（A～C）に答えなさい。

Predicting whether a film or drama will be a hit with the general public is difficult. Predicting whether a film or drama will then lead to sufficient levels of tourist activity for promoters to invest in tourism tie-ins* is even more difficult. Yet, in Japan, it is routinely assumed that Taiga dramas, popular historical dramas on Sunday evenings, will induce tourism booms, and local authorities in the locations used for the drama initiate tourism promotion plans on the basis of that assumption. Broadly speaking, there are (a) two main reasons why Taiga dramas routinely induce large-scale tourism.

Firstly, the scale and impact of the drama creates a massive pool of potential tourists. The drama is a historical character study focusing on a main hero/heroine. The series typically runs for an entire year. Sustained attention over such a period of time maximizes the number of people who come into contact with the drama. The status of Taiga dramas as arguably *the* main event of the Japanese television drama year means that the subject matter of the next drama series is greatly anticipated and publicized, and the actor or actress in the leading role is instantly boosted to national fame. Such a massive cultural event inevitably induces many spin-off products and events, which further enhance the scale and reach of the drama's contents.

Broadcast at prime time on Sunday evenings, Taiga dramas typically gain high viewing figures. Research indicates that average viewing figures for each series were in the 12-24 percent range between 1997 and 2018. These figures are impressive, considering the hundreds of other competing channels in the satellite/digital age. Before the explosion in the number of channels in the 1990s, even higher viewing figures for Taiga dramas (in the 25-35 percent range) were standard. Given Japan's population of 126 million, such data represent a potential pool of drama-induced tourists in the tens of millions.

Secondly, the nature of the contents makes it meaningful and possible for fans to extend their enjoyment of the drama via tourism. Taiga dramas are almost always set in the pre-modern period, which is a popular period of Japanese history, depicted in numerous other *jidaigeki*, period dramas, produced for both cinema and television. Also significant in the context of tourism creation is the specificity of the location to be visited by drama fans. The heroes/heroines featured in Taiga dramas tend to be already famous national figures, so the settings of the stories typically contain pre-existing sites (museums, temples, graves, battlefields, and so on), which constitute the basic travel plan for fans.

Taiga dramas, therefore, do not create tourism to locations where there was no tourism before. Instead, they boost visitation to existing sites within the heritage tourism sector, although some local cities may add to their tourism assets in expectation of the tourism rush caused by the drama. (b)<u>Indeed, the heroes/heroines of Taiga dramas have typically been featured in many other dramas, so there is an accumulated effect over a period of many years in which local cities build up a set of heritage tourist assets relating to local heroes/heroines or stories that are visited when featured in Taiga dramas.</u> Taiga dramas, therefore, fit into a broader context of multi-use: the historical contents are featured in many media forms and promoted by local tourism authorities/sectors in the form of museums, monuments, and merchandise.

Consequently, historical contents are recognized and treated as invaluable, sustainable tourist resources by local cities. (c)<u>They are ideal for multi-use</u> (the same contents in various formats: fiction/non-fiction, anime/live action, manga/printed word, computer games, museums, and so on). There are no copyright issues** for stories and heroes dating back a century or more in contrast to the considerable copyright restrictions regarding contemporary content. Furthermore, the nature of historical narratives is that they may be constantly updated to match the needs and priorities of the times. As such, on top of multi-use, there is extensive re-narration and recycling over time. Popular historical content such as the Shinsengumi and Sakamoto Ryōma stories has been the subject of many remakes over the years.

The combination of all these factors makes Taiga dramas powerful inducers of tourism. Other individual drama series may have led to similar or greater levels of tourism, but these are not the predictable annual event that is the tourism boom induced by Taiga drama series.

*tie-ins：連動企画や関連商品

**copyright issues：著作権上の問題

出典追記：Taiga dramas and tourism: historical contents as sustainable tourist resources, Japan Forum, Volume 27, Issue 1, 2015 by Philip Seaton, Taylor & Francis

設　問

A. 本文中の下線部$_{(a)}$two main reasons why Taiga dramas routinely induce large-scale tourismの内容について、本文中に述べられている具体的事例を挙げながら日本語（200字以上250字以内で、句読点を含む。記号や数字を含む場合は１文字を１マスに記入すること）で説明しなさい。答えは記述式解答用紙の所定欄に記入しなさい。

B. 本文中の下線部$_{(b)}$Indeed, the heroes/heroines of Taiga dramas have typically been featured in many other dramas, so there is an accumulated effect over a period of many years in which local cities build up a set of heritage tourist assets relating to local heroes/heroines or stories that are visited when featured in Taiga dramas. を日本語に訳しなさい。答えは記述式解答用紙の所定欄に記入しなさい。

C. 本文中の下線部$_{(c)}$They are ideal for multi-use について、その理由を**下線部より後の**本文の内容に従って日本語（90字以上120字以内で、句読点を含む。記号や数字を含む場合は１文字を１マスに記入すること）で説明しなさい。答えは記述式解答用紙の所定欄に記入しなさい。

日本史

(60分)

〔Ⅰ〕次の1～10の文章について、a・bとも正しい場合はアを、aが正しくbが誤っている場合はイを、aが誤りでbが正しい場合はウを、a・bともに誤っている場合はエをマークしなさい。

1. a. 5世紀には、倭の五人の王である讃・珍・済・興・武があいついで中国の南朝に朝貢したと『宋書』に記されている。
   b. 6世紀には新羅から渡来した五経博士によって儒教が伝えられ、また仏教や医術も朝鮮半島経由で伝来した。

2. a. 皇族出身の橘諸兄が政権を握った時代には、唐から帰国した吉備真備・阿倍仲麻呂が強い影響力を持った。
   b. 道鏡は称徳天皇のもとで太政大臣禅師を経て法王という地位につき、権力を握った。天皇没後には神託により皇位をうかがったが、和気清麻呂らによって阻止された。

3. a. 源頼信は奥羽で勢力を持つ清原氏の内紛に介入し、藤原(清原)清衡を助けることで争いを鎮めた。これを後三年合戦と呼ぶ。
   b. 上皇が天皇を後見しながら政治の実権を握る院政を初めて行ったのは鳥羽上皇である。

4. a. 法然は念仏を唱えれば極楽浄土に往生できるという専修念仏の教えを説き、庶民にまで信者を広げたが、旧仏教の側などから非難を受け、一時、四国の地に流された。
   b. 真言律宗の僧である忍性は社会的弱者の救済につとめ、北山十八間戸を京都に設けたことでも知られる。

5. a. 15世紀までには農業用の肥料として刈敷、草木灰が幅広く使用されるようになり、収穫量の向上につながった。
   b. 15世紀までには京都西陣で使われていた高機の技術が広がり、各地で高級な絹織物が生産されるようになった。

6. a. 江戸幕府は伏見、長崎、佐渡、日光などにいわゆる遠国奉行を置き、これらの奉行は老中の指揮下にあった。
   b. 江戸幕府の三奉行のうち寺社奉行のみが将軍直属で、町奉行、勘定奉行は老中の指揮の下に置かれていた。

7. a. 18世紀半ばに尊王論を説いて刑罰を受けた学者としては、竹内式部、山片蟠桃などが知られる。

b. 大槻玄沢は『蘭学階梯』という蘭学の入門書を著したほか、蘭日辞書である『ハルマ和解』も刊行した。

8. a. 明治初期には国民皆兵の考え方に基づいた徴兵令が公布されたが、様々な兵役免除の規定があったため、兵役に実際についた人のほとんどは農家の次男以下だった。

b. 明治維新で誕生した新政府の政策によって旧来の特権を失った士族による反乱が頻発したが、それらはすべて鹿児島や熊本など九州で起きた点に特徴がある。

9. a. 日本は米国と桂・タフト協定を結び、日本が中国において特殊利益を持つことを米国に認めさせた。

b. 第2次大隈重信内閣は中国の袁世凱政府に対して山東省のドイツ権益の継承などを含む二十一カ条の要求を突きつけ、その大部分を承認させた。

10. a. 日本の民主化をめざしたGHQは労働者の権利保護を重視し、その意向により労働関係調整法や8時間労働制を盛り込んだ労働基準法があいついで制定された。

b. 戦後大衆運動の高まりの中、工場勤務の労働者を中心に吉田茂内閣打倒をめざすゼネラル・ストライキが計画されたが、GHQの指令によって中止となった。

〔Ⅱ〕次の文章を読んで設問に答えなさい。もっとも適切な答えを一つマークしなさい。

経済学者アンガス・マディソンによれば、マクロ経済の重要指標である人口成長を抑制する要因は、「飢え」と「病気」と「戦争」であり、日本の人口成長を長期にわたって抑制してきた主な原因は土地の不足や凶作による a 飢えの危機、すなわち飢饉であったとされている。中国やヨーロッパに比べれば病気と戦争による人口の減少は、飢饉ほど大きな問題ではなかったという。

大陸との交流が始まった古代においては b 奈良時代に天然痘の大流行があったものの、中世にユーラシア大陸で猛威をふるったペスト（黒死病）は日本では流行しなかった。その最大の理由は日本が他の国から海を隔てて孤立していたことにあった。鎌倉時代には c モンゴル軍の襲来が２度あったが、これを退けている。江戸時代になると、幕府は d 海外との貿易をきびしく制限した。e 関所や番所は物や人の自由な移動を制限したが、f 人口が密集する城下町や宿場町ではたびたび麻疹などの流行病が発生した。日本では海が効果的な防疫線となっていたが、g 幕末の開港によって外国との接触が大きくなった近代以降は、日本人は従来とは比較にならないほどインフルエンザやコレラなどの流行病に身をさらすこととなった。

また、日本は今までに外国からの侵略によって被害を受けたことが少なく、h 源平の戦い（12世紀後半）や i 戦国時代（15世紀後半から16世紀）におこった内乱が人口に及ぼした影響も、j 中国が歴史上経験した諸戦争に比べると比較にならないほどに小さいものであった。

【設　問】

1．下線部aについて、江戸時代の飢饉とその発生時の将軍についての組合せとして正しいものを下記より選びなさい。なお、すべて誤っている場合は「エ」をマークしなさい。

ア．享保の飢饉－徳川綱吉

イ．天明の飢饉－徳川家治

ウ．天保の飢饉－徳川慶喜

2．下線部bによって病死した、藤原四家のうち南家以外の名と人名について、正しい組合せを下記より選びなさい。なお、すべて誤っている場合は「エ」をマークしなさい。

ア．北家－藤原宇合・式家－藤原麻呂・京家－藤原房前

イ．北家－藤原麻呂・式家－藤原房前・京家－藤原宇合

ウ．北家－藤原房前・式家－藤原宇合・京家－藤原麻呂

3．下線部cの出来事の後に幕府は御家人を対象とする永仁の徳政令を発令したが、その条文の写しが京都の寺にも残されていた。ユネスコの世界遺産にも選ばれた、この寺が所有していた文書群の名称として、正しいものを下記より選びなさい。

ア．東大寺文書　　イ．相国寺文書　　ウ．東寺百合文書　　エ．建仁寺文書

4．下線部dについて、正しいものを下記より選びなさい。

ア．オランダ船からは、西洋の生糸・絹織物などの織物類と薬品・砂糖などがもたらされた。

イ．オランダ人の貿易関係者の居住地として、唐人屋敷が設けられた。

ウ．貿易額の増加にともなう銀の流出をおさえ、幕府は輸入額・来航船数を制限した。

エ．長崎に来る貿易船はオランダ船・中国船・朝鮮船に限られた。

5．下線部eについて、奥州・日光道中に設置された関所を下記より選びなさい。

ア．箱根関　　イ．栗橋関　　ウ．新居関　　エ．小仏関

6．下線部fに関連して、江戸時代の都市や商業、交通の説明として誤っているものを下記より選びなさい。

ア．交通体系が整備されていない江戸時代初期は、堺・京都・博多・長崎などの都市を根拠地とした豪商が地域間の価格差を利用して巨大な富を得た。

イ．国内の流通網が整備されるようになると鴻池などの豪商は衰退し、代わって三都や城下町を根拠地とする仲買が商品流通を支配するようになった。

ウ．江戸日本橋を起点とする幹線道路として五街道が整備され、大名などの御用通行が最優先された。

エ．五街道などの本街道のほかに、伊勢街道・長崎街道などの脇往還が整備された。

7．下線部gに関連して、開港後、数年間の国内状況についての説明として正しいものを下記より選びなさい。

ア．貿易は大幅な輸入超過となったため、それに刺激されて国内では物価が上昇し、産業にも変化がみられた。

イ．生糸・水油・蠟・呉服・雑穀の5品については、江戸の問屋経由で輸出することを定めた。

ウ．主力輸出品であった生糸の生産が拡大し、機械で生産された安価な綿織物の生産も拡大した。

エ．金銀比価が海外では1：5、日本では1：15と差があったため、大量の金貨が海外に流出した。

8．下線部hに関して、出来事を古い順に正しく並べたものを下記より選びなさい。

ア．守護・地頭の設置 → 安徳天皇即位 → 侍所の設置 → 公文所・問注所の設置

イ．公文所・問注所の設置 → 侍所の設置 → 安徳天皇即位 → 守護・地頭の設置

ウ．安徳天皇即位 → 侍所の設置 → 公文所・問注所の設置 → 守護・地頭の設置

エ．侍所の設置 → 安徳天皇即位 → 公文所・問注所の設置 → 守護・地頭の設置

9．下線部iの期間に発生した出来事についての説明として正しいものを下記より選びなさい。

ア．天文法華の乱では、法華一揆が本願寺と衝突し、本願寺門徒より焼打ちを受けたため、一時京都を追われた。

イ．山城の国一揆では、両派に分かれて争っていた細川氏を国外に退去させ、8年間一揆の自治的

支配を実現した。

ウ．日明貿易で栄えた堺では36人の会合衆、博多は12人の年行司と呼ばれる豪商の合議による自治が運営された。

エ．加賀の一向一揆では、門徒と国人が手を結んで守護朝倉氏を倒し、一揆による実質的支配が1世紀にわたって続いた。

10．下線部ｊについての説明として正しいものを下記より選びなさい。なお、すべて誤っている場合は「エ」をマークしなさい。

ア．唐の滅亡後、中国では五胡十六国の諸王朝が興亡する時代となった。

イ．フビライ=ハンは中国を支配するために都を成都に移し、国号を元と改めた。

ウ．清国はアヘン戦争でイギリスに敗北し、南京条約により香港を割譲した。

〔Ⅲ〕次の史料Ａ１・Ａ２・Ｂを読んで設問に答えなさい。もっとも適切な答えを一つマークしなさい。なお史料は省略したり、書き改めたところがあります。

Ａ１．(貞観八年) 八月十九日辛卯、［ a ］に勅して天下の政を摂行せしむ。(中略) 廿二日甲午、［ a ］従一位［ b ］、表を抗げて言すらく、「竊に以るに、疲駘路に倦み、責むるに、逐日の能を以てし難し、病鶴飛ぶを忘る。豈に其の凌霄の効を望まむ。(中略) 謹み拝表し、以て聞す」と。許されず。

(『日本三代実録』)

Ａ２．［ c ］、［ a ］に万機を［ d ］せしむる詔を賜ふ。

詔したまはく、「朕涼徳を以て茲に乾符を奉ず。鳳扆に臨みて薄氷を履むが如く、龍軒を撫して淵水を渉るが若し。［ a ］の保護扶持に非ざるよりは、何ぞ宝命を黄図に恢め、旋機を紫極に正しうするを得むや。嗚呼、ｅ<u>三代政を摂り</u>、一心に忠を輸す。先帝聖明にして、其の摂録を仰ぐ。朕の冲眇たる、重ぬるに孤煢を以てす。其れ万機の巨細、百官己に総べ、皆［ a ］に［ d ］し、然る後に奏下すること一に旧事の如くせよ。主者施行せよ」と。

仁和三年十一月廿一日

(『政事要略』)

【設　問】

1．空欄ａ・ｃおよびｄに該当する語句の組合せとして正しいものを下記より選びなさい。

ア．ａ：摂政・ｃ：左大臣・ｄ：関白　　イ．ａ：太政大臣・ｃ：摂政・ｄ：関白

ウ．ａ：摂政・ｃ：参議・ｄ：関白　　エ．ａ：太政大臣・ｃ：関白・ｄ：摂政

2．空欄ｂの人物が、史料Ａ２で詔を賜った人物といかなる間柄かを下記より選びなさい。

ア．祖父　イ．従兄弟　ウ．兄　エ．叔父

3．下線部ｅでいう「三代」の天皇の組合せとして正しいものを下記より選びなさい。

ア．清和・陽成・光孝　イ．陽成・光孝・宇多

ウ．光孝・宇多・醍醐　エ．醍醐・朱雀・村上

4．史料Ａ２より後の年代の出来事を下記より選びなさい。

ア．応天門の変　イ．綜芸種智院設立　ウ．承和の変　エ．遣唐使の派遣中止

5．史料Ａ２において詔を賜った人物について正しい文章を下記より選びなさい。

ア．嵯峨天皇の信任が厚く、蔵人頭になって天皇と姻戚関係を結んだ。

イ．学者であり、天皇の信任が厚かったが、のちに策謀により左遷された。

ウ．天皇の勅書により阿衡に任じるとされたが、名ばかりの職であるとして抗議し、撤回させた。

エ．空欄ａおよびｄの職をめぐって、兄である藤原兼通との間に争いがあった。

Ｂ．本文書ハ降伏後ノ日本国ニ対スル初期ノ全般的政策ニ関スル声明ナリ。本文書ハ大統領ノ承認ヲ経タルモノニシテ、連合国（軍）最高司令官及米国関係各省及機関ニ対シ指針トシテ配布セラレタリ。（中略）

第三部　政治

一、武装解除及［ f ］ハ軍事占領ノ主要任務ニシテ、即時且断乎トシテ実行セラルベシ。（中略）日本国ハ陸海空軍 g秘密警察組織又ハ何等ノ民間航空ヲモ保有スルコトナシ。（中略）［ h ］及侵略ノ重要ナル推進者ハ拘禁セラレ、将来ノ処分ノ為留置セラルベシ。［ h ］及好戦的［ i ］ノ積極的推進者タリシ者ハ、j公職及公的又ハ重要ナル私的責任アル如何ナル地位ヨリモ排除セラルベシ。

第四部　経済（中略）

二、民主主義勢力ノ助長（中略）

（ロ）日本国ノ商工業ノ大部分ヲ支配シ来リタル k産業上及金融上ノ大「コンビネーション」ノ解体計画ヲ支持スベキコト。

（『日本外交主要文書・年表』）

【設　問】

6．空欄ｆに該当する語句として正しいものを下記より選びなさい。

ア．民主化　イ．中立化　ウ．非軍事化　エ．再軍備

7．下線部ｇに該当する組織として正しいものを下記より選びなさい。

ア．大本営　イ．警察予備隊　ウ．憲兵　エ．国家地方警察

8．空欄ｈ・ｉに該当する語句の組合せとして正しいものを下記より選びなさい。

ア．ｈ：共産主義・ｉ：国家主義　イ．ｈ：共産主義・ｉ：軍国主義

ウ．ｈ：社会主義・ｉ：軍国主義　エ．ｈ：軍国主義・ｉ：国家主義

9．下線部ｊについて、正しいものを下記より選びなさい。

ア．1946年4月の総選挙で日本自由党が第一党になったが、鳩山一郎は公職追放のため組閣できなかった。

イ．言論の自由を尊重する観点から言論界の有力者は追放の対象外とされた。

ウ．1950年代に入ると政治家の追放が解除されたが、最終的に軍関係者の追放は解除されなかった。

エ．政界の混乱を避けるため、大政翼賛会の推薦議員だった者は公職追放の対象から外された。

10．下線部ｋについて、正しいものを下記より選びなさい。

ア．解体を命じられた財閥の整理のための機関として公正取引委員会が設置された。

イ．1947年に過度経済力集中排除法が制定され、財閥系の銀行は分割された。

ウ．過度経済力集中排除法により分割された大企業の例として三菱重工業が挙げられる。

エ．1947年に制定された独占禁止法でカルテル・トラストが禁止されたが、持株会社は禁止されなかった。

〔Ⅳ〕次の文章を読んで設問に答えなさい。もっとも適切な答えを一つマークしなさい。

明治政府は、当初、西洋美術の導入に力を注いだが、岡倉天心を中心とした伝統美術育成の気運が高まり、1887(明治20)年には$_{a}$東京美術学校が設立された。このような風潮の中で、天心や狩野芳崖らが日本画を復興し、1898(明治31)年には［ b ］が設立された。これに対して、西洋画を盛り上げたのが$_{c}$白馬会である。

このような動きはほかの分野にも刺激を与えた。$_{d}$彫刻においては、伝統的な技法と西洋からの新たな技法が共存し、数多くの名作が生み出された。$_{e}$演劇や音楽においても、従来からの伝統文化を継承しつつ、西洋からも大きな影響を受けた。また、都市の整備とともに、建築の世界でも西洋の様式が取り入れられた。片山東熊の手がけた［ f ］は当時の代表的な建築物の一つである。

大正時代に入ると、さらに大きな変化がみられた。これまで国家の庇護下で開催されてきた文部省美術展覧会(文展)に対抗する在野の洋画団体として［ g ］が設立された。［ g ］は文展の保守性に不満をもったグループが脱退後に結成したもので、ここでは安井曽太郎らが活躍した。また、これらの団体には所属せず、「大正の浮世絵師」と称された$_{h}$竹久夢二も高い人気を得た。$_{i}$演劇や音楽も、大正デモクラシーを背景としながら、急激な発展を遂げている。

明治時代以降、近代的な西洋の技術や価値観を取り入れながら発展してきた日本の美術も、第二次世界大戦中は、国家主義的な気運の中で伝統回帰に向かった。しかしながら、終戦をむかえると、従来の価値観は否定され、自由でのびやかな$_{j}$大衆文化が広がった。同時に、$_{k}$伝統ある文化財の保護も重視されるようになった。

【設　問】

1．下線部aに関する説明として正しいものを下記より選びなさい。

ア．岡倉天心は東京美術学校の校長となった。

イ．フェノロサの尽力により、東京美術学校の西洋画科が増設された。

ウ．東京美術学校の卒業生である浅井忠は「悲母観音」の作者である。

エ．東京美術学校の教授である橋本雅邦は明治美術会を設立した。

2．空欄b・gに該当する語句の組合せとして正しいものを下記より選びなさい。

ア．b：工部美術学校・g：二科会　　イ．b：日本美術院・g：春陽会

ウ．b：日本美術院・g：二科会　　エ．b：工部美術学校・g：春陽会

3．下線部cに所属した作家と代表作との組合せとして正しいものを下記より選びなさい。

ア．青木繁「大原御幸」　　イ．藤島武二「収穫」

ウ．久米桂一郎「海の幸」　　エ．黒田清輝「湖畔」

4．下線部dの明治時代における彫刻に関する説明として正しいものを下記より選びなさい。

ア．欧米で彫刻を学んだ荻原守衛の代表作は「女」である。

イ．高村光太郎の代表作である「老猿」はシカゴ万国博覧会に出品された。

ウ．岡倉天心を慕った朝倉文夫は「五浦釣人」を制作した。

エ．仏教彫刻では翻波式という写実的な表現が開発された。

5．下線部 e の明治時代における演劇や音楽に関する説明として正しいものを下記より選びなさい。なお、すべて誤っている場合は「エ」をマークしなさい。

ア．宮城道雄が中心となって、小学校の音楽教育に唱歌が取り入れられた。

イ．西洋音楽は軍楽隊で最初に取り入れられ、東京音楽学校で専門的な音楽教育が行われた。

ウ．歌舞伎の世界では明治時代後期に市川団十郎・尾上菊之助・市川左団次の「団菊左時代」をむかえ再興した。

6．空欄 f に該当する語句として正しいものを下記より選びなさい。

ア．日本銀行本店　　　イ．旧東宮御所（迎賓館赤坂離宮）

ウ．旧帝国ホテル　　　エ．関西学院大学時計台

7．下線部 h の人物に関する説明として正しいものを下記より選びなさい。

ア．「黒船屋」は竹久夢二の代表作である。

イ．滑稽本の挿絵を数多く手がけた。

ウ．民芸運動を推進した。

エ．多色刷浮世絵版画（錦絵）を完成させた。

8．下線部 i の大正時代における演劇や音楽に関する説明として正しいものを下記より選びなさい。

ア．築地小劇場は大正末期に小山内薫らが設立し、新劇運動の拠点となった。

イ．土方与志は大衆演劇をめざした新国劇を結成した。

ウ．声楽家である松井須磨子は「蝶々夫人」で国際的に評価された。

エ．滝廉太郎は日本で初めて本格的な交響曲を発表した。

9．下線部 j の戦後の大衆文化に関する説明として正しいものを下記より選びなさい。

ア．美空ひばりが歌い、全国に広まった「リンゴの唄」は、敗戦後の暗い世相の中で大流行した。

イ．1950年代前半には民間ラジオ放送やテレビ放送が始まった。

ウ．松本清張らの社会派推理小説が広く読まれ、純文学でも直木三十五らの名作が生まれた。

エ．本格的なストーリー漫画を創作した長谷川町子は、毎日新聞に「サザエさん」を連載した。

10．下線部 k に関する説明として誤っているものを下記より選びなさい。なお、すべて正しい場合は「エ」をマークしなさい。

ア．伝統ある文化財を守り、文化・芸術政策を推進するために文化庁が設立された。

イ．文化財保護法は法隆寺講堂壁画焼損がきっかけとなった。

ウ．文化財保護法では、有形だけでなく無形の文化財も対象となっている。

世界史

(60分)

〔Ⅰ〕次の文中の［　　］に最も適当な語を語群から選び、また下線部に関する問いに答え、最も適当な記号1つをマークしなさい。

ゾロアスター教は、数千年前の中央アジアに生きたと考えられているゾロアスターを開祖とする宗教である。善悪二元論にもとづく世界観をもつゾロアスター教は、中央アジアからイラン高原で広く信奉された。古代オリエント世界に大帝国を築いた①アケメネス朝の②ダレイオス1世も善神［　イ　］への信仰を碑文に表明している。彼が建設したペルセポリスには善神のシンボルと考えられている有翼円盤の浮き彫りが彫られている。有翼円盤のルーツとされる有翼日輪の意匠は③エジプトの古王国時代にすでにみられ、これは太陽神ラーや太陽神の息子で王権の象徴ホルス神をあらわすものであった。有翼日輪の意匠は④中王国時代にエジプトの勢力が拡大する過程で周辺地域に伝播し、⑤ヒッタイトや⑥アッシリアで取り入れられ、さらにペルシアに伝わったのである。ペルセポリスの門を守っている人頭有翼の雄牛像はアッシリアやエラムに由来する。ダレイオス1世の玉座を支える基壇にエジプトやインド、バクトリアなど帝国の支配下に入った地域の諸民族の貢納の様子が彫られていることからもわかるように、ペルセポリスは古代オリエント世界の民族や文化を統合したアケメネス朝を象徴する都であった。

アケメネス朝の滅亡とともにペルセポリスは廃墟となった。ゾロアスター教も壊滅的な打撃を受けたが、徐々に復興し、あらたに統一王朝を築いたササン朝時代には国教的な地位を確立し、［　ロ　］が編纂された。

［語　群］

イ　a．アトン　　b．アーリマン　　c．ブラフマン　　d．アフラ=マズダ

ロ　a．『リグ=ヴェーダ』　　b．『アヴェスター』　　c．『ラーマーヤナ』　　d．『マハーバーラタ』

［問　い］

①アケメネス朝に関する記述として、誤りを含むものはどれか。

a．ペルシア人が建てた王朝である。

b．キュロス2世のときにメディアから独立した。

c．バビロンに強制移住させられていたユダヤ人を解放した。

d．政治の中心地はクテシフォンであった。

②ダレイオス１世に関する記述として、誤りを含むものはどれか。

a．領土を約20の州に分け、各州にサトラップと呼ばれる知事を任命した。

b．エジプトを征服した。

c．要地を結ぶ「王の道」をつくり、交通網を整備した。

d．金貨・銀貨を発行した。

③エジプトに関する記述として、誤りを含むものはどれか。

a．上エジプトが下エジプトを併合して、エジプトを統一した。

b．太陰暦が考案され、ユリウス暦に受け継がれた。

c．碑文などの表記にヒエログリフが採用された。

d．ファラオが君臨する神権政治が行われた。

④中王国に関する記述として、誤りを含むものはどれか。

a．ナイル川中流域のテーベを都とした。

b．紅海沿岸に進出した。

c．クフ王がピラミッドを建設したとされる。

d．末期にヒクソスの侵入を受けた。

⑤ヒッタイトに関する記述として、誤りを含むものはどれか。

a．北メソポタミアに建国した。

b．鉄製の武器を用いた。

c．バビロン第１王朝を滅ぼした。

d．シリアでラメス２世と戦った。

⑥アッシリアに関する記述として、誤りを含むものはどれか。

a．主に小アジアとの中継交易によって繁栄した。

b．一時期、ミタンニに服属した。

c．オリエント全土の諸民族を服属させた。

d．サルデスに都を移した。

〔Ⅱ〕次の文中の［　　］に最も適当な語を語群から選び、また下線部に関する問いに答え、最も適当な記号1つをマークしなさい。

ヨーロッパは14世紀に大きな危機を迎えたと言われる。14世紀のはじめからヨーロッパの多くの地域が天候不順にともなう飢饉に見舞われた。同世紀の半ばからは①黒死病（ペスト）と呼ばれる疫病が襲来し、人口減少や②都市経済の停滞を招いた。封建社会は動揺をきたし、③イギリスやフランスなどでは農民一揆が続発した。［　イ　］は「アダムが耕し、イヴが紡いだとき、誰が貴族であったか」と説教し、社会的平等を唱えた。こうした農民一揆の発生は封建貴族の没落につながった。また、13世紀末に東方の聖地での拠点を喪失したことで、十字軍を主導したローマ教皇の権威は低下していたが、14世紀末までには④教皇の権威失墜は決定的なものとなった。一方、各国では王権が伸長して国家統合が進んだが、イギリスとフランスは1339年から⑤百年戦争と呼ばれる断続的な戦乱に突入した。さらに中世の世俗権力を代表する⑥神聖ローマ皇帝の周辺でも諸侯の自立が進み、皇帝の権力が衰退し、混乱が絶えなかった。他方、東欧やビザンツ帝国との貿易で発展しつつあった北欧では、ハンザ同盟と対抗するために［　ロ　］同盟が世紀末に結成され、同君連合による政治秩序が形成された。

[語　群]

イ　a．ワット=タイラー　b．ジョン=ボール　c．ウィクリフ　d．フス

ロ　a．シュマルカルデン　b．ライン　c．カルマル　d．ロンバルディア

[問　い]

①黒死病に関する記述として、誤りを含むものはどれか。

a．ペトラルカは『デカメロン』で黒死病の流行する世相を叙述した。

b．ヨーロッパの人口の3分の1が失われたとされる。

c．黒海沿岸部との交易を通して、イタリアに入ったとされる。

d．ホルバインの「死の舞踏」は、黒死病の流行を題材に用いた木版画である。

②中世のヨーロッパの都市に関する記述として、誤りを含むものはどれか。

a．手工業の親方はツンフトと呼ばれる同職ギルドを組織した。

b．ドイツでは皇帝に直属する自由都市が登場した。

c．北ヨーロッパ商業圏の都市は主に香辛料の取引で栄えた。

d．アウクスブルクは銀や銅の取引によって発展した。

③イギリスの議会制度に関する記述として、誤りを含むものはどれか。

a．マグナ=カルタ（大憲章）によって議会の開設が認められた。

b．シモン=ド=モンフォールは聖職者や貴族、州や都市の代表による議会を招集した。

c．エドワード1世はいわゆる模範議会を招集した。

d．14世紀後半までには議会は貴族院と庶民院の二院制となった。

④教皇に関する記述として、誤りを含むものはどれか。

a．ボニファティウス８世がフィリップ４世によって捕らえられた。

b．教皇庁がローマから南フランスのアヴィニョンに移された。

c．14世紀後半から約40年にわたって複数の教皇が並存した。

d．聖書の尊重を唱えて教会を批判したイングランドのノックスを破門した。

⑤百年戦争に関する記述として、誤りを含むものはどれか。

a．エドワード３世がフランスの王位継承権を主張したことで始まった。

b．エドワード黒太子率いるイギリス軍が、フランス南西部で戦った。

c．ジャンヌ＝ダルクはオルレアンの包囲を破った。

d．この戦争に敗れたイギリスは、フランスに有した全ての領土を失った。

⑥神聖ローマ皇帝に関する記述として、誤りを含むものはどれか。

a．皇帝のイタリア政策を支持する皇帝党は、ボローニャやミラノを拠点とした。

b．カール４世は金印勅書を発布し、皇帝選出の制度を定めた。

c．フランソワ１世は、神聖ローマ帝国皇帝選挙でカルロス１世に敗れた。

d．シュタウフェン朝の断絶後に「大空位時代」が生じた。

〔Ⅲ〕次の文中の［　　　］に最も適当な語を語群から選び、また下線部に関する問いに答え、最も適当な記号1つをマークしなさい。

16世紀後半にヴァロワ朝が断絶すると、フランス国内の①宗教対立を調停したアンリ4世はブルボン朝を開いた。フランス絶対王政はアンリ4世の暗殺後に王位を継いだルイ13世の治世に確立したとされる。しかし、ヨーロッパが17世紀の危機で混乱していくこの時期、フランスの政情もまた不安定になっていく。1643年にわずか5歳でフランス国王に即位した②ルイ14世を補佐したのは宰相［　イ　］である。彼の中央集権政策によって貴族層が圧迫された結果、貴族の牙城である高等法院を拠点にフロンドの乱が勃発し、重税にあえぐ民衆もそれに加わる事態となった。その鎮圧後、ルイ14世は宰相を置かず親政を開始する。彼は積極的な③対外政策を推進するとともに重商主義政策を展開した。パリ近郊に造営した宮殿は近世ヨーロッパ宮廷④文化の中心的な位置を占める。その治世にフランス絶対王政は頂点に達したが、彼自身による浪費に加えて、以後の国王の治世に七年戦争や⑤アメリカ独立戦争の戦費が増大したことで、国家財政は破綻の危機に陥った。財政難を打開しようと、ルイ16世の治世には［　ロ　］らによる財政改革が試みられたものの、いずれも既得権益を守ろうとする人びとの抵抗を受けて失敗に終わった。こうしてフランスは⑥革命への扉を開けることになるが、そこでは王政それ自体が否定されることになる。

[語　群]

イ　a．エベール　　b．マザラン　　c．デュプレクス　　d．テュルゴー

ロ　a．バブーフ　　b．ブリッソ　　c．ネッケル　　d．シェイエス

[問　い]

①フランスの宗教対立に関する記述として、誤りを含むものはどれか。

a．フランスでは、カルヴァン派のユグノーとカトリック教徒が対立した。

b．のちのアンリ4世の結婚の祝賀に集った新教徒が、多数の旧教徒を虐殺した。

c．摂政カトリーヌ=ド=メディシスが、サンバルテルミの虐殺を主導したとされる。

d．ナントの王令によって、条件付きで新教徒の信仰の自由が認められた。

②ルイ14世に関する記述として、誤りを含むものはどれか。

a．リシュリューを登用して王立マニュファクチュアを創設した。

b．東インド会社を再建し、イギリスに対抗した。

c．王権の絶対性の根拠を神にもとめる王権神授説を唱えた。

d．「朕は国家なり」と述べたとされ、「太陽王」と呼ばれた。

③ルイ14世の対外政策に関する記述として、誤りを含むものはどれか。

a．北アメリカにルイジアナ植民地を獲得した。

b. オランダやイギリスとの間で、南ネーデルラント継承戦争を起こした。

c. スペインのハプスブルク家の断絶後、ルイ14世の孫フェリペ5世が王位を継承した。

d. ラシュタット条約により、スペインの王女を王妃として迎えた。

④近世ヨーロッパの文化に関する記述として、誤りを含むものはどれか。

a. ワトーの「シテール島への巡礼」は、豪壮華麗なバロック絵画である。

b. ヴェルサイユ宮殿の「鏡の間」は、バロック様式の代表的な建築である。

c. 『ル=シッド』で知られるコルネイユは、フランス古典主義の代表的悲劇作家である。

d. 「ラス=メニーナス」で知られるベラスケスは、宮廷画家として活躍した。

⑤アメリカ独立戦争に関する記述として、誤りを含むものはどれか。

a. 13植民地の代表はフィラデルフィアで独立宣言を発表した。

b. 植民地側の総司令官にワシントンが任命された。

c. レキシントンとコンコードで武力衝突が生じた。

d. フランスの社会主義思想家フーリエが義勇兵として参戦した。

⑥フランス革命に関する記述として、誤りを含むものはどれか。

a. 国王は、憲法制定国民議会を武力で鎮圧しようとした。

b. 人権宣言の起草者であるラ=ファイエットは、立憲君主政の確立をめざした。

c. 1791年憲法制定直前にヴァレンヌ逃亡事件が起こり、国民の国王への信用が失墜した。

d. 男子普通選挙で成立した国民公会では、共和政をめざすフイヤン派が多数を占めた。

〔Ⅳ〕次の文中の [　　] に最も適当な語を語群から選び、また下線部に関する問いに答え、最も適当な記号1つをマークしなさい。

19世紀以降、欧米の列強はアフリカに加えアジアやオセアニア諸地域の植民地化を進めた。イギリスは海峡植民地を拠点として①マレー半島を支配下におさめ、本国における第2次産業革命の進展とともに錫鉱石や②ゴムの供給地とした。③ビルマ（ミャンマー）では3度のビルマ戦争で [イ] 朝を破り、この地をイギリス領インド帝国に併合した。フランスは2度のサイゴン条約で④ベトナムの [ロ] からコーチシナを獲得し、ついでユエ（フエ）条約でベトナム全域を保護国化し、前後して保護国化した⑤カンボジアやラオスとあわせてフランス領インドシナ連邦を形成した。島嶼部では現在のインドネシアをオランダがオランダ領東インドとして支配し、フィリピンはアメリカ=スペイン戦争の結果ここを獲得したアメリカの支配下に入った。こうして19世紀末までには、⑥タイを除く東南アジアのほぼ全域が欧米列強の植民地支配のもとに置かれることになった。

[語　群]

イ　a．スコータイ　　b．パガン　　c．コンバウン　　d．タウングー

ロ　a．阮朝　　b．黎朝　　c．李朝　　d．陳朝

[問　い]

①マレー半島に関する記述として、誤りを含むものはどれか。

a．南部はシュリーヴィジャヤ王国の版図に含まれた。

b．マラッカ王国が鄭和の南海遠征の拠点となった。

c．第二次世界大戦中、マレー人を中心とする抗日救国運動が起こった。

d．マレー半島のイギリス植民地はマラヤ連邦として独立した。

②マレー半島におけるゴム生産に関する記述として、誤りを含むものはどれか。

a．ゴムの需要は自動車産業の発達によって高まった。

b．プランテーションはロンドンで調達される資本によって開発された。

c．プランテーションにはアフリカ原産のゴムが移植された。

d．プランテーションでは主にインドからの移民が労働を担った。

③ビルマ（ミャンマー）に関する記述として、誤りを含むものはどれか。

a．アウン=サンが、反ファシスト人民自由連盟を結成して抗日運動を指導した。

b．第二次世界大戦後、立憲王国としてイギリスから独立した。

c．クーデタによって、ネ=ウィンの軍事政権が成立した。

d．アウンサンスーチーが軍事政権に対する民主化運動を指導した。

④ベトナムに関する記述として、誤りを含むものはどれか。

a．ファン=ボイ=チャウらの組織した維新会は、日本へ留学生を送るドンズー運動をすすめた。

b．ファン=チュー=チンは中国でベトナム光復会を組織した。

c．ホー=チ=ミンは香港でベトナム共産党を組織した。

d．インドシナ戦争終結後、アメリカ合衆国の支援で南部にベトナム共和国が成立した。

⑤カンボジアに関する記述として、誤りを含むものはどれか。

a．スールヤヴァルマン２世がヒンドゥー寺院としてアンコール=ワットを造営した。

b．ジュネーヴ会議によってフランスからの独立が国際的に承認された。

c．ポル=ポト派政権のもとで大量殺戮が行われた。

d．東南アジア諸国連合の結成時の加盟国である。

⑥タイに関する記述として、誤りを含むものはどれか。

a．イギリスと結んだバウリング条約は、日米修好通商条約などの不平等条約のモデルとなった。

b．ラーマ５世のチャクリ改革によって諸侯が廃され県が置かれた。

c．第二次世界大戦での対米英宣戦布告を無効化して、敗戦国となることを免れた。

d．アジア通貨危機による経済停滞のため、タクシン政権が崩壊した。

〔V〕次の文中の［　　］に最も適当な語を語群から選び、また下線部に関する問いに答え、最も適当な記号１つをマークしなさい。

①黄巾の乱をきっかけとする後漢王朝の解体後、中国は華北を支配する②魏、江南の呉、四川盆地一帯の蜀が並び立つ三国時代に入る。魏は北方では鮮卑を懐柔し、東方では遼東の公孫氏政権を滅ぼし、③朝鮮半島方面にも軍を進め、④高句麗の首都を陥落させた。中原の安定をうけて、西方では西域との交通も回復し、⑤敦煌の地にはソグド人の姿も認められる。呉は江南の土地開発を進め、続く東晋・南朝の繁栄の基礎を築いた。また南方では交州を拠点に［　イ　］など東南アジア諸国とも使節を交換し、結びつきを深めた。三国中最小の蜀は諸葛亮の没後は国力が振るわなかったが、劉氏の建てた王朝として漢の正統な後継国家を自任し、南宋の［　ロ　］が著した『資治通鑑綱目』などでも正統王朝として扱われた。三国の分立を終わらせた西晋の一時的統一後まもなく、華北は⑥五胡十六国の分立を迎える。これ以降、北方系民族の支配する華北の五胡十六国・北朝と、江南の東晋・南朝とが対峙しつつ、中国の周辺諸国との間にそれぞれが同盟関係を取り結ぶ、いわゆる冊封体制が形成されていくことになる。

[語　群]

イ　a．真臘　　b．扶南　　c．シャイレンドラ朝　　d．マタラム朝

ロ　a．司馬光　　b．周敦頤　　c．朱熹　　d．欧陽脩

[問　い]

①黄巾の乱に関する記述として、誤りを含むものはどれか。

a．変乱の年とされる甲子の年に起こった。

b．太平道の指導者の張陵が起こした。

c．漢にかわる王朝の象徴として、黄色の布を標識にした。

d．反乱軍の信仰は、道教の源流のひとつとなった。

②魏の行った制度でないものはどれか。

a．屯田制　　b．九品中正　　c．占田・課田法　　d．戸調

③朝鮮半島と中国との関係に関する記述として、誤りを含むものはどれか。

a．中国から半島に亡命した衛満が、衛氏朝鮮を建てた。

b．前漢の武帝は衛氏朝鮮を滅ぼし4郡を置いた。

c．紀元前1世紀頃には、中国王朝の半島支配の拠点は楽浪郡のみとなった。

d．公孫氏は楽浪郡北部に帯方郡を分置した。

④高句麗に関する記述として、誤りを含むものはどれか。

a．一時期、丸都を都とした。

b．百済・倭との戦争が広開土王碑に記された。

c．舞踊塚の内壁に狩猟図を描いた。

d．隋の文帝による3度の遠征を受けた。

⑤敦煌に関する記述として、誤りを含むものはどれか。

a．漢の武帝の時代に郡が置かれた。

b．中央アジアから上座部仏教が伝わる窓口となった。

c．五胡十六国時代から石窟寺院が築かれた。

d．多くの古文書がここから発見された。

⑥五胡十六国時代に関する記述として、誤りを含むものはどれか。

a．五胡十六国時代は匈奴による漢の建国に始まる。

b．亀茲出身の鳩摩羅什が仏典を漢訳した。

c．五胡のひとつの鮮卑は北魏を建てた。

d．五胡十六国時代は北魏の孝文帝の華北統一によって終わった。

地理

（60分）

〔Ⅰ〕オセアニアに関する以下の設問に答え、最も適当な記号を１つ選んでマークしなさい。

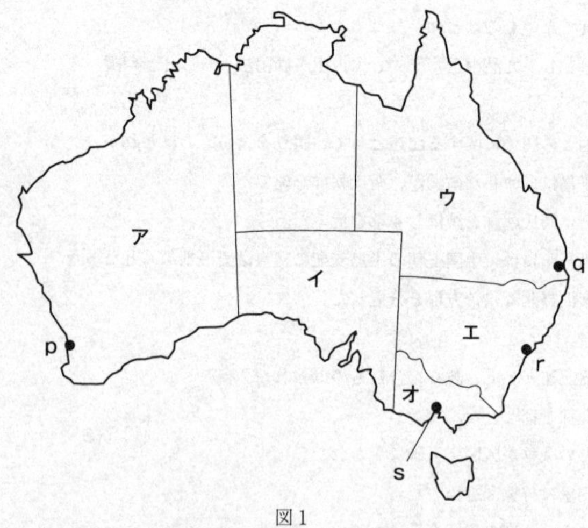

図１

（1）　図１のア州～エ州と鉱産物の関係に関する説明として誤りを含むものはどれか。

ａ．ア州は鉄鉱石の主要産地である。

ｂ．イ州はウランの主要産地である。

ｃ．ウ州は石炭の主要産地である。

ｄ．エ州はボーキサイトの主要産地である。

（2）　図１のイ州・オ州に関する説明として誤りを含むものはどれか。

ａ．イ州の北東部にはグレートアーテジアン（大鑽井）盆地がある。

ｂ．イ州にはウルル（エアーズロック）がある。

ｃ．オ州の東部にはオーストラリアアルプス山脈がある。

ｄ．オ州の州界の一部はマリー川である。

（3）　図１の都市ｐ～ｓに関する説明として誤りを含むものはどれか。

a．都市pは金鉱開発以降に発展し、機械・化学工業が発達している。

b．都市qは港湾都市であり、造船・化学・食品工業が発達している。

c．都市rはオーストラリア最大の人口を有し、世界遺産の建築物がある。

d．都市sはオーストラリアの首都であり、政治都市として設計された。

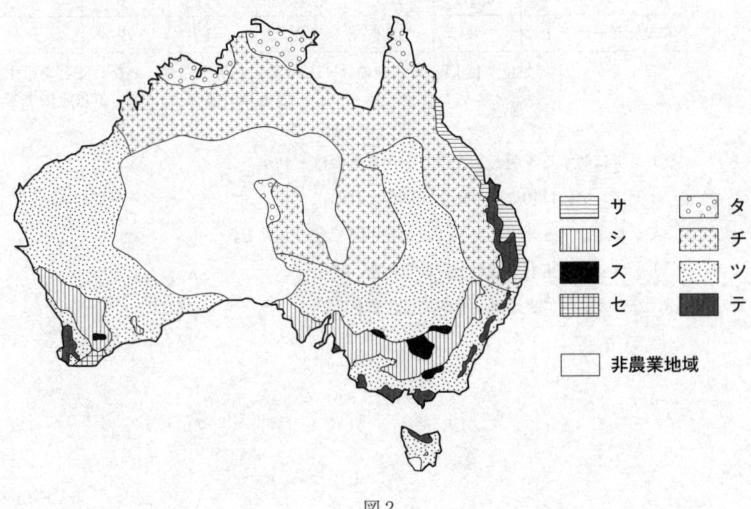

図2

（4）　図2は農業地域を示したものである。図中のサ～セは、園芸農業地域、穀物地域、さとうきび地域、地中海式農業地域のいずれかに対応している。さとうきび地域はどれか。

a．サ　　b．シ　　c．ス　　d．セ

（5）　図2のタ～テは、狩猟・採集、牧牛地域、牧羊地域、酪農地域のいずれかに対応している。牧牛地域はどれか。

a．タ　　b．チ　　c．ツ　　d．テ

（6）　ニュージーランドに関する説明として誤りを含むものはどれか。

a．南島の南西部の海岸ではフィヨルドがみられる。

b．先住民族の言語であるマオリ語は公用語である。

c．酪農は主に南島で、小麦生産は主に北島でおこなわれる。

d．近年では輸出入ともに中国が最大の貿易相手国である。

（7） 下の表は、オーストラリアとニュージーランドにおけるエネルギー別発電量（2017年）を示したものである。表中のａ～ｄは、火力、水力、太陽光、地熱のいずれかに対応している。水力はどれか。

	a	b	風力	c	d	原子力
オーストラリア	2211	163	126	81	0	—
ニュージーランド	89	252	21	1	79	—

単位：億kWh。表中の「—」は数値が計上されていないことを示す。
『世界国勢図会』2020/21年版による。

（8） オセアニアに関する説明として誤りを含むものはどれか。

ａ．オセアニアには10以上の独立国が含まれる。

ｂ．ミクロネシアとメラネシアはおよそ赤道で区分される。

ｃ．トンガでは立憲君主制がとられている。

ｄ．ニューカレドニアはポリネシアに含まれる。

〔Ⅱ〕地図をみて、中央アメリカと南アメリカに関する以下の設問に答え、最も適当な記号を1つ選んでマークしなさい。

（1）　下の図a～dは、都市p～sの月平均気温と月降水量を示したものである。都市pはどれか。

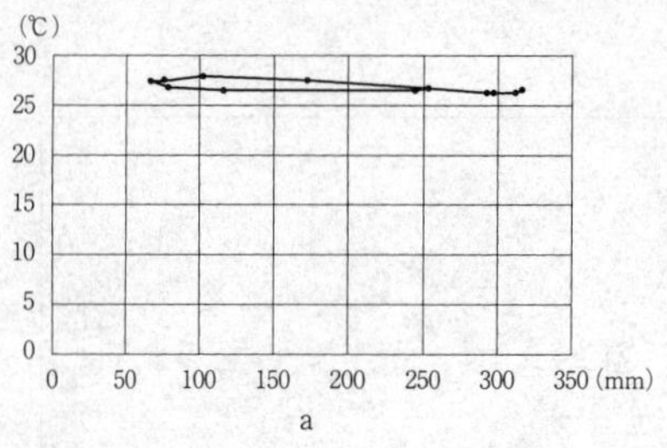

a

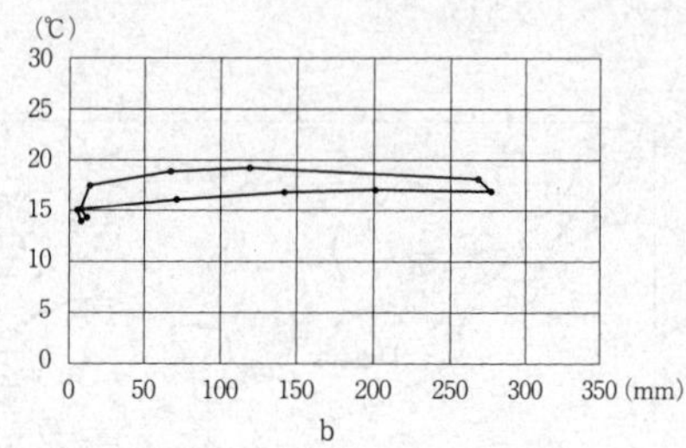

b

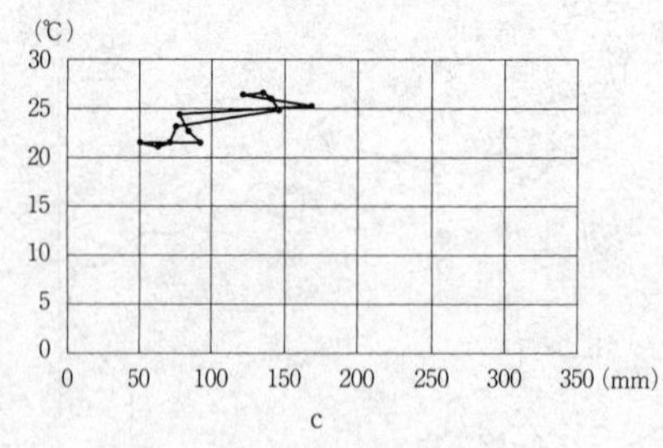

c

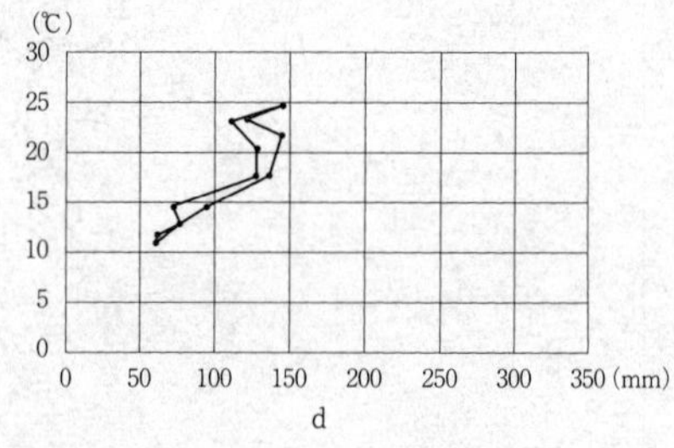

d

『理科年表』2021年版による。

（2）　アンデス地方の自然と文化に関する説明として誤りを含むものはどれか。

a．最高峰は標高5000メートルを超える。

b．ツンドラ気候がみられる。

c．アルパカやリャマが飼育されている。

d．カンガとよばれる衣服が発達した。

（3）　a～dの説明は、西インド諸島のイ国・ウ国・エ国・オ国のいずれかに対応している。オ国に当てはまるものはどれか。

a．英語を公用語とし、レゲエ音楽発祥の地で観光産業がさかんである。

b．スペイン語を公用語とし、経済はほぼ全般にわたり国有化されている。

c．スペイン語を公用語とし、民族構成ではムラートが過半数を占めている。

d．フランス語を公用語とし、西インド諸島で最初に独立を果たした。

（4）　ア国・コ国・ス国・セ国に関する説明として誤りを含むものはどれか。

a．ア国はアメリカ合衆国やカナダと自由貿易協定を結んでいる。

b．コ国には東アジアからの移民が多く、日系人の大統領を輩出した。

c．ス国はメスチソと白人が多数を占め、ワインの生産量が多い。

d．セ国は大西洋の島々の領有をめぐってイギリスと戦火を交えた。

（5） キ国・ク国・ケ国・コ国の首都に関する説明として誤りを含むものはどれか。

a．キ国の首都は太平洋に面し、国際運河の付近に位置している。

b．ク国の首都は世界で最も標高の高い首都である。

c．ケ国の首都はほとんど降水のない砂漠気候区に属する。

d．コ国の首都は高原地帯に開発された計画都市である。

（6） ア国・ケ国・コ国・サ国の鉱業に関する説明として正しいものはどれか。

a．ア国は銀鉱の生産が世界で最も多い。

b．ケ国は金鉱の生産が世界で最も多い。

c．コ国はボーキサイトの生産が世界で最も多い。

d．サ国はすず鉱の生産が世界で最も多い。

（7） カ国・ク国・コ国・シ国の農業に関する説明として正しいものはどれか。

a．カ国はパイナップルの生産が世界で最も多い。

b．ク国はバナナの生産が世界で最も多い。

c．コ国はオレンジ類の生産が世界で最も多い。

d．シ国は大豆の生産が世界で最も多い。

（8） 下の表は、4か国の輸出上位5品目を示したものであり、表中のa～dは、ア国・コ国・ス国・セ国のいずれかに対応している。セ国はどれか。

順位	a		b		c		d	
1	大豆	33,191	機械類	157,812	銅鉱	18,698	植物性油かす	9,004
2	原油	25,131	自動車	115,229	銅	17,946	自動車	4,799
3	鉄鉱石	20,216	原油	26,483	野菜・果実	7,140	とうもろこし	4,234
4	機械類	18,507	精密機械	17,110	魚介類	6,285	大豆油	2,807
5	肉類	14,306	野菜・果実	15,089	パルプ·古紙	3,615	野菜・果実	2,755

数値は2018年。単位：百万ドル。『世界国勢図会』2020/21年版による。

〔Ⅲ〕 都市に関する以下の設問に答え、最も適当な記号を１つ選んでマークしなさい。

（1） 都市の位置に関する説明として誤りを含むものはどれか。

a．キャンベラの緯度はブラジリアの緯度より高い。

b．ニューヨークの緯度はモスクワの緯度より高い。

c．ヴァンクーヴァーの緯度はソウルの緯度より高い。

d．ペキンの緯度はカイロの緯度より高い。

（2） 東京から半径 10000 km の圏内に含まれない都市はどれか。

a．クライストチャーチ　　b．ドバイ　　c．マドリード　　d．ロサンゼルス

（3） シンガポールの対蹠点に最も近い都市はどれか。

a．キト　　b．サンパウロ　　c．ダカール　　d．ナイロビ

（4） 下の図ａ～ｄは、クアラルンプール、ニューオーリンズ、ハノイ、リスボンの月平均気温と月降水量を示したものである。ハノイはどれか。

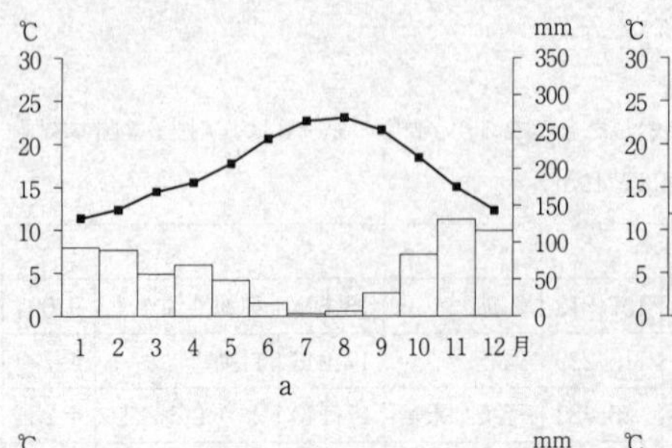

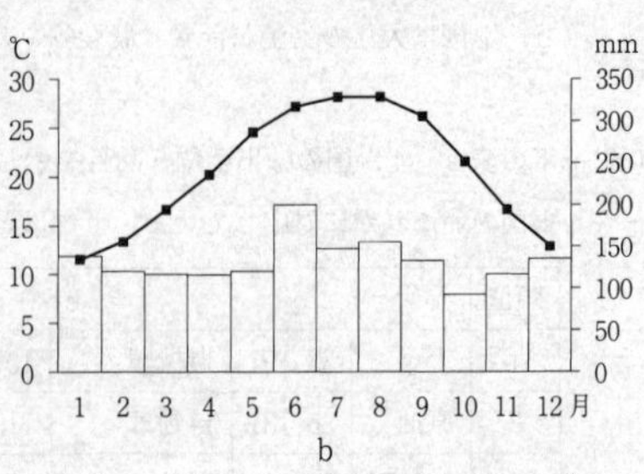

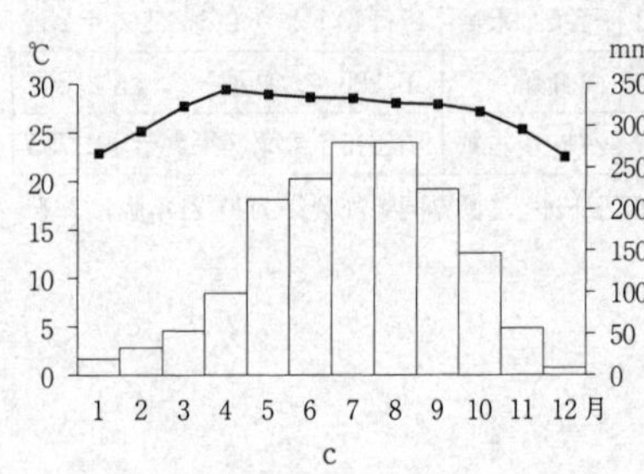

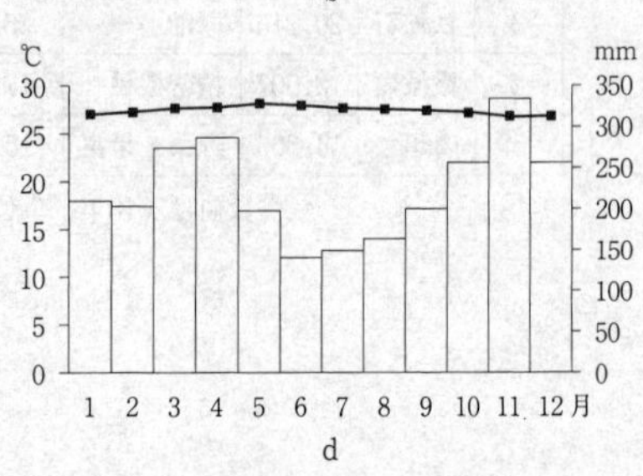

『理科年表』2021年版による。

※設問(4)については，正答として設定していた雨温図に誤りがあったため，全員正解とする措置を取ったことが大学から公表されている。

(5)　世界の国々の首都に関する説明として正しいものはどれか。

a．エチオピアの首都の標高は2000メートルを超えている。

b．デンマークの首都はユトランド半島に位置している。

c．トルコの首都はボスポラス海峡に面している。

d．ニュージーランドの首都は南島に位置している。

(6)　下の表は、4か国における上位3位までの都市の市域人口を示したものである。表中のa～dは、インド（2011年)、インドネシア（2016年)、オーストラリア（2015年)、ブラジル（2016年）のいずれかに対応している。インドネシアはどれか。

	a	b	c	d
第1位	12,478	12,038	10,374	4,526
第2位	11,007	6,498	2,874	4,353
第3位	8,425	2,977	2,497	2,209

単位：千人。『データブック オブ・ザ・ワールド』2021年版による。

(7)　ヨーロッパの都市に関する説明として誤りを含むものはどれか。

a．ウィーンは石油輸出国機構の本部があるオーストリアの都市である。

b．ストラスブールはヨーロッパ議会があるフランスの都市である。

c．バルセロナは国連食糧農業機関の本部があるスペインの都市である。

d．フランクフルトはヨーロッパ中央銀行の本店があるドイツの都市である。

(8)　アメリカ合衆国の都市に関する説明として誤りを含むものはどれか。

a．シアトルは太平洋に面し、航空機産業が立地する。

b．シカゴはエリー湖に面し、農畜産物の集散地として発展した。

c．ピッツバーグはかつて鉄鋼業で繁栄し、「鉄の都」とよばれた。

d．ヒューストンはメキシコ湾岸に位置し、石油産業が立地する。

〔Ⅳ〕人口と人の移動に関する以下の設問に答え、最も適当な記号を１つ選んでマークしなさい。

（1） 下の表は、世界の主要地域別人口の推移を示したものであり、表中のａ～ｄは、アジア、アフリカ、北アメリカ、ヨーロッパのいずれかに対応している。ヨーロッパはどれか。

	1950年	1975年	2000年	2020年
a	1,404,909	2,401,171	3,741,263	4,641,055
b	549,329	676,895	725,558	747,636
c	227,794	414,675	810,984	1,340,598
d	172,603	242,252	312,427	368,870
中南アメリカ	168,821	322,777	521,836	653,962
オセアニア	12,976	21,710	31,425	42,678

単位：千人。『人口統計資料集』2021年版による。2020年は推計値。

（2） 下の表は、４か国における年平均人口増加率と乳児死亡率を示したものであり、表中のア～エは、アメリカ合衆国、スペイン、ナイジェリア、バングラデシュのいずれかに対応している。表中のアとウの組み合わせとして正しいものはどれか。

	年平均人口増加率（1950～1955年、％）	年平均人口増加率（2015～2020年、％）	乳児死亡率（2018年、千人あたり）
ア	2.10	1.05	25.1
イ	1.64	2.59	75.7
ウ	1.56	0.62	5.6
エ	0.69	0.04	2.5

年平均人口増加率は『人口統計資料集』2021年版、
乳児死亡率は『世界国勢図会』2020/21年版による。2020年は推計値。

	ア	ウ
a	ナイジェリア	アメリカ合衆国
b	ナイジェリア	スペイン
c	バングラデシュ	アメリカ合衆国
d	バングラデシュ	スペイン

（3）　下の表は、日本および４か国における合計特殊出生率の推移を示したものであり、表中のａ～ｄは、イタリア、オーストラリア、韓国、デンマークのいずれかに対応している。オーストラリアはどれか。

	1980年	2000年	2018年
a	2.70	1.47	0.98
b	1.90	1.76	1.74
日本	1.75	1.36	1.42
c	1.62	1.26	1.29
d	1.54	1.77	1.73

『人口統計資料集』2021年版による。

（4）　下の図ａ～ｄは、日本に在留する外国人のうち、韓国・朝鮮籍、中国籍、フィリピン籍、ブラジル籍の者について、在住者の多い都道府県の上位５つを示したものである。ブラジル籍の在住者を示した図はどれか。

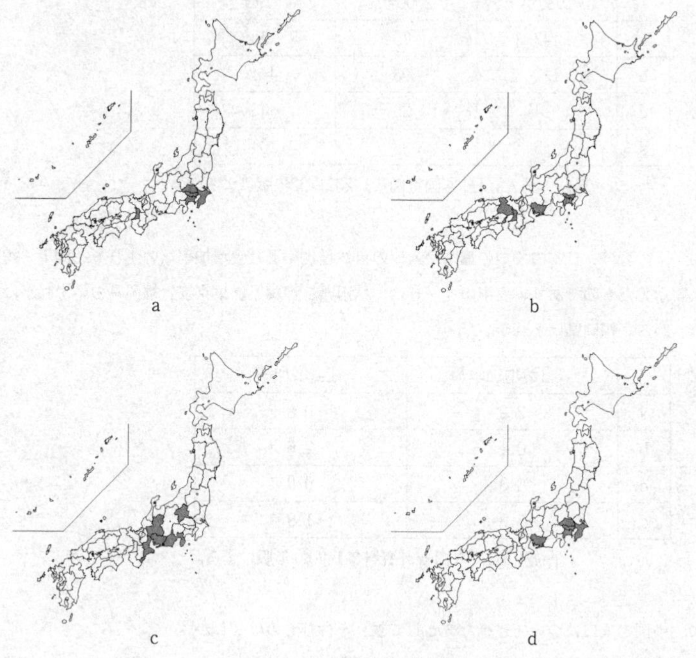

数値は2020年12月。在留外国人統計による。

（5）　下の表は、日本に在留する外国人のうち、韓国・朝鮮籍、フィリピン籍、ブラジル籍、ベトナム籍の者について、増加率（2015年～2020年）、65歳以上人口の割合、性比（女性を1とした場合の男性の値）を示したものであり、表中のa～dは、韓国・朝鮮籍、フィリピン籍、ブラジル籍、ベトナム籍のいずれかに対応している。フィリピン籍の者はどれか。

	増加率（%）	65歳以上人口の割合（%）	性比
a	204.9	0.2	1.30
b	21.8	1.2	0.43
c	20.2	5.0	1.18
d	−7.6	28.6	0.87

数値は2020年12月。在留外国人統計による。

（6）　下の表は、外国に在留する日本人人口の推移を示したものであり、表中のa～dは、アメリカ合衆国、オーストラリア、ドイツ、ブラジルのいずれかに対応している。ドイツはどれか。

	1980年	2000年	2019年
a	142	75	50
b	121	298	444
c	14	25	45
d	5	38	104

単位：千人。『日本国勢図会』2021/22年版による。

（7）　下の表は、日本の4つの都県の人口の自然増加率と社会増加率（いずれも2010年～2015年）を示したものであり、表中のa～dは、秋田県、沖縄県、東京都、福岡県のいずれかに対応している。福岡県はどれか。

	自然増加率	社会増加率
a	2.2	0.8
b	0.1	2.6
c	−0.3	0.9
d	−3.9	−1.9

単位：%。『人口統計資料集』2021年版による。

（8）　中国の人口について述べた文として誤りを含むものはどれか。

a．総人口は10億人を超えており、世界人口のおよそ5分の1に相当する。

b．内陸部の農村から沿海部の都市への大規模な移動がみられる。

c．人口増加を抑制するための一人っ子政策は廃止された。

d．55ある少数民族の人口を合計すると、漢民族の人口を上回る。

〔V〕貿易と運輸に関する以下の設問に答え、最も適当な記号を１つ選んでマークしなさい。

（1）貿易に関する説明として誤りを含むものはどれか。

a．欧米諸国は二度の世界大戦への反省からブロック経済化を進めてきた。

b．自由貿易協定（FTA）とはモノやサービスの貿易の自由化をめざすものである。

c．WTO には GATT 未加盟国であったロシアや中国などが加わった。

d．TPP は多国間での協定をめざす経済連携協定（EPA）の１つである。

（2）各国の貿易の位置づけに関する説明として誤りを含むものはどれか。

a．日本ではかつて原料や燃料を輸入し工業製品を輸出する加工貿易が中心であった。

b．アメリカ合衆国の貿易依存度は中国の貿易依存度よりも大きい。

c．シンガポールでは決済手数料や倉庫料などで利益を得る中継貿易が重要である。

d．韓国では輸出品の生産に必要な部品や技術の輸入が増加している。

（3）下の表は、ヨーロッパの４か国における輸出額と輸入額（いずれも2018年）を示したものである。表中のａ～ｄは、オーストリア、オランダ、ギリシャ、ノルウェーのいずれかに対応している。ノルウェーはどれか。

	a	b	c	d
輸出額	39,491	122,636	176,992	555,921
輸入額	65,141	87,440	184,195	500,631

単位：百万ドル。『世界国勢図会』2020/21年版による。

（4）下の表は、４か国における日本への主要輸出品目を示したものである（５位まで、2020年）。表中のａ～ｄは、アメリカ合衆国、インド、カナダ、中国のいずれかに対応している。カナダはどれか。

	a	b	c	d
1位	機械類	機械類	肉類	有機化合物
2位	衣類	医薬品	医薬品	石油製品
3位	金属製品	肉類	石炭	機械類
4位	家具	科学光学機器	なたね	魚介類
5位	プラスチック製品	液化石油ガス	銅鉱	ダイヤモンド

『日本国勢図会』2021/22年版による。

（5）　下の表は、日本の4つの港・空港における主要輸出品目を示したものである（5位まで、2020年)。表中のa～dは、関西国際空港、千葉港、名古屋港、博多港のいずれかに対応する。博多港はどれか。

	a	b	c	d
1位	自動車	石油製品	集積回路	自動車
2位	集積回路	鉄鋼	科学光学機器	自動車部品
3位	タイヤ・チューブ	有機化合物	電気回路用品	内燃機関
4位	半導体等製造装置	プラスチック	個別半導体	電気計測機器
5位	プラスチック	鉄鋼くず	半導体等製造装置	金属加工機械

『日本国勢図会』2021/22年版による。

（6）　下の表は、4か国の鉄道輸送量における旅客と貨物の数値を示したものである（2018年）。表中のa～dは、アメリカ合衆国、インド、中国、日本のいずれかに対応している。中国はどれか。

	旅客（億人km）	貨物（億t.km）
a	11,498	6,202
b	6,812	22,384
c	4,416	194
d	102	25,252

『世界国勢図会』2020/21年版による。

（7）　運輸に関する説明として誤りを含むものはどれか。

a．水上交通は容積の大きい物資を一度に大量に安く輸送できるという利点がある。

b．貨物輸送では環境負荷を考慮して鉄道から自動車へのモーダルシフトが進んでいる。

c．航空交通の発達は地球上における時間距離を大幅に縮小してきた。

d．国際物流の拡大によってハブ空港やハブポートの役割は増大している。

（8）　下の表は、4か国の自動車保有台数（2000年・2017年）と人口100人あたりの自動車保有台数（2017年）を示したものである。表中のa～dは、オーストラリア、ドイツ、ブラジル、マレーシアのいずれかに対応する。ブラジルはどれか。

	保有台数（千台、2000年）	保有台数（千台、2017年）	人口100人あたり（台、2017年）
a	47,306	50,092	60.6
b	15,468	43,597	21.0
c	12,025	18,313	74.5
d	5,242	14,375	46.2

『世界国勢図会』2020/21年版による。

数学

(60 分)

〔1〕

次の文章中の [ ] に適する式または数値を，解答用紙の同じ記号のついた [ ] の中に記入せよ．途中の計算を書く必要はない．

(1)　a を実数とし，関数 $f(x)=x(|x|-4)+a$ を考える．

(i) $x \leqq 0$ のとき，$f(x)$ は $x=$ [ア] で最大値 [イ] をとる．

(ii) 方程式 $f(x)=0$ が異なる 3 個の実数解をもつとき，a の取りうる値の範囲は [ウ] である．このとき，これら 3 個の実数解の和が $-\frac{1}{2}$ となるような a の値は [エ] である．

(2)　袋 A には赤色のカードが 4 枚，白色のカードが 2 枚入っている．また，袋 B には赤色のカードが 3 枚，白色のカードが 2 枚入っている．1 枚のコインを投げて，表が出たときは袋 A から 2 枚のカードを同時に取り出し，裏が出たときは袋 B から 2 枚のカードを同時に取り出す．

(i) 袋 A を選び，かつ，赤色の 2 枚のカードを取り出す確率は [オ] である．

(ii) 赤色の 2 枚のカードを取り出す確率は [カ] である．

(iii) 赤色の 2 枚のカードを取り出したとき，そのカードが袋 A に入っていた条件付き確率は [キ] である．

〔2〕 次の文章中の $\boxed{}$ に適する式または数値を，解答用紙の同じ記号のついた $\boxed{}$ の中に記入せよ．途中の計算を書く必要はない．

(1) a を実数とし，方程式

$$x^3-(2a+1)x^2-3(a-1)x-a+5=0 \quad \cdots\cdots ①$$

を考える．

(i) a がどのような値でも方程式①は $x=\boxed{ア}$ を解にもつ．

(ii) 方程式①が異なる 3 つの負の解をもつような a の値の範囲は，$a<\boxed{イ}$，$\boxed{イ}<a<\boxed{ウ}$ である．

(iii) k を正の実数とし，方程式 $x^3-1=0$ の虚数解の 1 つを ω とする．方程式①が $x=\omega+k$ を解にもつとき $a=\boxed{エ}$ である．

(2) 等差数列 $\{a_n\}$ は $a_1+a_2=7$，$a_1+a_3+a_5=24$ を満たし，等比数列 $\{b_n\}$ は公比が実数であり初項から第 3 項までの和が 7，初項から第 6 項までの和が 63 である．このとき，等差数列 $\{a_n\}$ の一般項は $a_n=\boxed{オ}$ であり，$\displaystyle\sum_{k=1}^{n}\frac{1}{\sqrt{a_{k+1}}+\sqrt{a_k}}=\boxed{カ}$ である．また，$\displaystyle\sum_{k=1}^{n}a_kb_k=\boxed{キ}$ である．

〔3〕 a を $0<a<4$ を満たす実数とする．関数 $f(x)=x^3-3x^2+ax$ と

$$g(x)=x\left(3x-\frac{1}{2}\int_0^2 g(t)\,dt\right)$$

を満たす関数 $g(x)$ について，次の問いに答えよ．

(1) $\displaystyle\int_0^2 g(t)\,dt$ の値を求めよ．

(2) 2 つの曲線 $y=f(x)$ と $y=\displaystyle\int_0^x g(t)\,dt$ で囲まれた部分の面積を S_1，2 つの曲線の $x\geqq\dfrac{a}{2}$ の部分と直線 $x=2$ で囲まれた部分の面積を S_2 とするとき，2 つの部分の面積の和 $S=S_1+S_2$ を a を用いて表せ．

(3) (2)で求めた S の最小値と，そのときの a の値を求めよ．

つ選び、その符号をマークしなさい。

イ　へたな和歌を書き送ってしまったことを恥じている。
ロ　生きる気力を失いながらも未練を断ち切れずにいる。
ハ　自分の書いた手紙が戻ってきたことに落胆している。
ニ　恋が実るかどうか気がかりで冷静さをなくしている。
ホ　返事が来たことで緊張から解放され心が弾んでいる。

ロ　ほんの一時でも情けをかけてあげてください。
ハ　どうせほんの一時だけの恋心で終わりますよ。
ニ　いつまでも変わらぬ愛情を示してくれますよ。
ホ　はかなく消えるような情けではいけませんよ。

問十二　傍線部⑪「思し知らずや」、⑭「参りつつ」は誰に対する敬意を表しているか。最も適当なものを次のイ～ホからそれぞれ一つずつ選び、その符号をマークしなさい（同じ符号を二回用いてもよい）。

イ　藤太　ロ　時雨　ハ　小宰相　ニ　術婆加　ホ　后

問十三　傍線部⑫「かの玉章の端に一筆書きて、引き結びて出だされたり」とあるが、なぜ小宰相は返事を書くことにしたのか。その理由として最も適当なものを次のイ～ホから一つ選び、その符号をマークしなさい。

イ　藤太のような荒々しい武士は恋する相手を道連れにして死のうとするかもしれないと、時雨から教えられ、自分の行く末が心配になったから
ロ　恋の病で苦しむ藤太を哀れに思い、このまま死なせてしまったら自分は罪悪感にさいなまれ、いつか報いを受けるのではないかと危惧したから
ハ　藤太の詠んだ和歌が情熱的だったことで、思いがけず心ひかれてしまい、やがて恋い慕うだけでは物足りなくなったから
ニ　恋の病で苦しむ藤太のために必死で仲を取り持とうとする時雨にほだされ、彼女の努力を無駄にするのが心苦しくなったから
ホ　藤太が恋の病で死んだと世間に伝わったら、人の噂はどんどん大げさになっていって、ついには薄情者だと非難される恐れがあるから

問十四　傍線部⑬「取る手ももたどたどしく」とあるが、このときの藤太の心情として最も適当なものを次のイ～ホから一

ニ　小宰相に一目逢えたことだけを大切な思い出としてひっそりと生きているということ
ホ　小宰相に逢うのが難しくてはかなく死んでしまいそうだということ

問九　空欄Ⅲに入る語句として最も適当なものを次のイ～ホから一つ選び、その符号をマークしなさい。
イ　忍ぶ恋　　ロ　絶えぬべき思ひ　　ハ　短き逢瀬
ニ　長き命　　ホ　消えにし露

問十　傍線部Ａ・Ｂの「に」と文法上の分類および用法が最も近いものを次のイ～ホの傍線部からそれぞれ一つずつ選び、その符号をマークしなさい（同じ符号を二回用いてもよい）。
イ　敵を前に置きながら、矢一つだにも射ずして待ちゐたるが、あまりに心もとなう覚ゆるに、高直はまづ城の内へ紛れ入りて、一矢射んと思ふなり。（『平家物語』）
ロ　御髪いとこちたく、五重の扇とかやを広げたらんさまして、少し色なるかたにぞ見え給へど、筋こまやかに、額より裾までまよふ筋なくうつくし。（『増鏡』）
ハ　まづ銀の鉢の口一尺五六寸ばかりなるに、水飯をうづだかに盛りて、同じき匙をさして、青侍一人重げに持ちて前に置きたり。（『古今著聞集』）
ニ　この度のいけにへを出ださずして、その女君を、みづからに預け給ふべし。死に給はんも同じことにこそおはすれ。（『宇治拾遺物語』）
ホ　誤りといふは、他の事にあらず、すみやかにすべきことをゆるくし、ゆるくすべきことを急ぎて、過ぎにしことの悔しきなり。（『徒然草』）

問十一　傍線部⑨「笹の小笹の露の間の御情けはあれかし」の解釈として最も適当なものを次のイ～ホから一つ選び、その符号をマークしなさい。
イ　ひそやかに愛情をはぐくんでいってください。

⑥「なかなか」
イ　徹頭徹尾　　ロ　直接的に　　ハ　むしろ
ニ　それなりに　　ホ　ほとんど

⑧「いなみがたくて」
イ　断りづらくて　　ロ　打ち明けにくくて　　ハ　放置しがたくて
ニ　納得がいかなくて　　ホ　わけが分からなくて

⑩「わぶれば」
イ　困りはてた様子で言うので
ロ　申し訳なさそうに謝るので
ハ　強い口調で責め立てるので
ニ　必死になって弁解するので
ホ　なにげない感じで誘うので

⑮「わりなき」
イ　初々しい　　ロ　ほほえましい　　ハ　世間に知れわたった
ニ　きわめて親密な　　ホ　ごくふつうの

問八　傍線部⑦「逢ふを限りにながらへぞする」とあるが、これはどういうことを表しているか。最も適当なものを次のイ～ホから一つ選び、その符号をマークしなさい。
イ　小宰相に逢えるようになれば焦がれ死にせずにすむということ
ロ　小宰相に逢えないままでは死んでも死にきれないということ
ハ　小宰相に逢うのを断念して虚しく生きながらえているということ

ニ 人の心は遠くにあってもよく見える白雲のように明白なのに、そのわかりやすさを疑うこと
ホ 人の心は手が届かない白雲のように不確かなものなのに、その不確かさを顧みないこと

問五 空欄Ⅰ・Ⅱに入る語の組み合わせとして最も適当なものを次のイ〜ホから一つ選び、その符号をマークしなさい。

イ Ⅰ 体 Ⅱ 名
ロ Ⅰ 病 Ⅱ 命
ハ Ⅰ 表 Ⅱ 裏
ニ Ⅰ 内 Ⅱ 外
ホ Ⅰ 実 Ⅱ 虚

問六 傍線部④「色には人の染むこともあり」とあるが、これは何を伝えようとしているのか。最も適当なものを次のイ〜ホから一つ選び、その符号をマークしなさい。

イ 人知れず恋に悩む藤太が気の毒だということ
ロ 藤太が小宰相に恋をしたのは当然であること
ハ 小宰相に求愛する男が他にもいるということ
ニ 小宰相の顔色をうかがってみようということ
ホ 小宰相も人並みに恋をするだろうということ

問七 傍線部⑤・⑥・⑧・⑩・⑮の意味として最も適当なものを次のイ〜ホからそれぞれ一つずつ選び、その符号をマークしなさい。

⑤「くゆるばかりなる」

イ 震えるくらいの　ロ ためらうくらいの　ハ 色に染まるくらいの
ニ 光り輝くくらいの　ホ 香りたつくらいの

ヘ　ⓐ　連体修飾格　　ⓑ　連体修飾格　　ⓒ　同格　　ⓓ　主格

問二　傍線部①「夏の虫の炎に身を焦がす」は「飛んで火に入る夏の虫」ということわざに通じるものであるが、このことわざの意味として最も適当なものを次のイ～ホから一つ選び、その符号をマークしなさい。

イ　致命的な過ちを何度も繰り返すこと
ロ　期待以上の収穫を得られること
ハ　自ら進んで破滅的な行動をとること
ニ　苦しみから逃れようと必死になること
ホ　気長に待っていれば幸運が訪れること

問三　傍線部②「御心をおかせ給ふなよ」の解釈として最も適当なものを次のイ～ホから一つ選び、その符号をマークしなさい。

イ　思い出してくださいませ
ロ　元気になってくださいませ
ハ　遠慮なさいますな
ニ　心配なさいますな
ホ　あきらめてはなりません

問四　傍線部③「人の心はいさしら雲のよそにして」とはどういうことを表しているか。最も適当なものを次のイ～ホから一つ選び、その符号をマークしなさい。

イ　人の心はまぶしい白雲のように美しくて好ましいものであり、その誠実さを重んじること
ロ　人の心は膨らんでいく白雲のように広大で頼りがいがあるので、その頼もしさをあてにすること
ハ　人の心は空を覆い隠す白雲のように厄介なものなので、その厄介さを見過ごさないこと

女房もさすが岩木Bにあらねば、人の思ひの積もりなば、末いかならんと悲しくて、⑫かの玉章の端に一筆書きて、引き結びて出だされたり。時雨嬉しく思ひて、やがて藤太のもとに来たりて渡しけり。藤太、⑬取る手もたどたどしく開き見れば、

人はいさ変はるも知らでいかばかり心の末をとげて契らん

とあそばしけるを見て、喜ぶことは限りなし。それより忍び忍びに⑭参りつつ、⑮わりなき仲とぞなりにけり。

(注)＊内侍…屋敷を警固する武士の詰め所。
＊秀郷…藤太の実名。「俵藤太」は通称である。
＊閻浮の塵…はかない物事を塵にたとえて言ったもの。閻浮は人間世界を指す。
＊秋の鹿の笛に寄る…秋になると牡鹿が猟師の吹く笛の音を牝鹿の鳴き声だと思って寄ってくること。
＊薄様…手紙などに用いる薄い紙。
＊夷心…荒々しい武士の心。
＊天竺の術婆加…古代インドの漁師で、王女に恋をしたが、思いをとげられず焦がれ死んだと伝えられる人物。

問一　傍線部ⓐ～ⓓの「の」「が」の文法的説明の組み合わせとして最も適当なものを次のイ～ヘから一つ選び、その符号をマークしなさい。

イ　ⓐ　同格　ⓑ　主格　ⓒ　同格　ⓓ　連体修飾格
ロ　ⓐ　同格　ⓑ　連体修飾格　ⓒ　連体修飾格　ⓓ　主格
ハ　ⓐ　主格　ⓑ　主格　ⓒ　同格　ⓓ　連体修飾格
ニ　ⓐ　主格　ⓑ　連体修飾格　ⓒ　同格　ⓓ　連体修飾格
ホ　ⓐ　連体修飾格　ⓑ　主格　ⓒ　主格　ⓓ　連体修飾格

するに、ただごととも覚えず。思し召すことあらば、わらはに仰せられ候へかし。力に叶ふことならば、叶へ奉るべし。③人の心はいさしら雲のよそにして、わりなきことを語り出だし、とても叶はぬものゆゑに、身をなきものとなしはてなば、後代の嘲りなるべし」と思ひめぐらしける。「かまへてしばしわが心、誰か百年の齢を超えし人やある。露とならば*閻浮(えんぶ)の塵、*秋の鹿の笛に寄るも、妻恋ふゆゑぞかし。われもこの人ゆゑと思はば、捨つる命も惜しからじ」と思ひ定めつつ、起き直りてささやきけるは、「恥づかしや、思ひ［Ⅰ］にあれば、色［Ⅱ］に現はるるとは、かやうの例や申すらん。みづからⓑが思ひの種をばいかなることとか思すらん。いつぞや御前へ参りし御局の簾中より見出だされたる上臈ⓒの御立ち姿を一目見しより、恋の病となり、死生定めぬわが身の風情、誰かあはれと問ふべきや」とさめざめと泣きければ、時雨このよし聞きて、偽りならぬ思ひの色あはれに思ひ、「さればこそ、みづからⓓがかしこくも見知り参らせたるものかな。その御事はわが主の御乳母子にておはします、小宰相の御方にてましますなり。④色には人の染むこともあり。思し召す言の葉あらば、一筆あそばしたまはれかし。参らせてみん」と言へば、藤太いと嬉しくて、取る手も⑤くゆるばかりなる紫の*薄様(うすやう)に、⑥なかなか言葉はなくて、

恋ひ死なばやすかりぬべき露の身の⑦逢ふを限りにながらへぞする

と書きて、引き結びて渡しけり。

時雨、この玉章(たまづさ)を取りて、小宰相の御方へ持ちて参り、「これこれの物を拾ひて候ふ。読みてたまはれ」と申しければ、小宰相、何心もなく開きて見給ひつつ、「これは［Ⅲ］の心を詠める歌なり」と仰せられければ、時雨さし寄りて、「何をか包み申すべき。しかじかの方より御前へ捧げ奉り、一筆の御返事をも伺ひて得させよと頼むAに、⑧いなみがたくて、恐れながら捧げ奉るなり。何かは苦しう候ふべき。⑨笹の小笹の露の間の御情けはあれかし」と⑩わぶれば、女房顔うち赤めて、なかなか物ものたまはず。時雨重ねて申すやう、*「夷心(えびすごころ)の分(わ)く方なくて恋ひ死なば、長き世の御物思ひとなるべし。*天竺の術婆加(じゆつばか)、后を恋ひ、思ひの炎に身を焦がしける例、⑪思し知らずや」と、やうやうに言ひ慰むるほどに、*

ロ　現在の人々は、写真が時間的深度を人々に感知させ、時間を超えて情報を運ぶ「記録メディア」であるという真実を看過している。

ハ　デジタル時代においては、ソーシャルメディアの回路を経由しデータとして交換されることを前提に、ほとんどの写真が撮影される。

ニ　現代では、旅行中に無際限に写真を撮り、その写真の「フロー」によって仮想世界でも「旅」をするという、旅行写真の「複数性」が生じている。

ホ　Googleストリートビューのユーザーには、写真の「フロー」を眺めているうちに、シミュレーション世界を「移動」するような錯覚が生じる。

ヘ　チクセントミハイは、連続する写真の流れに夢中になる人々の意識を、心理学的な「フロー」概念を使って説明した。

二

次の文章は『俵藤太物語』の一節である。主人公の藤太は平安時代に活躍した武士であり、潜入した敵の屋敷で美しい女性を見かけて恋におちた。これを読んで、後の問に答えなさい。

ある時、藤太、*内侍（うちさぶらひ）へ出でたりしに、年の齢（よはひ）は二十ばかりとおぼえし上﨟ⓐの優にやさしきが、西の対の簾中より見出だし給ふことあり。藤太この有様を一目見参らせ、夢うつつやる方なく、そぞろにおぼえければ、宿所に帰りて、前後も知らず臥したりけり。これやまことに①夏の虫の炎に身を焦がす思ひなれば、よしなかりける恋路なりと思ひ返せど、さすがになほ、そよと見そめし顔ばせの忘れもやらず苦しければ、せめてはかくと知らせなば、死ぬる命も惜しからじと、思ひ沈みてゐたりけり。

ここにまた、時雨（しぐれ）と申して、屋形より通ひものする女房あり。*秀郷（ひでさと）のもとに来たりて言ふやうは、「御有様を見参ら

ハ　過去の一時点において被写体の真実を表現する写真も、いびつな時空を有した仮想空間の中では、一瞬のみを切り取って撮影することが難しいから

ニ　現実空間とは質の異なる時間軸がシミュレーション世界を貫いており、スクリーンを眺める者は、そこから体験される疑似旅行に没入することとなるから

ホ　「フロー」の視覚体験においては、いつ写真が撮影されたかは二次的な問題であるため、写真間にあるタイムラグは不可視化されてしまうから

問十三　傍線部⑥「彼ら〝レーサー〟の意識」についての説明として適当なものを次のイ〜ホから二つ選び、その符号をマークしなさい。

イ　写真研究で謂う画像データの「フロー」を契機として、〝レーサー〟は心理学的概念としての「フロー」の状態へと至ることとなる。

ロ　〝レーサー〟が長時間の〝レース〟を耐えることができるのは、心理学的概念としての「フロー」状態を持続しているからである。

ハ　〝レーサー〟は過去の風景を映し出すヴァーチャルな「旅」に魅せられて、仮想空間を多く「移動」することを競う〝レース〟に夢中になっていく。

ニ　〝レーサー〟は本来写真が再現するはずの「過去」を顧みもせず、〝レース〟に勝つ「未来」に拘泥することとなる。

ホ　〝レーサー〟がモニターに映し出された「過去」ではなく、〝レース〟を行っている「現在」に没入する状態は、心理学的な「フロー」概念と相応する。

問十四　問題文の内容と合致するものを次のイ〜ヘから二つ選び、その符号をマークしなさい。

イ　「彼は死んでおり、そして死のうとしている」というバルトの言葉には、一枚の写真における鑑賞時と撮影時の交錯が表されている。

イ　注目を集めること　　　ロ　評価を高めること　　　ハ　流行を起こすこと
ニ　勢力を増すこと　　　ホ　頂上を狙うこと

問九　空欄Ⅲ（二箇所）に共通して入る漢字として最も適当なものを次のイ～ホから一つ選び、その符号をマークしなさい。

イ　風　　　ロ　遠　　　ハ　実　　　ニ　前　　　ホ　点

問十　傍線部④「潜在的な複数の状態につねに開かれている」とはどういうことか。その説明として最も適当なものを次のイ～ホから一つ選び、その符号をマークしなさい。

イ　デジタル写真は、見かけ上一枚だとしても、他の多くのデータとの関係につねに置かれているということ
ロ　一枚の写真は、無尽蔵に蓄積された他のデータとの交換可能性につねにさらされているということ
ハ　一枚の写真は、スクリーン上においては、他のデータとの異同がつねに知覚されてしまうということ
ニ　一枚の写真は、スクリーン上に映し出される際、他のたくさんのデータがつねに同時に映るということ
ホ　デジタル写真は、一枚の写真としての明確な輪郭を持たず、動画の一要素としてつねに撮影されるということ

問十一　空欄Ⅳに入る言葉として最も適当なものを次のイ～ホから一つ選び、その符号をマークしなさい。

イ　稜線　　　ロ　洞窟　　　ハ　断層　　　ニ　急流　　　ホ　樹海

問十二　傍線部⑤「撮影時間の唯一性が瓦解している」とあるが、それはなぜか。その説明として最も適当なものを次のイ～ホから一つ選び、その符号をマークしなさい。

イ　画像を次々とクリックする「フロー」の中では、対象が画面上に突然現れたり消えたりするため、被写体が本当に存在したかどうかを証明できないから
ロ　違う時間に撮影された写真群による「フロー」の中では、過去のある一瞬における被写体を表象するという、写真に元来備わっていた特性が失われてしまうから

ロ　かつての対象を現前させる写真は、撮影時と鑑賞時との間に生じる時間のズレを、一瞬で神秘的に埋め合わせてしまうということ

ハ　対象を客観的に反映する写真は、時間の流れの中で引き起こされる被写体の一瞬の変化を、写実的に記録するということ

ニ　写真は過去の瞬間を保存することで、時間の経過が不可避の現象であるという事実を、逆説的に表すということ

ホ　写真が過去の一瞬を記録しようとしても、人がそれを鑑賞しようとする時、自動的に現在という時間が感覚されるということ

問五　傍線部②「その表現形式そのものが死の影を宿している」とはどういうことか。その説明として最も適当なものを次のイ〜ホから一つ選び、その符号をマークしなさい。

イ　写真は、被写体が不変不動のものであるということを証言するメディアだということ

ロ　写真は、被写体が風化したものとして表現されるメディアだということ

ハ　写真は、被写体がすでに失われてしまった過去の時間に属することを証言するメディアだということ

ニ　写真は、被写体がかつて存在したことに対する哀惜が表現されるメディアだということ

ホ　写真は、被写体が消滅しているかもしれないという危機感を見る者に与えるメディアだということ

問六　空欄Ⅰに入る修辞法として最も適当な語を次のイ〜ホから一つ選び、その符号をマークしなさい。

イ　省略　　ロ　隠喩　　ハ　押韻　　ニ　反語　　ホ　皮肉

問七　空欄Ⅱに入る言葉として最も適当なものを次のイ〜ホから一つ選び、その符号をマークしなさい。

イ　主観性　　ロ　革新性　　ハ　両義性　　ニ　粘着性　　ホ　信憑性

問八　傍線部③「台頭」とあるが、この言葉の意味として最も適当なものを次のイ〜ホから一つ選び、その符号をマークしなさい。

A　収カン
イ　万博の迎賓カン　ロ　辞典のカン修者　ハ　希望的カン測
ニ　特務機カン　ホ　首相カン邸

B　ハ捉
イ　権力をハ持する　ロ　岩石をハ砕する　ハ　制度のハ境期
ニ　戦国のハ者　ホ　以呂ハがるた

C　トウ載
イ　高峰をトウ破する　ロ　無実の罪でトウ獄される　ハ　雑誌の劈トウを飾る
ニ　飛行機にトウ乗する　ホ　五重のトウを修復する

D　惹キ
イ　キ死回生　ロ　キ急存亡　ハ　キ幟鮮明
ニ　キ誉褒貶　ホ　キ想天外

問三　傍線部ⓐ、ⓑの読みとして正しいものを次のイ〜ホからそれぞれ一つずつ選び、その符号をマークしなさい。

ⓐ　示唆
イ　シギ　ロ　シサ　ハ　ジゲン　ニ　ジダン　ホ　シジュン

ⓑ　曇天
イ　アンテン　ロ　ウンテン　ハ　エンテン　ニ　ドンテン　ホ　ベンテン

問四　傍線部①「「まさにこの瞬間を薄切りにして凍らせることによって、すべての写真は時間の容赦ない溶解を証言」する」とはどういうことか。その説明として最も適当なものを次のイ〜ホから一つ選び、その符号をマークしなさい。

イ　写真は一瞬を切り取ることで、過去をそのまま固着させようとし、時間の永続的な運動に抵抗するということストリートビューに含まれる画像の閲覧を継続していると、そこで生成される仮想の「移動体験」は、M・チクセントミハイであれば別の意味で「フロー」と規定した心理的状態をD惹キすることもあるだろう。彼が語る「フロー」とは心理学的な概念であり、前川が写真研究の視点から語るそれとは当然ながら異なる。すなわち、チクセントミハイが「フロー」と呼ぶのは、時間を忘れるほど人が何かに没頭したり、極度に集中したりするときの意識状態であり、本人の言説を引用するならば、「意識がバランスよく秩序づけられた時の心の状態」を指す。

たとえばGoogle社のプロモーション動画、「Googleで、もっと。ストリートビューで、アメリカ横断レース」には、二人の人物がパソコンのモニターにはりつき、ストリートビューのなかで仮想の横断レースを競う様子が表象されている(サンフランシスコからニューヨークまでの4，760キロの横断に要したのはおよそ90時間、10万4，619クリック分の指先の運動だという)。指先をすばやく動かしつづけ、レースに没頭していく彼らの姿は、まさに、チクセントミハイ的な意味での「フロー」概念でもって説明するにふさわしい状態におかれているといえよう。そしてそのような状態において、⑥彼ら〝レーサー〟の意識は、個々の画像が表象する被写体の「過去」へと差し向けられるのではなく、あくまでも〝レース〟の「現在」へと差し向けられるようにみえる。

(松本健太郎「「複数の状態」にひらかれたデジタル写真をどう認識するか」より)

問一　次の一文が入るべき箇所として最も適当なものを問題文の【イ】～【ホ】から一つ選び、その符号をマークしなさい。

> 同じ「写真を撮る」、そして「写真を観る」という行為だとしても、アナログ時代のそれとはまったく異質なプロセスがそこには介在しているのだ。

問二　傍線部A～Dのカタカナの部分を漢字で書いたとき、傍線部に同一の漢字を使うものを次のイ～ホからそれぞれ一つずつ選び、その符号をマークしなさい。

る」という在り方」を踏まえて、前川はデジタル写真に認められるデータの流れを「フロー」という概念によって指呼する――すなわち「撮影後に即座にパソコンに取りこまれる写真や、携帯電話のスクリーン上で見られる写真は、もはやそれ自身で明瞭な境界を持たず、スクリーン上で他の映像と合流して際限ないデータの流れ（フロー）のなかの一要素になっている」というのである。

前川は、そのようなデジタル画像データの複数性／連続性に依拠する「フローの視覚の典型例」として、Google ストリートビューの受容体験に言及している。【ホ】じっさい、現実世界の似姿ともいえるそのシミュレーション世界を構成するのは、Google 社の車載カメラがその移動経路にそって自動的／機械的に撮影した無数の写真群である。しかも付言しておくと、そのストリートビューにおける仮想空間の内部では、至るところで〝時間の［Ⅳ］〟がユーザーに対して現前することになる。たとえば、ある画像をクリックしてその奥に待ち受けている画像を視認するとき、一枚目には前方に映り込んでいたオートバイが二枚目ではいきなり消えていたり、あるいは路地を左に曲がった瞬間にそれまで晴天だった空が突如として ⓑ曇天に変わったり、といった具合である（つまるところ物理的に隣接している二つの場所を、別の時間帯に撮影したものがストリートビューの画像空間では連続しており、一枚の写真に込められた「それは＝かつて＝あった」、すなわち ⑤撮影時間の唯一性が瓦解しているのである）。

しかしながら、その奇妙に歪んだ時空間のなかで、そのユーザーはヴァーチャルな「移動」を、あるいは「旅」を疑似的に体験しうる。ある瞬間に一枚の画像を視認した直後に、クリック等の操作を挟んで、それと隣接する別の画像を視認する。さらに、それ以後も同様である……。つまるところ一枚いちまいの画像を順々に眺めているに過ぎないはずなのだが、それを一定の時間軸のなかで連続的にとらえてみた場合に、あたかもその仮想空間を「移動」したり「旅」をしたりしているかのような錯視が派生しうるわけである。ともあれ、以上のような画像データのフロー、およびその認識のプロセスを通じて［Ⅲ］景化されるのは、（バルトが洞察したような）実在した被写体の「過去」をめぐる再現ではなく、想像された移動主体の「現在」をめぐる合成だといえよう。

度を感知させるメディア、あるいは、ハロルド・イニスの言い方を借りれば、(時間を超えて情報を運ぶ)「時間バイアスをもつメディア」という側面よりも、むしろ(空間を超えて情報を運ぶ)「空間バイアスをもつメディア」としての側面が Ⅲ 景化されつつある、といえるかもしれない。

そもそもは、時間を超えて情報をはこぶ「記録メディア」としての属性が意識されていたはずの写真は、昨今どのように移り変わりつつあるのだろうか。

かつてのフィルム写真の時代にあっては、「シャッターを切る」という行為は、ちょっとした決断を要する行為だったように思われる。【イ】24枚撮りや36枚撮りといったように、枚数が限られたフィルムを購入し、それをカメラにいれてシャッターを切る。フィルムを使い切ってからそれを写真屋にもちこんで現像してもらい、ようやくそれを映像として眺めることが可能になる。つまり、インスタントカメラのような例外を除けば、撮影から鑑賞までのタイムラグが受容の前提だったわけであり、たとえば旅行中にたくさんスナップ写真を撮ったとしても、もし旅先でフィルムを使い切らなければ、その現像、そして鑑賞のタイミングがだいぶ後にずれ込むということも、よくある話だったわけである。【ロ】

それが今ではどうだろうか。携帯可能(ポータブル)なデジタルカメラで、あるいはスマートフォンにトウ載(c)されているカメラで、たとえば旅行中に、私たちは気軽に、しかも(端末の容量が許す限りは)無際限に写真を撮ることができる。撮影された写真はすぐにデバイスの液晶モニターで、あるいは端末のタッチパネルで確認でき、それらの画像データを指先による操作により取捨選択をして、不要な画像を簡単に消去することができる。【ハ】

前川修はデジタル時代の写真に論及するなかで、その特徴である「複数性」と「フロー性」について興味ぶかい指摘をおこなっている。彼によると、カメラがトウ載された「携帯デバイスは、「明るく鮮やかな」スクリーンをデザインの主要なアピールポイントとしている」わけだが、私たちが指やマウスでそれを触覚的に操作するという閲覧時の行為を想起するならば、もはや「写真は単数形でそれを見る者の没入を誘うというよりも、つねに「もうひとつ」の写真へと手や指で写真を突き動かす運動を前提にしている」とされる。【ニ】つまり、この「④潜在的な複数の状態につねに開かれていいが、写真とは「ここ・と・か・つ・てのあいだの非論理的な結合」(バルト)を実現するものであり、また、「時間が破壊したものの［中略］代替物を提供」するもの(ブルデュー)であり、さらには、①「まさにこの瞬間を薄切りにして凍らせることによって、すべての写真は時間の容赦ない溶解を証言」するものでもある(ソンタグ)。

写真とは過去の時空(すでに過ぎ去った、という意味で「死せる時空」)の忠実な証言者であり、それゆえに「過去」のみならず、「死」のイメージとともに語られることも少なくなかった。じっさいにバルトによると、写真とは時間の流れに抵抗して過去を保存する墓のごときものであり、「生を保存しようとして〈死〉を生み出す」ものとして理解される。つまり、ある写真が死を直接的に表象するか否かにかかわらず、そもそも、②その表現形式そのものが死の影を宿しているわけである。

バルトは写真の本質を「それは=かつて=あった」という言辞により規定していった。ここでいう「それ」とは被写体のことだが、まさにカメラが写し出すものは撮影の瞬間(=かつて)、レンズの前に実在した(=あった)ものでなくてはならない。ちなみに彼は、写真を「ものをみる時計」という［Ⅰ］でもって表現してもいるが、つまるところ、それは「過去の現実」を客観的に反映する媒体として理解されたわけである……。

ともあれ、以上のような写真をめぐる説明を耳にして、納得できる人が現在どれほどいるだろうか。1980年に他界したバルトが考察の対象としたのは、あくまでもフィルムカメラで撮影されたアナログ写真である。たしかにその段階にあっては、写真は「光の痕跡」として、あるいは、被写体の真実をあるがままに表象する表現形式として、ある種の客観性や［Ⅱ］を獲得していたのかもしれない。だが、従来的にはそのようにBハ捉しえた写真も、アナログからデジタルの段階へと移行するにつれて、その表現形式としての、あるいは、そのメディウムとしての特性が大きく変化したといえる。じっさいに写真がデジタル化されるようになった今、Photoshopなどによるその画像の加工・編集はいっそう容易になったともいえるし、また、FacebookやInstagramなどソーシャルメディアの回路を経由して交換されるようになった今、その画像を介した新たなコミュニケーションやコミュニティが③台頭しつつあるともいえる。もはや写真とは時間的な深

国語

（七五分）

一　次の文章を読んで、後の問に答えなさい。

ロラン・バルト晩年の写真論『明るい部屋』には、壁にもたれる若い男性の姿を写した写真が掲載されている。アレクサンダー・ガードナーが1865年に撮影した写真であるが、バルトはそれに「彼は死んでおり、そして死のうとしている」というキャプションを添えている。

謎めいた言葉のようにも思われるが、バルトがこれに加えた解説をみれば、その意図は明らかになる。被写体の名前はルイス・ペイン。彼は時の国務長官W・H・シューアードの暗殺を企て、独房にA収カンされた。そして写真が凍結させた瞬間のなかで、「彼は自らの絞首刑を待っている」（バルト）。

写真を鑑賞する私たちの「現在」からみれば、男性は過日、それもすでに百数十年も前に亡くなっている（彼は死んでいる）。しかし写真家がそれを撮影した瞬間＝「過去」からみれば、被写体の姿は画像のなかに固定され、その直後に彼を襲う「死」を永続的に待ちつづけているわけである（彼は死のうとしている）。

死を待つルイス・ペインの肖像がⓐ示唆するとおり、写真というメディウムに随伴する時間性とは不思議なものである。一枚の写真を介して、「撮影の過去」と「鑑賞の現在」とが交錯する。ふだん私たちがそう想像することは稀かもしれな

解答編

英語

◀文系 3 科目型・英語 1 科目(英・英)型共通▶

I **解答**　A．(ア)—b　(イ)—a　(ウ)—b

B．(1)—d　(2)—a　(3)—d　(4)—a　(5)—c　(6)—b　(7)—b

C．(i)—b　(ii)—c

D—c・f・h

◆全　訳◆

≪観察に関するとらえ方≫

観察というものがさまざまな哲学者たちによって理解されている一般的な方法は，観察を受動的で私的な事柄として考えることである。観察は，たとえば見る際には，私たちはただ目を開けてまっすぐ見，情報を取り込み，そして目にしたそこに存在するものを記録するだけだと考えられるという点において，受動的なのである。またそれは，事実をただちに確認するために採用される，観察者の心や脳の中の知覚そのもので，たとえばそれは，「私の目の前に赤いトマトがある」ということであるのかもしれない。もし，観察がこのように理解されているとしたら，観察可能な事実の確立は非常に私的な事柄である。観察は，知覚という行為の中で自分に対して提示されるものにしっかりと注意を払う一個人によって，成し遂げられるものである。二人の観察者間では，お互いの知覚に接触することはできないため，彼らが確立しているはずの事実の妥当性について話を交わす方法はないのである。

知覚や観察を受動的で私的なものとするこの考え方は適切ではなく，科学においてはもちろんのこと，日常生活においても，知覚というものを正確に説明することはできない。毎日の観察は，決して受動的ではない。ある知覚の妥当性を確立するために，さまざまなことが，その多くは自動的にそしておそらくは無意識のうちに，なされる。見るという行為においては，物体をスキャンし，頭を動かして観察される情景において予期される変化が起こるのかをテストしたりする。もし，窓から見える情景が，窓の外のものなのかあるいは窓に映る反射なのか確信が持てないなら，私たちは頭を動かしてその行為がその情景に与える影響を点検するのである。一般的には，もし何らかの理由で，私たちの知覚に基づいて真実と思えるものの妥当性に疑いを持つ場合には，その問題を取り除くために取れる行動はさまざまあるということである。もし，前述のトマトの例で，そのトマトが，本物のトマトというよりは，巧妙に作り上げられた何らかの映像ではないかと思う理由があるなら，私たちはじっと見るだけでなくそれに触れることもできるし，もし必要なら，それを味わってみることもできる。

これらのほんのわずかの幾分か初歩的な観察によって，私は，心理学者たちが知覚という行為の中で個人個人によって行われることの範囲について説明できる詳細な過程の表面にやっと触れているだけである。私たちに与えられた仕事にとってもっと重要なのは，科学における観察の意義と役割を考えることである。私の伝えたい点をうまく説明している例は，科学における顕微鏡の初期のころの使用者たちから引き出せる。ロバート=フックやヘンリー=パワーのような科学者たちがハエやアリといった小さな虫を見るのに顕微鏡を使ったとき，彼らは，観察可能な事実に関してしばしば意見の相違が，少なくとも初めのうちはあったのである。フックは，意見の相違のうちのいくつかの原因がさまざまな種類の光であることを突き止めた。彼は，ある種の光の中ではハエの目は表面がたくさんの穴で覆われているように見えたり（このことはパワーにこれこそが事実だと信じさせてしまったようだが)，別の光の中では表面が円錐形のもので覆われているように見えたり，さらに別の光の中では表面がピラミッド状のもので覆われているように見えたりしていると指摘した。そしてフックは問題を解決することを進めた。彼は，試料に均一に光を当てることによって，複雑な反射から起こる間違った情報を取り除こうと努めたのだ。彼は，海水を通して拡散されるろうそくの灯りを使ってこのことを行った。彼はまた，試料にさまざまな方向から光を当て，そうした変化の下でどの特質が変わらないままでいるのかを定めようともした。

フックの本である *Micrographia*（1665）は，彼の行動や観察の結果である多くの詳細な記述やスケッチを収録している。これらの成果物は，私的なものではなく公開されているものであったし，また現在もそうである。それらは他人の手で正しいかどうか調査されたり，批評されたり，追加されたりすることが可能なのである。もし，いくつかの種類の光の中で，ハエの目が穴で覆われているように見えるというのであれば，そのときには，物事のその状態は，自分の知覚にしっかりと注意を払う観察者によって有効に評価されていない可能性がある。フックは，そのような場合その現象の正確さを確認するためにでき得ることや，彼が薦める手段は必要な技術を持つ人ならだれにでも実行可能であることを示した。

◀解　説▶

A.(ア) closely は attending to「～に注意を払っている」を修飾し「念入りに，細かく注意して」の意味である。

a.「公式に」，b.「注意深く」，c.「同様に」，d.「均等に」で，b の carefully が最も近い意味をもつ。

(イ) let alone「(否定文の後で)～は言うまでもなく」

a.「(否定文の後で) まして～でない」，b.「～ほどの長さしかない」，c.「～のせいで」，d.「～について言えば」で，a の much less が一番近い意味となる。

(ウ) initially「最初は」

a.「正式な表現で」，b.「初めは」，c.「調和して」，d.「非常にはばかりながら」で，b の at the beginning が一番近い意味である。

B.(1) 当該箇所を含む第1段最終文（Since two observers …）は「二人の観察者間では，お互いの知覚への（　　）がないため，彼らが確立するはずの事実の妥当性について，彼らが話を交わす方法はない」といった意味であるが，ここまでで，観察は私的なものであると述べていることを考えると，他人とはつながりがないため，話を交わせないというような内容になると推測できる。a は「脅威」，b は「契約」，c は「負債」，d は「接近方法，接触」の意味で，「つながり」という意味をもつのは，d の access である。

(2) 当該部分の直前の第2段第1文（This view of …）では，観察を受動的なものとする考え方は適切でないと書かれており，当該部分にも，「受動的な」を否定する表現が入るものと考えられる。aは「決して〜ない」，bは「〜のみ」，cは「せいぜい〜」，dは「まさにそのとおり」の意味であり，否定の表現はaのfar fromである。bのnothing butはanything but「決して〜でない」と混同しないこと。また，dのby all meansもby no means「決して〜でない」と間違わないように注意。

(3) 当該部分を含む第2段第5文（If we are …）の内容を見ると，「窓から見える情景が，窓の外のものなのかあるいは窓に映る反射なのか確信が持てないなら，頭を動かして，そのことがその情景に与える（　　）を点検する」となっている。aのdisaster「災害」，bのinfection「感染」，cのconcept「概念」では，文脈に合わない。正解は，dのeffect「影響」である。have an effect on 〜で「〜に影響を与える」の意味をもち，当該部分の後ろにあるonも正解を導くためのキーとなる。

(4) 当該部分を含む第3段第3文（An example that …）は，「私の伝えたい点をうまく説明している例は，科学における顕微鏡の初期のころの使用者たちから（　　）」という内容になり，以後，顕微鏡の初期の使用者たちの話が続く文脈から考えると，「うまく説明している例がそこにある」という意味になると推測できる。bのhidden「隠されて」やcのworn「使い古されて」，dのbroken「壊されて」では，否定的なニュアンスで，文脈に合わない。正解は，aのdrawn「引き出されて」である。

(5) 当該部分周辺の第3段第8〜最終文（He endeavoured to … under such changes.）は，フックが観察における見解の相違が起こる原因を突き止めていく過程が述べられている。当該部分の第8文は，その過程の一環として，問題を解決するために彼が取った行動が書かれており，「間違った情報を（　　）しようと努めた」という内容となっている。aのspread「広める」，bのcelebrate「祝う」，dのcompose「組み立てる」では，間違った情報を肯定する内容となってしまい，文脈に合わない。正解は，cのeliminate「取り除く」である。

(6) 前述の(5)と同じく，(6)を含む第3段最終文（He also illuminated …）も観察における見解の相違が起こる原因を突き止めていく過程の中で，フックが取った行動が書かれている。彼がさまざまな方向から試料に光を当てたのは光が関係していることを確認するため，「そのような変化の下で，

（　　）なままである特質を定めるため」であると読み取れる。a の conventional「型にはまった，伝統的な」，c の contemporary「現代の」，d の constitutional「合憲の」はいずれも試料の観察という文脈から外れることになる。正解は，b の consistent「一貫して，変化のない」である。

(7) 最終段第 3 文（当該部分の 2 文前）に，They can be checked, criticised, and added to by others.「それらは他人の手で正しいか調査されたり，批評されたり，追加されたりすることが可能である」と書かれており，フックのスタンスを示していると考えられる。それから考えると，当該部分を含む同段最終文（Hooke showed what …）も「彼の薦める手段はだれにでもすることができる」という内容を伝えていると推測できる。そう考えると，a の emptied out「空っぽにされる」，c の locked out「締め出される」，d の left out「除外される」では，フックのスタンスに沿うとは言い難い。正解は，b の carried out「実行される」である。

C．(i) there are various actions we can take to remove the problem「その問題を取り除くために私たちが取れる行動はさまざまある」actions の後ろに関係代名詞 that が省略されているが，take action で「行動を開始する，手を打つ」の意味である。

a．「私たちは，再び窓を動かすためにさまざまな道具を使うことを許されている」

b．「私たちには，問題を解決するために多くの選択肢がある」 option「選択できるもの」

c．「本物のトマトを取り除くための手段はいくつかある」 method「手段，方法」 get rid of ～「～を取り除く」

d．「問題に解答するのに使えるものはほとんどない」 available「利用可能な」

二重下線部の remove the problem の the problem とは，本当に本物なのか疑わしいことであり，それを解決するためには，本文中に例として挙げられている窓の場合は，窓を動かすことではないため（本文第 2 段第 5 文（If we are …）では，頭を動かすことが例として挙げられている），a は不適であるし，また，トマトの場合も，トマトを取り除くことではないため（本文第 2 段最終文（If, in the …）では，触ったり味わったりすることが挙げられている），c も不適。d については，few things are available「使えるものはほとんどない」の部分が，(i)の内容とは異なっているため，不適である。正解はb。

(ii)　this was indeed the case「これこそが事実だ」 indeed「本当に」 the case「事実，真相，実情」

a.「そのハエは，いくつもの穴で覆われた入れ物の中に確かに入れられた」

b.「その穴は，実際にはハエにとって容器の役割を果たしていた」 container「容器，入れ物」

c.「ハエの目は，実際にいくつもの穴で覆われていた」

d.「パワーが顕微鏡を使ったとき，円錐形のものとピラミッド状のものは重要な役割を果たした」 essential「重要な」 play a ～ role「～な役割を果たす」

this was the case の this は，(ii)を含む文の前半の that 節，すなわち the eye of a fly appears like a surface covered with holes「ハエの目がいくつもの穴で覆われているようであること」を示し，the case はこの場合，「事実」という意味であることから，cが最も近い内容である。

D．a.「私たちは，ただ目を開いてまっすぐ見るだけで能動的な観察を実行できる」 conduct「実行する」 active「能動的な」

b.「人は個々に，自分の前に赤いトマトがあると知覚するとき，公然の観察をしているのである」 perceive「認知する，知覚する」

c.「日常の見るという行為において，私たちは，ただ私たちの前に提示されたものを記録するだけではない。つまり，私たちの知覚が正しいことを確かめるために私たちは多くのことをするのである」 merely「ただ～だけ（≒only)」 ensure「確かめる」

d.「何か物体を見ているとき，私たちは観察された情景において，期待される変化が起こることを確認するために，無駄に頭を動かす傾向にある」 tend to *do*「～しがちである，～する傾向にある」 uselessly「無駄に」 make certain ～「～を確かめる」

e.「トマトの映像が本物のトマトよりおいしいのではないかと疑うことは，理にかなっている」 reasonable「理にかなった，合理的な」 suspect「～なのではないかと思う（疑う)」

f.「フックは，科学者たちが顕微鏡を通じて目にするものは，彼らが使う光によって変わると主張した」 claim「主張する」 vary「変化する」

g.「フックの，海水を通して放散されたろうそくの灯りの使用が，結局は，論争の原因だった」 turn out「結局〜だとわかる」 controversy「論争」

h.「私たちは，フックの本の中の記述やスケッチが信頼できるものかどうかを調べることができる」 description「記述」 reliable「信頼できる」

まず，cは第2段第3文（There is a …），第6文（It is a …）から本文内容と一致していることがわかる。また，fは第3段第6文（He pointed out …）から内容と一致しているとわかる。さらに，hは，最終段第3文（They can be …）から内容と一致していることがわかる。正解は，c，f，hである。

aは第1段第2文（It is passive …）に，見る際には，ただ目を開いてまっすぐ見，情報を取り込み，そして目にしたそこに存在するものを記録するだけだという意味で受動的であると述べられており，能動的ではなく，不一致である。bは第1段第3・4文（It is the … very private affair.）に，観察とは事実確認のための観察者自身の知覚であり，事実の確立は非常に私的なものと書かれており，公然の観察ではないため，不一致である。dは第2段第4・5文（In the act … on the view.）より，頭を動かすのは，それによって予期される変化が起こるのかを点検して知覚が妥当であるかを確認するという目的があることがわかり，無駄に動かしているのではないため，不一致である。eは第2段最終文（If, in the …）に，目の前に見えるトマトが本物でなく映像ではないかと思うときに，触ったり，味わったりしてそれを確かめられると書かれているが，味がおいしいかということには全く触れられておらず，不一致である。gは第3段第8・9文（He endeavoured to … through salt water.）参照。フックは，海水を通して拡散されるろうそくの灯りを使って，複雑な反射から起こる間違った情報を取り除こうとしたのであり，それが論争の原因であったとは書かれていないため，不一致である。

II　解答

A.（1）― d　（2）― c　（3）― d

B.（ア）― a　（イ）― d　（ウ）― b　（エ）― a　（オ）― b　（カ）― b

C.（i）― b　（ii）― d

◆全　訳◆

≪子どもたちのビジネスへの挑戦≫

私は14歳ごろに，Junior Achievementと呼ばれるものに加わった。それは，子どもたちにビジネスの技能を推し進める非営利団体だった。言い換えれば，要するにそれは，大人の監督のもとで毎週木曜の夜にある部屋に集まって経営者のようなことをする子どもの集まりだった。

私のグループは，Roc Creationsと呼ぶビジネスを発案した。これは，私たちの中核商品である安い手作りの小石のネックレスを使った巧みな取引きだった。私たちは，それは極めて優れたプランだと思っていた。何といっても，ネックレスが好きなのはだれだろう？　もちろん，すべての人さ。小石はどのくらい安い？　とても安いさ，と。私たちは，ある木曜日は浜辺で小石を集め，その次の木曜は色を塗り，そして最後の木曜はそれにドリルで穴をあけ糸を通して結ぶのに時間を費やした。私たちは，それは中身が充実していて，うまく実行できているプランだと考えていた。

残念なことに，数週間後，私たちは大きな間違いをしていたことに気がついた。フリーマーケットで，驚いているご婦人たちに私たちの商品のことを大声で叫んでも，そのネックレスは十分なワクワク感を呼び起こすことはできなかったのだ。それで私たちはあっという間に，売れ残り在庫の山を抱えて赤字に転落し，自分たちの思慮の足りない判断を思い知らされたのだった。

しかし，その後，どんな商売上手もそうであるように，私たちは進化したのだ。私たちは素早く名前をRoc-Cal Creationsに変え，安価なプラスチックのカレンダーを作成した。マーカーをくくり付け，背面にマグネットをくっつけ，一軒一軒，隣りの人から隣りの人へ，冷蔵庫に貼ってもらうよう1個4ドルで売り回った。

まあ何とか，損失を取り戻すのには十分なぐらい売れた。私たちはお金を稼ぎ始め，文房具店で働く女性と強い協力関係を作り上げた。そう，私たちはすべてうまく終わることができた。しかし，計算機と大量の紙，鉛筆状のクレヨンの山を抱えて明かりのもとで，私たちの年間報告の数字合わせを終えようと必死で何日か夜遅くまで過ごしたことを抜きでは語れない。

それは私にとっては，非常に良い体験だった。だからこそ私は，子どもたちが一風変わっていて面白くて，ひどく下手くそなビジネスをしているのをあなたたちが見ているのをいつも楽しいと思っているのだ。というのも，実際のところ，子どもたちが楽しみながら，教室では学ばないことを学んでいるのをあなたたちはまさしく見ているのだから。彼らは，売り方を学び，社会で生きていくための技能を身につけ，まさに商品売買市場に飛び込もうとしているのだ。実際，彼らは，ちょっとそこに出ていき，挑戦をすることによって，このすべてのことをしようとしているのである。

街角でレモネードを売っている双子がどれほど可愛いか？　ショッピングモールの外で，バーベキューの店をしているサッカーチームは？　あるいは，25 セントの手付金を自分のものにできるならショッピングカートを元の位置に戻してくれる子どもは？

その子どもたちは，みんな正々堂々と戦っているのである。だから，子どもたちよ，頑張れ。うまくやれよ，と言うのである。今度，ベイクセールで，岩のように固いクッキーを売るときがあるのなら，私たちに知らせてほしい。だって，私たちは，ただ甘口の消化不良品を買おうとしているだけじゃない。そうじゃなくて，将来に投資しているんだから。

◀解　説▶

A. (1)　the next one painting「次の木曜は色を塗って（過ごした）」one は Thursday を指す。前の文と同じ内容の部分は省略されていて，(we spent) the next Thursday painting の意味。spend *A* (in) *doing*「*A*（時間など）を～して過ごす」

a.「同じ週の次の日は，小石に色を塗って過ごされた」

b.「次の木曜日は 1 個の石に色づけするのに専ら費やされた」 devote「～をささげる」

c.「グループの次のメンバーがネックレスに色を塗る責任があった」responsible for ～「～の責任がある」

d.「次の週の同じ曜日は，小石を色づけするのに使われた」 the same day は「同じ曜日」を表す。

正解は，d。b と迷ったかもしれないが，b は，one stone とあるが，小石はたくさんあり，1 個ではないので，不正解。

(2)　fell into the red「赤字に転落した」 fall into ～「～（の事態）に陥る」 the red「赤字」

a.「十分なお金を稼いだ」

b.「製品不足の状態となった」 fall short of〜「〜が不足している」

c.「赤字を経験した」 deficit「赤字」

d.「恥ずかしさで顔が赤くなった」

内容が近いのは，c。

(3) investing in the future「将来に投資している」 invest in〜「〜に投資する」

a.「新しいクッキーショップが開店することを期待している」

b.「子どもたちにお金を注意して使う機会を提供している」 provide *A* with *B*「*A* に *B* を提供する」（＝provide *B* for *A*）

c.「私たちの将来のビジネスのためにお金を貯めている」

d.「子どもたちがどのようにビジネスをしたらいいのかを学べるように私たちのお金を使っている」 so that *A* can〜「*A* が〜できるように」

文脈的に，the future は子どもたちの将来のビジネスのこと，investing は直前の文（Because we're not …）の buying を含むと考えられ，最も近いのは，d。

B.(ア) signed up for「(署名して)〜に参加した」

a.「〜に加わった」，b.「〜の広告を見つけた」，c.「〜に興味を持った」，d.「〜を探した」の意味で，a の joined が正解。

(イ) came up with「〜を思いついた」

a.「〜を拒否した」，b.「〜をあきらめた」，c.「〜に参加した」，d.「〜のことを考えた」で，最も近いのは，d の thought of。

(ウ) solid には「固い」の意味もあるが，ここでは plan を修飾して「堅実な，中身が充実した，信頼できる」の意味である。

a.「固い」，b.「満足のいく」，c.「困難な」，d.「財政的な」で，b の satisfactory が最も近い。

(エ) evolved「進化した」

a.「事態が好転した」，b.「始めた」，c.「一致団結した」，d.「一生懸命にやった」で，a の improved が正解。

(オ) get back「〜を取り戻す」

a.「〜に衝突する，遭遇する」，b.「〜の埋め合わせをする，取り返す」，c.「最後には〜になる」，d.「〜を軽蔑する」で，b の make up for が正解。

(カ) picking up はここでは「(知識など) を身につけている」の意味。

a.「～を失っている」, b.「～を手に入れている」, c.「～を持ち上げている」, d.「～を盗んでいる」で, b が最も近い意味を表している。

C. (i) 「次のうち, 最初のビジネスである Roc Creations について正しいものはどれか」 the following「下記のもの, 次に述べること」

a.「そのメンバーたちは, 自分たちの商品を売ることに成功する十分な自信はなかった」 confident「自信がある」 merchandise「商品, 製造品」

b.「そのメンバーたちは, 自分たちの商品を創り出すのにだいたい 3 日かかった」

c.「その商品があまり売れなかったのは, メンバーたちがフリーマーケットで宣伝しなかったのが理由の一つだった」 advertise「～を宣伝する」

d.「その核となる商品には, 手作りの小石のネックレスと岩のように固いクッキーが含まれていた」 core「中心の, 核となる」 rock-hard「岩のように固い」

まず, b については, 第 2 段第 8 文 (We spent one …) に, ある木曜日は浜辺で小石を集め, その次の木曜は色を塗り, 最後の木曜はそれにドリルで穴をあけて糸を通して結んだと書かれており, 商品を作るのにだいたい 3 日かかっていて, 本文の内容に合致しているのがわかる。正解は, b。a については, 第 2 段第 3 ～ 7 文 (We thought it … Pretty cheap.) で, 自分たちの計画や商品に自信があったことがわかり, 本文内容とは合っていない。c については, 第 3 段第 2 文 (The necklaces failed …) に, フリーマーケットで大声で商品を売り込んでもうまく売れなかったことが書かれており, 本文内容とは異なっている。d については, 第 2 段第 2 文 (This was a …) に, Roc Creations での core product はネックレスだけであることがわかり, クッキーは含まれず, 本文とは合致していない。

(ii) 「次のうち, 2 つ目のビジネスである Roc-Cal Creations に関して正しくないのはどれか」

a.「そのメンバーたちは, ビジネスで成功するまでに苦労した」 have a hard time「苦労する, つらい目に遭う, つらい時間を過ごす」

b.「そのメンバーたちは，自分たちの商品を売るために多くの家を訪問した」

c.「そのメンバーたちは，文房具店の店員と良い関係を築いた」

d.「その核となる商品は，冷蔵庫の形をしたプラスチックのカレンダーだった」 in the shape of ～「～という形の」

まず，a については，第4段最終文（We tied on …）および第5段（Well, we managed …）に，一軒一軒商品を売り歩いたり文房具店と提携したりして工夫をこらし，何日も収支合わせのために夜遅くまで奮闘したことが書かれており，本文に合っている。b については，第4段最終文の後半（, and went door-to-door, neighbor-to-neighbor, selling them …）に売るために多くの家を訪問したことが書かれており，内容に合致している。c については，第5段第2文（We started to …）に，文房具店で働く女性と協力関係を築いたことが書かれており，本文に合っている。ところが，d については，第4段第2・最終文（We quickly changed … four dollars each.）に，新しい商品はプラスチックのカレンダーで，マーカーをくくり付け，裏側にマグネットをくっつけ，冷蔵庫に貼って使うようにして売り歩いたことが書かれているが，冷蔵庫の形をしているとは書かれていない。正解は，d。

III 解答

A. (1)―b　(2)―a　(3)―c　(4)―a　(5)―d　(6)―b　(7)―c　(8)―d

B―a・d

◆全　訳◆

≪コーヒーの広まりの歴史≫

産業革命は，1700年代の終わりから19世紀の中頃の間に広まった。イングランドの北部やスコットランドで始まり，それからヨーロッパや北アメリカのいくつかの地域に広がり，都市部が工場生産へと移行した。工場での作業は，機械を操作するために注意力と手を素早く動かすことが要求され，ヨーロッパ中で好まれている伝統的な飲み物のビールやワインは，これらの新しい状況にはあまりそぐわなかった。

以前は，ビールとワインは，たいていの水よりも飲むのに安全だった。温かい飲み物は，基本的にはあまり知られていなかった。イングランドの平均的な大人は，朝食にビアスープ（卵と一緒に調理され，パンの上にかけられたもの）から始まり，一日中弱いビールを消費していた。ビールは，栄養の重要な供給源であったし，たいていの家庭は，家族の需要を満たすために自分たちのビールを製造していた。典型的なイングランドの家庭は，子どもも含み，一人当たり一日におよそ3リットルのビールを消費していた。自家製のビールの強さにもよるが，平均的な人は，半分酔っぱらった状態で一日を過ごしていたのかもしれない。コーヒーは新しい代替物を与えたのだ。ただし，心を穏やかにし，体の動きを緩慢にするのではなく，心と体を目覚めさせたのであった。

重要ないくつかの科学技術的革新，特に蒸気機関が，コーヒー産業と貿易の成長を促した。蒸気機関は，1840年ごろに大型船の運航に合うように改良され，結局は，陸上輸送だけでなく，海上輸送にも画期的なものとなった。中央アメリカとの貿易は，季節風のせいで船が何カ月も港に逗留する可能性があり，帆船の航海は簡単にはできなかった。それと比較して，カリブ海諸島の外側は，好都合な風に恵まれ，一年中訪れることができたのであった。

蒸気で動く船が現れて，コーヒーは，中央アメリカやメキシコの南部にとって，利益を生む輸出品となった。というのも，風向に関係なく，船が港に出たり入ったりできるからであった。中央アメリカのコーヒー生産は，ヨーロッパの産業の発展と相まって大きく成長した。コーヒーやお茶，砂糖の価格は独占が終了するとともに下がり，需要の増加とともに供給が拡大した。

砂糖を入れて飲むコーヒーや紅茶は，ヨーロッパの社会階級を超えて日常の食生活の一部として広まった。甘い飲み物は，最小限の栄養価しかないが，カロリーやエネルギー源を与えるものだった。フランスでは，コーヒーの消費は，1853年の5,000万ポンドから1900年までには2億5,000万ポンドに上昇し，5倍の増加だった。ドイツでは，1853年の1億ポンドの消費から1900年までには4億ポンドへと増加した。オランダ人やイタリア人，スカンジナビアの人々の間でも消費は爆発的に増えた。

◀解　説▶

A．(1)　a．leave off「やめる」　b．take off「開始する，うまくいく」　c．put off「(他動詞として)～を延期する」　d．turn off「切れる，と

まる」

産業革命は，18世紀の半ば過ぎから19世紀の中頃に起こったものであることを考えると，a，c，dではその事実を伝えることにならないため，不適である。正解は，bのtook。

(2)　a.「(要求など)を満たす」 b.「～を論じる」 c.「～を混乱させる」 d.「～を惜しむ」

空所のある第2段第4文（Beer provided an …）の当該部分の前には，多くの家庭でビールを作っていたことが書かれているので，当該部分はその理由が述べられているものと考えられる。「家族のニーズを（　　）するため」と考えると，b，c，dでは意味が通じず，正解はaのmeetである。

(3)　a.「(形容詞)生まれつきの，(名詞)そこで生まれた人」 b.「魅力的な」 c.「代わりとなるもの」 d.「高価な」

当該部分の直前のnovelが「奇抜な，新しい」という意味の形容詞であることを考えると，当該部分には名詞が入り，「コーヒーは新しい…を与えた」となると考えられる。選択肢の4つとも-tiveで終わるが，名詞の意味をもつのは，aのnativeとcのalternativeである。空所直後の詳述を表すコロン以下に「(コーヒーは)心を穏やかにし体の動きを緩慢にするのではなく，心と体を目覚めさせた」とあることを考えると，aでは意味が通らず，正解はcである。

(4)　a.「～だと判明する」 b.「～を除外する」 c.「～を無駄に使う」 d.「～を引用する」

当該文中の直前のwhich節は挿入節であり，それを取り除いて考えると，The steam engine（　4　）revolutionary for seaとなる。revolutionaryは「画期的な，革命的な」という意味の形容詞であり，文法的に直後に形容詞が来ることができるのは，4つの中ではaのprovedのみであるが，意味を考えても，b，c，dでは文意が通じない。正解はaのproved。

(5)　a.「～して喜んで」 b.「喜んで～する」 c.「～する見込みのある」 d.「～することができない」

当該部分を含む文は，「季節風のせいで何カ月も港に逗留しなければならないため，貿易は簡単に（　　）」という意味になり，文脈を考えると，（　　）には否定的な内容が入ると考えられる。a，b，c では，意味が通らず，正解は d の unable。

(6) a．instead of「〜の代わりに」 b．regardless of「〜に関係なく」 c．scared of「〜におびえて」 d．guilty of「〜に罪の意識を感じて」

「蒸気船は，風向きに（　　），港に出たり入ったりできるので，コーヒーが利益を生む輸出品となった」という意味になるので，第 3 段第 3 文（Sailing ships had …）の，中央アメリカは，それまでの帆船では季節風のせいで，貿易が簡単にはできなかったことと対照的な内容であり，答えは b の regardless になる。a，c，d では，意味が通じない。

(7) a．「〜を傷つけた」 b．「〜を負かした，くつがえした」 c．「〜を供給した」 d．「〜を減少させた」

選択肢はすべて動詞で，その主語は，前半の主語である The sweet drinks である。その上で，当該部分の意味を考えると「甘い飲み物は，カロリーとエネルギー源を（　　）した」となる。甘い飲み物は，カロリーが高いものと考えられるため，a，b，d では，文脈に合わない。正解は c の provided。

(8) a．「燃えた」 b．「損害を与えた」 c．「減少した」 d．「爆発的に増えた」

当該部分の前，最終段第 3・4 文（In France, coffee … pounds by 1900.）では，フランスとドイツで，コーヒーの消費が非常に増えたことが述べられている。当該部分を含む文も，also が使われているため，同じような内容であることが推測できる。b，c では，その文脈に合わない。また，a の burn「燃える」と d の explode「爆発する」は，よく似た意味に思えるが，d には「爆発的に増える」という意味があり，a にはそれに近い意味はない。正解は d の exploded。

B．a．「ビールとワインは，細かいことへの注意が要求される工場での作業に適していなかった」 suitable for 〜「〜に適している」

b．「イングランドの平均的な大人は，朝食中を除いては，弱いビールを消費しなかった」 consume「消費する」

c．「典型的なイングランドの家庭では，子どもにはアルコールは厳しく禁じられていた」 strictly「厳しく」 forbidden「禁じられた」（forbid の過去分詞形）

d.「帆船は，一年中，カリブ海諸島の外側を航海することができた」 be capable of ～「～の能力がある」

e.「裕福な人たちしか，砂糖の入ったコーヒーや紅茶を消費するだけの金銭的な余裕がなかった」 can afford to *do*「～する（金銭的な）余裕がある」

f.「フランスのコーヒー消費は，19 世紀の後半の間にほぼ 2 倍となった」 double「(動詞) 2 倍になる」 latter「後半の」

まず，a については，第 1 段最終文（Factory work demanded …）に，工場での作業は，注意力と手を素早く動かすことが要求され，ビールやワインは，それにあまりそぐわなかったことが書かれており，本文に一致している。また，d については，第 3 段第 3・最終文（Sailing ships had … all year round.）から，帆船では，中央アメリカとは，季節風のせいで貿易が難しかったが，カリブ海諸島の外側は，好ましい風のおかげで一年中訪問が可能だったことが書かれており，本文に一致している。正解は，a と d。b については，第 2 段第 3 文（The average adult …）に，朝食でのビアスープに始まり，一日中弱いビールを消費していると書かれており，本文内容に一致しない。c については，第 2 段第 5 文（A typical English …）に，子どもも含めて一人一日平均 3 リットルのビールを消費していた，と書かれており，子どもには厳しくアルコールが禁止されていたわけでないため，不一致である。e については，最終段第 1 文（Coffee and tea …）に，砂糖を入れたコーヒーや紅茶は，ヨーロッパの社会階級を超えて広まったことが書かれているため，本文に一致していない。f については，最終段第 3 文（In France, coffee …）には，フランスでのコーヒーの消費は，1853 年の 5,000 万ポンドから 1900 年までには 2 億 5,000 万ポンドに上昇したと書かれており，19 世紀後半で 5 倍に増えたことになるが，2 倍ではないため，一致していない。

Ⅳ　解答

(1)— d　(2)— b　(3)— c　(4)— b　(5)— a　(6)— c
(7)— d　(8)— a　(9)— a　(10)— b

◀解　説▶

(1)「ダンは，仕事を終わらせるために徹夜した。私もそうだった」 stay up all night「徹夜する」 get *A* done「*A* を終わらせる」 So V S で，

「SもVする」の意味となる。このときのVは，前の文の動詞や時制に左右される。問題文では，stayed という一般動詞の過去形であるので，So V SのVは，be 動詞の過去形の were でも was でもなく，一般動詞 have の過去形 had でもなく，正解は d の did となる。

⑵「彼は私に，提出期限の一週間前に申込書を完成させておくように言った」 application form「申込書」 due「提出期限の」 in（　　）of という形をとる語を選択肢から探すことになる。（　　）に入るのは名詞であることは推測できると思うが，a の early や d の before は名詞ではないので，答えからまず除外できる。次に，b の advance と c の front を入れて考えると，b では「～に先んじて，～の前に（時間的）」，c では「～の前に（位置的）」の意味となる。問題文の文脈では，時間的なことが述べられていると考えられるので，正解は b の advance である。a week in advance of ～ で「～の一週間前」という意味。

⑶「彼がもっと誠実に行動していたら，彼女は取り乱さなかったかもしれない」 sincerely「誠実に，心から」 upset「取り乱して，動転して」 与えられた文には接続詞が見当たらないため，空所に語句を入れることによって接続詞の意味が加わるものと思われる。その代表的な表現が，「分詞構文」と「仮定法の倒置」である。まず，形的に分詞構文に見える a を入れてみると，Having had he acted … となる。分詞構文では意味上の主語は分詞の前に置かれるが，he の位置が正しくなく，さらに動詞の方も have had acted（have had *done*）という形は文法的に正しくないため，不適である。ちなみに，He having acted more sincerely, … なら，分詞構文として成り立つ。次に，仮定法の倒置として考えてみると，b と d は，入れてみるとどちらも be acted となり，受身の意味となる。内容からは，彼が（能動的に）行動するのであると考えられ，b も d も不適となる。残る c を入れると，Had he acted more sincerely, … となり，If he had acted more sincerely, … の文の if を省略して，主語（he）と動詞の最初のもの（had）を倒置した文となる。正解は c の Had。

⑷「ミスがないか見るために，これらの書類をしっかりと点検した方がいいよ」 go over ～「～をしっかり点検する」 document「書類」 空所の前の We'd better は We had better のことである。had better *do* で「～した方がいい」という意味になるため，正解は b の go。

(5)「奨学金がなければ，私は，英語の勉強をするために，ここケンブリッジにはいないだろうに」（　　）for＋名詞であるのがキーポイント。cのUnless「〜でなければ」は基本的に接続詞であり，後ろは節になるはずだが，ここでは直後にS＋Vの形はないため，不適である。また，bのWithinもdのWithoutも前置詞で，直後に名詞が来るはずで，forは不要であるため，不適となる。正解はaのButである。But for〜「〜がなければ」ちなみに，But forの代わりにWithoutを使うことは可能である。

(6)「この棚の上にある品目のうちほとんどのものは，私がなくてはやっていけない品目である」do without〜「〜なしで済ます」itemsとI cannot do withoutの関係を考えるのがキーポイントである。まず，aのhowの場合，howは基本的に，前に先行詞the wayが省略されていると考えるとわかりやすいのだが，items the way how…と考えてもitemsとthe wayが文法的につながらず，不適である。bのwhatは，先行詞を中に含む関係代名詞である。whatでは，先行詞の位置にあるitemsが不要となるため，不適となる。ちなみに，先行詞の位置にあるitemsを使わないMost of the items on this shelf are <u>what</u> I cannot do without.は文法的に正しい文である。また，dのthoseは，関係代名詞ではなく，itemsとI cannot do withoutをつなぐことができないため，不適である。正解は，cのthat。関係代名詞で，前のitemsを先行詞とし，内容的には，do withoutの目的語になっている。

(7)「私は彼女に手紙を書けばよかった。実際のところ（そうはしなかったので），私は長い間の音信不通を彼女に謝らなければならないだろう」文構造を見てみると，節と節がコンマでつながれて並んでいるだけであるため，（　　）には，接続詞が入るものと推測できる。まず，cのAboutは前置詞であるため，不適である。aのForは，「というのは，〜だから」という等位接続詞の意味ももつが，等位接続詞はandやbutのように，その直前の文と直後の文をつなぐ（例：He failed, <u>but</u> he smiled.）ため，問題文の位置に等位接続詞は入らず，不適である。bのSinceとdのAsはどちらも従属接続詞で，位置的にはどちらも（　　）に入りうるが，表す意味や文法的扱いが異なる。sinceは「〜である以上」という理由を表すが，たとえば，Since it is <u>so</u>「(状況が）そうなので」のように，その理由になるものの明記が必要となる。正解は d の As である。as は，理由だけでなく，様態「～のように，～のとおりに」などいくつかの意味をもち，文頭で使われる As it is は，仮想的な前文に続いて，「(しかし）実際は（そうではないので)」の意味を伝える成句である。

(8)「彼は，家にいることが面倒なことを免れる唯一の方法だと私を説得しようとした」 out of trouble「面倒なことを免れて」 動詞＋人＋ that 節の形をとれる動詞を探すのがこの問題のポイントである。b の explain「説明する」と d の say は，動詞＋ to ＋人＋ that 節となるため，不正解である。a の convince「説得する」も c の propose「提案する」も，動詞＋人＋ that 節の形をとれるが，that 節の中が異なる。propose は，that 節の中は，仮定法現在（つまり原形）または should ＋原形となるはずである。正解は a の convince。

(9)「さまざまな種類の郷土料理をお出しします。テーブルのところに来て，どうぞご自由にお取りください」 文脈から考えると，b，c，d では意味を成さない。help *oneself* (to ～）で「(～を）自由に取って食べる」の意味。正解は a の help である。

(10)「彼は自分の失敗を最大限に生かすという点で，非常に前向きである」 in the way that ～「～という点で」 この問題は，表現を知っているか知らないかの問題である。make the most of ～で「～を最大限に生かす」の意味。正解は b の most。

V　解答

（２番目・７番目の順に）(1)― a・e　(2)― h・b
(3)― c・d　(4)― b・h　(5)― e・b

◀解　説▶

(1)（This is a problem）many famous mathematicians have tried to find the answer to(.)　ポイントは，前置詞 to の使い方である。answer to ～で「～の答え」の意味である。内容的に「多くの有名な数学者がその問題の答えを見つけようと試みてきた」のであるから，Many famous mathematicians have tried to find the answer to a problem. という文がまず頭に浮かぶと思うが，それを「多くの有名な数学者がその答えを見つけようと試みてきた問題」と置き換えてみるとよい。そうすると，① a problem to which many famous mathematicians have tried to find the answer または② a problem which many famous mathematicians have tried to find the answer to という文が出来上がる。この問題は，②の関係代名詞 which が省略された形である。前置詞 to を後ろに置くのを忘れないようにしよう。

(2) (It was) not until his second book that the author attracted attention (from people around the world.) ポイントは２つ。１つは，「～して初めて…する」という表現。もう１つは，until の後ろが節ではなく句になることがあること。「～して初めて…する」は，「～するまで…しなかった」と考えて，not until の表現（例：We don't know the value of health until we lose it.「健康は失って初めてその価値を知る」）を思いつくかもしれない。しかし，ここでは，It が主語として提示されているので，それを強調構文の中に取り入れた It is not until ～ that …「～して初めて…する」の表現があることを思いついてほしい。この表現については，It is not until we lose health that we know its value. など，until の後ろが節になっている文を見慣れている人もいるのではないかと思うが，必ずしも節になるとは限らない。たとえば，It was not until yesterday that I noticed it.「昨日になって初めて私はそれに気づいた」ならよくわかるであろう。この問題文では，「２冊目の本になって初めて」という意味であることに気づくのがまず重要である。

(3) (I) had my wallet stolen when getting off the subway (last night.) ポイントは２つ。１つは，「*A* を～されてしまう」という表現。もう１つは，接続詞のついた分詞構文の表現。「*A* を～されてしまう」という被害を表すには，have *A done* の表現を使うことになる。「財布を盗まれた」は，I was stolen my wallet という文を思いつく人もいるだろうが，選択肢の中に was がないため，I had stolen my wallet としてしまったのではないだろうか。それでは，「私が私の財布を盗んだ」という意味になってしまう。なお，have *A done* は，だれかに髪の毛を切ってもらったり，時計を修理してもらったりなどの〈使役〉にも使える。また，接続詞のついた分詞構文については，通常，分詞構文は，接続詞がつかないもの（例：Looking up, I saw the beautiful moon.「見上げると，きれいな月が見えた」）だが，意味をはっきりさせるために接続詞がつく場合もある（When looking up, I saw the beautiful moon.）。逆に言えば，接続詞の後ろが分詞構文になることもあるのである。when の後ろに来るべき主語のＩが選択肢に見つからない場合，頭を切り替えて分詞構文にすることを考えるのも重要である。

(4) (It) took less effort to translate the article than we had (expected.) ポイントは２つ。１つは，「労力がいる」を表す表現。もう１つは，「予想していたより」の表現。「～するには労力がいる」は，It takes〈労力〉to *do* で表すことができる。この take は「必要とする」という意味で，〈労力〉だけでなく，〈時間〉にも使うことができる。この問題では，「予想していたよりも労力がいらなかった」であるので，〈労力〉のところには，「より少ない労力」という意味の less effort が入ることになる。また，「予想していたよりも」の表現については，than we expected という表現は思いつくかもしれないが，ここでは時制に注意が必要である。述語動詞が過去形であるので，それより以前の時制を表す過去完了（had expected）を使うことになる。

(5) (Some people think that online streaming) makes it possible for everyone to be a (broadcaster.) ポイントは，「ニュースキャスターになることが可能である」をどう表現するかということである。問題文では，that 節の中の主語が online streaming「ネット配信」であるため，「ネット配信がニュースキャスターになることを可能にする」と日本文を言い換えてみる。そうすると，選択肢の中に makes や possible があるので，「可能にする」はある程度組み立てられるだろう。ここからは，形式目的語 it を使うことや，さらには不定詞 to be「～になること」の意味上の主語 for everyone を不定詞の直前に置くことに留意して組み立てていくといいだろう。make it possible for *A* to *do*「*A* が～することを可能にする」

Ⅵ 解答

(1)—b (2)—c (3)—b (4)—a (5)—d (6)—b
(7)—c (8)—b (9)—d (10)—a

◆全 訳◆

≪携帯のない生活≫

ジェイムズは大学のカフェテリアでリックに話しかけている。

ジェイムズ：リック，やっと君を見つけたよ！ この２，３日，ずっと君に連絡を取ろうとしていたんだ。もうすぐあるフランス語の試験について尋ねたいことがあるんだ。僕のメッセージ届いた？

リック　：ごめん，ジェイムズ。僕の携帯はこの前の月曜に壊れたんだ。

ジェイムズ：本当に？　どうやって？

リック　：お風呂に入っている間に落としちゃったんだ。携帯でゲームをしてたんだ，そしたらそのとき，手から滑り落ちたんだ。

ジェイムズ：お風呂で携帯を使ってたのか？　防水のケースとか何かに入れずにかい？

リック　：わかってるよ。いずれは，こうなるのもわかっていたさ。でも，実のところ，携帯を壊してむしろうれしいんだ。

ジェイムズ：どうしてそうなんだ？

リック　：自分がどれほどあの小さな装置の中毒になっていたのか気づいたんだ。まさに文字通り，お風呂に入っていてもベッドの中にいても携帯と一緒に暮らしていたんだ。最初は，携帯がない生活を送るのはとても大変だったけど，2，3日経つと，すごく変なことが起こったんだ。

ジェイムズ：それは何？

リック　：突如として，再び自分で自分の生活をコントロールできていることに気づいたんだ。自分だけのものであるこのすべての時間が突然自分で所有できていたんだ。もし，携帯を落とさなかったら，僕は携帯がどれほど僕の生活を乗っ取っていたのか気づかなかったよ。この1週間の携帯のない生活はとても目を見張るような経験だったよ。

ジェイムズ：ということは，新しい携帯は買わないと決めたのかい？　じゃあ，どうやって君に連絡を取ろうかな。

リック　：僕に手紙を書けばいいよ。

ジェイムズ：手紙だって？　どうすればいいんだ？

リック　：冗談だよ！　もうすでに新しいのを注文したよ。明日来るんだ。携帯のない日々が恋しくなるよ！

◀解　説▶

(1)　前文で，ジェイムズがやっとリックを見つけたと言っていて，ずっとさがしていたことがわかる。a の place では，in place「定まった場所に」

という意味にはなるが，文脈に合わない。c の space も in space「空間で」では，意味が通らない。さらに，d の time では in time で「間に合って」という意味だが，これも意味が通らない。正解は b の touch である。get in touch with ～「～と連絡を取る」

(2)　フランス語のテストのことについて尋ねたいことがあると伝えているところである。a の anything では，「どんなことでも」という意味になるが，ここでは，特定のこと（携帯のメッセージに残した内容）と考えられるため，内容的に不適である。b の what では，what about ～「～についてはどうか」という意味になり，文脈的に通じない。また，d の that では，that（代名詞）が何のことを指すのかわからず，不適である。正解は c の something。

(3)　リックが携帯をお風呂で落とした状況を説明しているところである。選択肢の 4 つとも接続詞で文法的には間違いはないので，それぞれの意味で考えていくことになる。a の because では，手から滑り落ちたからゲームをしていたとなり，不適。c の after では，手から滑り落ちた後，ゲームをしていたとなり，これも不適。また，d の while では，ゲームをしていて，その一方で手から滑り落ちたとなり，不適である。正解は b の when。この when は接続詞というよりは，関係副詞の継続用法で，「するとそのとき（＝and then)」という意味を表す。

(4)　直前の I had it coming は「そうなるのも当然だ，自業自得だ」という意味である。b の inside out「裏表逆」では意味が通じない。また，c の on and off「断続的に」もやはり意味が通じない。さらに d の more often than not「しばしば」でも意味が通じない。正解は a の sooner or later「遅かれ早かれ」。

(5)　リックが，携帯が壊れたことをむしろ喜んでいる理由を説明しているところである。「あの小さな（　　　）に自分がどれほど中毒になっていたか」と言っているが，次の文では，四六時中，携帯を使っていたことを言っているので，that tiny（　　　）が携帯のことを指しているとわかる。正解は d の device「装置，仕掛け」。a の water，b の bath，c の bed では，文脈に合わない。

(6)　リックは，2，3 日，携帯のない生活を送ってきたが，空所前文で，突然，自分で時間管理ができることに気づいたことを述べている。当該部分も，その流れに沿った内容になると推測される。正解はbのpossessionである。in possession of～「～を所有して，管理して」で，「すべての時間が突然自分で所有できていた」の意味。aのdefectでは，in defect of～で「～がない」という意味になり，文の流れに合わない。また，cのdangerでは，in danger of～で「～の危険があり」の意味になり，これも流れに合わない。さらにdのcaseでは，in case of～で「～の場合では」となり，意味が通じない。

(7)　空所を含む文を，空所を除いて考えると，「もし自分が携帯を落とさなかったら，携帯がどれほど自分の生活を乗っ取っていたのか気づいていただろうに」となり，後半の部分には否定語が必要なことがわかる。正解は否定語のcのneverである。aのexactly「まさに」やbのincorrectly「間違って」，dのever「常に」では否定の意味にならず，文脈に合わない。

(8)　前文で「ということは，新しい携帯は買わないと決めたのかい？」とジェイムズが言っているが，次の文で「僕に手紙を書いたらいいよ」とリックが言っていることから，携帯のない場合の連絡方法について話していると推測できる。「どのようにして，君に（　　）しようか」という意味になる。aのassumeは「(物事) が確かだと思う，～だと決めてかかる」という意味で，人を目的語にとる場合はassume O (to be) Cの形で用いる。cのhandは「～に…を手渡す」という意味だが，何を手渡すのか書かれておらず，ここでは不適である。dのletは「～に…させる」という意味だが，何をさせるのかが明記されていず，これも不適である。正解はbのreach「～に連絡を取る」。

(9)　前文では，ジェイムズがリックから，手紙を書いてと言われ，戸惑っているが，空所の後では，リックが新しい携帯をすでに注文して明日に来る予定だ，ということを言っているので，空所には，その内容のギャップを埋めるものが入ると予測される。aのWork too hard!「働きすぎだよ！」やbのWhat a treat!「何とありがたい！」，cのThanks a lot!「どうもありがとう！」では，そのギャップは埋められない。正解はdのI'm joking!「冗談だよ！」。手紙を書いてと言ったのは冗談で，もう新しい携帯を注文しているよ，とつながる。

(10)　明日には再び携帯のある生活に戻ることを踏まえたリックの言葉であ

る。b の live ではこれからも携帯のない生活（phone-free days）を送ることになるので，文脈に合わない。また，c の adopt「採用する」も，今後も携帯のない生活を採り入れることになるので，不適である。さらに，d の focus「焦点を～に当てる」も，これからも携帯のない生活をすることをほのめかすことになり，不適である。正解は a の miss「～がなくて寂しく思う」。

❖講　評

全問マーク式で，試験時間 90 分である。問題の構成は，読解問題 3 題，文法・語彙問題 2 題，会話文問題 1 題の計 6 題である。

読解問題については，Ⅰは，600 語を超える長い英文である。観察というもののとらえ方が話題に取り上げられている。英文としてはあまり難しくはないが，観察することを科学的・哲学的に分析しているものであるため，内容的に理解するのが難しそうに思えるかもしれない。しかし，トマトや窓，ハエの目といった具体的なものが必要な場面で例に挙げられているので，画像を思い浮かべ，対照しながら読み進めると，理解しやすくなるだろう。設問数は多めであるが，難問はほとんどなく，使用されている語彙もあまり難しいものはない。話の筋をパラグラフごとにとらえ，具体的な映像を思い浮かべながら，正しく追えているかどうかが読解のカギとなる。Ⅱは，子どものビジネス体験を話題にした文章である。おそらく筆者は講演などで，前にいる人たちに話しかけている状況であろうと思われる。自分の子どものときのビジネス体験を時系列でしかも具体的に述べているため，順を追って読んでいけば，内容は把握しやすいであろう。比較的易しい語彙が使用され，設問も難問はなく，選択肢からさほど迷わずに解答できそうなものが多い。Ⅲは，コーヒーの広まりの歴史を題材にした文章である。難解な文はなく，時間的に順を追って書かれているので，産業革命後の工場の様子や，コーヒー運搬の船，ヨーロッパの人々がコーヒーを飲む姿などを具体的に思い浮かべると読み進めやすいであろう。ここにも難問はほとんどなく，基本的な語彙や知識を駆使し，内容を正確に把握して判断することが必要である。

文法・語彙問題は，Ⅳは空所補充で，学校での授業をよく理解していれば十分に解答できる標準的なものがほとんどであるが，(7)はやや難しい。また，Ⅴは語句整序で，複雑な問題もなく，日本語と英語の表現の違いに十分留意しながら日々学習していれば答えられる標準レベルの問題である。

Ⅵの会話文問題は空所補充で，内容把握の力と文法や語彙の力が必要なものが混じってはいるが，標準的なレベルの問題である。

全体としては，90分の試験時間の割には，依然として分量が多めである。解答するには，基本的な語彙・文法・語法などの知識をしっかりと身につけるとともに，英文を素早くしかも正確に読み進める力が必要となる。

◀英語 1 科目（英・英）型▶

I 解答 A．2006 年に東京で開催された発表会において，観客に対して，二本足のロボットがステージ上に設けられた階段を上がるのを見せようとしたところ，3 段目のところで，転倒し，顔を床の上に打ち付けてバラバラに壊してしまって，人間を傷つけることでも命令に背くことでもないのに，「自分を守らなければならない」というアシモフの第 3 原則に従うことができなかったということ。（140 字以上 180 字以内）

B．全訳下線部(b)参照。

C．ロボット掃除機は，メイドがするようにテーブルの上の雑誌を整えられないし，また，ゼリーの瓶の充填作業において，毎回同じ場所に同じようにでなく不規則に箱に入っている空の瓶を状況に応じてつかんでベルトコンベヤーに載せるような，人間にとっては簡単で考えずに繰り返しできるような作業が機械には難しいこと。（110 字以上 150 字以内）

◆全　訳◆

≪ロボットの進化と弱点≫

私たちがデジタル技術の向上において急激な加速を見てきた重要な領域の一つが，工場や倉庫，戦場，事務所といった物理的な世界の中を動き，そこで情報交換ができる機械を作るロボット工学である。この領域では，私たちは，非常に緩やかな進歩であったのがのちに急激に進歩したのを目にしてきた。

ロボットという語は，カレル=チャペックの *Rossum's Universal Robots* という 1921 年のチェコの劇を通じて英語に入ってきた。ロボットはそれ以来ずっと人間が心魅かれる対象物となっている。1930 年代には，雑誌や新聞に掲載の物語で，ロボットが戦争をしたり，罪を犯したり，労働者に取って代わったり，プロのボクサーを負かしたりさえするだろうと推測されていた。アメリカの作家であるアイザック=アシモフは，1941 年にロボット工学という用語を造り出し，彼の有名なロボット工学 3 原則で翌年にロボット工学の基本的なルールを提示した。

1　ロボットは，人間に危害を与えてはいけないし，また，行動せずに，人間が危害を受けるのを見過ごすこともしてはいけない。

2．命令が第1原則と矛盾する場合以外は，ロボットは人間に与えられた命令に従わねばならない。

3．その保護が第1原則あるいは第2原則と矛盾しない限りは，ロボットは，自分自身の存在を保護しなければならない。

空想科学小説（SF）と実世界のロボット製作のどちらにも与えたアシモフの大きな影響は，80年間続いている。しかし，この2つの社会のうちの一方が，もう一方のはるか前に進んでしまっているのである。SFは，人懐こくて忠実な登場人物や，恐ろしい殺人ロボット，そして限りなくさまざまなアンドロイドやサイボーグ，複製人間などを登場させてくれた。それと比較して，何十年にもわたるロボット工学の研究が登場させたのは，アシモフの第3原則に従うことができないことを披露した，目を見張るような失敗実演で知られる，日本の人間型ロボットだった。目の前で見ている聴衆に対しての東京での2006年の発表において，二本足のロボットがステージ上に設けられた奥行きがあまり深くない階段を上がろうとしていた。3段目で，そのロボットのひざがうまく動かず，転倒してしまい，顔を床に打ち付けてバラバラに壊してしまったのだ。

その二本足のロボットは，そののち修復されて，階段を上り下りしたり，サッカーボールを蹴ったり，踊ったりするような技をやって見せたが，その失敗は，物理的な世界において人間には簡単で当たり前と思える多くのことが，ロボットにとっては精通するのがかなり難しい，という明らかな事実を浮き彫りにしているのである。ロボット工学者のハンス=モラベックが気づいたように，「(b)知能テストやチェスのゲームをするときにコンピュータに大人のレベルの力を発揮させるのは比較的簡単だが，認知力や機動性となると，1歳児の技を与えるのが困難あるいは不可能なのである」。

この状況は，モラベックのパラドックスとして知られるようになり，彼の見識は概して正確である。科学者のスティーブン=ピンカーが言うように，「35年にわたるAI研究の主な教訓は，難しい問題は簡単で，簡単な問題が難しいということである」。

ピンカーが言いたいのは，ロボット工学の専門家たちには，最も訓練を受けていない肉体労働者の技能に匹敵するような機械を作るのは非常に難しいとわかった，ということである。たとえば，ロボット掃除機は，メイドがするすべてのことはできない，それは床を掃除するだけである。1,000 万台を超えるロボット掃除機が販売されてきたが，そのどれも，コーヒーテーブルの上の雑誌類を整えようとはしないのだ。

あるロボット製造会社の設立者の一人であるロドニー=ブルックスは，現代的で高度に自動操作化された工場の作業場について，ある別のことに気がついた。それは，人の数は少ないが，いないのではないということである。さらに，彼らがしている作業の多くは，考えることなしででき，繰り返し行われているものなのである。たとえば，ゼリーの瓶に中身を入れるライン上では，機械が正確な量のゼリーをそれぞれの瓶に注ぎ，ふたをねじ止めし，ラベルを貼るが，その過程を始めるのに一人の人間が空の瓶をコンベヤーのベルトの上に置くのである。なぜこの工程も自動化していないのだろうか？ それは，この場合は，瓶は一度に 12 個，段ボールの箱の中にしっかりと固定されずにラインに配られるからである。この不規則性は，（ただ箱の中の瓶を見て，それらをつかみ，コンベヤーのベルト上に置ける）人間には全く問題はないが，従来からの産業用オートメーションでは，毎回正確に同じ場所に姿を現すとは限らないゼリーの瓶に関しては，非常に困るのである。

◀解 説▶

A．設問の下線部(a)は，「ある日本の人間型ロボットがアシモフの第 3 原則に従うことができないこと」という意味である。アシモフの第 3 原則とは，ロボットは自分の身を守らなければならない，ということであることから，自分の身を守ることができなかった具体的事例を本文から探せばよいことになる。その具体的事例は，下線部(a)の直後から同段最終文（At a 2006 … on the floor.）にわたって書かれているので，その部分を指定された字数でまとめればよいであろう。live audience「目の前で見ている観客」 attempt to ～「～しようと試みる」 flight of stairs「一連の階段」 smash「～を粉砕する」

B．形式主語の文で，行うのが easy であることと difficult or impossible であることを対比して述べている文である。easy であるのは，to make computers exhibit …「コンピュータに…を提示させること」，そして difficult または impossible であるのは，to give them the skills …「コンピュータに…の技術を与えること」であることを整理して日本語にしていくとよい。なお，difficult の前には，形式主語である it と is が繰り返しを避けるために省略されている。comparatively「比較的」 a one-year-old「1歳児」 perception「認知力」 mobility「機動性，移動性，可動性」

C．下線部(c)に続く2つの段（Pinker's point is … place every time.）には，それぞれ for example で示された文に1つずつ計2つの具体例が書かれている。1つ目はロボット掃除機について，2つ目はゼリーの瓶のベルトコンベヤーの作業についてであるので，それぞれ行うのが困難な easy problem が何であるのかについて具体的に指定された字数内でまとめればよい。vacuum cleaner「電気掃除機」 straighten「～をまっすぐ整える」 inject「注入する」 precise「正確な」 stick on「～を表面に貼る」 cardboard box「段ボール箱」 hold ～ in place「～を固定する」 firmly「しっかりと」 irregularity「不規則性」 show up「姿を現す，来る」

II　解答

A．1つ目は，大河ドラマの規模や強い影響力である。大河ドラマは概して丸一年続き，それだけドラマに触れる人の数も多く，注目度も高くなる。その影響で周辺の副次的な商品や行事も生まれることになり，さらに多くの観光客を呼び込むことになる。2つ目は，大河ドラマの内容のもつ特質である。ほとんどの時代設定が人気のある近代以前であり，しかも主人公は多くはすでによく知られた人物である。そのため，既存の場所が物語の設定となっていることも多く，ファンたちはそれらを訪れながら歴史ドラマの楽しみを広げることができる。

（200字以上250字以内）

B．全訳下線部(b)参照。

C．現代的な内容には著作権上の制限がかなりあるのとは対照的に，一世紀以上昔の物語や主人公についてはその問題はなく，さらに，歴史的な物語の特質として，その解釈は，時代のニーズや重要性に合うように常に更新されることもあるから。(90字以上120字以内)

◆全　訳◆

≪大河ドラマが観光客を誘引する理由≫

映画やドラマが一般の人たちの間でヒット作となるかどうかを予測するのは難しい。そして，映画やドラマが，興行者が観光連動企画や関連商品にお金をつぎ込むのに十分なレベルの観光活動へとつながるのかを予想するのはいっそう難しい。しかし，日本では，日曜夜の人気歴史ドラマである大河ドラマは，観光ブームを誘発することが常に想定されており，ドラマで使われた撮影地にある地方自治体は，その想定に基づき観光促進計画を始めるのである。概して言えば，大河ドラマが決まって大規模な観光事業を誘発する主な理由は２つある。

１つ目に，大河ドラマの規模と影響力が，潜在的な観光客の巨大な層を創り出すことである。大河ドラマは主人公に焦点を当てた歴史上の人物研究である。このシリーズは，概して丸一年続く。それだけの期間にわたる持続的な注目が，そのドラマに接触する人の数を最大限に増やす。異論はあるだろうが，日本のテレビドラマの一年のメインイベントとしての大河ドラマの地位は，次のシリーズの主題が大きく期待されて広報され，中心的な役割の俳優や女優が即座に全国的な名声へと押し上げられることを意味している。そのような巨大文化イベントは多くの副次的な商品やイベントを必然的に誘発し，それらは，ドラマ内容の規模や届く範囲をさらに大きくするのである。

日曜夜のゴールデンアワーに放送され，大河ドラマは概して高視聴率を獲得する。調査が示すには，各シリーズの平均的な視聴率は，1997 年から 2018 年の間は 12～24 パーセントであった。衛星デジタル放送の時代の何百という他のライバルのチャンネルがあることを考えると，この数字は見事である。1990 年代にチャンネル数が爆発的に増加するまでは，大河ドラマの視聴率はさらにいっそう高い（25～35 パーセントの幅）のが標準だった。日本の人口が１億 2600 万であることを考えると，そのデータは，ドラマに誘発される潜在的な観光客層が何千万人もいることを表している。

２つ目に，ドラマ内容のもつ特質が，ファンたちが観光を通じてドラマの楽しみを広げるのを有意義で可能なものにするのである。大河ドラマは，ほとんどいつも近代以前の時代設定で，それは，映画でもテレビでも制作される他の多くの時代劇の中で描かれている日本史の中で人気のある時代なのである。加えて，観光創出の状況の中で重要なのは，ドラマファンによって訪問される撮影場所の特殊性である。大河ドラマに取り上げられる主人公は，すでに有名で国民によく知られた人物である傾向にある。そのため，物語の設定は概して元から存在している場所（博物館や寺院，墓所，戦場など）を含み，それらがファンにとって基本的な旅行計画を構成することになる。

したがって，大河ドラマはそれ以前に観光事業がなかった場所に観光事業を創り上げることはしない。そうではなく，その地域の町の中にはドラマによって引き起こされる観光ラッシュを期待して観光資産を増やす地方の都市もあるかもしれないが，文化遺産の観光分野に現存する場所への訪問を増やすのである。(b)実際のところ，大河ドラマの主人公は一般的に他の多くのドラマにも取り上げられている。そのため，何年にもわたって蓄積された効果があり，その期間，大河ドラマで取り上げられたときに訪問されるような，当地の主人公や物語に関する一連の文化遺産である観光資産をその地域の町が築き上げるのである。だから，大河ドラマは，多用途という広い場面にピッタリ合っている。つまり，その歴史的な内容が多くの形のメディアによって取り上げられ，そして地域の観光当局・部門によって博物館や記念像，商品という形で推し進められているのである。

結果的に，歴史的な内容は，地域の町によって非常に貴重で持続可能な観光資源であると認知され，そのように扱われている。それらは多用途（同じ内容がフィクションやノンフィクション，アニメやライブの活動，マンガや活字，コンピュータゲーム，博物館などさまざまな形式で使われること）には理想的である。現代的な内容に関しては著作権の制限がかなりあるのとは対照的に，一世紀以上昔にさかのぼる物語や主人公については著作権上の問題はない。さらに，歴史的な物語の特質は，物語が時代のニーズや重要性に合うように常に更新されるだろうということである。そういうものであるため，多用途であるのに加え，時を経て拡大して解釈され直したり，再利用されたりしている。新選組や坂本龍馬の話のような人気のある歴史的な内容は，何年にもわたって多くのリメイクの主題となっている。

このようなすべての要素の組み合わせにより，大河ドラマは観光の強力な誘導因子になっている。他の個々のドラマシリーズも同様のあるいはさらに大きなレベルの観光事業へとつながっているかもしれないが，それらは，大河ドラマのシリーズによって誘発される観光ブームである予測可能な毎年恒例のイベントではないのである。

◀解　説▶

A．下線部直後の第 2 段第 1 文（Firstly, the scale …）が Firstly で始まり，さらに第 4 段第 1 文（Secondly, the nature …）が Secondly で始まっているため，どのあたりを探せばいいかはすぐにわかったことであろう。ただ，指定字数が 200～250 字とかなり多いので，Firstly と Secondly の直後の文だけでなく，その具体例に当たる部分をどこまで書くかが重要となってくる。Firstly の方は，「規模や影響力が潜在的な観光客を生み出す」ことであり，具体例は，第 2 段第 3 ～最終文（The series typically … the drama's contents.）に書かれている内容を押さえながら，指定字数のおおよそ半分（100～150 字程度）を目途にまとめる。字数に余裕があれば第 3 段の内容を盛り込んでもよいだろう。さらに，Secondly の方は，「大河ドラマのもつ性格が観光客をより楽しませる」ことであり，その具体例は，第 4 段第 2 ～最終文（Taiga dramas are … plan for fans.）に書かれているので，そのあたりを残りの字数でまとめるとよいだろう。なお，読み進める中で，第 4 段第 3 文（Also significant in …）の冒頭などに使われる also は，「2 つ目（あるいはそれ以上）」を提示していることを見抜くキーワードであるので要注意。massive「大きな塊の」 potential「潜在的な」 maximize「～を最大化する」 induce「～を誘発する」 spin-off「副次的な」 enhance「～を強くする，大きくする」 reach「届く範囲」 nature「性質，特質」 extend「～を広げる」 specificity「特殊性」

B．当該部分の前半は，さほど難しい文ではないが，後半（, so there is …）は，関係代名詞やその他修飾句が多く，何がどれを修飾しているのかを理解するのに時間がかかったかもしれない。関係代名詞が which と that と 2 つあるが，which の先行詞は直前の a period of many years で，that の先行詞は少し前の a set of heritage tourist assets である。typically「典型的に」 feature「～に出演させる，取り上げる」 accumulated「蓄積された」 build up「～を築き上げる，～（収集など）を完成させる」 heritage「文化遺産」

C．設問で求められている内容は，下線部のすぐ後ろに書かれているので，見つけるのはさほど難しくないであろう。第 6 段第 3・4 文（There are no … of the times.）に書かれている内容を指定字数の範囲でまとめていけばよい。date back「さかのぼる」 in contrast to ～「～と対照的に，～と比較して」 restriction「制限」 narrative「物語」 update「～を更新する」

❖講　評

全問記述式で，試験時間 75 分である。問題の構成は，読解問題 2 題のみだが，論述で求められる語数はかなり多い。

Ⅰは，ロボットの弱点を題材にした文章で 600 語を超える長文である。話題が少しずつ変わり，登場人物も Karel Capek→Isaac Asimov→Hans Moravec→Steven Pinker→Rodney Brooks と次々出てくるが，各人の主張や意見の内容およびそれに関係する出来事などをしっかり把握しながら読み進めると，具体的な内容が多いので，全体を理解するのにはそう難しくはない文章である。

Ⅱは，「大河ドラマ」が大規模な観光を生み出すもとになっている理由を題材にした文章で，これもまた，700 語を超える長文である。内容としては，大河ドラマを取り上げているので比較的身近なものではあるが，一文が長いものが多く，読みづらさを感じた受験生も多いことであろう。しかし，第 1 段で主な理由が 2 つあると述べ，第 2 段で Firstly，第 4 段で Secondly，さらに最終段で結論を述べるなど，典型的な構成で書かれているため，全体構造を把握しながら読み進めるのはそう難しくはない。

全体としては，75 分の試験時間の割には，読む英文が長く語彙レベルも高いが，和訳以外は，いずれの設問も話の流れの大きなキーとも言うべき箇所からの出題であり，パラグラフごとの内容を素早く把握しながら話の展開を読み取ることができれば，十分に解答できるものと思われる。

日本史

I **解答**　1―イ　2―エ　3―エ　4―イ　5―イ　6―ア
7―エ　8―イ　9―ウ　10―イ

◀解　説▶

≪古代～現代の総合問題≫

1．a．正文。b．誤文。五経博士は「新羅」ではなく，百済から渡来した。

2．a．誤文。橘諸兄が政権を握った時代には，唐から帰国した吉備真備や玄昉が強い影響力を持った。阿倍仲麻呂は唐から帰国できず，長安で死去している。

b．誤文。道鏡が神託により皇位をうかがった宇佐八幡神託事件は，称徳天皇の「没後」ではなく，存命中の出来事である。

3．a．誤文。清原氏の内紛に介入し，藤原（清原）清衡を助けることで争いを鎮めたのは「源頼信」ではなく，源義家である。源頼信は義家の祖父にあたり，平忠常を鎮圧し，源氏の東国進出のきっかけをつくった。

b．誤文。院政を初めて行ったのは「鳥羽上皇」ではなく，白河上皇である。

4．a．正文。b．誤文。忍性は「京都」ではなく，奈良に北山十八間戸を設けたことで知られる。

5．a．正文。b．誤文。京都西陣で使われていた高機の技術を用いて各地で高級な絹織物が生産されるようになったのは，江戸時代の 18 世紀頃である。

6．a．正文。b．正文。寺社奉行は譜代大名から，町奉行と勘定奉行は旗本から選出された。

7．a．誤文。18 世紀半ばに尊王論を説いて刑罰を受けた学者としては，竹内式部（宝暦事件），山県大弐（明和事件）などが知られている。山片蟠桃は，大坂の懐徳堂で学んだ町人学者で，代表作に『夢の代』などがある。

b．誤文。蘭日辞書である『ハルマ和解』を刊行したのは「大槻玄沢」ではなく，稲村三伯である。

8．a．正文。b．誤文。旧来の特権を失った士族による反乱は，佐賀・熊本・福岡・鹿児島など九州で起きていることが多いが，前参議前原一誠を中心とした反乱である萩の乱は山口で起こっており，すべてが九州で起きてはいない。

9．a．誤文。日本が中国において特殊権益を持つことを米国に認めさせたのは「桂・タフト協定」ではなく，石井・ランシング協定である。b．正文。

10．a．正文。b．誤文。吉田茂内閣打倒をめざすゼネラル・ストライキは「工場勤務の労働者」ではなく，公務員を中心に計画された。

II 解答

1—イ　2—ウ　3—ウ　4—ウ　5—イ　6—イ
7—イ　8—ウ　9—ウ　10—ウ

◀解　説▶

≪古代～近代における日本の人口成長の抑制要因≫

1．ア．享保の飢饉発生時の将軍は徳川吉宗，ウ．天保の飢饉発生時の将軍は徳川家斉である。

3．「京都の寺」「ユネスコの世界遺産」「文書群」をヒントに，ウ．東寺百合文書を導こう。現在，東寺百合文書は「世界の記憶」に登録されている。

4．ア．誤文。オランダ船からは「西洋」産ではなく，中国産の生糸・絹織物などの織物類がもたらされた。

イ．誤文。オランダ人の貿易関係者の居住地として「唐人屋敷」ではなく，出島が設けられた。唐人屋敷は清国人の居留地を限定するために設けられた。

エ．誤文。長崎に来る貿易船はオランダ船・中国船のみで，朝鮮船は来航していない。朝鮮との貿易は対馬藩の宗氏を通じて行われた。

5．アの箱根関，ウの新居関は東海道，エの小仏関は甲州道中の関所である。

6．イ．誤文。国内の流通網が整備されるようになると，堺・京都・博多・長崎などの都市を根拠地とした初期豪商は衰退するが，鴻池のような豪商は衰退していない。

7．ア．誤文。貿易は大幅な「輸入超過」ではなく，輸出超過となったため，それに刺激されて国内では物価が上昇して産業にも変化がみられた。

ウ．誤文。機械で生産された安価な綿織物が大量に輸入されたため，農村で発達していた綿織物業を強く圧迫した。

エ．誤文。金銀比価が海外と日本で逆である。海外では 1：15，日本では 1：5 と差があったため，大量の金貨が海外に流出した。

8．安徳天皇即位は 1180 年 2 月，侍所の設置は 1180 年 11 月，公文所・問注所の設置は 1184 年，守護・地頭の設置は 1185 年。よって，正解はウ。

9．ア．誤文。天文法華の乱では，法華一揆が「本願寺」ではなく，延暦寺と衝突して焼打ちを受け，一時京都を追われた。

イ．誤文。山城の国一揆では，「細川氏」ではなく，畠山氏を国外に退去させ，8 年間一揆の自治的支配を実現した。

エ．誤文。加賀の一向一揆では「朝倉氏」ではなく，富樫氏を倒し，一揆による実質的支配が 1 世紀にわたって続いた。

10．ア．誤文。唐の滅亡後，中国では「五胡十六国」ではなく，五代十国の諸王朝が興亡する時代となった。

イ．誤文。フビライ=ハンは開平府を「上都」と改めて夏の都とし，現在の北京の前身となる「大都」を建設して冬の都とし，国号を大元と改めた。

Ⅲ　解答

A1・A2．1－イ　2－エ　3－ア　4－エ　5－ウ
B．6－ウ　7－ウ　8－エ　9－ア　10－ウ

◀解　説▶

≪藤原良房・基経，初期の占領政策≫

A1・A2．1．やや難。「従一位」をヒントに空欄 a には太政大臣を導こう。官位相当の制では正・従一位が太政大臣の位に相当する官職であった。史料 A2 の「仁和三年」とは西暦 887 年のことである。実質的には 884 年，光孝天皇がはじめて藤原基経を関白としたとされるが，887 年の宇多天皇が出した詔に関白の語が見られる。したがって，空欄 d には関白が入り，残った空欄 c には摂政が入る。よって，正解はイ。

2．史料 A1 の「貞観八年」は西暦 866 年のことである。この年には，応天門の変があり，藤原良房が正式に摂政に任命された。このことから，空欄 b には藤原良房が入る。史料 A2 で詔を賜った人物は藤原基経であり，

良房の兄長良の子であるので，良房は基経の叔父にあたる。よって，正解はエ。

3．史料 A2 の「朕」とは宇多天皇のことである。このことから，三代とは宇多天皇の前の三代（清和・陽成・光孝）であり，国政を担当した人物が藤原良房・基経だと判断しよう。良房は 858 年に清和天皇の摂政，基経は 884 年に光孝天皇の関白となった。よって，正解はア。

4．ア．応天門の変は 866 年，イ．綜芸種智院設立は 828 年頃，ウ．承和の変は 842 年，エ．遣唐使の派遣中止は 894 年。よって，正解はエとなる。

5．アは藤原冬嗣，イは菅原道真，エは藤原兼家について述べた文である。

B．7．秘密警察組織とは，ウ．憲兵や特別高等警察を指す。

9．イ．誤文。「言論界の有力者は追放の対象外とされた」が誤り。1946 年に出された公職追放は，戦争犯罪人・超国家主義者などの他に，政・財・官界から言論界にも拡大された。

ウ．誤文。「最終的に軍関係者の追放は解除されなかった」が誤り。朝鮮戦争が勃発した 1950 年秋ごろから追放解除が始まり，1952 年のサンフランシスコ平和条約の発効で全面的に解除された。

エ．誤文。「大政翼賛会の推薦議員だった者は公職追放の対象から外された」が誤り。大政翼賛会の有力者らも公職追放の対象となった。

10．ア．誤文。解体を命じられた財閥の整理のための機関として「公正取引委員会」ではなく，持株会社整理委員会が設置された。

イ．誤文。過度経済力集中排除法によって実際に分割されたのは，日本製鉄・三菱重工など 11 社だけであり，その中に財閥系の銀行は入っていない。

エ．誤文。1947 年に制定された独占禁止法では，カルテル・トラストとともに，持株会社も禁止された。

Ⅳ　解答

1―ア　2―ウ　3―エ　4―ア　5―イ　6―イ
7―ア　8―ア　9―イ　10―イ

◀解　説▶

≪近・現代の文化≫

1．イ．誤文。東京美術学校の西洋画科の増設に尽力したのは「フェノロサ」ではなく，黒田清輝である。

ウ．誤文。浅井忠は「東京美術学校」ではなく，工部美術学校の卒業生である。彼の代表的な作品に，「収穫」がある。ちなみに，「悲母観音」は狩野芳崖の作品である。

エ．誤文。橋本雅邦は「明治美術会」ではなく，日本美術院を設立した。

2．「天心や狩野芳崖らが日本画を復興」から空欄ｂは日本美術院，「文部省美術展覧会（文展）に対抗する在野の洋画団体」から空欄ｇは二科会を導こう。よって，正解はウ。

3．ア．青木繁の代表作は「海の幸」，イ．藤島武二は「天平の面影」，ウ．久米桂一郎は「裸婦」などが代表作である。

4．イ．誤文。「老猿」は「高村光太郎」ではなく，光太郎の父である高村光雲の代表作である。

ウ．誤文。「五浦釣人」は「朝倉文夫」ではなく，平櫛田中の作品である。朝倉文夫の代表作には「墓守」などがある。

エ．誤文。翻波式は「明治時代」ではなく，平安時代初期の木像彫刻の技法である。

5．ア．誤文。「宮城道雄」ではなく，伊沢修二が中心となって，小学校の音楽教育に唱歌が取り入れられた。

ウ．誤文。「団菊左時代」の「菊」とは「尾上菊之助」ではなく，尾上菊五郎のことである。

6．ア．日本銀行本店は辰野金吾，ウ．旧帝国ホテルはアメリカ人建築家ライト，エ．関西学院大学時計台はアメリカ人建築家ヴォーリズが手がけた代表的な建築物の一つである。

7．イ．誤り。滑稽本の挿絵を数多く手がけた人物としては，仮名垣魯文が知られている。

ウ．誤り。民芸運動を推進した人物は，柳宗悦である。

エ．多色刷浮世絵版画（錦絵）を完成させたのは，鈴木春信である。

8．やや難。イ．誤文。大衆演劇をめざした新国劇は「土方与志」ではなく，沢田正二郎を中心に結成された。

ウ．誤文。松井須磨子は「声楽家」ではなく，新劇の女優である。「蝶々夫人」で国際的に評価されたのは，オペラ歌手である三浦環である。

エ．日本で初めて本格的な交響曲を発表したのは「滝廉太郎」ではなく，山田耕筰である。

9．やや難。ア．誤文。全国的に広まった「リンゴの唄」は「美空ひばり」ではなく，並木路子が歌い，敗戦後の暗い世相の中で大流行した。

ウ．誤文。直木三十五は戦後ではなく，戦前に活躍した作家である。この作家の功績をたたえて，彼の死後，友人である菊池寛によって「直木賞」が創設された。

エ．誤文。長谷川町子は「毎日新聞」ではなく，朝日新聞に『サザエさん』を連載した。

10．イ．誤文。文化財保護法は法隆寺「講堂」ではなく，金堂壁画焼損がきっかけとなった。

❖講　評

原始からの出題は見られなかったが，全体を通じて，幅広い時代・分野からバランスよく出題されており，例年並みの難易度である。

Ⅰ　例年出題されている2文の正誤判定問題である。教科書の内容に沿った標準的な問題で，幅広い時代・分野から出題されている。しかし設問の中には，4のbや5のbなど受験生が間違いに気付かずに読めてしまうような文章も見られた。また，10は戦後の学習ができていない受験生にとっては解答に迷ったのではないだろうか。

Ⅱ　古代～近代における日本の人口成長の抑制要因をテーマに，それに関連した問題が出題されている。6の江戸時代の都市や商業，交通に関する問題にはやや詳細な内容も見られた。また，8の年代配列問題は，安徳天皇即位と侍所設置の年代が同じであり，源平の争乱に関する流れを把握しておかなければならなかった。

Ⅲ　例年出題されている史料問題である。史料A1・A2は書かれているキーワードから藤原良房・基経の摂政・関白就任に関する内容だと気付くことが必要である。この史料の内容を把握できなければ，高得点は望めない。史料Bはアメリカの初期の対日占領政策に関する内容であるが，日頃から史料集などを使って学習していない受験生は，空所補充問題で迷ったかもしれない。

Ⅳ　明治時代から戦後の文化を，日本美術の発展を中心に出題されている。受験生の苦手とする文化史からの出題であり，この分野の対策ができている受験生とそうでない受験生では大きく得点差がついたのではないだろうか。特に，戦後からの出題である9はやや詳細な内容も含まれていたために難しい問題であった。

世界史

I 解答

イ―d ロ―b

①―d ②―b ③―b ④―c ⑤―a ⑥―d

◀解 説▶

≪ゾロアスター教≫

①d．誤文。クテシフォンはパルティア（前248年ごろ～後224年）のミトラダテス1世によって建設され，のち首都となった。ササン朝もここに首都をおいた。アケメネス朝の政治の中心地はスサである。

②b．誤文。エジプトを征服したのはアケメネス朝第2代の王カンビュセス2世。

③b．誤文。エジプトで考案されたのは太陽暦である。太陰暦はシュメール人が用いた。

④c．誤文。クフ王は古王国時代のファラオ（前27世紀ごろ）。

⑤a．誤文。ヒッタイトは小アジア（アナトリア）に建国した。都はハットゥシャ。北メソポタミアに成立したのはミタンニ王国である。

⑥d．誤文。アッシリアはニネヴェに都を移した（前8世紀）。サルデスはリディアの首都である。

II 解答

イ―b ロ―c

①―a ②―c ③―a ④―d ⑤―d ⑥―a

◀解 説▶

≪14世紀のヨーロッパ≫

ロ．c．カルマル同盟はデンマークの王女マルグレーテによって結成されたデンマーク・ノルウェー・スウェーデンの同君連合（1397～1523年）。

①a．誤文。『デカメロン』の作者はボッカチオである。ペトラルカは『叙情詩集』『アフリカ』の作者。

②c．誤文。香辛料の取引で栄えたのは北イタリア諸都市を中心とする地中海商業圏である。

③a．誤文。マグナ=カルタ（大憲章）は貴族の封建的諸権利を保障する

もの（1215 年）。

④d．誤文。ノックスはスコットランドの宗教改革指導者。

⑤d．誤文。イギリスは百年戦争敗北後もフランス北部海岸のカレーは維持した。

⑥a．誤文。皇帝党の拠点となったのはピサやヴェローナなどである。ボローニャやミラノは教皇党の拠点であった。

Ⅲ　解答

イ—b　ロ—c

①—b　②—a　③—d　④—a　⑤—d　⑥—d

◀解　説▶

≪ブルボン朝≫

①b．誤文。のちのアンリ 4 世の結婚の祝賀に集った多数の新教徒が，旧教徒に虐殺された（サンバルテルミの虐殺：1572 年）。

②a．誤文。リシュリューはルイ 13 世の宰相。ルイ 14 世は財務総監にコルベールを登用して王立マニュファクチュアを創設した。

③d．誤文。ルイ 14 世はスペインとのピレネー条約でスペイン王女と結婚した（1659 年）。ラシュタット条約は神聖ローマ皇帝と結んだスペイン継承戦争の終結条約（1714 年）。

④a．誤文。ワトーはロココ美術の代表的画家。

⑤d．誤文。アメリカ独立戦争に義勇兵として参戦したフランスの社会主義思想家はサン=シモンである。

⑥d．誤文。フイヤン派は立憲君主政を主張するグループ。立法議会で多数を占めたが，やがて優勢となった穏健共和派であるジロンド派に政権を掌握された。国民公会ではジャコバン派が主導権を握った。

Ⅳ　解答

イ—c　ロ—a

①—c　②—c　③—b　④—b　⑤—d　⑥—d

◀解　説▶

≪東南アジアの植民地化≫

①c．誤文。マレー半島で第二次世界大戦中に起こった抗日救国運動の中心となったのは華僑である。

②c．誤文。ゴムの原産地は南米のアマゾン川流域。

③b．誤文。ビルマ（ミャンマー）は共和国として独立した（1948年）。

④b．誤文。ベトナム光復会を組織したのはファン=ボイ=チャウ。彼はドンズー（東遊）運動挫折後，辛亥革命の影響から武力革命をめざして香港でベトナム光復会を組織した（1912年）。ファン=チュー=チンはドンキン義塾の創設者である。

⑤d．誤文。東南アジア諸国連合（ASEAN）結成時（1967年）の加盟国はインドネシア・マレーシア・フィリピン・シンガポール・タイの5カ国。カンボジアが加盟したのは1999年のことである。

⑥難問。d．誤文。タクシン政権は1997年に起こったアジア経済危機後の経済停滞状況に対する民衆の不満をくみ取って2001年に成立した（2006年のクーデタで失権）。

V

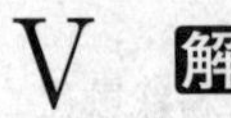

イ－b　ロ－c

①－b　②－c　③－d　④－d　⑤－b　⑥－d

◀解　説▶

≪魏晋南北朝≫

①b．誤文。張陵は五斗米道の創始者。太平道を創始して黄巾の乱を指導したのは張角である。

②c．誤り。占田・課田法は西晋で行われた土地制度。

③やや難。d．誤文。帯方郡は楽浪郡の南部に設置された（3世紀初め）。

④d．誤文。高句麗に対して3度の遠征を行ったのは隋の煬帝である（612，613，614年）。

⑤b．誤文。中央アジアから主に伝わったのは大乗仏教。

⑥d．誤文。華北を統一したのは北魏第3代皇帝の太武帝である（439年）。

❖講　評

Ⅰ　ゾロアスター教をテーマに古代オリエントについて問う大問。空所補充・下線部に関する設問とも，おおむね標準レベルの内容である。

Ⅱ　14 世紀のヨーロッパ情勢に関する大問。④は詳細な内容であるが，消去法で対応できる。他は標準的な出題内容である。

Ⅲ　ブルボン朝の国王を中心に 16 世紀後半～18 世紀後半までのフランスとアメリカについて問う。④は文化に関する問題であるが，標準的な内容である。

Ⅳ　19 世紀以降の東南アジアの植民地化についての大問で，関連して第二次世界大戦後・現代までを問う。学習が手薄になりがちな範囲であることに加え，一部の教科書にしか記載されていない内容のものもあり，他の大問と比べるとやや難度は高めといえる。⑥は 1990 年代後半～2000 年代の出来事で難問といえる。

Ⅴ　魏晋南北朝時代の中国を中心に朝鮮半島についても問う。イは同時代における他地域の情勢についての知識も必要。③は地理的な観点での正誤判定が求められており，やや難といえる。

すべての大問が空所補充 2 問，下線部に関する設問 6 問で構成されている。下線部に関する設問は誤文選択がほとんどで，Ⅴで 1 問のみ語句（誤りの事項）選択が出題されている。空所補充は基本事項が中心となっている。また，誤文選択は選択肢の中に詳細な内容のものが含まれる難問もあるが，全体的には標準レベルの出題といえる。

地理

Ⅰ　解答

(1)―d　(2)―b　(3)―d　(4)―a　(5)―b　(6)―c
(7)―b　(8)―d

◀解　説▶

≪オセアニアの地誌≫

(1)d．誤文。ボーキサイトは北部の熱帯地域に多い。

(2)b．誤文。ウルルは記号のついていないノーザンテリトリーにある。

(3)d．誤文。sはメルボルンで，ヴィクトリア州の州都である。

(4)さとうきびは北東部のサバナ気候（Aw）の地域を中心に栽培されている。シは穀物地域，スは園芸農業地域，セは地中海式農業地域である。

(5)牧牛は北部のサバナ気候やステップ気候（BS）の地域を中心に行われる。タは狩猟・採集，ツは牧羊地域，テは酪農地域である。

(6)c．誤文。酪農は主に北島で，小麦生産は主に南島で行われる。

(7)オーストラリアは火力中心，ニュージーランドは水力中心なので，bが水力である。aは火力，cは太陽光，dは地熱である。

(8)d．誤文。ニューカレドニアはメラネシアに含まれる。

Ⅱ　解答

(1)―b　(2)―d　(3)―c　(4)―b　(5)―b　(6)―a
(7)―a　(8)―d

◀解　説▶

≪中南アメリカの地誌≫

(1)pはメキシコシティ，qはマナオス，rはリオデジャネイロ，sはブエノスアイレスである。メキシコシティは標高が高いため常春の気候となり，bである。aはqマナオス，cはrリオデジャネイロ，dはsブエノスアイレスである。

(2)d．誤文。カンガはアフリカの民族衣装である。アンデスの衣服としてはポンチョが知られている。

(3)イはキューバ，ウはジャマイカ，エはハイチ，オはドミニカ共和国である。ドミニカ共和国は旧スペイン領で，ムラートとよばれる白人と黒人の混血が多い。a はジャマイカ，b はキューバ，d はハイチについて述べた文である。

⑷アはメキシコ，コはブラジル，スはチリ，セはアルゼンチンである。b．誤文。日系人の大統領を輩出したのはペルーである。

⑸キはハイチ，クはエクアドル，ケはペルーである。b．誤文。世界で最も標高の高い首都はボリビアのラパスである。

⑹サはボリビアである。a．正文。メキシコは銀鉱の生産が世界で最も多い（2017 年）。金鉱とすず鉱は中国（2018 年），ボーキサイトはオーストラリアの生産が最も多い（2019 年）。

⑺カはコスタリカ，シはパラグアイである。a．正文。コスタリカはパイナップルの生産が世界で最も多い。バナナはインド，オレンジ類は中国，大豆はブラジルの生産が最も多い（2019 年）。

⑻アルゼンチンは鉱産資源の産出が少ないため，輸出の中心は農産物となる。a はブラジル，b はメキシコ，c はチリである。

III　解答

(1)― b　(2)― c　(3)― a　(4)―※　(5)― a　(6)― c
(7)― c　(8)― b

※設問⑷については，正答として設定していた雨温図に誤りがあったため，全員正解とする措置を取ったことが大学から公表されている。

◀解　説▶

≪都　市≫

⑴ b．誤文。ニューヨークは北緯 40 度付近，モスクワは北緯 55 度付近に位置する。

⑵東京からマドリードまでは 1 万 km を少し超える。スペイン・ポルトガル付近は東京からの最短距離がヨーロッパで最も長くなる地域である。

⑶シンガポールの対蹠点は西半球の赤道付近の都市となる。

⑸ b．誤文。デンマークの首都コペンハーゲンはシェラン島にある。c．誤文。トルコの首都アンカラはアナトリア高原に位置する。d．誤文。ニュージーランドの首都ウェリントンは北島にある。

⑹インドネシアは首都のジャカルタの人口がきわめて多く，国内の他の都市を圧倒しているので c である。a はインド，b はブラジル，d はオーストラリアである。

(7) c．誤文。国連食糧農業機関の本部はローマにある。

(8) b．誤文。シカゴはミシガン湖に面する。

Ⅳ 解答

(1)— b　(2)— c　(3)— b　(4)— c　(5)— b　(6)— c
(7)— c　(8)— d

◀解　説▶

≪人口と人の移動≫

(1)ヨーロッパは人口増加率が最も低い。aはアジア，cはアフリカ，dは北アメリカである。

(2)年平均人口増加率と乳児死亡率が高いアとイは，ナイジェリアとバングラデシュのいずれかで，現在ではいずれの指標もナイジェリアはバングラデシュよりも高くなっているため，アがバングラデシュ，イがナイジェリアである。年平均人口増加率が以前から最も低いエはスペインで，残りのウはアメリカ合衆国である。

(3)オーストラリアは先進国の中では合計特殊出生率が比較的高いのでbである。合計特殊出生率が急激に低下したaは韓国，やや上昇したdはデンマークで，日本より低いcはイタリアである。

(4)ブラジル籍の外国人は自動車工業の盛んな地域に多いため，愛知県，静岡県，群馬県などが含まれるcである。aは中国籍，bは韓国・朝鮮籍，dはフィリピン籍である。

(5)増加率がきわめて高いaはベトナム籍，高齢者の割合が低いbとcはフィリピンとブラジルのいずれかで，性比が1を下回り女性が多いbがフィリピン籍，1を上回り男性が多いcがブラジル籍である。増加率がマイナスで，高齢者の割合が高いdは韓国・朝鮮籍である。

(6)在留者が減少しているaはブラジル，最も多いbはアメリカ合衆国，急増しているdはオーストラリアで，在留者がアメリカ合衆国やオーストラリアよりも少ないcがドイツである。

(7)自然増加率と社会増加率がいずれもプラスのaとbは，沖縄県と東京都のいずれかで，自然増加率が高いaが沖縄県，社会増加率が高いbが東京都である。自然増加率はマイナスであるが社会増加率がプラスのcは，地方中枢都市を含む福岡県，いずれもマイナスのdは秋田県である。

(8) d．誤文。少数民族の人口は全人口の8％程度である。

V　解答

(1)―a　(2)―b　(3)―b　(4)―c　(5)―a　(6)―b
(7)―b　(8)―b

◀解　説▶

≪貿易と運輸≫

(1)a．誤文。ブロック経済化は第二次世界大戦の原因の一つとなったため，戦後は自由貿易を進めた。

(2)b．誤文。貿易依存度はGDPに対する貿易額の割合で，アメリカ合衆国は中国よりも低い。

(3)ノルウェーは原油・天然ガスの輸出額が多いため大幅な輸出超過である。大幅な輸入超過のａはギリシャ，貿易額の多いｄはオランダで，残りのｃはオーストリアである。

(4)カナダから日本への輸出品は一次産品が多い。ａは中国，ｂはアメリカ合衆国，ｄはインドである。

(5)博多港，名古屋港は周辺に自動車工場があるので自動車が１位となるが，上位３品目が自動車関係のｄが名古屋港，集積回路が２位となるａが博多港である。石油製品や鉄鋼が上位となるｂは千葉港で，集積回路や半導体などの輸出が上位となるｃは関西国際空港である。

(6)旅客も貨物も輸送量が多いａとｂがインドと中国のいずれかで，旅客輸送量が最も多いａがインド，残りのｂが中国である。貨物輸送量が少ないｃは日本，旅客輸送量が少ないｄはアメリカ合衆国である。

(7)b．誤文。モーダルシフトは自動車から鉄道・船舶などへ輸送機関を変更することである。

(8)保有台数は多いが人口100人あたり台数が少ないｂがブラジルである。ａはドイツ，ｃはオーストラリア，ｄはマレーシアである。

❖講　評

Ⅰ　オーストラリアを中心としたオセアニアの地誌問題で，鉱産物や農業地域などの分布や各国の特色などが問われた。標準的な難易度である。

Ⅱ　中南アメリカの地誌問題で，コスタリカ，ドミニカなどやや細かい国も問われている。白地図の国名がわからなければ答えられない問いもあり，やや難しい。

Ⅲ　世界の具体的な都市の位置や自然，産業などについての問題で，標準的な難易度であるが，(2)の東京から最も遠い都市や(7)のヨーロッパの都市の問題はやや難しい。

Ⅳ　人口と人の移動に関する問題で，統計問題がほとんどである。日本に在留する外国人の分布や増減などの時事的といえる問題も含むが，難易度は標準的である。

Ⅴ　貿易と運輸に関する問題で，用語や各国の特徴などの知識問題と統計問題からなる。特に難しい問いはなく，答えやすい。

数学

1

解答　(1)ア．-2　イ．$a+4$　ウ．$-4<a<4$　エ．$\dfrac{9}{4}$

(2)オ．$\dfrac{1}{5}$　カ．$\dfrac{7}{20}$　キ．$\dfrac{4}{7}$

◀解　説▶

≪絶対値記号を含む 2 次関数の最大値・方程式の実数解，条件付き確率≫

(1)　$f(x)=x(|x|-4)+a$

(i)　$x\leqq 0$ のとき

$$\begin{aligned} f(x)&=x(-x-4)+a\\ &=-x^2-4x+a \quad \cdots\cdots ①\\ &=-(x+2)^2+a+4 \end{aligned}$$

$x\leqq 0$ より，$f(x)$ は $x=-2$ で最大値 $a+4$ をとる。（→ア，イ）

(ii)　$x\geqq 0$ のとき

$$\begin{aligned} f(x)&=x(x-4)+a\\ &=x^2-4x+a \quad \cdots\cdots ②\\ &=(x-2)^2+a-4 \end{aligned}$$

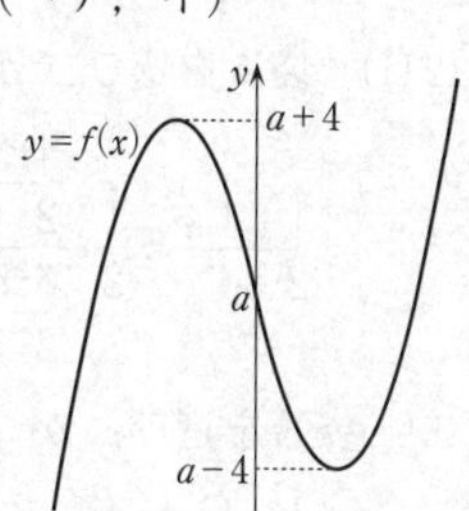

$f(x)=0$ が異なる 3 個の実数解をもつとき，曲線 $y=f(x)$ と x 軸は異なる 3 つの共有点をもつから

$$a+4>0 \quad かつ \quad a-4<0$$

すなわち

$$-4<a<4 \quad (→ウ)$$

このとき

①を用いて $-x^2-4x+a=0$ とすると

$$x=-2\pm\sqrt{4+a}$$

②を用いて $x^2-4x+a=0$ とすると

$$x=2\pm\sqrt{4-a}$$

であるから，曲線 $y=f(x)$ と x 軸との共有点の x 座標を考えると

(ア)　$-4<a<0$ のとき

$f(x)=0$ の3個の実数解は $-2\pm\sqrt{4+a}$，$2+\sqrt{4-a}$ となり

$$(-2-\sqrt{4+a})+(-2+\sqrt{4+a})+(2+\sqrt{4-a})=-\frac{1}{2}$$

とすると，$\sqrt{4-a}=\frac{3}{2}$ より　　$a=\frac{7}{4}$

これは $-4<a<0$ を満たさない。

(イ)　$0\leqq a<4$ のとき

$f(x)=0$ の3個の実数解は $-2-\sqrt{4+a}$，$2\pm\sqrt{4-a}$ となり

$$(-2-\sqrt{4+a})+(2-\sqrt{4-a})+(2+\sqrt{4-a})=-\frac{1}{2}$$

とすると，$\sqrt{4+a}=\frac{5}{2}$ より　　$a=\frac{9}{4}$

これは $0\leqq a<4$ を満たす。

(ア)，(イ)より，3個の実数解の和が $-\frac{1}{2}$ となるような a の値は

$$a=\frac{9}{4}\quad(\to エ)$$

(2)(i)　袋Aを選び，かつ，赤色の2枚のカードを取り出す確率は

$$\frac{1}{2}\cdot\frac{{}_4C_2}{{}_6C_2}=\frac{1}{2}\cdot\frac{\frac{4\cdot3}{2\cdot1}}{\frac{6\cdot5}{2\cdot1}}=\frac{1}{5}\quad(\to オ)$$

(ii)　袋Bを選び，かつ，赤色の2枚のカードを取り出す確率は

$$\frac{1}{2}\cdot\frac{{}_3C_2}{{}_5C_2}=\frac{1}{2}\cdot\frac{3}{\frac{5\cdot4}{2\cdot1}}=\frac{3}{20}\quad\cdots\cdots③$$

赤色の2枚のカードを取り出す確率は，(i)，③より

$$\frac{1}{5}+\frac{3}{20}=\frac{7}{20}\quad(\to カ)$$

(iii)　赤色の2枚のカードを取り出したとき，そのカードが袋Aに入っていた条件付き確率は，(i)，(ii)より

$$\frac{\frac{1}{5}}{\frac{7}{20}}=\frac{4}{7}\quad(\to キ)$$

2

解答　(1)ア．-1　イ．-8　ウ．-4　エ．$\dfrac{-3+\sqrt{22}}{2}$

(2)オ．$3n-1$　カ．$\dfrac{1}{3}(\sqrt{3n+2}-\sqrt{2})$　キ．$(3n-4)\cdot 2^n+4$

◀解　説▶

≪3 次方程式の解，いろいろな数列の和≫

(1)　$x^3-(2a+1)x^2-3(a-1)x-a+5=0$　……①

(i)　①より

$$-(2x^2+3x+1)a+(x^3-x^2+3x+5)=0$$

であるから，a がどのような値でも①が成り立つための条件は

$$\begin{cases} -(2x^2+3x+1)=0 & \cdots\cdots② \\ x^3-x^2+3x+5=0 & \cdots\cdots③ \end{cases}$$

②より　$(x+1)(2x+1)=0$

よって　$x=-1,\ -\dfrac{1}{2}$

③の左辺に $x=-1$，$x=-\dfrac{1}{2}$ を代入すると

$$(-1)^3-(-1)^2+3\cdot(-1)+5=0$$

$$\left(-\frac{1}{2}\right)^3-\left(-\frac{1}{2}\right)^2+3\cdot\left(-\frac{1}{2}\right)+5=\frac{25}{8}$$

であるから，$x=-1$ は③を満たすが，$x=-\dfrac{1}{2}$ は③を満たさない。

よって，a がどのような値でも①は $x=-1$ を解にもつ。（→ア）

(ii)　①より

$$(x+1)\{x^2-2(a+1)x-a+5\}=0\quad\cdots\cdots①'$$

$f(x)=x^2-2(a+1)x-a+5$ とおき，2 次方程式 $f(x)=0$ の判別式を D とすると

$$\frac{D}{4}=\{-(a+1)\}^2-(-a+5)$$
$$=a^2+3a-4$$
$$=(a+4)(a-1)$$

また，放物線 $y=f(x)$ の軸は $x=a+1$ である。

①′ より，①が異なる 3 つの負の解をもつ条件は，方程式 $f(x)=0$ が -1

以外の異なる２つの負の解をもつことであるから

$$\begin{cases} f(-1)=a+8\neq 0 \\ \dfrac{D}{4}=(a+4)(a-1)>0 \\ a+1<0 \\ f(0)=-a+5>0 \end{cases}$$

すなわち
$$\begin{cases} a\neq -8 \\ a<-4 \quad \text{または} \quad 1<a \\ a<-1 \\ a<5 \end{cases}$$

よって　　$a<-8,\ -8<a<-4$　（→イ，ウ）

参考　２次方程式 $f(x)=0$ の解を α，β とおき，解と係数の関係を用いて，方程式 $f(x)=0$ が -1 以外の異なる２つの負の解をもつ条件を

$$\begin{cases} f(-1)=a+8\neq 0 \\ \dfrac{D}{4}=(a+4)(a-1)>0 \\ \alpha+\beta=2(a+1)<0 \\ \alpha\beta=-a+5>0 \end{cases}$$

としてもよい。

(iii)　$x^3-1=0$ より　　$(x-1)(x^2+x+1)=0$

この方程式の虚数解の１つを ω とすると，$x^2+x+1=0$ の２解が ω，$\overline{\omega}$ となるから，解と係数の関係より

$$\omega+\overline{\omega}=-1,\ \omega\overline{\omega}=1 \quad \cdots\cdots ④$$

①が虚数解 $\omega+k$ をもつとき，方程式 $f(x)=0$ の２解が $\omega+k$，$\overline{\omega}+k$ となるから，解と係数の関係より

$$\begin{cases} (\omega+k)+(\overline{\omega}+k)=2(a+1) \\ (\omega+k)(\overline{\omega}+k)=-a+5 \end{cases}$$

すなわち

$$\begin{cases} (\omega+\overline{\omega})+2k=2(a+1) \\ \omega\overline{\omega}+k(\omega+\overline{\omega})+k^2=-a+5 \end{cases}$$

④を代入して，整理すると

$$\begin{cases} 2a-2k+3=0 & \cdots\cdots⑤ \\ a=-k^2+k+4 & \cdots\cdots⑥ \end{cases}$$

⑥を⑤に代入して

$$2(-k^2+k+4)-2k+3=0$$

$$2k^2=11$$

$k>0$ であるから　$k=\dfrac{\sqrt{22}}{2}$

⑤より

$$a=k-\frac{3}{2}=\frac{-3+\sqrt{22}}{2} \quad (\rightarrow エ)$$

(2)　数列$\{a_n\}$ の初項を a，公差を d とおくと

$$a_1+a_2=7,\ a_1+a_3+a_5=24$$

より

$$\begin{cases} a+(a+d)=7 \\ a+(a+2d)+(a+4d)=24 \end{cases}$$

すなわち　$\begin{cases} 2a+d=7 \\ 3a+6d=24 \end{cases}$

これを解いて　$a=2,\ d=3$

よって

$$a_n=2+(n-1)\cdot 3=3n-1 \quad (\rightarrow オ)$$

$$\sum_{k=1}^{n}\frac{1}{\sqrt{a_{k+1}}+\sqrt{a_k}}=\sum_{k=1}^{n}\frac{\sqrt{a_{k+1}}-\sqrt{a_k}}{a_{k+1}-a_k}$$

$$=\sum_{k=1}^{n}\frac{\sqrt{3k+2}-\sqrt{3k-1}}{(3k+2)-(3k-1)}$$

$$=\frac{1}{3}\sum_{k=1}^{n}(\sqrt{3k+2}-\sqrt{3k-1})$$

$$=\frac{1}{3}\{(\sqrt{5}-\sqrt{2})+(\sqrt{8}-\sqrt{5})$$

$$+\cdots+(\sqrt{3n+2}-\sqrt{3n-1})\}$$

$$=\frac{1}{3}(\sqrt{3n+2}-\sqrt{2}) \quad (\rightarrow カ)$$

また，数列 $\{b_n\}$ の初項を b，公比を r とおくと

$$\begin{cases} b+br+br^2=7 & \cdots\cdots ⑦ \\ b+br+br^2+br^3+br^4+br^5=63 & \cdots\cdots ⑧ \end{cases}$$

⑧より　　$(b+br+br^2)(1+r^3)=63$

⑦を代入して　　$7(1+r^3)=63$　　$r^3=8$

rは実数であるから　　$r=2$

これと⑦より　　$b=1$

したがって　　$b_n=2^{n-1}$

$\sum_{k=1}^{n}a_kb_k=S_n$とおくと，$S_n=\sum_{k=1}^{n}(3k-1)\cdot 2^{k-1}$であるから

$$S_n=2\cdot 1+5\cdot 2+8\cdot 2^2+\cdots+(3n-1)\cdot 2^{n-1} \quad\cdots\cdots ⑨$$

$$2S_n=\qquad 2\cdot 2+5\cdot 2^2+\cdots+(3n-4)\cdot 2^{n-1}+(3n-1)\cdot 2^n \quad\cdots\cdots ⑩$$

$n\geqq 2$のとき，⑨－⑩より

$$\begin{aligned}-S_n&=2\cdot 1+3\cdot 2+3\cdot 2^2+\cdots+3\cdot 2^{n-1}-(3n-1)\cdot 2^n\\&=2+\frac{6\cdot(2^{n-1}-1)}{2-1}-(3n-1)\cdot 2^n\\&=-(3n-4)\cdot 2^n-4\end{aligned}$$

ゆえに　　$S_n=(3n-4)\cdot 2^n+4$　　$\cdots\cdots$⑪

このとき，$S_1=-2+4=2$，また，$a_1b_1=1\cdot 2=2$であるから，⑪は$n=1$のときも成り立つ。よって

$$\sum_{k=1}^{n}a_kb_k=S_n=(3n-4)\cdot 2^n+4 \quad (\to キ)$$

別解　(1)(iii)　$x^3-1=0$より　　$(x-1)(x^2+x+1)=0$

この方程式の虚数解の1つがωであるから

$$\omega=\frac{-1+\sqrt{3}i}{2}$$

①が虚数解$\omega+k$をもつとき，$\omega+k$は$f(x)=0$の虚数解であるから，

$\frac{D}{4}=(a+4)(a-1)<0$であり，解の公式を用いると

$$\omega+k=(a+1)\pm\sqrt{-(a+4)(a-1)}\,i$$

すなわち

$$\left(k-\frac{1}{2}\right)\pm\frac{\sqrt{3}}{2}i=(a+1)\pm\sqrt{-(a+4)(a-1)}\,i$$

$k-\frac{1}{2}$，$a+1$，$\sqrt{-(a+4)(a-1)}$ は実数であるから

$$k-\frac{1}{2}=a+1 \quad かつ \quad \frac{\sqrt{3}}{2}=\sqrt{-(a+4)(a-1)}$$

すなわち

$$k=a+\frac{3}{2} \quad \cdots\cdots(*) \quad かつ \quad \frac{3}{4}=-(a+4)(a-1) \quad \cdots\cdots(**)$$

（＊＊）より　　$4a^2+12a-13=0$

よって　　$a=\frac{-6\pm\sqrt{88}}{4}=\frac{-3\pm\sqrt{22}}{2}$

$k>0$ であるから，（＊）より　　$a=\frac{-3+\sqrt{22}}{2}$　$\left(k=\frac{\sqrt{22}}{2}\right)$

3 解答

(1)　$\int_0^2 g(t)\,dt=k$（定数）とおくと

$$g(x)=x\left(3x-\frac{1}{2}k\right)=3x^2-\frac{1}{2}kx$$

よって

$$k=\int_0^2 g(t)\,dt=\int_0^2\left(3t^2-\frac{1}{2}kt\right)dt=\left[t^3-\frac{k}{4}t^2\right]_0^2=8-k$$

すなわち　　$k=8-k$　　$k=4$

したがって　　$\int_0^2 g(t)\,dt=4$　……（答）

(2)　(1)より $g(x)=3x^2-\frac{1}{2}kx=3x^2-2x$ であるから

$G(x)=\int_0^x g(t)\,dt$ とおくと

$$G(x)=\int_0^x(3t^2-2t)\,dt=\left[t^3-t^2\right]_0^x=x^3-x^2$$

$$G(x)-f(x)=(x^3-x^2)-(x^3-3x^2+ax)$$
$$=x(2x-a)$$

よって，2 つの曲線 $y=f(x)$ と $y=G(x)$ の共有点の x 座標は 0，$\frac{a}{2}$ で，

$0<a<4$ より $0<\frac{a}{2}<2$ であるから

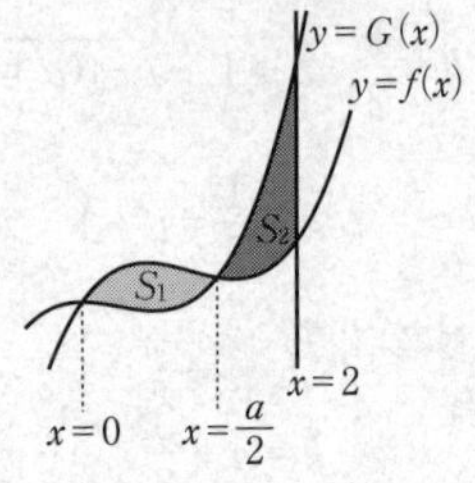

$0<x<\dfrac{a}{2}$ で　　$G(x)<f(x)$

$\dfrac{a}{2}<x$ で　　$f(x)<G(x)$

したがって，右図のように，$S=S_1+S_2$ となる。

$$S=\int_0^{\frac{a}{2}}\{f(x)-G(x)\}dx+\int_{\frac{a}{2}}^{2}\{G(x)-f(x)\}dx$$

$$=\int_0^{\frac{a}{2}}\{-x(2x-a)\}dx+\int_{\frac{a}{2}}^{2}(2x^2-ax)\,dx$$

$$=-2\int_0^{\frac{a}{2}}x\left(x-\frac{a}{2}\right)dx+\left[\frac{2}{3}x^3-\frac{a}{2}x^2\right]_{\frac{a}{2}}^{2}$$

$$=-2\left\{-\frac{1}{6}\left(\frac{a}{2}-0\right)^3\right\}+\frac{2}{3}\left(8-\frac{a^3}{8}\right)-\frac{a}{2}\left(4-\frac{a^2}{4}\right)$$

$$=\frac{1}{12}a^3-2a+\frac{16}{3}\quad\cdots\cdots(答)$$

(3)　(2)より　　$S=\dfrac{1}{12}a^3-2a+\dfrac{16}{3}$

$$\frac{dS}{da}=\frac{1}{4}a^2-2=\frac{1}{4}(a^2-8)=\frac{1}{4}(a+2\sqrt{2})(a-2\sqrt{2})$$

よって，$0<a<4$ における S の増減表は右のようになる。

a	(0)	$\cdots$	$2\sqrt{2}$	$\cdots$	(4)
$\dfrac{dS}{da}$		$-$	0	$+$	
S		↘	$\dfrac{16-8\sqrt{2}}{3}$	↗	

したがって

S の最小値は　　$\dfrac{16-8\sqrt{2}}{3}$

そのときの a の値は　　$a=2\sqrt{2}$

……(答)

◀解　説▶

≪定積分で表された関数，面積の最小値≫

(1)　$\displaystyle\int_0^2 g(t)\,dt$ の上端と下端が定数であるから，$\displaystyle\int_0^2 g(t)\,dt$ は定数である。

そこで $\displaystyle\int_0^2 g(t)\,dt=k$（定数）とおくと，$k=\displaystyle\int_0^2\left(3t^2-\frac{1}{2}kt\right)dt$ となる。

(2)　2 曲線 $y=f(x)$ と $y=G(x)$ の上下関係を調べることが重要である。$0<\frac{a}{2}<2$ にも注意し，面積を求める部分を簡単なグラフで図示しておくのがよい。〔解答〕では，積分計算で公式 $\int_{\alpha}^{\beta}(x-\alpha)(x-\beta)\,dx=-\frac{1}{6}(\beta-\alpha)^3$ を用いた。この公式を用いる際には，被積分関数の 2 次の係数に注意し，また，被積分関数を因数分解した積分の式 $\int_{\alpha}^{\beta}(x-\alpha)(x-\beta)\,dx$ を記述しておくべきである。

(3)　a の関数 S の $0<a<4$ における増減表を作る。

❖講　評

例年通り，**1**・**2** はともに空所補充形式で，**1** は「数学Ⅰ・A」から 1 問ずつ計 2 問，**2** は「数学Ⅱ・B」から 1 問ずつ計 2 問，**3** は記述式で微・積分法に関するものである。

1　(1)は 2 次関数・2 次方程式の標準問題。グラフを描くことがポイント。(ii)の後半は思考力が必要となる。(2)はカードを題材にした条件付き確率の基本問題。問題文を正確に読み取り，ミスのないようにしたい。

2　(1)は 3 次方程式の解に関する問題。(i)は恒等式の基本問題，(ii)は 2 次方程式の解の範囲の問題に帰着することができる標準問題である。(iii)は ω の扱い方が試されており，慣れていないと戸惑うかもしれない。(2)は数列の和に関する標準問題。等差・等比数列の和，一般項を差の形にして和を計算するもの，(等差)×(等比) 型の数列の和で，すべて教科書レベルの頻出問題である。

3　微・積分法の問題。(1)は定積分で表された関数，(2)は面積，(3)は最小値に関する問題で，どれも頻出・典型問題である。(2)では，2 曲線の上下関係が重要となるので，きちんと説明できるかが問われている。

2022 年度も基本～標準レベルの問題が並んだが，**1**(1)(ii)の後半と **2**(1)(iii)で少し時間がかかり，2021 年度よりやや難化したといえる。幅広い分野から出題されることを意識して，全分野の頻出・典型問題を十分に演習しておくことが重要である。図・グラフや増減表をかくことがポイントとなる問題も多いことに注意しておこう。

❖講　評

例年通り、現代文一題・古文一題の大問二題の構成で、試験時間は七五分。全問マーク式である。二〇二二年度のトータルの小問数は、二〇二一年度と比べて、現代文は変わらないが、古文で三問増加した。文章量には変化はないが、現代文の難易度が少し低下した。

一の現代文は、二〇二一年度と比べると、内容を理解するのが多少楽である。設問は選択肢を本文と照らし合わせてきちんと検討していけば解けるものが大半である。問九は「前景化」というあまりなじみのない単語を完成させる問題であるが、他の選択肢のどれを入れても、なじみがないか文脈上入りえないものばかりなので正解にはたどり着ける。問十三の内容説明は、ロの前半と後半の内容がそれぞれ本文に合致しており、三段論法で考えていけば正解に見えるが、ロ全体としての内容が本文に直接書かれているわけではなく、正解としてはホがより適当となる。本文に書かれていることときちんと対応しているものだけが正解となる。

二の古文は、近世のお伽草子からの出題で、問四、問十一のような修辞的な表現や和歌の解釈は難しいが、その他は平易な文章である。文法は格助詞「の」「が」の用法、「に」の識別、敬語の敬意の対象と、いずれも標準的なものである。例年問われる難しい古典常識の設問がなく、受験生にとっては比較的くみしやすい問題であった。

ことで歌の主旨と逆。ハ・ホは歌にその内容がない。ニは恋の歌と関係がない。

問十　Aは四段動詞「頼む」の連体形に付いて〝頼むので〟と訳せるので接続助詞。Bは「にあり」のパターンで断定の助動詞「なり」の連用形。訳は〝岩木（のような非情物）ではないので〟となる。イは「覚ゆ」の連体形に付いて〝思われるので〟と訳せるので接続助詞。ロは語幹の末尾が「〜やか」となる形容動詞の連用形活用語尾。ハは断定の助動詞「なり」の連体形に付き、〝銀の鉢で口が一尺五六寸ほどである鉢に〟と体言「鉢」を補えるので格助詞。ニは「あり」の尊敬語「おはす」が付いて〝同じことでいらっしゃる〟と訳せる断定の助動詞。ホは完了の助動詞「ぬ」の連用形に過去の助動詞「き」の連体形が付いたもの。

問十一　「あれかし」は「あり」の命令形に念を押す終助詞「かし」の付いたもの。命令形になっているのはイ・ロだけ。二人はまだ逢っていないので、イの「愛情をはぐくんで」は不適。「露の間」は〝ほんの少しの時間〟の意。「笹の小笹の露」は笹に宿る露のことでわずかな量のたとえ。

問十二　⑪「思し」は「思ふ」の尊敬語。時雨が小宰相に〝ご存知ないか〟と問いかけている。尊敬語の敬意の対象は主語。

⑭「参り」は謙譲の動詞。謙譲語の敬意の対象は動作の対象。藤太が小宰相の所にたびたび参上したのである。

問十三　「恋ひ死なば、長き世の御物思ひとなるべし」という時雨の脅しを受けて、小宰相が「人の思ひの積もりなば、末いかならんと悲しくて」と思ったのが返事を書いた理由。ロの「罪悪感」が「御物思ひ」に、「いつか報いを受けるのではないか」が「末いかならん」に該当する。イ「道連れにして」、ハ「恋い慕う」、ニ「時雨にほだされ」、ホ「人の噂」は本文にない。

問十四　「たどたどし」は〝おぼつかない、あぶなっかしい〟の意で、返事の中身が早く知りたくてあわてた様子。藤太の関心の的は返事の内容なのでイ・ロは関係ない。時雨は小宰相が一筆書いたことを告げているはずなのでハは誤り。拒絶の返事かもしれないのでホ「心が弾んでいる」も不適。

での「色」は〝色恋〟の意で、〝恋には人がおぼれることもある〟ということ。これに合うのはロかホだが、ロは「当然である」が合わない。直後に時雨が藤太に恋文を書けと促していることから、求愛すれば小宰相がそれに応じてくれる可能性があることを言っているのでホが適当。

問七　⑤「くゆる」は煙や匂いが立ちのぼることで、〈燻製〉の〈燻〉の字を当てる。現代語では〈パイプを燻らす〉などという。求愛の手紙には紙の質、色、焚きしめる香などに神経を使った。

⑥「なかなか」は〝かえって〟の意の副詞。ここでは〈たくさんの言葉を費やすよりは、逆に〉という意味を含んでいる。選択肢の中では「（～するよりは）むしろ」がそれに近い。

⑧「いなむ」は〈否〉の字を当てる。現代語でも否定できないという意味で〈いなめない〉という。時雨は自分から藤太をそそのかしているが、小宰相を前にして遠慮して、藤太から強いられたように言っている。

⑩バ行上二段動詞「わぶ」の原義は〝つらく思う、困る〟。そこから〝困りはてて頼みこむ〟という意味で使われた。時雨は藤太に強いられてやむなく手紙の仲立ちをしたふりをしている。

⑮「わりなし」の原義は〝理（ことわり）が無い〟で、道理に合わないこと、程度の甚だしいことを意味する。直前の「参りつつ」の「つつ」は反復の意を表し、二人の関係が深まっていることを示している。

問八　「ながらへぞする」は動詞の連用形にサ変動詞を重ねる形で「ながらふ」を強調している。傍線部を直訳すると〝逢うことを最後として生きながらえる〟、つまり〝逢うまでは死なない〟ということ。通例として歌を贈る目的は〈逢ってください〉という求愛なのでハ・ニ・ホは不適。上の句で「焦がれ死に」すればいっそ楽だと言っているのでイ「焦がれ死にせずにすむ」も不適。

問九　時雨が拾ったものだと偽って読ませた手紙なので、小宰相は自分に当てられたものだと知らずに歌を理解しようとしている。小宰相から見ると、恋の歌であることと詠み手が愛する人に逢うのが困難な状況であることしか読み取れないので、小宰相は「（人目を）忍ぶ恋」だと理解した。ロ「絶えぬべき思ひ」は恋心が絶えてしまいそうだという

て契りを結ぼうと思います

とお書きになっているのを見て、このうえなく喜んだ。それ以来人目を忍び忍び参っては、きわめて親密な仲となった。

◀解　説▶

問一　ⓐは「の」の上の体言「上臈」を連体形「やさしき」の下に補うことができ、「年の齢……上臈」と「優にやさしき（上臈）」が同一の体言を指しているので同格。直訳は〝年齢は二十ほどと思われた上臈で上品で優美な上臈が〟となる。

ⓑは〝自分の〟と訳して直後の体言「思ひの種」を修飾している。

ⓒは「上臈の」が直後の体言「御立ち姿」を修飾している。

ⓓは「みづから」が「見知り」の主語となっている。

問二　設問にある「飛んで火に入る夏の虫」とは、虫が自分から火に飛び込んで死んでしまうこと。傍線部も女房を見初めた藤太が自ら進んで恋煩いの深みにはまっていく状態をたとえている。

問三　「おく」は〈距離をおく〉というように〝へだてる〟の意。「心（を）おく」は〝心をへだてる〟という意味で〝遠慮する〟となる。現代語でも〈気のおけない友〉は〝遠慮のいらない友〟のこと。

問四　「しら雲」を「白雲」と表記していないのは「しら」が掛詞のため。「いさ」は「知らず」と呼応して〝さあどうだか～（わからない）〟の意の副詞。ここでは「白」と「知ら」が掛詞となっている。未然形の「知ら」がそれだけで〝知らず〟の意味をもつことになる。ホの「不確かな」がそれに当たる。「よそにして」は〝（白雲のように）遠い所に置いて〟の意で〝ほうっておく〟つまり「顧みない」こと。

問五　慣用句「色に出づ」は恋心が表情に表れることをいう。ここでは藤太の心中の物思いに時雨が「御有様」から感づいたことを、内面の恋心が外面に現れてしまったと言っている。

問六　「染む」は四段動詞なので〝染まる〟の意。傍線部は直訳すると〝色には人が染まることもある〟となるが、ここれがあわれんで見舞ってくれるだろうか」とさめざめと泣いたところ、時雨はこのことを聞いて、偽りでない物思いの様子をあわれに思って、「思ったとおりです、私がうまくお気づき申し上げたものです。そのお方は私の主人（＝将門）の御乳母子にあたりなさる、小宰相様でいらっしゃるようです。恋には人はおぼれることもあります。お思いになるお言葉があるなら、一筆お書きくださいよ。お届け申し上げましょう」と言うので、藤太はたいそう嬉しくて、持つ手も香りたつくらいの（香を焚きしめた）紫の薄様紙に、むしろ言葉はなくて、

恋い焦がれて死ぬのなら（かえって）楽にちがいない露のようなはかない我が身が、あなたに逢えるまで（苦しみながら）生きながらえるのです

と書いて、結び文にして渡した。

時雨は、この手紙を取って、小宰相のいらっしゃる所へ持って参り、「これこれの物を拾っております。お読みください」と申し上げたところ、小宰相は、何気なく開いてご覧になって、「これは人目を忍ぶ恋の心を詠んだ歌です」とおっしゃったので、時雨は側に寄って、「何をお隠しすることがありましょうか。これこれのお方からあなたさまへさしあげ申し上げ、一筆のご返事もいただいてくださいと頼むので、断りづらくて、恐れ多いことですがお渡し申し上げるのです。どうして不都合なことでございましょうか。笹の葉に置く露のようなほんの一時でもお情けをかけてあげてください」と困りはてた様子で言うので、女房は顔を赤らめて、なかなか物もお答えにならない。時雨が重ねて申し上げることは、「荒々しい武士の心が分別なく恋い焦がれて死んだら、（あなたさまは）いつまでもお悩みになるにちがいません。天竺の術婆加が、后に恋をして、物思いの炎に身を焦がした先例を、ご存じないのですか」と、いろいろと言葉をかけて慰め（説得す）るうちに、女房もやはり岩木（のような非情なもの）ではないので、人の思いが（我が身に）積もったなら、将来どうであろうかと悲しくて、その手紙の端に一筆書いて、結び文にしてお出しになった。時雨は嬉しく思って、すぐに藤太のもとに来て渡した。藤太は、取る手もおぼつかなく開いて見ると、

人のことはさあどうでしょうか、心変わりするともわかりませんが、（私の方は）思いの行き着く先まで貫きとおし

問十四　ニ

◆全　訳◆

あるとき、藤太が、内侍(＝屋敷を警固する武士の詰め所)に出仕したときに、年齢は二十ほどと思われた貴婦人で上品で優美な人が、西の対の屋の簾の中から外をご覧になっていることがある。藤太はこの姿を一目拝見すると、夢でも現実でも(ぼうっとして)どうしようもなく、心ここになく感じたので、家に帰って、前後不覚になって横になっていた。これがまさに夏の虫が(自分から飛び込んだ)炎に身を焦がすような思いなので、甲斐のない恋だと思いなおすけれども、そうはいうもののやはり、それだと見そめた顔立ちが忘れきれず苦しいので、せめてこうだと(思いを)知らせたなら、死んでも命は惜しくはないだろうと、物思いに沈んでいた。

ここにまた、時雨と申して、(将門の住む)お屋敷から(藤太のいる寝殿に)行き来する女房がいる。秀郷(＝藤太)のもとに来て言うことには、「ご様子を拝見するに、ただごととも思われません。お思いになることがあるなら、私におっしゃってくださいよ。できることなら、かなえてさしあげましょう。遠慮なさいますな」と熱心に申すのである。藤太はこのことを聞いて、「ありがたくも尋ねにきてくれたことよ。人の心は手が届かない白雲のように不確かなものなのに、(その不確かさを顧みないで)どうにもならないことを口に出して、とうていかなわないことのために、我が身をすっかり滅ぼしてしまったら、後世の笑いぐさにちがいない」と思案した。「心してしばし待て我が心、だれか百歳を超えた人がいるか。露の(ような命を受けた)我が身と思えば人間世界のはかない塵のようなもの、秋の牡鹿が(猟師の吹く)笛の音に寄ってくる(ことで殺される)のも、牝鹿を慕うためなのだ。私もこの人のために(身を滅ぼすのだ)と思うなら、捨てる命も惜しくはないだろう」と心に決めて、起き直って(時雨に向けて)ささやいたことは、「恥ずかしいことよ、『思いが内にあると、(必ず)表情は外に現れる』とは、このような例を申しているのだろうか。自分の物思いの種を(あなたは)どのようにお思いになっているのだろうか。いつだったか(あの方の)御前に参上した折のお部屋の簾の中から外を見ていらっしゃった貴婦人の立ったお姿を一目見たとたん、恋の病となり、生死もわからぬ我が身の様子を、だう「側面よりも、むしろ」別の「側面が前景化されつつある」だけで、決して「看過」されているわけではない。ハは「前提に……」が本文にない。ニは、「仮想世界」の「『旅』」は「ストリートビュー」の話であって「旅行中に無際限に写真を撮」ることと直接結びつかないので不適。ホは最後から三つ目の段落の内容に合致。へは「連続する写真の……人々の意識」に限定している点が、最後から二つ目の段落に合致しない。

二

出典　『俵藤太物語』〈下〉

解答

問一　ロ
問二　ハ
問三　ハ
問四　ホ
問五　ニ
問六　ホ
問七　⑤―ホ　⑥―ハ　⑧―イ　⑩―イ　⑮―ニ
問八　ロ
問九　イ
問十　A―イ　B―ニ
問十一　ロ
問十二　⑪―ハ　⑭―ハ
問十三　ロ

問十　同一文後半の「撮影後に……際限ないデータの流れ（フロー）のなかの一要素になっている」が同一内容。この内容を含むのはイ。

問十一　「時間」に着目する。次文に書かれている具体例の内容から「時間」にかかわるところを見れば「別の時間帯に撮影したもの」が「連続」しているとある。「断層」は〝一続きの岩体や地層に破壊が起き、ずれを生ずる現象。またはそれによりできた割れ目〟の意。画像空間では連続していながら撮影時間が断絶しているさまを「断層」と言い表しているのである。

問十二　「撮影時間の唯一性」とは直前に書かれている「『それは＝かつて＝あった』」ということであり、第六段落でバルトが写真の本質として規定した「ここでいう『それ』とは被写体のこと……カメラが写し出すものは撮影の瞬間（＝かつて）、レンズの前に実在した（＝あった）もの」である。これに合う内容の選択肢を選ぶ。ロの「過去のある一瞬における被写体」の「表象」が該当する。それがストリートビューの画像空間において「瓦解」した理由は、傍線部の直前に書かれているように「物理的に隣接……連続して」おり、写し出されているものが撮影の瞬間に実在したという事実が失われているからである。それを言い換えればロの「違う時間に……『フロー』」ということになる。ホは「二次的な問題」「不可視化」が本文にない。

問十三　イは最終段落の「レースに没頭……おかれている」に合致する。ロは紛らわしいが、「長時間の……できる」理由は本文には書かれていない。「時間を忘れるほど人が何かに没頭」するのは「フロー」の「意識状態」ではあるが（最後から二つ目の段落）、だからといって「９０時間」という長時間に耐えられるという説明にはなっていない。最終文に「『過去』へと差し向けられるのではなく」とあるので、ハの「過去の風景を映し出す……魅せられて」は不適。最終文に「『現在』へと差し向けられる」とあるので、ニの「『未来』に拘泥」は不適。ホは最後の二文に書かれている。

問十四　イは第三・四段落の内容に合致。ロは「看過している」が不適。第七段落の最終文に書かれているようにそうい

◆要　旨◆

バルトは写真を「過去の現実」を客観的に反映する媒体として理解していたが、それはフィルムカメラで撮影されたアナログ写真についてである。写真がデジタル化するようになった今、写真の「時間バイアスをもつメディア」としての側面よりも「空間バイアスをもつメディア」としての側面が前景化されつつある。前川はデジタル写真の「複数性」をもつデータの流れを「フロー」という概念で説明した。

▲解　説▼

問一　脱落文に「アナログ時代のそれとはまったく異質」とあるので、デジタル時代のことを述べている箇所を探す。加えて脱落文の「『写真を撮る』」と「『写真を観る』」という二つの行為について言及しているのは、ハの直前の二文。

問四　「凍らせる」は「被写体の姿は画像のなかに固定され」（第三段落）と同一内容。「時間」の「溶解」は「時間の流れ」（第五段落）と同一内容。ニの「過去の瞬間を保存」が「凍らせる」に、「時間の経過が不可避」が「時間の容赦ない溶解」の言い換えになっている。イは「時間の容赦ない溶解」を表していないので不適。

問五　傍線部と第五段落第一文「写真とは過去の時空……『死』のイメージとともに語られる」が同一内容で、それと同じことを述べているのがハ。

問六　直前の「写真を『ものをみる時計』」にたとえているのが、隠喩になっている。

問七　直前の「客観性」と並列できる語を選ぶ。同じ文にある「被写体の真実をあるがままに表象する表現形式」が獲得している性質として適当なものはホのみ。

問八　「台頭」とは〝あるものが勢力を増していくこと〟である。

問九　一つ目の空欄Ⅲの直前の文の内容から、今日では「『空間バイアスをもつメディア』としての側面」の方に焦点が当てられていることがわかる。「前景化」とは、〝対象のある部分にフォーカスが当てられ、その部分が積極的に認識されるようにすること〟を言う。

国語

一

出典　松本健太郎「『複数の状態』にひらかれたデジタル写真をどう認識するか―トリップアドバイザーの『トラベルタイムライン』を題材に」（谷島貫太・松本健太郎編『記録と記憶のメディア論』ナカニシヤ出版）

解答

問一　ハ
問二　A―ロ　B―イ　C―ニ　D―イ
問三　ⓐ―ロ　ⓑ―ニ
問四　ニ
問五　ハ
問六　ロ
問七　ホ
問八　ニ
問九　ニ
問十　イ
問十一　ハ
問十二　ロ
問十三　イ・ホ
問十四　イ・ホ

//////////////////// · memo · ////////////////////

////////////////////// · memo · //////////////////////

//////////////////// · memo · ////////////////////

//////////////////// · memo · ////////////////////

教学社 刊行一覧

2025年版 大学赤本シリーズ

374大学556点
全都道府県を網羅

国公立大学（都道府県順）

全国の書店で取り扱っています。店頭にない場合は，お取り寄せができます。

1 北海道大学（文系－前期日程）
2 北海道大学（理系－前期日程） 医
3 北海道大学（後期日程）
4 旭川医科大学（医学部〈医学科〉） 医
5 小樽商科大学
6 帯広畜産大学
7 北海道教育大学
8 室蘭工業大学／北見工業大学
9 釧路公立大学
10 公立千歳科学技術大学
11 公立はこだて未来大学 総推
12 札幌医科大学（医学部） 医
13 弘前大学 医
14 岩手大学
15 岩手県立大学・盛岡短期大学部・宮古短期大学部
16 東北大学（文系－前期日程）
17 東北大学（理系－前期日程） 医
18 東北大学（後期日程）
19 宮城教育大学
20 宮城大学
21 秋田大学 医
22 秋田県立大学
23 国際教養大学 総推
24 山形大学 医
25 福島大学
26 会津大学
27 福島県立医科大学（医・保健科学部） 医
28 茨城大学（文系）
29 茨城大学（理系）
30 筑波大学（推薦入試） 医 総推
31 筑波大学（文系－前期日程）
32 筑波大学（理系－前期日程） 医
33 筑波大学（後期日程）
34 宇都宮大学
35 群馬大学 医
36 群馬県立女子大学
37 高崎経済大学
38 前橋工科大学
39 埼玉大学（文系）
40 埼玉大学（理系）
41 千葉大学（文系－前期日程）
42 千葉大学（理系－前期日程） 医
43 千葉大学（後期日程） 医
44 東京大学（文科） DL
45 東京大学（理科） DL 医
46 お茶の水女子大学
47 電気通信大学
48 東京外国語大学 DL
49 東京海洋大学
50 東京科学大学（旧 東京工業大学）
51 東京科学大学（旧 東京医科歯科大学） 医
52 東京学芸大学
53 東京藝術大学
54 東京農工大学
55 一橋大学（前期日程）
56 一橋大学（後期日程）
57 東京都立大学（文系）
58 東京都立大学（理系）
59 横浜国立大学（文系）
60 横浜国立大学（理系）
61 横浜市立大学（国際教養・国際商・理・データサイエンス・医〈看護〉学部）
62 横浜市立大学（医学部〈医学科〉） 医
63 新潟大学（人文・教育〈文系〉・法・経済科・医〈看護〉・創生学部）
64 新潟大学（教育〈理系〉・理・医〈看護を除く〉・歯・工・農学部） 医
65 新潟県立大学
66 富山大学（文系）
67 富山大学（理系） 医
68 富山県立大学
69 金沢大学（文系）
70 金沢大学（理系） 医
71 福井大学（教育・医〈看護〉・工・国際地域学部）
72 福井大学（医学部〈医学科〉） 医
73 福井県立大学
74 山梨大学（教育・医〈看護〉・工・生命環境学部）
75 山梨大学（医学部〈医学科〉） 医
76 都留文科大学
77 信州大学（文系－前期日程）
78 信州大学（理系－前期日程） 医
79 信州大学（後期日程）
80 公立諏訪東京理科大学 総推
81 岐阜大学（前期日程） 医
82 岐阜大学（後期日程）
83 岐阜薬科大学
84 静岡大学（前期日程）
85 静岡大学（後期日程）
86 浜松医科大学（医学部〈医学科〉） 医
87 静岡県立大学
88 静岡文化芸術大学
89 名古屋大学（文系）
90 名古屋大学（理系） 医
91 愛知教育大学
92 名古屋工業大学
93 愛知県立大学
94 名古屋市立大学（経済・人文社会・芸術工・看護・総合生命理・データサイエンス学部）
95 名古屋市立大学（医学部〈医学科〉） 医
96 名古屋市立大学（薬学部）
97 三重大学（人文・教育・医〈看護〉学部）
98 三重大学（医〈医〉・工・生物資源学部） 医
99 滋賀大学
100 滋賀医科大学（医学部〈医学科〉） 医
101 滋賀県立大学
102 京都大学（文系）
103 京都大学（理系） 医
104 京都教育大学
105 京都工芸繊維大学
106 京都府立大学
107 京都府立医科大学（医学部〈医学科〉） 医
108 大阪大学（文系） DL
109 大阪大学（理系） 医
110 大阪教育大学
111 大阪公立大学（現代システム科学域〈文系〉・文・法・経済・商・看護・生活科〈居住環境・人間福祉〉学部－前期日程）
112 大阪公立大学（現代システム科学域〈理系〉・理・工・農・獣医・医・生活科〈食栄養〉学部－前期日程） 医
113 大阪公立大学（中期日程）
114 大阪公立大学（後期日程）
115 神戸大学（文系－前期日程）
116 神戸大学（理系－前期日程） 医
117 神戸大学（後期日程）
118 神戸市外国語大学 DL
119 兵庫県立大学（国際商経・社会情報科・看護学部）
120 兵庫県立大学（工・理・環境人間学部）
121 奈良教育大学／奈良県立大学
122 奈良女子大学
123 奈良県立医科大学（医学部〈医学科〉） 医
124 和歌山大学
125 和歌山県立医科大学（医・薬学部） 医
126 鳥取大学 医
127 公立鳥取環境大学
128 島根大学 医
129 岡山大学（文系）
130 岡山大学（理系） 医
131 岡山県立大学
132 広島大学（文系－前期日程）
133 広島大学（理系－前期日程） 医
134 広島大学（後期日程）
135 尾道市立大学 総推
136 県立広島大学
137 広島市立大学
138 福山市立大学 総推
139 山口大学（人文・教育〈文系〉・経済・医〈看護〉・国際総合科学部）
140 山口大学（教育〈理系〉・理・医〈看護を除く〉・工・農・共同獣医学部） 医
141 山陽小野田市立山口東京理科大学 総推
142 下関市立大学／山口県立大学
143 周南公立大学 新 総推
144 徳島大学 医
145 香川大学 医
146 愛媛大学 医
147 高知大学 医
148 高知工科大学
149 九州大学（文系－前期日程）
150 九州大学（理系－前期日程） 医
151 九州大学（後期日程）
152 九州工業大学
153 福岡教育大学
154 北九州市立大学
155 九州歯科大学
156 福岡県立大学／福岡女子大学
157 佐賀大学 医
158 長崎大学（多文化社会・教育〈文系〉・経済・医〈保健〉・環境科〈文系〉学部）
159 長崎大学（教育〈理系〉・医〈医〉・歯・薬・情報データ科・工・環境科〈理系〉・水産学部） 医
160 長崎県立大学 総推
161 熊本大学（文・教育・法・医〈看護〉学部・情報融合学環〈文系型〉）
162 熊本大学（理・医〈看護を除く〉・薬・工学部・情報融合学環〈理系型〉） 医
163 熊本県立大学
164 大分大学（教育・経済・医〈看護〉・理工・福祉健康科学部）
165 大分大学（医学部〈医・先進医療科学科〉） 医
166 宮崎大学（教育・医〈看護〉・工・農・地域資源創成学部）
167 宮崎大学（医学部〈医学科〉） 医
168 鹿児島大学（文系）
169 鹿児島大学（理系） 医
170 琉球大学 医

2025年版　大学赤本シリーズ

国公立大学 その他

171 〔国公立大〕医学部医学科 総合型選抜・学校推薦型選抜※ 医 総推
172 看護・医療系大学〈国公立 東日本〉※
173 看護・医療系大学〈国公立 中日本〉※
174 看護・医療系大学〈国公立 西日本〉※
175 海上保安大学校／気象大学校
176 航空保安大学校
177 国立看護大学校
178 防衛大学校 総推
179 防衛医科大学校（医学科） 医
180 防衛医科大学校（看護学科）

※No.171～174の収載大学は赤本ウェブサイト（http://akahon.net/）でご確認ください。

私立大学①

北海道の大学（50音順）

201 札幌大学
202 札幌学院大学
203 北星学園大学
204 北海学園大学
205 北海道医療大学
206 北海道科学大学
207 北海道武蔵女子大学・短期大学
208 酪農学園大学（獣医学群〈獣医学類〉）

東北の大学（50音順）

209 岩手医科大学（医・歯・薬学部） 医
210 仙台大学 総推
211 東北医科薬科大学（医・薬学部） 医
212 東北学院大学
213 東北工業大学
214 東北福祉大学
215 宮城学院女子大学 総推

関東の大学（50音順）

あ行（関東の大学）

216 青山学院大学（法・国際政治経済学部－個別学部日程）
217 青山学院大学（経済学部－個別学部日程）
218 青山学院大学（経営学部－個別学部日程）
219 青山学院大学（文・教育人間科学部－個別学部日程）
220 青山学院大学（総合文化政策・社会情報・地球社会共生・コミュニティ人間科学部－個別学部日程）
221 青山学院大学（理工学部－個別学部日程）
222 青山学院大学（全学部日程）
223 麻布大学（獣医、生命・環境科学部）
224 亜細亜大学
226 桜美林大学
227 大妻女子大学・短期大学部

か行（関東の大学）

228 学習院大学（法学部－コア試験）
229 学習院大学（経済学部－コア試験）
230 学習院大学（文学部－コア試験）
231 学習院大学（国際社会科学部－コア試験）
232 学習院大学（理学部－コア試験）
233 学習院女子大学
234 神奈川大学（給費生試験）
235 神奈川大学（一般入試）
236 神奈川工科大学
237 鎌倉女子大学・短期大学部
238 川村学園女子大学
239 神田外語大学
240 関東学院大学
241 北里大学（理学部）
242 北里大学（医学部） 医
243 北里大学（薬学部）
244 北里大学（看護・医療衛生学部）
245 北里大学（未来工・獣医・海洋生命科学部）
246 共立女子大学・短期大学
247 杏林大学（医学部） 医
248 杏林大学（保健学部）
249 群馬医療福祉大学・短期大学部
250 群馬パース大学 総推
251 慶應義塾大学（法学部）
252 慶應義塾大学（経済学部）
253 慶應義塾大学（商学部）
254 慶應義塾大学（文学部） 総推
255 慶應義塾大学（総合政策学部）
256 慶應義塾大学（環境情報学部）
257 慶應義塾大学（理工学部）
258 慶應義塾大学（医学部） 医
259 慶應義塾大学（薬学部）
260 慶應義塾大学（看護医療学部）
261 工学院大学
262 國學院大學
263 国際医療福祉大学 医
264 国際基督教大学
265 国士舘大学
266 駒澤大学（一般選抜T方式・S方式）
267 駒澤大学（全学部統一日程選抜）

さ行（関東の大学）

268 埼玉医科大学（医学部） 医
269 相模女子大学・短期大学部
270 産業能率大学
271 自治医科大学（医学部） 医
272 自治医科大学（看護学部）／東京慈恵会医科大学（医学部〈看護学科〉）
273 実践女子大学 総推
274 芝浦工業大学（前期日程）
275 芝浦工業大学（全学統一日程・後期日程）
276 十文字学園女子大学
277 淑徳大学
278 順天堂大学（医学部） 医
279 順天堂大学（スポーツ健康科・医療看護・保健看護・国際教養・保健医療・医療科・健康データサイエンス・薬学部） 総推
280 上智大学（神・文・総合人間科学部）
281 上智大学（法・経済学部）
282 上智大学（外国語・総合グローバル学部）
283 上智大学（理工学部）
284 上智大学（TEAPスコア利用方式）
285 湘南工科大学
286 昭和大学（医学部） 医
287 昭和大学（歯・薬・保健医療学部）
288 昭和女子大学
289 昭和薬科大学
290 女子栄養大学・短期大学部 総推
291 白百合女子大学
292 成蹊大学（法学部－A方式）
293 成蹊大学（経済・経営学部－A方式）
294 成蹊大学（文学部－A方式）
295 成蹊大学（理工学部－A方式）
296 成蹊大学（E方式・G方式・P方式）
297 成城大学（経済・社会イノベーション学部－A方式）
298 成城大学（文芸・法学部－A方式）
299 成城大学（S方式〈全学部統一選抜〉）
300 聖心女子大学
301 清泉女子大学
303 聖マリアンナ医科大学 医
304 聖路加国際大学（看護学部）
305 専修大学（スカラシップ・全国入試）
306 専修大学（前期入試〈学部個別入試〉）
307 専修大学（前期入試〈全学部入試・スカラシップ入試〉）

た行（関東の大学）

308 大正大学
309 大東文化大学
310 高崎健康福祉大学
311 拓殖大学
312 玉川大学
313 多摩美術大学
314 千葉工業大学
315 中央大学（法学部－学部別選抜）
316 中央大学（経済学部－学部別選抜）
317 中央大学（商学部－学部別選抜）
318 中央大学（文学部－学部別選抜）
319 中央大学（総合政策学部－学部別選抜）
320 中央大学（国際経営・国際情報学部－学部別選抜）
321 中央大学（理工学部－学部別選抜）
322 中央大学（5学部共通選抜）
323 中央学院大学
324 津田塾大学
325 帝京大学（薬・経済・法・文・外国語・教育・理工・医療技術・福岡医療技術学部）
326 帝京大学（医学部） 医
327 帝京科学大学 総推
328 帝京平成大学 総推
329 東海大学（医〈医〉学部を除く－一般選抜）
330 東海大学（文系・理系学部統一選抜）
331 東海大学（医学部〈医学科〉） 医
332 東京医科大学（医学部〈医学科〉） 医
333 東京家政大学・短期大学部 総推
334 東京経済大学
335 東京工科大学
336 東京工芸大学
337 東京国際大学
338 東京歯科大学
339 東京慈恵会医科大学（医学部〈医学科〉） 医
340 東京情報大学
341 東京女子大学
342 東京女子医科大学（医学部） 医
343 東京電機大学
344 東京都市大学
345 東京農業大学
346 東京薬科大学（薬学部） 総推
347 東京薬科大学（生命科学部） 総推
348 東京理科大学（理学部〈第一部〉－B方式）
349 東京理科大学（創域理工学部－B方式・S方式）
350 東京理科大学（工学部－B方式）
351 東京理科大学（先進工学部－B方式）
352 東京理科大学（薬学部－B方式）
353 東京理科大学（経営学部－B方式）
354 東京理科大学（C方式、グローバル方式、理学部〈第二部〉－B方式）
355 東邦大学（医学部） 医
356 東邦大学（薬学部）

2025年版　大学赤本シリーズ

私立大学②

357 東邦大学（理・看護・健康科学部）

358 東洋大学（文・経済・経営・法・社会・国際・国際観光学部）

359 東洋大学（情報連携・福祉社会デザイン・健康スポーツ科・理工・総合情報・生命科・食環境科学部）

360 東洋大学（英語〈3日程×3カ年〉）

361 東洋大学（国語〈3日程×3カ年〉）

362 東洋大学（日本史・世界史〈2日程×3カ年〉）

363 東洋英和女学院大学

364 常磐大学・短期大学 総推

365 獨協大学

366 獨協医科大学（医学部） 医

な行（関東の大学）

367 二松學舍大学

368 日本大学（法学部）

369 日本大学（経済学部）

370 日本大学（商学部）

371 日本大学（文理学部〈文系〉）

372 日本大学（文理学部〈理系〉）

373 日本大学（芸術学部〈専門試験併用型〉）

374 日本大学（国際関係学部）

375 日本大学（危機管理・スポーツ科学部）

376 日本大学（理工学部）

377 日本大学（生産工・工学部）

378 日本大学（生物資源科学部）

379 日本大学（医学部） 医

380 日本大学（歯・松戸歯学部）

381 日本大学（薬学部）

382 日本大学（N全学統一方式－医・芸術〈専門試験併用型〉学部を除く）

383 日本医科大学 医

384 日本工業大学

385 日本歯科大学

386 日本社会事業大学 総推

387 日本獣医生命科学大学

388 日本女子大学

389 日本体育大学

は行（関東の大学）

390 白鷗大学（学業特待選抜・一般選抜）

391 フェリス女学院大学

392 文教大学

393 法政大学（法〈I日程〉・文〈II日程〉・経営〈II日程〉学部－A方式）

394 法政大学（法〈II日程〉・国際文化・キャリアデザイン学部－A方式）

395 法政大学（文〈I日程〉・経営〈I日程〉・人間環境・グローバル教養学部－A方式）

396 法政大学（経済〈I日程〉・社会〈I日程〉・現代福祉学部－A方式）

397 法政大学（経済〈II日程〉・社会〈II日程〉・スポーツ健康学部－A方式）

398 法政大学（情報科・デザイン工・理工・生命科学部－A方式）

399 法政大学（T日程〈統一日程〉・英語外部試験利用入試）

400 星薬科大学 総推

ま行（関東の大学）

401 武蔵大学

402 武蔵野大学

403 武蔵野美術大学

404 明海大学

405 明治大学（法学部－学部別入試）

406 明治大学（政治経済学部－学部別入試）

407 明治大学（商学部－学部別入試）

408 明治大学（経営学部－学部別入試）

409 明治大学（文学部－学部別入試）

410 明治大学（国際日本学部－学部別入試）

411 明治大学（情報コミュニケーション学部－学部別入試）

412 明治大学（理工学部－学部別入試）

413 明治大学（総合数理学部－学部別入試）

414 明治大学（農学部－学部別入試）

415 明治大学（全学部統一入試）

416 明治学院大学（A日程）

417 明治学院大学（全学部日程）

418 明治薬科大学 総推

419 明星大学

420 目白大学・短期大学部

ら・わ行（関東の大学）

421 立教大学（文系学部－一般入試〈大学独自の英語を課さない日程〉）

422 立教大学（国語〈3日程×3カ年〉）

423 立教大学（日本史・世界史〈2日程×3カ年〉）

424 立教大学（文学部－一般入試〈大学独自の英語を課す日程〉）

425 立教大学（理学部－一般入試）

426 立正大学

427 早稲田大学（法学部）

428 早稲田大学（政治経済学部）

429 早稲田大学（商学部）

430 早稲田大学（社会科学部）

431 早稲田大学（文学部）

432 早稲田大学（文化構想学部）

433 早稲田大学（教育学部〈文科系〉）

434 早稲田大学（教育学部〈理科系〉）

435 早稲田大学（人間科・スポーツ科学部）

436 早稲田大学（国際教養学部）

437 早稲田大学（基幹理工・創造理工・先進理工学部）

438 和洋女子大学 総推

中部の大学（50音順）

439 愛知大学

440 愛知医科大学（医学部） 医

441 愛知学院大学・短期大学部

442 愛知工業大学 総推

443 愛知淑徳大学

444 朝日大学 総推

445 金沢医科大学（医学部） 医

446 金沢工業大学

447 岐阜聖徳学園大学 総推

448 金城学院大学

449 至学館大学 総推

450 静岡理工科大学

451 椙山女学園大学

452 大同大学

453 中京大学

454 中部大学

455 名古屋外国語大学 総推

456 名古屋学院大学 総推

457 名古屋学芸大学 総推

458 名古屋女子大学 総推

459 南山大学（外国語〈英米〉・法・総合政策・国際教養学部）

460 南山大学（人文・外国語〈英米を除く〉・経済・経営・理工学部）

461 新潟国際情報大学

462 日本福祉大学

463 福井工業大学

464 藤田医科大学（医学部） 医

465 藤田医科大学（医療科・保健衛生学部）

466 名城大学（法・経営・経済・外国語・人間・都市情報学部）

467 名城大学（情報工・理工・農・薬学部）

468 山梨学院大学

近畿の大学（50音順）

469 追手門学院大学 総推

470 大阪医科薬科大学（医学部） 医

471 大阪医科薬科大学（薬学部） 総推

472 大阪学院大学 総推

473 大阪経済大学 総推

474 大阪経済法科大学 総推

475 大阪工業大学 総推

476 大阪国際大学・短期大学部 総推

477 大阪産業大学 総推

478 大阪歯科大学（歯学部）

479 大阪商業大学 総推

480 大阪成蹊大学・短期大学 総推

481 大谷大学 総推

482 大手前大学・短期大学 総推

483 関西大学（文系）

484 関西大学（理系）

485 関西大学（英語〈3日程×3カ年〉）

486 関西大学（国語〈3日程×3カ年〉）

487 関西大学（日本史・世界史・文系数学〈3日程×3カ年〉）

488 関西医科大学（医学部） 医

489 関西医療大学 総推

490 関西外国語大学・短期大学部 総推

491 関西学院大学（文・法・商・人間福祉・総合政策学部－学部個別日程）

492 関西学院大学（神・社会・経済・国際・教育学部－学部個別日程）

493 関西学院大学（全学部日程〈文系型〉）

494 関西学院大学（全学部日程〈理系型〉）

495 関西学院大学（共通テスト併用日程〈数学〉・英数日程）

496 関西学院大学（英語〈3日程×3カ年〉） 新

497 関西学院大学（国語〈3日程×3カ年〉） 新

498 関西学院大学（日本史・世界史・文系数学〈3日程×3カ年〉） 新

499 畿央大学 総推

500 京都外国語大学・短期大学 総推

502 京都産業大学（公募推薦入試） 総推

503 京都産業大学（一般選抜入試〈前期日程〉）

504 京都女子大学 総推

505 京都先端科学大学 総推

506 京都橘大学 総推

507 京都ノートルダム女子大学 総推

508 京都薬科大学 総推

509 近畿大学・短期大学部（医学部を除く－推薦入試） 総推

510 近畿大学・短期大学部（医学部を除く－一般入試前期）

511 近畿大学（英語〈医学部を除く3日程×3カ年〉）

512 近畿大学（理系数学〈医学部を除く3日程×3カ年〉）

513 近畿大学（国語〈医学部を除く3日程×3カ年〉）

514 近畿大学（医学部－推薦入試・一般入試前期） 医 総推

515 近畿大学・短期大学部（一般入試後期） 医

516 皇學館大学 総推

517 甲南大学 総推

518 甲南女子大学（学校推薦型選抜） 新 総推

519 神戸学院大学 総推

520 神戸国際大学 総推

521 神戸女学院大学 総推

522 神戸女子大学・短期大学 総推

523 神戸薬科大学 総推

524 四天王寺大学・短期大学部 総推

525 摂南大学（公募制推薦入試） 総推

526 摂南大学（一般選抜前期日程）

527 帝塚山学院大学 総推

528 同志社大学（法、グローバル・コミュニケーション学部－学部個別日程）

2025年版　大学赤本シリーズ

私立大学③

529 同志社大学(文・経済学部－学部個別日程)
530 同志社大学(神・商・心理・グローバル地域文化学部－学部個別日程)
531 同志社大学(社会学部－学部個別日程)
532 同志社大学(政策・文化情報〈文系型〉・スポーツ健康科〈文系型〉学部－学部個別日程)
533 同志社大学(理工・生命医科・文化情報〈理系型〉・スポーツ健康科〈理系型〉学部－学部個別日程)
534 同志社大学(全学部日程)
535 同志社女子大学 総推
536 奈良大学 総推
537 奈良学園大学 総推
538 阪南大学 総推
539 姫路獨協大学 総推
540 兵庫医科大学(医学部) 医
541 兵庫医科大学(薬・看護・リハビリテーション学部) 総推
542 佛教大学 総推
543 武庫川女子大学 総推
544 桃山学院大学 総推
545 大和大学・大和大学白鳳短期大学部 総推
546 立命館大学(文系－全学統一方式・学部個別配点方式)／立命館アジア太平洋大学(前期方式・英語重視方式)
547 立命館大学(理系－全学統一方式・学部個別配点方式・理系型3教科方式・薬学方式)
548 立命館大学(英語〈全学統一方式3日程×3カ年〉)
549 立命館大学(国語〈全学統一方式3日程×3カ年〉)
550 立命館大学(文系選択科目〈全学統一方式2日程×3カ年〉)
551 立命館大学(IR方式〈英語資格試験利用型〉・共通テスト併用方式)／立命館アジア太平洋大学(共通テスト併用方式)
552 立命館大学(後期分割方式・「経営学部で学ぶ感性+共通テスト」方式)／立命館アジア太平洋大学(後期方式)
553 龍谷大学(公募推薦入試) 総推
554 龍谷大学(一般選抜入試)

中国の大学(50音順)

555 岡山商科大学 総推
556 岡山理科大学 総推
557 川崎医科大学 医
558 吉備国際大学 総推
559 就実大学 総推
560 広島経済大学
561 広島国際大学 総推
562 広島修道大学
563 広島文教大学 総推
564 福山大学／福山平成大学
565 安田女子大学 総推

四国の大学(50音順)

567 松山大学

九州の大学(50音順)

568 九州医療科学大学
569 九州産業大学
570 熊本学園大学
571 久留米大学(文・人間健康・法・経済・商学部)
572 久留米大学(医学部〈医学科〉) 医
573 産業医科大学(医学部) 医
574 西南学院大学(商・経済・法・人間科学部－A日程)
575 西南学院大学(神・外国語・国際文化学部－A日程／全学部－F日程)
576 福岡大学(医学部医学科を除く－学校推薦型選抜・一般選抜系統別日程) 総推
577 福岡大学(医学部医学科を除く－一般選抜前期日程)
578 福岡大学(医学部〈医学科〉－学校推薦型選抜・一般選抜系統別日程) 医 総推
579 福岡工業大学
580 令和健康科学大学 総推

医 医学部医学科を含む
総推 総合型選抜または学校推薦型選抜を含む
DL リスニング音声配信　新 2024年 新刊・復刊

掲載している入試の種類や試験科目，収載年数などはそれぞれ異なります。詳細については，それぞれの本の目次や赤本ウェブサイトでご確認ください。

難関校過去問シリーズ

出題形式別・分野別に収録した
「入試問題事典」
20大学 73点

定価2,310～2,640円(本体2,100～2,400円)

先輩合格者はこう使った!
「難関校過去問シリーズの使い方」

61年，全部載せ!
要約演習で，総合力を鍛える

東大の英語
要約問題 UNLIMITED

国公立大学

東大の英語25カ年[第12版] 改
東大の英語リスニング20カ年[第9版] DL 改
東大の英語 要約問題 UNLIMITED
東大の文系数学25カ年[第12版] 改
東大の理系数学25カ年[第12版] 改
東大の現代文25カ年[第12版] 改
東大の古典25カ年[第12版] 改
東大の日本史25カ年[第9版] 改
東大の世界史25カ年[第9版] 改
東大の地理25カ年[第9版] 改
東大の物理25カ年[第9版] 改
東大の化学25カ年[第9版] 改
東大の生物25カ年[第9版] 改
東工大の英語20カ年[第8版] 改
東工大の数学20カ年[第9版] 改
東工大の物理20カ年[第5版] 改
東工大の化学20カ年[第5版] 改
一橋大の英語20カ年[第9版] 改
一橋大の数学20カ年[第9版] 改
一橋大の国語20カ年[第6版] 改
一橋大の日本史20カ年[第6版] 改
一橋大の世界史20カ年[第6版] 改
筑波大の英語15カ年 新
筑波大の数学15カ年 新
京大の英語25カ年[第12版]
京大の文系数学25カ年[第12版]
京大の理系数学25カ年[第12版]
京大の現代文25カ年[第2版]
京大の古典25カ年[第2版]
京大の日本史20カ年[第3版]
京大の世界史20カ年[第3版]
京大の物理25カ年[第9版]
京大の化学25カ年[第9版]
北大の英語15カ年[第8版]
北大の理系数学15カ年[第8版]
北大の物理15カ年[第2版]
北大の化学15カ年[第2版]
東北大の英語15カ年[第8版]
東北大の理系数学15カ年[第8版]
東北大の物理15カ年[第2版]
東北大の化学15カ年[第2版]
名古屋大の英語15カ年[第8版]
名古屋大の理系数学15カ年[第8版]
名古屋大の物理15カ年[第2版]
名古屋大の化学15カ年[第2版]
阪大の英語20カ年[第9版]
阪大の文系数学20カ年[第3版]
阪大の理系数学20カ年[第9版]
阪大の国語15カ年[第3版]
阪大の物理20カ年[第8版]
阪大の化学20カ年[第6版]
九大の英語15カ年[第8版]
九大の理系数学15カ年[第7版]
九大の物理15カ年[第2版]
九大の化学15カ年[第2版]
神戸大の英語15カ年[第9版]
神戸大の数学15カ年[第5版]
神戸大の国語15カ年[第3版]

私立大学

早稲田の英語[第11版] 改
早稲田の国語[第9版] 改
早稲田の日本史[第9版] 改
早稲田の世界史[第2版] 改
慶應の英語[第11版] 改
慶應の小論文[第3版] 改
明治大の英語[第9版] 改
明治大の国語[第2版] 改
明治大の日本史[第2版] 改
中央大の英語[第9版] 改
法政大の英語[第9版] 改
同志社大の英語[第10版]
立命館大の英語[第10版]
関西大の英語[第10版]
関西学院大の英語[第10版]

DL リスニング音声配信
新 2024年 新刊
改 2024年 改訂

いつも受験生のそばに — 赤本

大学入試シリーズ＋α
入試対策も共通テスト対策も赤本で

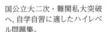

入試対策

赤本プラス

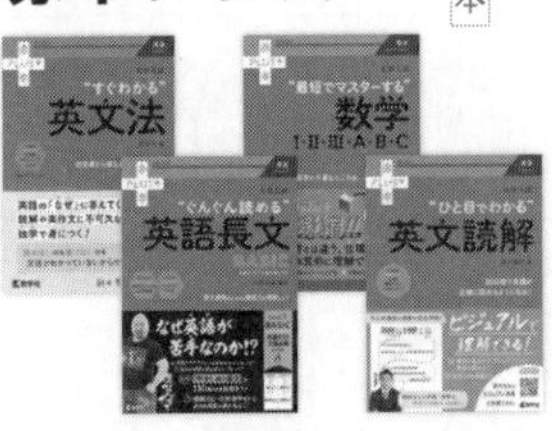

赤本プラスとは，**過去問演習の効果を最大にする**ためのシリーズです。「赤本」であぶり出された弱点を，赤本プラスで克服しましょう。

大学入試 すぐわかる英文法 DL
大学入試 ひと目でわかる英文読解
大学入試 絶対できる英語リスニング DL
大学入試 すぐ書ける自由英作文
大学入試 ぐんぐん読める 英語長文〔BASIC〕DL
大学入試 ぐんぐん読める 英語長文〔STANDARD〕DL
大学入試 ぐんぐん読める 英語長文〔ADVANCED〕DL
大学入試 正しく書ける英作文
大学入試 最短でマスターする 数学Ⅰ・Ⅱ・Ⅲ・A・B・C
大学入試 突破力を鍛える最難関の数学
大学入試 知らなきゃ解けない 古文常識・和歌
大学入試 ちゃんと身につく物理
大学入試 もっと身につく 物理問題集（①力学・波動）
大学入試 もっと身につく 物理問題集（②熱力学・電磁気・原子）

入試対策

英検® 赤本シリーズ

英検®（実用英語技能検定）の対策書。
過去問集と参考書で万全の対策ができます。

▶過去問集（2024年度版）
英検®準1級過去問集 DL
英検®2級過去問集 DL
英検®準2級過去問集 DL
英検®3級過去問集 DL

▶参考書
竹岡の英検®準1級マスター DL
竹岡の英検®2級マスター CD DL
竹岡の英検®準2級マスター CD DL
竹岡の英検®3級マスター CD DL

CD リスニングCDつき　DL 音声無料配信
新 2024年新刊・改訂

入試対策

赤本プレミアム

赤本の教学社だからこそ作れた、
過去問ベストセレクション

東大数学プレミアム
東大現代文プレミアム
京大数学プレミアム〔改訂版〕
京大古典プレミアム

入試対策

赤本メディカルシリーズ

過去問を徹底的に研究し，独自の出題傾向をもつメディカル系の入試に役立つ内容を精選した実戦的なシリーズ。

〔国公立大〕医学部の英語〔3訂版〕
私立医大の英語〔長文読解編〕〔3訂版〕
私立医大の英語〔文法・語法編〕〔改訂版〕
医学部の実戦小論文〔3訂版〕
医歯薬系の英単語〔4訂版〕
医系小論文 最頻出論点20〔4訂版〕
医学部の面接〔4訂版〕

入試対策

体系シリーズ

国公立大二次・難関私大突破へ，自学自習に適したハイレベル問題集。

体系英語長文
体系英作文
体系現代文
体系世界史
体系物理〔第7版〕

入試対策

単行本

▶英語
Q&A即決英語勉強法
TEAP攻略問題集 CD
東大の英単語〔新装版〕
早慶上智の英単語〔改訂版〕

▶国語・小論文
著者に注目! 現代文問題集
ブレない小論文の書き方 樋口式ワークノート

▶レシピ集
奥薗壽子の赤本合格レシピ

入試対策　共通テスト対策

赤本手帳

赤本手帳（2025年度受験用）プラムレッド
赤本手帳（2025年度受験用）インディゴブルー
赤本手帳（2025年度受験用）ナチュラルホワイト

入試対策

風呂で覚えるシリーズ

水をはじく特殊な紙を使用。いつでもどこでも読めるから，ちょっとした時間を有効に使える！

風呂で覚える英単語〔4訂新装版〕
風呂で覚える英熟語〔改訂新装版〕
風呂で覚える古文単語〔改訂新装版〕
風呂で覚える古文文法〔改訂新装版〕
風呂で覚える漢文〔改訂新装版〕
風呂で覚える日本史〔年代〕〔改訂新装版〕
風呂で覚える世界史〔年代〕〔改訂新装版〕
風呂で覚える倫理〔改訂版〕
風呂で覚える百人一首〔改訂版〕

共通テスト対策

満点のコツシリーズ

共通テストで満点を狙うための実戦的参考書。
重要度の増したリスニング対策は
「カリスマ講師」竹岡広信が一回読みにも
対応できるコツを伝授！

共通テスト英語〔リスニング〕満点のコツ〔改訂版〕新 DL
共通テスト古文 満点のコツ〔改訂版〕新
共通テスト漢文 満点のコツ〔改訂版〕新

入試対策　共通テスト対策

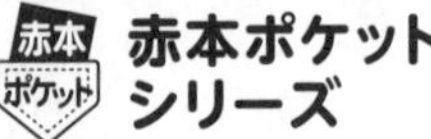

赤本ポケットシリーズ

▶共通テスト対策
共通テスト日本史〔文化史〕

▶系統別進路ガイド
デザイン系学科をめざすあなたへ

2025 年版　大学赤本シリーズ　No. 493

関西学院大学（全学部日程〈文系型〉）

編　集　教学社編集部
発行者　上原 寿明
発行所　教学社
〒606-0031
京都市左京区岩倉南桑原町56
電話　075-721-6500
振替　01020-1-15695
印　刷　太洋社

2024 年 7 月 10 日　第 1 刷発行
ISBN978-4-325-26552-8
定価は裏表紙に表示しています